淀山湖镇社区志

DIANSHANHU　　SHIYANGHE　　YANGXIANG
淀山湖　　石杨河　　杨湘

LIMIN　DIANHUI　DIANHU　DUJIAQU
利民　淀辉　淀湖　度假区

《淀山湖镇社区志》编委会 编

苏州大学出版社
Soochow University Press

淀山湖镇村志编纂委员会
（2013年4月）

名誉主任　徐敏中
主　　任　李　晖
副 主 任　张晓东　顾　剑　吕善新
委　　员　王　强　吴新兴　赵雪元　吴玉光　冯伟雄
　　　　　黄　珏　王文奎　张兴生　汤雪林　孙卫忠
　　　　　李　尧　周国平

淀山湖镇村志编纂委员会办公室
（2013年4月）

主　　任　吕善新
副 主 任　王　强　吴新兴　张品荣
成　　员　夏小棣　陈海萍

淀山湖镇村志编纂委员会
（2016年8月）

名誉主任　李　晖
主　　任　罗　敏
副 主 任　许顺娟　张晓东　王　强　张　俭　吕善新
委　　员　孙　倩　吴新兴　顾永元　顾金林　朱进荣
　　　　　顾德华　陆志斌　曹振华　程　赟　朱建华
　　　　　凌军芳　李　尧　顾宇峰　张卫青　柴彩根
　　　　　顾春花　凌云中

淀山湖镇村志编纂委员会办公室
（2016年8月）

主　　任　吕善新
副 主 任　孙　倩　吴新兴　张品荣
成　　员　夏小棣　陈海萍　王忠林

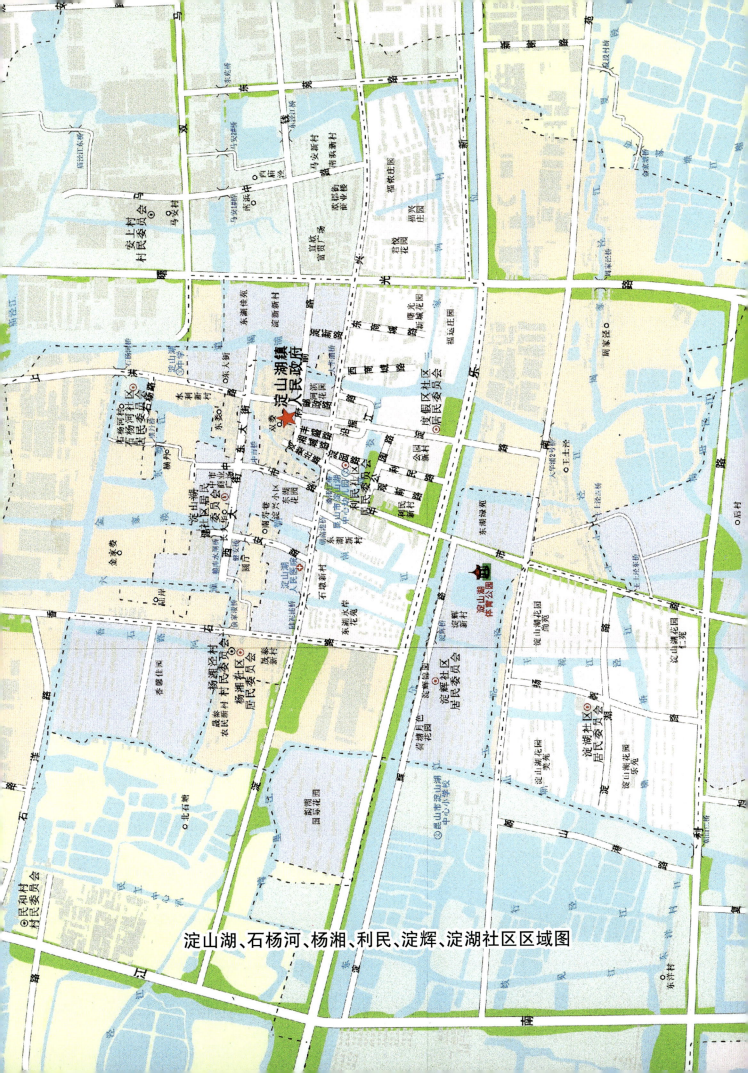

淀山湖、石杨河、杨湘、利民、淀辉、淀湖社区区域图

度假区社区区域图

淀山湖镇政府办公楼

淀兴路商业街

淀山湖镇老街

淀山湖镇基督教教堂

淀山湖社区居委会第十一届工作人员合影

淀山湖社区历届工作人员合影

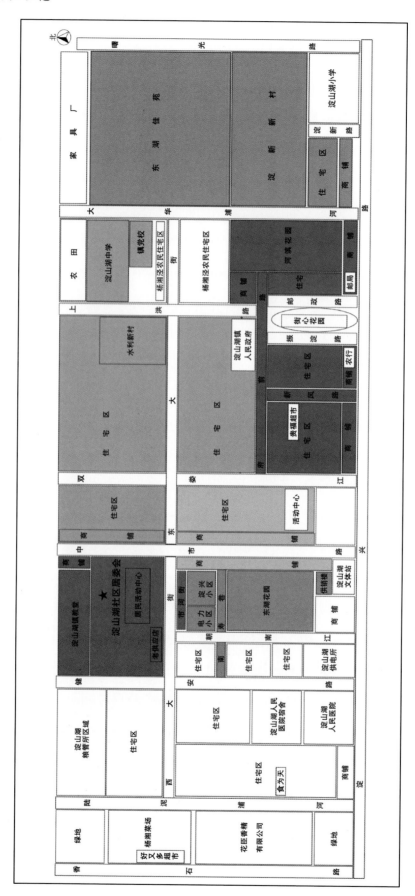

淀山湖社区区域平面图

2017年1月20日淀山湖镇党委书记李晖慰问困难户

2017年8月18日淀山湖镇党委书记李晖及镇长罗敏到石杨河社区指导工作

2017年6月19日石杨河社区召开安全生产会议

2017年10月12日淀山湖人民医院到石杨河社区为老年人体检

2009年12月创建苏州市"民主法治社区"

2011年12月创建苏州市"绿色社区"

石杨河社区居委会驻地(2016年8月摄)

石杨河社区居委会班子成员(2017年8月摄)
左起：朱晓晶、陆为平、凌云中、孟祥洪、田　聪

2004年3月26日江苏省政法委副书记孙安华(前中)、苏州市政法委书记陈振一(前左)在昆山市和淀山湖镇主要领导陪同下视察利民社区居委会警务站

利民社区领导班子与工作人员合影(2018年2月摄)
前排左起：蔡晓菲、沈建芳、朱洁莲
后排左起：张嘉炯、金　峰、沈元龙、陈佳侃

利民社区办公楼

2015年2月4日利民社区妇代会主任沈建芳和织毛衣爱心妈妈钟桃妹到困难家庭王洪德家送毛衣

便民服务中心与市场监督管理分局(2018年2月摄)

招商服务中心(2018年2月摄)

忻康公园

农贸市场展销大厅

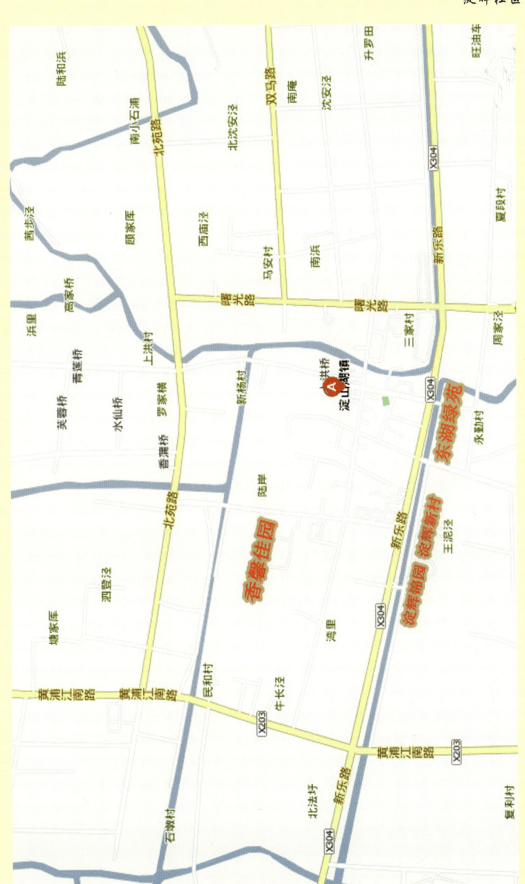

淀辉社区区域分布图

淀辉锦园、荷塘月色花园平面图

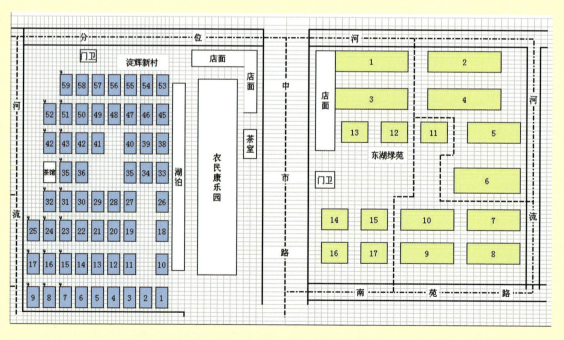

淀辉新村、东湖绿苑平面图

香馨佳园楼幢分布示意图

淀辉社区志

淀辉锦园

淀辉新村

香馨佳园

淀湖社区(淀山湖花园)平面图

淀湖社区居民住宅楼鸟瞰图（一）

淀湖社区居民住宅楼鸟瞰图（二）

淀湖社区居民住宅楼鸟瞰图（三）

淀湖社区居民住宅楼和市民活动中心鸟瞰图

淀湖社区便民服务中心

2013—2016年淀湖社区党支部、居委会部分成员合影

第一排左起：沈凝予、盛月珍、郭献忠、顾宇峰、吴静娥、郁梦亭

第二排左起：袁晓雯、吴玉光、龚　君、侯敏捷、王　鑫、陈菲菲、梅天虹

2016—2018年淀湖社区党支部、居委会成员合影

第一排左起：沈凝予、盛月珍、朱　茜、顾宇峰、吴静娥、郁梦亭

第二排左起：袁晓雯、吴玉光、龚　君、侯敏捷、王　鑫、陈菲菲、梅天虹

淀山湖畔

七彩田园

曙光路

盈湖路

梦莱茵游艇俱乐部

六如墩

音乐广场

千年古银杏

前　言

在淀山湖镇党委、镇政府和各社区党支部、社区居委会的正确领导下，在昆山市地方志办公室、淀山湖镇志办公室的指导下，经各社区修志编纂人员的努力，数易其稿，《淀山湖镇社区志》终于问世。

本书由《淀山湖社区志》《石杨河社区志》《杨湘社区志》《利民社区志》《淀辉社区志》《淀湖社区志》《度假区社区志》合编而成。

鉴于淀山湖镇所辖7个社区成立时间不长，所述篇幅有限，故将7本社区志合编成一书。但各社区志的区情差异较大，淀山湖社区成立于1950年，而度假区社区组建于2013年；石杨河社区由原淀东公社运输大队改组而成，度假区社区则以淀山湖生态旅游区为主；等等。为尊重各社区独特的区情，淀山湖镇在组编《淀山湖镇社区志》时，将7本社区志统一编目，独立成篇，从而相对集中地展示了7个社区的全貌，以体现当今新农村社区的时代风貌与地方特色。

《淀山湖镇社区志》涵盖7个社区的历史沿革、自然环境、经济文化、名人佳绩、医疗卫生、民俗风情、坊间传说等方面的内容，是一部反映各社区历史、体现各社区人文的接地气的良志。

我们殷切期望《淀山湖镇社区志》的问世，能起到"前有所稽，后有所鉴"的积极作用，激励各社区民众团结一致，共同奋斗，满怀豪情地把淀山湖镇各社区建设得更加繁荣昌盛。

凡 例

一、本志以马列主义、毛泽东思想、邓小平理论、"三个代表"重要思想、科学发展观和习近平新时代中国特色社会主义思想为指导原则，以辩证唯物主义和历史唯物主义的观点，实事求是地记述淀山湖镇各社区的发展和现状。力求完整、正确、科学地体现各社区的地情特色。

二、本志记事以现行各社区的辖区为范围。

三、本志上限为社区居委会成立，部分内容追溯历史，下限一般止于2017年年底。

四、本志横排门类，纵叙史实。章节间按需要设无题序，以概观其事物发展的踪迹。述、记、志、传、图、表、录兼用，分章、节、目三级展开。大事记以编年体为主，辅以纪事本末体。

五、各社区域内的地名、政区、机构及组织均用当时名称，必要时加注今名，首次出现时用全称，括注简称，再次出现用简称。历史地名沿用旧名，今名一般以昆山市地名办颁布的为准。

六、本志文体采用规范语文体。使用的文字、标点、数字均采用国家颁发的统一规范。如有计量单位，以当时使用的为准，个别的换算为现代计量单位。

七、数据均以阿拉伯数字著录。统计数据，以统计部门为主，统计部门缺项的，采用主管部门的数据。

八、本志资料来源于各类志书、档案、书刊、报纸、史料及口碑材料，经考证核实选用，除必要外，不再注明出处。

目 录

淀山湖社区志

序	3
概　述	4
大事记	7
第一章　社区区域	17
第一节　社区位置	18
第二节　社区名称的由来	18
第三节　社区管辖范围	18
第四节　社区沿革	18
第五节　社区内的河流	19
一、过境河流	19
二、境内河流	20
第二章　社区工商业	21
第一节　商业	21
一、杨湘居委会成立初期的私营商店	21
二、供销合作社	22
三、合作总店（包括下伸店）	22
四、个私商店	22
第二节　工业	23
一、手工业联社	23
二、淀东建筑社	23
第三节　2016年淀山湖社区的机关企事业单位	24
第三章　社区文化	27
第一节　古庙	27
一、部分消亡庙宇简介	27

1

二、社区域内的古庙 ……………………………………………………………… 29
第二节　古桥 …………………………………………………………………………… 29
　　一、保存完好的古桥 ……………………………………………………………… 29
　　二、中华人民共和国建立后拆除的古石桥 ……………………………………… 30
第三节　明清老街 ……………………………………………………………………… 31
　　一、老街主要街、弄 ……………………………………………………………… 33
　　二、老街商铺 ……………………………………………………………………… 34
　　三、老街名店 ……………………………………………………………………… 38
第四节　故居老宅 ……………………………………………………………………… 41
　　一、故居 …………………………………………………………………………… 42
　　二、老宅 …………………………………………………………………………… 42
第五节　汪氏大族 ……………………………………………………………………… 45
　　一、汪氏家族史 …………………………………………………………………… 45
　　二、汪氏家谱 ……………………………………………………………………… 47
第六节　成氏家谱 ……………………………………………………………………… 49
　　一、家谱简介 ……………………………………………………………………… 49
　　二、成氏家规 ……………………………………………………………………… 49
　　三、十劝族人歌 …………………………………………………………………… 49
第七节　居民习俗 ……………………………………………………………………… 50
　　一、节庆习俗 ……………………………………………………………………… 50
　　二、喜庆习俗 ……………………………………………………………………… 52
　　三、丧葬习俗 ……………………………………………………………………… 54
第八节　宗教信仰 ……………………………………………………………………… 55
　　一、基督教 ………………………………………………………………………… 55
　　二、佛教 …………………………………………………………………………… 57

第四章　文体卫生 ………………………………………………………………………… 58
第一节　学校 …………………………………………………………………………… 58
　　一、幼儿园 ………………………………………………………………………… 58
　　二、小学 …………………………………………………………………………… 58
　　三、中学 …………………………………………………………………………… 60
　　四、学制与课程 …………………………………………………………………… 61
　　五、学生校外（课外）游戏活动演变 …………………………………………… 62
第二节　医院 …………………………………………………………………………… 63
　　一、医院外貌 ……………………………………………………………………… 63
　　二、医疗卫生机构沿革 …………………………………………………………… 64

三、医院科室设置 ································· 65
　　四、医院历任院长 ································· 67
　　五、医院历任党支部书记 ····························· 67
第三节　文化体育 ··································· 67
　　一、娱乐活动 ····································· 68
　　二、文娱骨干 ····································· 72
　　三、居民体育 ····································· 73

第五章　人口 ······································· 74
　第一节　人口总量 ································· 74
　第二节　民族 ····································· 74
　第三节　人口变动 ································· 75
　第四节　计划生育 ································· 76

第六章　社区建设 ··································· 77
　第一节　基础设施建设 ····························· 77
　　一、桥梁 ··· 77
　　二、道路 ··· 84
　　三、街、弄 ······································· 85
　第二节　新村小区建设 ····························· 86
　第三节　文化中心 ································· 92
　第四节　老年活动中心 ····························· 92

第七章　居民生活 ··································· 94
　第一节　生活变化 ································· 94
　第二节　养老保险 ································· 95
　第三节　医疗保险 ································· 95

第八章　基层组织 ··································· 96
　第一节　社区基层党组织 ··························· 96
　第二节　社区居民委员会 ··························· 96
　　一、居民委员会主任、委员 ························· 96
　　二、居民小组长 ································· 98
　　三、社区管理信息员 ····························· 99

第九章　人物 ······································· 100
　第一节　人物简介 ································· 100
　　一、中国工程院院士钱七虎 ························· 100
　　二、"两航起义"者周其焕 ························· 101
　　三、建筑工程师孙其昌 ····························· 102

3

　　　　四、社区干部沈锡龙 ……………………………………………… 102
　　　　五、社区干部沈福钧 ……………………………………………… 102
　　第二节　人物录 …………………………………………………………… 103
　　　　一、当代军人录 …………………………………………………… 103
　　　　二、社区籍大学生名录 …………………………………………… 105
　　　　三、插队知识青年名录 …………………………………………… 108
　　　　四、高龄老人名录 ………………………………………………… 109
　　第三节　离休干部 ………………………………………………………… 110
　　　　一、周梦飞 ………………………………………………………… 110
　　　　二、袁立中 ………………………………………………………… 111
　　　　三、王瑞琦 ………………………………………………………… 111

第十章　荣誉 ……………………………………………………………………… 112

第十一章　媒体报道 ……………………………………………………………… 114
　　一、淀山湖社区对零星散楼、无物业小区统一管理　"聚散整管"探出老
　　　　小区治理路 ……………………………………………………………… 114
　　二、居民的笑容是我最大的满足
　　　　——和睦小家，和谐大家，记淀山湖镇李红 ………………………… 115

《淀山湖社区志》修编人员名录 …………………………………………………… 116

石杨河社区志

序 …………………………………………………………………………………… 119
概　述 ……………………………………………………………………………… 120
大事记 ……………………………………………………………………………… 122

第一章　社区形成 ………………………………………………………………… 123
　　第一节　地理 ……………………………………………………………… 123
　　第二节　沿革 ……………………………………………………………… 125
　　第三节　区划 ……………………………………………………………… 125
　　第四节　自然村落 ………………………………………………………… 125

第二章　人口 ……………………………………………………………………… 126
　　第一节　人口总量 ………………………………………………………… 126
　　第二节　人口变动 ………………………………………………………… 126
　　第三节　人口构成 ………………………………………………………… 128
　　　　一、年龄 …………………………………………………………… 128

二、姓氏 ……………………………………………………………………… 128
　　三、文化程度 …………………………………………………………………… 129
 第四节　人口控制（计划生育） ……………………………………………………… 129

第三章　社区建设 ……………………………………………………………………………… 130
 第一节　居民住房建设 …………………………………………………………………… 130
 第二节　基础建设　公共服务设施 ……………………………………………………… 132
　　一、石杨河社区服务中心 ……………………………………………………… 132
　　二、石杨河社区服务中心室外健身场所 ……………………………………… 133
　　三、建设桥、路 ………………………………………………………………… 133
　　四、小学 ………………………………………………………………………… 133
　　五、医疗机构 …………………………………………………………………… 133
 第三节　环境保护 ………………………………………………………………………… 133

第四章　社会与管理 …………………………………………………………………………… 135
 第一节　家庭 ……………………………………………………………………………… 135
 第二节　居民生活 ………………………………………………………………………… 136
　　一、衣食住行 …………………………………………………………………… 136
　　二、生活保障 …………………………………………………………………… 136
 第三节　传统习俗 ………………………………………………………………………… 140
　　一、年俗 ………………………………………………………………………… 140
　　二、节俗 ………………………………………………………………………… 144
　　三、婚俗 ………………………………………………………………………… 146
　　四、再婚 ………………………………………………………………………… 150
　　五、丧俗 ………………………………………………………………………… 151
 第四节　人物 ……………………………………………………………………………… 155
　　一、当代军人名录 ……………………………………………………………… 155
　　二、大学生名录 ………………………………………………………………… 155
　　三、80周岁以上老人名录 ……………………………………………………… 156
 第五节　荣誉 ……………………………………………………………………………… 156

第五章　经济建设 ……………………………………………………………………………… 157
 第一节　工商业 …………………………………………………………………………… 157
　　一、工业企业 …………………………………………………………………… 158
　　二、商业 ………………………………………………………………………… 159
 第二节　农业生产 ………………………………………………………………………… 161
 第三节　运输社解体 ……………………………………………………………………… 161

第六章　基层组织 ……………………………………………………………………………… 162

第一节　基层党组织 …………………………………………………………… 162
　　第二节　社区居委会 …………………………………………………………… 162
　　第三节　群众团体和其他组织 ………………………………………………… 163
　　　一、团支部 …………………………………………………………………… 163
　　　二、妇代会（妇联）………………………………………………………… 164
　　　三、民兵 ……………………………………………………………………… 164

第七章　往事实录 …………………………………………………………………… 165
　　一、1966年淀东公社运输社入社船民、原单位、驳船作价表 ……………… 165
　　二、1989年淀东运输公司章程 ………………………………………………… 166
　　三、1998年淀山湖镇人民政府关于同意淀山湖镇运输公司解体工作实施
　　　　意见的批复 ………………………………………………………………… 167
　　四、1999年石杨河居委会通告 ………………………………………………… 167
　　五、2002年石杨河居委会关于发放年度慰问金的实施意见 ………………… 168
　　六、2002年石杨河居委会协议书 ……………………………………………… 169
　　七、2002年石杨河居委会承诺书 ……………………………………………… 169
　　八、2004年关于临时发放未享受补老金的老年人生活费补贴的实施意见 … 169
　　九、石杨河社区居委会关于探视老年人生病住院及吊唁死亡人员的规定 … 170

《石杨河社区志》修编人员名录 …………………………………………………… 172

杨湘社区志

　　一、社区概况 …………………………………………………………………… 175
　　二、班子分工 …………………………………………………………………… 175
　　三、社区工作 …………………………………………………………………… 175

利民社区志

序 ……………………………………………………………………………………… 179
概　述 ………………………………………………………………………………… 180
大事记 ………………………………………………………………………………… 182
第一章　建置区域 …………………………………………………………………… 188
　　第一节　地域地貌 ……………………………………………………………… 188
　　第二节　社区形成 ……………………………………………………………… 188
　　第三节　区名由来 ……………………………………………………………… 190

第四节　区划 …… 190
 一、完整小区 …… 190
 二、零星小区 …… 191
 三、区划演变 …… 192
 四、社区示意图 …… 193

第五节　居民小组 …… 194

第六节　信息员工作站 …… 194

第二章　人口 …… 195

第一节　人口总量 …… 195

第二节　人口变动 …… 196
 一、自然增长 …… 196
 二、人口迁移 …… 196
 三、外来人口 …… 197

第三节　人口构成 …… 198
 一、民族、籍贯 …… 198
 二、性别 …… 198
 三、姓氏 …… 199
 四、年龄 …… 199
 五、文化程度 …… 201
 六、劳动力结构 …… 202
 七、能工巧匠 …… 202

第四节　计划生育 …… 203

第三章　社会 …… 208

第一节　入驻机构 …… 208
 一、进驻单位 …… 208
 二、部分进驻单位简介 …… 209
  附：淀山湖镇水利管理站 …… 211
  附：淀山湖迎宾馆 …… 216
 三、金融机构 …… 218
 四、部分金融机构简介 …… 219
 五、医疗机构 …… 219

第二节　家庭 …… 220
 一、家庭结构 …… 220
 二、婚姻关系 …… 220
 三、文明和谐家庭 …… 220

第三节　居民生活 ··· 221
　　　　一、住房 ··· 221
　　　　二、家庭大型消费品 ·· 221
　　　　三、饮食 ··· 221
　　　　四、衣着 ··· 222
　　第四节　养老保险 ··· 222
　　第五节　医疗保险 ··· 222
　　第六节　景观 ·· 223
　　　　一、忻康公园 ·· 223
　　　　二、和馨园 ·· 224
　　第七节　名木 ·· 224
　　　　一、苦楮 ··· 224
　　　　二、栲树 ··· 225
　　第八节　人物 ·· 225
　　　　一、博士后 ·· 225
　　　　二、当代军人录 ··· 225
　　　　三、劳动模范 ·· 228
　　　　四、离休干部 ·· 228
　　　　五、在外工作人员 ·· 228
　　第九节　集体荣誉 ··· 230
第四章　文体卫生 ··· 232
　　第一节　文体设施 ··· 232
　　　　一、市民法制学校 ·· 234
　　　　二、社区服务中心 ·· 235
　　　　三、社区综治办 ··· 235
　　第二节　文体活动 ··· 236
　　　　一、文体团队建设 ·· 236
　　　　二、整合利用资源 ·· 238
　　　　三、开展活动 ·· 238
　　第三节　文化名人 ··· 240
　　　　一、李宝云 ·· 240
　　　　二、王戒成 ·· 242
　　第四节　卫生 ·· 246
　　　　一、卫生服务站 ··· 246
　　　　二、民营医院（诊所） ·· 246

第五章　社区建设 ... 247
第一节　小区建设 ... 248
第二节　基础设施 ... 251
一、道路 ... 251
二、桥梁 ... 253
三、供电 ... 254
四、供水 ... 255
五、天然气 ... 256
六、消防设施 ... 256
七、污水处理 ... 258
八、雨水管网 ... 259
第三节　公共服务建设 ... 260
一、公共交通 ... 260
二、加油站 ... 262
三、停车场 ... 262
四、淀山湖镇生活垃圾资源化处理中心站 ... 264
五、公共垃圾桶 ... 265
六、公共厕所 ... 265
第四节　公共绿化 ... 266
一、公园式绿地 ... 266
二、单位绿化 ... 266
三、小区绿化 ... 267
四、道路绿化 ... 267

第六章　沿街门面 ... 269
第一节　沿街店面 ... 269
第二节　淀山湖商城 ... 281
一、发展历程 ... 281
二、农贸大厅 ... 282
三、小商品市场 ... 285
四、外围店面 ... 285
第三节　入驻企业 ... 288

第七章　基层组织 ... 292
第一节　基层党组织 ... 292
一、党支部组建 ... 292
二、党员结构 ... 292

第二节　居民委员会 ………………………………………………………… 294
　　第三节　组织沿革 …………………………………………………………… 295
　　　　一、党支部（2006.04.25～2017.11.02） ……………………………… 295
　　　　二、居委会（1993～2017.11.02） ……………………………………… 296
　　第四节　规章制度 …………………………………………………………… 297
　　　　一、利民社区"三会一课"工作制度 …………………………………… 297
　　　　二、社区居民公约 ……………………………………………………… 298
　　　　三、社区居委会工作职责 ……………………………………………… 299
　　　　四、社区居委会工作人员职责 ………………………………………… 299

第八章　文存辑录 ………………………………………………………………… 300
　　　　一、淀山湖畔的一颗明珠 ……………………………………………… 300
　　　　二、全面建设小康社会 ………………………………………………… 301
　　　　三、加强民主法治建设　倾心打造"法治利民" ……………………… 305
　　　　四、社区服务管理、社区教育 ………………………………………… 306
　　　　五、忻康公园——繁华镇中心的一抹宁静 …………………………… 306
　　　　六、淀山湖"微孝"行动聚大爱 ………………………………………… 307

《利民社区志》修编人员名录 …………………………………………………… 309

淀辉社区志

序 …………………………………………………………………………………… 313
概　述 ……………………………………………………………………………… 314
大事记 ……………………………………………………………………………… 316

第一章　自然环境 ………………………………………………………………… 320
　　第一节　地理 ………………………………………………………………… 320
　　第二节　气候物候 …………………………………………………………… 320
　　　　一、气候 ………………………………………………………………… 320
　　　　二、物候 ………………………………………………………………… 321
　　第三节　过境河流 …………………………………………………………… 321
　　第四节　环境治理 …………………………………………………………… 321
　　　　一、淀辉社区环境综合整治存在的问题 ……………………………… 321
　　　　二、淀辉社区环境综合整治工作的成效 ……………………………… 322

第二章　建置区域 ………………………………………………………………… 323
　　第一节　建置沿革 …………………………………………………………… 323

第二节　社区四至 ………………………………………………………………… 323
　　第三节　社区名称由来 ……………………………………………………………… 324
　　第四节　居民小组 …………………………………………………………………… 324

第三章　人口 …………………………………………………………………………… 325
　　第一节　人口总量 …………………………………………………………………… 325
　　第二节　人口变动 …………………………………………………………………… 325
　　　　一、人口出生 …………………………………………………………………… 325
　　　　二、人口变动 …………………………………………………………………… 325
　　第三节　高龄老人名录 ……………………………………………………………… 326
　　第四节　计划生育 …………………………………………………………………… 328
　　第五节　大学生名录 ………………………………………………………………… 331

第四章　人民生活 ……………………………………………………………………… 333
　　第一节　农民生活 …………………………………………………………………… 333
　　第二节　动迁安置房 ………………………………………………………………… 333
　　　　一、淀辉新村 …………………………………………………………………… 333
　　　　二、淀辉锦园 …………………………………………………………………… 333
　　　　三、香馨佳园 …………………………………………………………………… 334
　　第三节　养老保险 …………………………………………………………………… 334
　　第四节　医疗保险 …………………………………………………………………… 334

第五章　文体卫生 ……………………………………………………………………… 335
　　第一节　文体设施 …………………………………………………………………… 335
　　第二节　医疗站 ……………………………………………………………………… 335
　　第三节　文化活动 …………………………………………………………………… 336
　　第四节　社区体育 …………………………………………………………………… 336
　　第五节　其他 ………………………………………………………………………… 336
　　第六节　区域公园 …………………………………………………………………… 337
　　第七节　文明风尚 …………………………………………………………………… 337
　　　　一、新风尚 ……………………………………………………………………… 337
　　　　二、社会公益 …………………………………………………………………… 338

第六章　社区建设 ……………………………………………………………………… 339
　　第一节　社区构成 …………………………………………………………………… 339
　　第二节　基础设施建设 ……………………………………………………………… 339
　　　　一、社区内的道路 ……………………………………………………………… 339
　　　　二、社区内的桥梁 ……………………………………………………………… 339
　　第三节　公共服务建设 ……………………………………………………………… 340

　　　　一、综合服务中心 ··· 340
　　　　二、生活服务设施 ··· 341
　　第四节　环境保护建设 ··· 342
　　第五节　商业 ·· 342

第七章　基层组织 ·· 349
　　第一节　基层党组织 ··· 349
　　第二节　居民委员会 ··· 349
　　第三节　组织沿革 ·· 349

第八章　杂记 ·· 351
　　第一节　集体荣誉 ·· 351
　　第二节　实事实录 ·· 353

《淀辉社区志》修编人员名录 ··· 354

淀湖社区志

序 ··· 357
概　述 ··· 358
大事记 ··· 359

第一章　建置区域 ·· 361
　　第一节　社区成立时间 ·· 361
　　第二节　社区区名由来 ·· 362
　　第三节　地域位置 ·· 362
　　第四节　居民小组管辖范围 ··· 362

第二章　人口 ·· 363
　　第一节　人口总量 ·· 363
　　第二节　人口变动 ·· 363

第三章　居民生活保障 ·· 364
　　第一节　养老保险 ·· 364
　　第二节　医疗保险 ·· 364

第四章　文体卫生宣传 ·· 365

第五章　社区建设 ·· 366
　　第一节　便民服务中心 ·· 366
　　第二节　日间照料中心 ·· 366
　　　　一、日间照料中心简介 ··· 366

二、服务内容 …………………………………………………………………………… 367

　　三、管理制度 …………………………………………………………………………… 368

第三节　喜事中心（俗称会所） ……………………………………………………………… 368

第四节　其他建设 ……………………………………………………………………………… 368

　　一、道路 ………………………………………………………………………………… 368

　　二、供电与给排水系统 ………………………………………………………………… 368

　　三、卫生服务站 ………………………………………………………………………… 369

　　四、淀山湖镇档案馆 …………………………………………………………………… 369

　　五、公共自行车点和停车场 …………………………………………………………… 369

　　六、公交站点与商业网点 ……………………………………………………………… 369

第六章　基层组织 ………………………………………………………………………………… 370

第一节　基层党组织 …………………………………………………………………………… 370

　　一、概况 ………………………………………………………………………………… 370

　　二、党支部主要职责 …………………………………………………………………… 370

　　三、党支部班子主要成员工作分工情况 ……………………………………………… 371

　　四、党建工作特色 ……………………………………………………………………… 371

　　五、淀湖社区党建"网格化管理"工作方案 ………………………………………… 372

第二节　居民委员会 …………………………………………………………………………… 374

　　一、概况 ………………………………………………………………………………… 374

　　二、主要职责 …………………………………………………………………………… 374

　　三、具体工作 …………………………………………………………………………… 374

第三节　民兵及群众团体负责人 ……………………………………………………………… 378

第四节　组织沿革 ……………………………………………………………………………… 378

第七章　荣誉 ……………………………………………………………………………………… 379

　　一、2014—2017年淀湖社区所获荣誉 ………………………………………………… 379

　　二、2014—2017年淀湖社区所获荣誉奖牌 …………………………………………… 380

第八章　媒体报道 ………………………………………………………………………………… 381

　　一、昆山淀湖社区：百姓事"一站式"搞定 ………………………………………… 381

　　二、昆山市淀山湖镇"社区第一课"让农民轻松"上楼" ………………………… 382

　　三、小事不出楼道　大事不出社区 …………………………………………………… 384

　　四、昆山市淀山湖镇举办第二十八届科普宣传周暨淀湖社区第二届睦邻

　　　　文化节 ………………………………………………………………………………… 385

　　五、昆山市淀山湖镇：打造七色志愿者队伍　绘就社区"七彩生活" …………… 386

　　六、昆山市淀山湖镇创新"社区第一课"服务品牌助推共建共享 ………………… 387

　　七、送上党和政府的关心关爱 ………………………………………………………… 389

八、乐做贴心邻居社区"保姆" …………………………………………………… 389
《淀湖社区志》修编人员名录 …………………………………………………… 391

度假区社区志

序 ……………………………………………………………………………………… 395
概　述 ………………………………………………………………………………… 396
大事记 ………………………………………………………………………………… 398
第一章　建置区域 …………………………………………………………………… 405
　第一节　地域地貌 ………………………………………………………………… 405
　第二节　社区形成 ………………………………………………………………… 405
　第三节　社区区名由来 …………………………………………………………… 408
　第四节　居民点简介 ……………………………………………………………… 408
　　一、富力湾庄园 ………………………………………………………………… 408
　　二、荷玛诗湾 …………………………………………………………………… 409
　　三、恒海国际花园 ……………………………………………………………… 409
　　四、云湖 ………………………………………………………………………… 409
　　五、宝镇湖滨别墅 ……………………………………………………………… 409
　　六、湖庭 ………………………………………………………………………… 409
　　七、淀山湖壹号 ………………………………………………………………… 410
　　八、淀湖桃源 …………………………………………………………………… 410
　　九、淀山湖岸别墅 ……………………………………………………………… 410
　　十、纳帕尔湾 …………………………………………………………………… 410
　　十一、大自然花园 ……………………………………………………………… 411
　　十二、鹿鸣九里 ………………………………………………………………… 411
　　十三、绅园别墅 ………………………………………………………………… 411
　　十四、华纺上海湾易墅 ………………………………………………………… 411
　　十五、东淀湖庄园 ……………………………………………………………… 412
第二章　人口 ………………………………………………………………………… 413
　第一节　人口总量 ………………………………………………………………… 413
　第二节　外来人口 ………………………………………………………………… 415
　第三节　人口构成 ………………………………………………………………… 416
　　一、民族 ………………………………………………………………………… 416
　　二、籍贯 ………………………………………………………………………… 417

三、性别 ··· 417
　　四、姓氏 ··· 417
　　五、年龄 ··· 417
　　六、文化 ··· 417

第三章　社区建设 ··· 418
　第一节　房地产开发 ··· 418
　第二节　基础设施 ··· 420
　　一、骨架道路 ··· 420
　　二、桥梁 ··· 422
　　三、供电 ··· 422
　　四、供水 ··· 422
　　五、天然气 ··· 423
　　六、污水处理 ··· 423
　　七、雨水管网 ··· 424
　第三节　公共服务建设 ··· 424
　　一、公共交通 ··· 424
　　二、加油站 ··· 426
　　三、淀山湖镇生活垃圾资源化处理中心站 ··· 426
　　四、公共厕所 ··· 427

第四章　生态旅游 ··· 428
　第一节　生态旅游区 ··· 428
　第二节　文化遗迹 ··· 429
　　一、度城遗址 ··· 429
　　二、福严禅寺 ··· 429
　第三节　游乐场所 ··· 430
　　一、旭宝高尔夫球场 ··· 430
　　二、梦莱茵游艇俱乐部 ··· 430
　　三、大自然游艇俱乐部 ··· 430
　　四、富力湾游艇俱乐部 ··· 431
　　五、乐营淀山湖国际营地 ··· 431
　　　　附：淀山湖东方游乐园 ··· 431
　第四节　区域景观 ··· 432
　　一、北岸公园 ··· 432
　　二、度城潭历史文化公园 ··· 432
　　三、六如墩小游园 ··· 432

15

　　　　四、红星果品基地 ··· 433
　　　　五、晟泰优质稻米基地 ··· 433
　　　　六、其他公园 ··· 433
　　　　　　　附：七彩田园 ··· 434
　　第五节　古树名木 ··· 434
　　第六节　农家乐 ··· 435
　　第七节　特产 ··· 435
　　　　一、淀小爱大米 ··· 435
　　　　二、有机玉米 ··· 436
　　　　三、红星黄桃 ··· 436

第五章　实事实录 ·· 437
　　第一节　淀山湖镇旅游度假单元控制性详细规划 ····································· 437
　　第二节　淀山湖追日半程马拉松赛 ··· 438
　　　　一、2016 淀山湖追日半程马拉松赛 ··· 438
　　　　二、2017 淀山湖追日半程马拉松赛 ··· 438
　　　　三、2018 淀山湖追日半程马拉松赛 ··· 439
　　第三节　淀山湖镇稻香节 ·· 440
　　　　一、2016 淀山湖镇第一届稻香节 ··· 440
　　　　二、2017 淀山湖镇第二届稻香节 ··· 441
　　第四节　2017 年中国皮划艇巡回赛淀山湖分站赛 ··································· 441
　　第五节　"尚美淀山湖"征文活动 ··· 442

第六章　文存辑录 ·· 443
　　第一节　淀山湖往事 ··· 443
　　第二节　一人之利利万家 ·· 447

《度假区社区志》修编人员名录 ··· 451

后　记 ··· 452

淀山湖社区志

序

淀山湖社区的前身是杨湘居委会，于1950年成立，当时区域内的杨湘老街商业繁荣，有各类商店111家，是淀山湖地区政治经济文化的中心。20世纪50年代初、中期，国家对个私工商业进行社会主义改造，成立供销合作社，组织合作商店。改革开放后，淀山湖镇小城镇建设加快，镇区范围不断扩大，社区内的工商业快速发展。

2016年，淀山湖社区有854户，户籍人口1958人，管辖面积为1.3平方千米。社区管辖范围东起曙光路（马安新村部分居民），西至状元路（韵湖国际花园），南至淀兴路，北至双马路延伸规划线。现有淀新新村、水利新村、东湖花园、东湖佳苑、河滨花园、淀兴小区、中市商业广场、韵湖国际花园8个完整小区和老街东、西大街及多个零星小区和住宅区。辖区内有淀兴路、中市路、东大街、西大街、曙光路、状元路等12条路，有桥梁14座。各项社会事业迅速发展，为盛世修志创造了条件。

《淀山湖社区志》涵盖淀山湖社区的历史沿革、经济文化、人物、医疗卫生等方面的内容，体现了时代风貌和社区特色，是一部反映社区历史、体现社区人文的接地气的良志。我们殷切期望以社区志为媒介，让人们真实了解淀山湖社区的发展历史，起到参考和激励作用，共同把社区管理好、建设好、服务好，从而为建设欣欣向荣的淀山湖镇，起到一定的帮助和指导作用。

淀山湖社区党支部书记　柴彩根
淀山湖社区居委会主任　周　庆
2017年12月

概　述

一

　　淀山湖社区的前身是杨湘居委会，始建于1950年，1993年改名为淀山湖社区。社区管辖范围东起曙光路，北至双马路延伸规划线，南至淀兴路，西至状元路，北隔横丹江与石杨河社区为邻。辖淀新新村、水利新村、东湖花园、东湖佳苑、河滨花园、淀兴小区、中市商业广场、韵湖国际花园8个完整小区和老街东、西大街及多个零星小区和住宅区。区域内有854户，户籍人口1 958人，15个居民小组，管辖面积为1.3平方千米。

　　辖区内有淀兴路、中市路、东大街、西大街、曙光路等10多条路，其中以淀兴路、中市路为主要商业街。辖区内有杨湘泾市河、道褐浦、陆泥浦等河流7条，有桥梁14座，有商店、中小学、电信公司、医院、政府机关、民营企业等单位。

二

　　淀山湖社区内有200多年历史的古桥詠风桥。詠风桥又名大鸦桥，为清朝嘉庆十七年（1812年）里人所建。明朝洪武十年（1377年），王伯均在杨湘泾镇西陆泥浦上建造全福桥。汪思聪、童步清、周正贤等义建中市桥、南寿桥、善堂桥等。至2016年，境内有桥梁14座，改善了陆上交通。

　　辖区内，有一条近900米长的明清老街，东起道褐浦，西至陆泥浦，位于杨湘泾市河北边。老街繁华地段，西起浜桥童秉忠家宅，东至大弄堂，之间距离长300余米，民国十三年（1924年），童步清出资，采购1 069块花岗石铺设成石板街。民国至中华人民共和国建立初期，杨湘泾老街上下滩商铺林立，有各种南北杂货、糖果食品、酒家饭店、诊所药店、农具典当、茶馆鱼行等大小店坊111家。老街名店有杏花村饭店、王健华饭店、汪盛乾南货店、钱选忠鱼行、徐阿泉理发店、殷三林茶馆店、吴永发竹器店和吴三妈粽子店等。

　　汪氏家族是老街名门大族，有千年家史，其中名人汪思聪于清朝康熙年间由安徽徽州迁至淀山湖地区，汪氏家族开始在此繁衍生息。

　　居民成尔乾，祖籍江苏盐城市大成庄，于杨湘居委会成立后迁居到杨湘泾镇。成氏家族修有完整的族谱。家谱始修于明朝崇祯九年（1636年），到2001年，已有365年的历史。家谱详细地记述了成氏二十五代的族谱及成氏名人，还订有成氏家规、十劝族人歌等，对后人很有启迪。

三

杨湘居委会成立后，1951年，城乡群众出资入股兴办了供销合作社。1955年，淀东供销社分设生活资料部和生产资料部供应组。生活资料部开设南货、酒醋、百货、肉庄、鱼行等门市部，生产资料部经营农具、化肥、桐油等，并成立采购站，建立草料场，开设竹木门市部、铁业社。

1956年，个体商业分行业组织合作商店。1956年，淀东手工业联合社成立，由铁业社、木业社、竹业社联合组成。1958年，淀东商业实行大合并，集体商业设有下伸店。

党的十一届三中全会后，社区内的工商业蓬勃发展，私营便利店纷纷开张。至2016年，社区内共有各类工商企业63家。

四

改革开放以后，淀山湖镇小城镇建设加快，社区内的路桥全面改造，新筑的淀兴路、中市路等公路既宽又平。社区内的水泥路纵横交错，四通八达。路边地下埋设了自来水管和污水管道。与此同时，社区内建造了很多住宅房，本镇及外来人口纷纷入住，逐步形成了淀新小区、东湖佳苑等多个居民小区。社区内兴建了淀山湖镇娱乐中心、老年活动中心、门球场等一批体育、娱乐设施。社区居民住进了楼房，享受着社保、医保等福利待遇，购买了轿车，逐步过上了幸福的小康生活。

五

社区居民在结婚、生子、建房、丧葬等场合均有各种民间传统习惯，还有代代口传的方言土话、民间谚语、歇后语、山歌和民间传说，反映了淀山湖社区朴实淳厚的民风和丰富多彩的民俗文化。

区域内的文化教育历史悠久，光绪三十一年（1905年）八月，由汪之镳等四人，利用杨湘泾镇善堂庙后埭4间空房为校舍创建了正基学堂，至2016年，正基学堂已有111年的历史。百年来，先后更迭校长20余人，校址先后易地3次，校名自正基学堂始，先后变更了8次。1958年，杨湘泾镇创办了昆山县第八中学，后改名为淀山湖中学。中小学培养了一批批国家和地方建设的有用之才，他们中间有中国工程院院士，农业科学研究所所长、教授，江苏省名中医，国家一级运动员，商贸专家。更为众多的是教师、医生、学者、工程师、党政干部、企业家和革命军人，他们在各自的工作岗位上辛勤工作，为国家和人民做出了贡献。

区域内的文艺宣传队起步较早、文艺骨干多，自编自演小戏小品如《夸媳妇》《饲养员张阿虎》《砍竹》等，参加了苏州、昆山等地区文娱会演，均获奖。多年来，由社区文艺骨干组成的业余戏曲团队为淀山湖镇创建"戏曲之乡"做出了不少贡献。

社区成立后，组建了篮球队、乒乓球队、象棋队；21世纪初，又组建了老年体操队、门球队等。这些群众性的体育组织参与镇组织的各项竞赛，均获得较好成绩。

1951年，辖区内成立了杨湘联合诊所，1952年更名为淀东区卫生所。1953年成立了3

个联合诊所，1956年3个联合诊所合并成立杨湘中心联合诊所，并设立血吸虫病治疗组，开始收治血吸虫病人。1958年，杨湘中心联诊与淀东卫生所合并成立淀东卫生院，后改名为淀山湖人民医院。淀山湖人民医院历经两次易地搬迁、扩建，至2016年，已发展成为乡镇级的上乘医院，有医务人员、职工50多人，为社区居民提供了便利的医疗服务。

六

自1950年杨湘居委会成立，至2017年先后共十一届居委会，办公地址6次易地搬迁。历届居委会成员都能恪守为民服务的宗旨，辛勤工作，为社区的发展做出了贡献。2006年，经中共淀山湖镇委员会批准组建淀山湖社区居委会党支部。社区党支部带领党员团结社区群众，不断开拓进取。社区政治、经济长足发展，面貌焕然一新。

自社区成立以来，集体受表彰省级1次，地市级6次，县级15次，镇级1次。

大 事 记

1950 年

1月，杨湘居委会成立，第一届第一任主任徐福生。

2月，姚裕康到杨湘泾小学任校长。

6月，宣传新颁布的《中华人民共和国土地改革法》，农村村民划成分，斗地主，分四大财产。

1951 年

1月1日，淀东区成立淀东供销社。

5月，成立杨湘联合诊所。

10月，居民积极投入抗美援朝运动，捐献飞机大炮。

是年，杨湘幼儿园开办一个班，幼儿30多名，教师1人，为季宝芬。

△ 城乡居民出资入股办供销合作社，每股1.3元，后增至每股3元，集股金7 884元，首任供销合作社主任蔡德中。

1952 年

是年，杨湘联合诊所更名为淀东区卫生所。

1953 年

3月，开展首次人口普查。

1954 年

5月18日至7月24日，连续降雨66天，水位猛涨，达3.4米，部分居民住房屋顶漏水，家具受损。

1955 年

是年，杨湘居委会所在的区域内，开始建立户口登记制度。

1956 年

1月，杨湘泾镇私营商店接受社会主义改造，成立合作商店（组）。

8月1~3日，连续3天遭受台风暴雨袭击，风力10级以上，动员部分危房居民搬至安全场所。

11月，杨湘联合诊所建立血吸虫病委托治疗组，开始治疗血吸虫病患者。

12月，集镇居民口粮实行按人口分年龄、分工种定量供应。工商行业用粮，实行按户定粮供应。

1957 年

1月，邵秀英（女）任杨湘居委会第一届第二任主任。

6月20日至7月9日，连续暴雨，水位上涨，商店生意冷冷清清。

1958 年

4月1日起，掀起查螺灭螺、治疗血吸虫病的"血防"运动，杨湘居委会动员居民查病治病。

5月1日，全乡合作商店重新进行组合调整，按地区、行业组建39个商业网点。

10月，淀东人民公社成立。

11月，开工建造杨湘大礼堂。

12月，全民大炼钢铁，到处建小高炉，杨湘居民也积极参与。

12月，杨湘卫生所和杨湘联合诊所合并，成立淀东卫生院，李文学任院长。

是年，昆山县第八中学（淀东中学）创建，招收两个班，108名学生。

△淀东农业中学创建，招4个班，151名学生。

△杨湘粮管所南开挖60米人工河。

1959 年

5月，杨湘大礼堂建造完工。

1960 年

1月，曹林英（女）任杨湘居委会第一届第三任主任。

8月2~5日，受7号台风影响，连降暴雨，居民家颇受影响。

是年，淀东合作商店在部分村（大队）开设下伸店。

1961 年

10月初，26号台风过境，风力10级，危房倒塌，早稻倒伏。

是年，居民凭票供应副食品。

1962 年

7月，暑假起淀东农业中学停办。

1963 年

1月，高建华（女）任杨湘居委会第一届第四任主任。
是年，根据昆山县文教局指示，校址在杨湘泾的昆山县第八中学停办。

1964 年

7月1日，淀东人民公社进行第二次人口普查，杨湘居民积极参加，配合普查。
9月1日，开展面上社会主义教育运动，居民积极参与。

1965 年

7月15日，上级下派的社教工作组进驻杨湘居委会，社会主义教育运动全面推开，贯彻《关于农村社会主义教育运动中目前提出的一些问题》（即《二十三条》），简称"四清"（清政治、清思想、清经济、清组织）运动。

1966 年

1月，孙敬源任杨湘居委会第一届第五任主任。
5月16日，中央"五一六"通知下达，标志着"文化大革命"运动开始。
9月9日，收听中共中央《关于无产阶级文化大革命的决定》广播。
10月4日，成立淀东人民公社广播放大站，居民可以收听广播。
10月，"红卫兵""造反派"上街游行，横扫所谓"四旧"（旧思想、旧风俗、旧文化、旧习惯），文物古迹字画等多遭损毁。

1967 年

1月，"文化大革命"全面展开。
2月1日，成立造反派"战斗队"，揪斗"走资本主义道路当权派"。
5月20日，造反派分裂成"五一三""昆革联"，杨湘居委会部分居民参与其中。

1968 年

1月1日，淀东人民公社的"五一三""昆革联"两大造反派在杨湘泾镇发生武斗。
3月，公社成立革命委员会，大队成立革命领导小组。
9月，校址设在杨湘泾镇东大街的淀东中学恢复办学。

1969 年

9月29日，成立"群专组"实行所谓"全面专政"，关押迫害大批干部群众。（党的十

一届三中全会后,对受迫害的干部群众进行平反昭雪。)

10月1日,中小学下放,实行社办下管(贫下中农管理学校)。

1970年

2月,中小学22名教师下放农村劳动锻炼。

1971年

7月,淀东人民公社粮管所落实战备措施,大建"土圆仓"。

1972年

2月,组织居委会干部群众批判林彪集团。

7月,粮管所完成建露天"土圆仓"10个,可存放粮食250吨。

9月1日,建造淀东水泥厂。

1973年

12月27日,开展"批林批孔"运动,进行党的基本路线教育。

是年,淀东中学增设高中。招收高一两班110名新生。

1974年

1月,杨湘居委会第一届第六任主任,由原粮管所所长沈福钧兼任(当时居委会工作人员仅沈福钧一人)。

10月1日,杨湘居委会安置17名初高中毕业生下乡插队,到新和大队落户当农民。

1975年

6月21日至7月初,境内连续降雨374.6毫米,7月10日,水位上涨到3.4米,杨湘居委会组织居民防涝抗灾。

10月,未升学的城镇初高中毕业生下乡插队,安排在杨湘大队知青点。

1976年

1月8日,周恩来总理逝世,杨湘居委会干部群众悲痛万分,自发组织悼念活动。

3月,继续开挖粮管所南面的人工河,与金家溇相通,并在两河相接处建水闸、桥梁,方便航船和通车。

9月18日,杨湘居委会干部群众收听北京毛泽东主席逝世追悼大会实况广播。

10月,杨湘居委会干部群众庆祝粉碎"四人帮"集团的胜利。

1977年

10月,杨湘居委会继续动员本镇未升学的城镇初高中毕业生11名,到碛碾大队知青点下乡插队。

11月,工宣队、贫宣队撤离学校。

是年,恢复高校招生统一考试制度。

1978年

7~9月,出现历史上罕见的高温,最高温度达37.9℃,35℃左右高温持续40天,居民家纷纷购买电风扇防暑降温。

1979年

2月,贯彻中共中央十一届三中全会精神,全党工作重心转移到以经济建设为中心。春季,贯彻中共中央《关于地主、富农分子摘帽问题和地富子女成分问题的决定》的指示,地、富分子摘帽,子女重新定成分。

9月1日,高中、初中学制均恢复三年制。

秋季,下乡务农的知识青年上调回城镇,重新安排工作。

1980年

7月,对"文化大革命"中的冤假错案进行平反纠错。

8月,组织居委会干部群众学习《中共中央关于控制我国人口增长问题致全体共产党员共青团员的公开信》,提倡晚婚和"一对夫妇只生1个孩子"。

1981年

1月10日,杨湘合作商业总店更名为"淀东集体商业综合公司"。

1月20日,淀山湖香精厂开业投产,安置"四残"人员25人。该厂是淀东公社首家福利企业。

1982年

11月,15名满30年教龄的老师,收到昆山县文教局颁发的证书。

是年,杨湘居委会进行第三次人口普查。

1983年

2月1日,开展第二个"文明礼貌月"活动,供销社职工为群众免费上门修理家电,关心照顾孤寡老人生活。粮管所职工将粮、油票证送到居民家中。

6月下旬,暴雨,水位上涨,持续30天水位超过警戒线,部分居民家受灾严重。

1984年

8月,淀东中心小学易地迁至杨湘泾双娄江东,建新校舍,占地10亩,建筑面积1 250

平方米，教学设施优化。

10月，象棋大师胡荣华来杨湘大礼堂做"盲棋"表演，居委会中部分象棋爱好者参与活动。

1985年

2月15日，昆（昆山）杨（杨湘泾）公路建成通车。

9月5日，淀东乡敬老院建成使用。

是年，建造镇北防洪闸，确保杨湘镇居民生活安全。

1986年

2月20日，途经杨湘泾的水路客运全线停业。

10月1日，昆（昆山）青（青浦）公路建成通车。

1987年

1月1日，公交车票价调整，每人每千米调整为0.03元。

1988年

1月10日，居民中开展颁发身份证工作。

是年，建造粮管所闸。

1989年

2月5日，淀东至金家庄公路竣工，淀东车站设有始发站，方便居民出行。

12月，淀东镇每户居民安装了动圈喇叭，淀东镇成为昆山广播事业中的"动圈喇叭镇"。

1990年

是年，第四次人口普查，居民积极配合。

1991年

6月17日，淀东地区遭受百年未遇的洪灾，雨量集中，河水暴涨，居民家普遍受灾，损失较大。

1992年

11月24日，经昆山市政府批准，建造属公益性质的淀山湖公墓。公墓占地22.34亩。

是年，坐落于杨湘泾镇东市梢的咏风桥（又名大鸦桥）拆除。

1993年

3月26日，经江苏省人民政府批准，淀东镇更名为淀山湖镇。

10月，杨湘居委会更名为淀山湖社区居民委员会。

10月，第二届淀山湖社区居委会换届选举。选举地址设在淀山湖镇老政府会议室。选举沈锡龙为居委会主任，周士安、顾庆利、潘佩芳3人为居委会工作人员。办公地点设在淀山湖镇老饭店。居民人口数509人。

11月，淀山湖社区成立淀山湖镇第一家老人茶馆店。

1994年

5月，淀山湖社区成立淀山湖镇第一家老年人活动室。

6月30日，淀山湖自来水厂一期工程3万吨级新厂建成，居民喝上了淀山湖水源的自来水。

9月1日，淀山湖中心小学第二次易地新建，总投资800万元，校址在杨湘泾镇东。

是年，中市桥拆除，改建公路桥。

1995年

2月13日，淀山湖中心小学新校舍正式启用。

12月17日，居民家的电话号码升至7位。

1996年

6月15日，淀山湖镇新建屠宰场，实行"定点屠宰、集体检疫、统一纳税，分散经营"，确保居民吃上"安全肉、放心肉"。

7月3日，淀山湖卫生院新院落成。

8月，淀山湖社区将淀兴路以南地段划分给利民社区管辖。

11月，第三届淀山湖社区居委会换届选举。选举地址设在淀山湖镇老政府会议室。选举吴丽娟为主任，沈锡龙为副主任，周士安、顾庆利、张志芬3人为工作人员。

1997年

7月25日，《当代昆山人才录》首发，淀山湖社区钱七虎等8人被收入。

8月18日，11号强台风来袭，居民损失较重。

1998年

1月1日，淀山湖镇集体商业综合公司所属各单位，采取抽资承包、流动资产转让、固定资产租赁等形式进行全面转制。

1999年

11月，第四届淀山湖社区居委会换届选举。选举地址设在淀山湖镇老政府楼会议室。选举吴丽娟为主任，王小顺为副主任，周士安、沈丽娟为工作人员。

12月，淀山湖社区居委会荣获昆山市老龄工作委员会颁发的"尊老服务爱心奖"。

2000 年

11月14日，淀山湖镇通过评估验收，成为"苏州市消灭血吸虫病镇"，居民欢欣鼓舞。

2001 年

12月，淀山湖社区居委会荣获昆山市老龄工作委员会颁发的"敬老服务先进单位"。

是年，第五届淀山湖社区居委会换届选举。选举朱瑞英为主任，吴丽娟、沈丽娟、沈金凤为委员。

2002 年

6月，淀山湖社区居委会搬迁至淀山湖镇西大街23号。

2003 年

是年，第六届淀山湖社区居委会换届选举。选举陆美康为主任，李红、潘凤菊为委员。

2004 年

2月5日，淀山湖镇元宵猜谜晚会在文化娱乐城举行，吸引了不少居民参与。

12月28日，中国工程院院士、全国政协委员钱七虎专程冒雪驱车，从南京赶到淀山湖镇看望并资助贫困学生张丽静、李艳以及李艳的母亲李惠娟。

2005 年

是年，淀山湖镇残联支持鼓励残疾人夏棣自主创业。

2006 年

4月，成立淀山湖社区居委会党支部，陆美康任党支部书记。

6月，第七届淀山湖社区居委会换届选举。选举陆美康为主任，李红、潘凤菊为委员。

2007 年

6月，苏州市人民政府授予淀山湖社区"苏州市绿色社区"称号。

12月，淀山湖社区荣获"昆山市民主法治示范社区"称号。

2008 年

8月，淀山湖社区参加淀山湖镇庆"七一"暨纪念改革开放30周年活动，获歌咏比赛三等奖。

8月，淀山湖社区"居民活动中心"全面改造。

11月，淀山湖社区被苏州市司法局和苏州市民政局评为"苏州市民主法治社区"。

12月，淀山湖镇庆祝第二十一个老年节，淀山湖社区健身球操获团体赛一等奖。

12月，举办淀山湖镇第八届运动会，淀山湖社区获健身球操第一名。

2009 年

7月，第八届淀山湖社区居委会换届选举。选举陆美康为主任，李红、潘凤菊为委员。

12月，淀山湖社区被昆山市精神文明建设委员会评为"昆山市文明社区"。

2010 年

7月1日，淀山湖社区居委会全体共产党员参加淀山湖镇纪念建党89周年大会。

是年，《风水宝地淀山湖》一书出版，淀山湖社区派代表参加《风水宝地淀山湖》一书首发式活动。

2011 年

3月，第九届淀山湖社区居委会换届选举。选举陆美康为主任，李红、潘凤菊为委员。

12月，淀山湖社区居委会被昆山市老龄工作委员会评为"2010—2011年度老龄工作先进集体"。

12月，淀山湖社区居委会的档案工作经江苏省档案局考评，达《江苏省机关团体企业事业单位档案工作规范》二星级标准。

2012 年

6月20日，淀山湖镇老龄会举办百人徒步活动，社区有10人参加。

7月3日，社区和敬老院领导一起去昆山人民医院把马秀英老人接回敬老院疗养。

7月，社区管理区域图、楼幢、户主系列采录工作完善。

8月13日，启动万家乐行动计划，上报独居老人、丧偶老人、残疾老人统计数。

10月，淀山湖社区居委会成立团支部，周庆任团支部书记。

11月27日，2012年度淀山湖社区慈善救助卡开始发放，共有16人领取慈善救助卡。

12月，淀山湖社区居委会被苏州市文化广电新闻出版局评为"苏州市公共文化服务示范社区"。

2013 年

1月，淀山湖社区获苏州市司法局颁发的"苏州市规范化村（社区）人民调解委员会"荣誉称号。

12月，淀山湖社区获江苏省民政厅授予的"江苏省和谐社区建设示范社区"荣誉称号。

是年，淀山湖社区办公室由中市路301号（文体站对面）搬迁至西大街38号（原敬老院内）。

△淀山湖社区居委会第十届换届选举，社区党支部书记张卫青任主任，周庆、朱茜、浦珏、吴晨玲为委员。

2014 年

3月13日,淀山湖社区选举成立监督委员会,选举陆美康任主任,朱静君、陆毓为委员。

5月,淀山湖社区获江苏省依法治省领导小组授予的"江苏省民主法治示范社区"荣誉称号。

9月,淀山湖社区建立巾帼文明岗,获昆山市巾帼建功活动领导小组颁发的"昆山市巾帼文明岗"奖牌。

10月,淀山湖社区妇儿之家的"多彩之家 伴你成长"项目荣获昆山市妇女联合会颁发的优秀项目"三等奖"。

2015 年

4月,淀山湖社区建立二星级档案室,顺利通过江苏省二星级档案室复查。

8月27日,淀山湖社区、淀山湖镇人民武装部进行定兵走访,区域内两位青年应征入伍。

12月29日,淀山湖社区荣获昆山市社区教育办公室颁发的"2015年度社区教育'先进单位'"荣誉称号。

2016 年

5月15日,张卫青、周庆为淀山湖镇第十六届党代会代表。

6月,淀山湖社区荣获中共昆山市委颁发的"先进基层党组织"奖牌。

9月25日,淀山湖社区党支部召开支部大会,选举、产生新一届党支部班子成员。

12月8日,淀山湖社区在淀山湖镇文化站召开昆山市第88选区、淀山湖镇第22选区市镇两级人大代表选举大会,张卫青、周庆、浦珏三位同志当选为淀山湖镇人大代表。

12月25日,淀山湖社区在淀山湖镇文化站召开第十一届社区居委会换届选举大会,选举周庆为主任,朱茜、浦珏、吴晨玲、王洁慧为委员。

2017 年

1月20日,西大街健安路西侧沿河岸安装护栏,排除沿河岸的安全隐患。

2月3日,昆山市委常委、统战部部长陈丽艳围绕"两聚一高"目标,到淀山湖镇淀山湖社区开展"六个一"基层走访调研。

3月5日,淀山湖社区居委会由西大街38号搬迁至中市商业广场9-2号。

5月31日,淀山湖社区配合淀山湖镇公房解危办公室召开公房解危动员会。

11月27日,柴彩根担任淀山湖社区党支部书记。

12月28日,对辖区内的韵湖国际花园群租房进行集中整治。

第一章 社区区域

淀山湖社区居委会坐落于淀山湖镇中市商业广场9-2号。2016年，区域内有854户，户籍人口1958人，15个居民小组，管辖面积为1.3平方千米。社区服务中心约500平方米，社区居民活动中心用房约400平方米，工作人员6名。

淀山湖社区辖淀新新村、水利新村、东湖花园、东湖佳苑、河滨花园、淀兴小区、中市商业广场、韵湖国际花园8个完整小区和老街东、西大街及多个零星小区和住宅区。辖区内有淀兴路、中市路、东大街、西大街、曙光路、上洪路、香石路、府前路、新风路、南寿巷、健安路、状元路12条路，其中以淀兴路、中市路为主要商业街。辖区内有各种商店、酒家、超市以及中小学、电信、财贸、银行、税务、建设、国土、劳动、供电、医院、粮管、教堂、文化娱乐、政府机关、民营企业等单位。淀兴路是淀山湖镇横贯镇区东西的中心路，而中市路是淀山湖镇横贯镇区南北的中心路。老街市河横贯镇区，全长1000米，西通陆泥浦，东入大华浦。

淀山湖社区居委会下设社区党建、社区团务、社区救助、劳动保障、妇女计生、信访调解、社会治安综合治理、社会管理、民兵征兵、社区教育、社区文化、公共卫生、环境安全、社区建设、社区残协、民族宗教、警务安保、老龄关工、社区志愿者、社区财务管理服务等组织。

淀山湖社区居民活动中心约400平方米，双溇活动中心约300平方米，室外活动场地1000平方米。活动中心设有棋牌室、电视书场、影视放映室、排练室、乒乓球室、台球室、电子阅览室、图书报刊阅览室、亲子活动室、残疾人康复室、门球场、健身场、社区市民教育学校。社区成立了舞蹈、门球、拳操等文体队伍，获得多项苏州市、昆山市、淀山湖镇奖牌和荣誉。

淀山湖社区秉承送政策、访民事、办实事、促发展的理念，服务于社区居民群众，为建成一个文化生活丰富、文明健康向上、社会管理良好、环境整洁有序、人际关系和谐的社区而努力。

第一节　社区位置

淀山湖社区位于淀山湖镇中心，镇区淀兴路以北，东至曙光路，西至状元路，北邻石杨河社区。辖区内的杨湘泾老街曾是淀山湖地区的经济文化中心。区域内的居民住宅与杨湘泾村村民住宅相邻相间，形成了村居混合的局面。

第二节　社区名称的由来

1950年，杨湘泾镇有了市镇居民领导组织。名称取自原杨湘泾镇名，即杨湘居委会，当时全镇只有1个居委会。1993年，淀东镇改名为淀山湖镇，杨湘居委会依镇名改名为淀山湖居委会。至1999年10月，全镇发展为三个社区居委会。各自商议取名（如利民社区居委会、石杨河社区居委会），淀山湖社区的名称仍沿用。

第三节　社区管辖范围

社区管辖范围东起曙光路，北至双马路延伸规划线，西至香石路，南至淀兴路。社区东面是马安新村，南面是利民社区，西隔香石路与晟泰农民新村为邻，北隔横丹江与石杨河社区为邻。辖淀新新村、水利新村、东湖花园、东湖佳苑、河滨花园、淀兴小区、中市商业广场、韵湖国际花园8个完整小区和老街东、西大街及多个零星小区和住宅区（其中包括马安新村部分居民及晟泰农民新村部分居民）。

辖区内有淀兴路、中市路、状元路等12条路，其中以淀兴路、中市路为主要商业街。辖区内有桥梁14座，有各种商店、酒家、超市以及中小学、电信、财贸、银行、税务、供电、医院、粮管、教堂、文化娱乐、政府机关、民营企业等单位。

第四节　社区沿革

淀山湖社区的前身是杨湘居民委员会，于1950年成立，第一任居委会主任徐福生。1957年，第二任主任邵秀英。1960年，第三任主任曹林英（兼环卫所工作）。1963年，第四任主任高建华。1966年，第五任主任孙敬源（兼环卫所工作）。以上五位主任当时都不发工资，办公地点都在自己家里。1974年，第六任主任由退休后的沈福钧担任，财政所给予补贴每月20元。办公地点在老乡政府楼传达室。居委会主任的主要工作是：为居民户口调动、新生儿出生报户口打证明，发放居民的粮票、布票、困难户补助款，推荐社会青年就业，调解居民邻里纠纷，等等。

1993年10月，淀山湖居委会第二届换届选举，沈锡龙担任主任，周士安、顾庆利、潘佩芳为居委会工作人员。民政所付给主任工资每月80元，工作人员每月60元、40元。沈锡龙征得镇领导同意，与淀山湖镇商业负责人詹雪明反复协调，腾出老街饭店空房三间（中市桥上滩）。沈锡龙主任带领工作人员打扫房子，粉刷墙壁，购买办公桌、凳子，使居委会有了像样的办公室。在沈锡龙主任的提议下，杨湘村安排侯相林负责烧水，在居委会办公室外面一间，成立了镇上第一家老人茶馆。老人来喝茶，茶叶加泡水4角，自带茶叶2角。所收费用除了支付侯相林每月200元工资外，剩余款作为居委会日常开支费用。

1996年，淀山湖居委会第三届换届选举，吴丽娟为居委会主任，沈锡龙为副主任，周士安、顾庆利为委员。1999年，淀山湖居委会第四届换届选举，吴丽娟为居委会主任，王小顺为副主任，周士安、沈丽娟为委员。2001年，淀山湖居委会第五届换届选举，朱瑞英任主任，吴丽娟、沈丽娟、沈金凤为委员。居委会办公室搬至西大街23号。2003年，第六届淀山湖居委会换届选举，陆美康任主任，李红、沈丽娟为委员。2006年第七届淀山湖居委会换届选举，陆美康任主任，李红、潘凤菊为委员。2009年，第八届居委会换届选举，陆美康为主任，李红、潘凤菊为委员，办公室搬至中市路31号（文化中心对面）。至2013年，第九届淀山湖居委会仍由陆美康任主任，李红、潘凤菊为委员。2013年，第十届淀山湖居委会换届选举，张卫青任社区党支部书记、主任，周庆、朱茜、浦珏、吴晨玲为委员。办公室搬至西大街38号（老年人活动中心）。2016年，张卫青为社区党支部书记，周庆任社区主任，朱茜为副主任，浦珏、吴晨玲、王洁慧为委员。2017年11月，柴彩根任社区党支部书记，周庆任社区主任，浦珏、吴晨玲、王洁慧、潘唯迪为委员。2017年3月，社区居委会办公室搬至中市路商业广场9-2号办公大楼。

改革开放以后，淀山湖镇小城镇建设加快，镇区建造了很多商品房，吸引了很多本镇农民和外来务工人员入住。社区的管理范围和职能扩大了，工作量随之增大，涉及社区人口、计划生育、社区物业管理、文艺体育诸多方面。

第五节　社区内的河流

一、过境河流

道褐浦、陆泥浦、朝南江。

二、境内河流

1. 杨湘泾市河
西起陆泥浦,东至道褐浦,全长约 1 000 米。

2. 双溇江
北自杨湘泾市河向南切入约 500 米到底成溇。1987 年新杨河接通该溇,1994 年在新杨河连接处向南 150 米处的溇梢填平成绿化地带。

3. 上段溇(又名东溇)
北自石杨河注入,向南至村中成浜,在横丹村处分支向西与金家溇、横丹江相连。

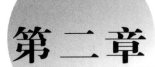

第二章
社区工商业

社区成立时，区域内没有像样的工业。

20世纪七八十年代，在招商引资和大力发展民营经济的政策指引下，政府大力扶持小微企业，政策上给予优惠，方便企业办理营业执照，资金上给予贷款。区域内民营企业从无到有，个私商店越来越多。

第一节 商 业

清朝年间，杨湘泾镇已成为本地区的商业中心。民国时期，杨湘泾百米长的石板街两侧，从东到西，一家挨着一家，开设了各种商店。虽然规模不大，但商品门类齐全，市场比较兴盛。多数店为前店后坊、店家合一的小本经营户，俗称夫妻老婆店。此外，亦有摆摊设柜、肩挑手提的小商贩、货郎担走村串户。

1951年，城乡群众出资入股兴办了供销合作社。1956年，个体商业分行业组织合作商店。1958年，淀东商业实行大合并，集体商业设有下伸店。改革开放以后，个私商店纷纷开张，区域内商业繁荣。

一、杨湘居委会成立初期的私营商店

1951年，杨湘泾的私营商业中米店3家：周世祥、徐仁泰、周祥林；肉庄2家：陆进杰、翁炳生；鱼行3家：顾焕新、钱家福、钱光中；豆腐店3家：张祥正、沈和尚、孙德发；洋货店2家：徐伯正、潘洪坤；绸布店2家：顾宏元、周顺昌；桐油店1家：翁炳生；药材店3家：陆建忠、殷桂生、谈建兵；地货水果店2家：王瑞元、谢二毛；篮汰店1家：顾焕新；南北什货店14家：徐志军、陆伯言、张之元、姚继仁、夏喜春、汪品生、蒋仲康、顾建高、陆仁葵、周生泰、童宝华、邵洪生、殷阿七、钱文明；文具店1家：夏志真；扎纸作2家：宋镜新、朱福生；理发店8家：姚正其、徐阿全、周广才、王宝其、徐玉山、张同生、陈雨高、梳头妈；酒家饭店6家：姚继仁、童东生、陆阿根、童子康、王健华、王老板；点心店9家：童金生、张振华、张五宝、柯阿金、徐阿宝、殷巧泉、童永林、张宝堂、

吴三妈；茶馆店16家：高老太、周阿三、邵三旺、徐福生、朱桂宝、周世令、殷三林、周长生、周邦才、张兆荣、朱德富、小阿姐、殷阿七、三妈妈、田忠明、张进福。鸦片烟馆、看风水、横料店等歇业。

二、供销合作社

中华人民共和国建立后，人民政府为了恢复经济，贯彻"城乡互助、发展经济、公私兼顾、劳资两利"的政策。1951年，城乡群众出资入股兴办了供销合作社。每股1.3元，后增加到每股3元，集股金7 884元。首任供销社主任蔡德中，会计翁昌生，营业员张伯荣、张永伯、谈瑛。经营商品有食盐、食糖、酱油、毛巾、肥皂、火柴、火油等。1953年，供销社搬至善堂弄口西侧，经营商品扩大到粮、棉、油、猪、禽、蛋等。

供销社书记、主任先后有周梦飞、张伯荣、方子来、夏建中、倪振家、殷德安等。

1. 生活、生产资料部供应组

1955年，淀东供销社分设生活资料部和生产资料部供应组，童海元任组长，高奎庆、韩月华任副组长。生活资料部开设南货、酒醋、百货、肉庄、鱼行等门市部，生产资料部经营农具、化肥、桐油等，并成立采购站，建立草料场，开设竹木门市部、铁业社。

2. 竹材部

淀东竹材部位于朝南江南寿桥东桥塊下，经理高奎庆、倪宝珊。1966年后主任张伯荣、陆雪林，外勤采购员池金林、李国兴，职工谢其荣、詹小牛。经营毛竹、木椽、芦席、竹扫帚等。

3. 肥药部

淀东肥药部位于竹材部南面，会计沈惠英。经营农药、化肥、柴油等。

4. 采购站

淀东采购站位于杨湘市河南岸。经理先后由倪宝珊、倪振家担任，会计薛莉芳，职工周世龙、叶永元、商秋方、王金弟。收购生猪、禽畜毛皮、废金属、草绳等。

三、合作总店（包括下伸店）

1956年，在农业合作化高潮中，对私营商业加快了社会主义改造的步伐。个体商业分行业组织合作商店、合作小组。合作商店有4个单位：国药业合作商店6户，从业人员8人；豆腐业合作商店3户，从业人员7人；南什货业合作商店7户，从业人员8人；理发业合作小组5户，从业人员19人；联购分销小组7户，从业人员7人。

1960年3月，淀东公社合作商店、合作小组成立了"合作总店管理委员会"，建立财会组，按店、组建账目，按月结算，按部门自负盈亏，多劳多得，进行工资分配。

20世纪60年代，淀东合作商店在永勤村开设下伸店，店址设在王土泾村彭兴林家，营业员周思生，主要经营商品有油、盐、酱、醋、糖、卫生纸等。周家泾村顾文明家也开设下伸店，由陈光汉经营。陈光汉退休后，由陆美娟、蒋菊珍经营。

四、个私商店

党的十一届三中全会后，贯彻"对外开放，对内搞活"的政策，积极扶持个体经济。

在市场竞争中，淀山湖供销社调整结构，灵活经营。新建门面房，连同闲置仓库对外租赁。将棉布、小农具、液化气站等交由部门抽资承包，盘活了存量资产。淀山湖供销社通过转制改制，全社有5个部门抽资承包，有14名职工参加了承包。社区内的私营便利店似雨后春笋般纷纷开张。

第二节 工 业

一、手工业联社

1956年淀东手工业联社由铁业社、木业社、竹业社联合组成。手工业联社主任先后由张惠明、顾宝兴、钱永明、朱仁林等人担任。

1. 铁业社

淀东铁业社第一任主任顾宝兴，第二任主任陈兴忠，第三任主任周元顺，打造铁制农具铲、镰刀等。20世纪60年代，铁业社试制成插秧机，20世纪70年代起生产脱粒机、大包机。殷祖林发明牛角铲，可开深沟1.5尺。20世纪80年代铁业社解体后，由陈建荣负责在原址开设粉末厂。

2. 竹木业社

淀东木业社位于电力站住宅区，建筑面积500平方米，职工30人，第一任书记盛林生兼负责人，第二任书记吴雪荣，第三任书记顾学兴，第四任书记吴全荣。打造木船，做犁、木头棺材等。圆作车间做马桶、脚桶等。20世纪70年代，设备更新，添置锯床、轨道电动锯板机等。竹业社做竹篮、竹汰、竹筛、栈条等。20世纪70年代并入木业社。

二、淀东建筑社

1. 淀东建筑社成立

淀东建筑社成立于1974年5月。创办人徐仁林、王忠林，成立时办公室位于老街东溇弄堂西口，一间楼上、一间楼下，面积约60平方米。1975年5月，办公室易地至杨湘泾东大街东端，大华桥西堍，三间公房，面积约120平方米。

淀东建筑社职工大多数来自农村、居委会中的"五匠"。1974年10月，职工队伍达60多人，其中泥水匠、木匠居多，主要以建筑房屋为主。除了建造淀东地区的公房民宅外，还承接外地建筑。淀东建筑社建造的第一个外地工程为"罗山民房建筑"。

1975年4月，由淀东建筑社职工负责人吕土根招标来的上海黄家渡"黄山号"船坞工地办公楼房，为淀东建筑社盈利和发展奠定了坚实的基础。

2. 淀东建筑社历任负责人

淀东建筑社第一任负责人徐仁林，第二任负责人沈海根，第三任负责人叶木生，第四任负责人张永明。

第三节 2016年淀山湖社区的机关企事业单位

表2-3-1　　　　　　　　　2016年淀山湖社区的机关企事业单位统计表

单位名称	法定代表人	注册地	经营地行政区划代码
昆山市淀山湖镇人民政府	李　晖	淀山湖镇	320583105000
昆山信和会计咨询服务有限公司	徐　健	淀山湖镇	320583105208
昆山康佳怡贸易有限公司	曹永兴	淀山湖镇	320583105001
昆山威龙包装材料有限公司	张学建	淀山湖镇	320583105202
昆山凯诚纸制品有限公司	汪　平	淀山湖镇	320583105206
昆山卡塔迪工业自动化设备服务有限公司	陈　洁	淀山湖镇	320583105002
昆山弘合包装有限公司	吴拥军	淀山湖镇	320583105002
昆山瑞中光商贸有限公司	卢晓光	淀山湖镇	320583105005
昆山泰瑞达能源科技有限公司	周小明	淀山湖镇	320583105204
昆山惠飔电子材料有限公司	彭丽芳	淀山湖镇	320583105208
昆山中菱油墨有限公司	田　科	淀山湖镇	320583105207
昆山逸威金属制品有限公司	邓联超	淀山湖镇	320583105208
昆山市淀山湖社区居委会	周　庆	淀山湖镇	320583105000
昆山明辉达化工有限公司	沈菊明	淀山湖镇	320583105001
昆山市盈源化工物资有限公司	盛三元	淀山湖镇	320583105201
昆山龙贺纺织印染助剂有限公司	陆建平	淀山湖镇	320583105002
昆山市清淤造地有限公司淀山湖分公司	苏晓莺	淀山湖镇	320583105000
昆山市国土资源局淀山湖镇国土资源所	卞勤芳	淀山湖镇	320583105000
昆山市淀山湖镇建设管理所	冯仁刚	淀山湖镇	320583105000
昆山益旺市政工程有限公司	方建光	淀山湖镇	320583105206
昆山国奥土石方有限公司	方建光	淀山湖镇	320583105207
昆山市淀山湖镇富民合作社协会	孙卫忠	淀山湖镇	320583105000
昆山市淀山湖镇经济服务中心	何金元	淀山湖镇	320583105000
昆山市吉凤殡葬礼仪服务有限公司	李志荣	淀山湖镇	320583105001
昆山鸿兴达化工有限公司	郭金华	淀山湖镇	320583105201
昆山华冲纺织有限公司	潘建华	淀山湖镇	320583105207

续表

单位名称	法定代表人	注册地	经营地行政区划代码
昆山盛涛木业制品有限公司	刘国明	淀山湖镇	320583105208
昆山三人行工作室软件有限公司	穆 剑	淀山湖镇	320583105002
昆山运腾物流设备有限公司	虢治国	淀山湖镇	320583105001
昆山凯滑特贸易有限公司	马丽娟	淀山湖镇	320583105001
昆山市名杰浪淘沙网吧有限公司	沈建荣	淀山湖镇	320583562921266
昆山杰隆五金制品有限公司	吴 刚	淀山湖镇	320583105205
江苏昆山农村商业银行股份有限公司淀山湖支行	徐 军	淀山湖镇	320583105209
中国农业银行股份有限公司昆山淀山湖支行	张瑞华	淀山湖镇	320583105001
昆山鑫贝尔工贸有限公司	顾祥荣	淀山湖镇	320583105203
昆山市淀山湖中学	郑 平	淀山湖镇	320583105000
江苏省昆山市淀山湖镇成人教育中心校	吴新兴	淀山湖镇	320583105000
昆山皓丰金属制品有限公司	沈建明	淀山湖镇	320583105208
昆山申逸塑料包装制品有限公司	沈建明	淀山湖镇	320583105206
昆山市东湖房屋开发有限责任公司	陈连虎	淀山湖镇	320583105002
昆山东湖物业管理有限公司	青国志	淀山湖镇	320583105001
昆山市淀山湖镇财政所	龚洪文	淀山湖镇	320583105000
昆山市中诚会计服务有限公司	黄建元	淀山湖镇	320583105001
昆山松林吸塑制品有限公司	李 妍	淀山湖镇	320583105207
昆山德尔威五金工具有限公司	滕士广	淀山湖镇	320583105209
昆山永昌鑫精密模具有限公司	曾传军	淀山湖镇	320583105208
昆山恒耀电子材料有限公司	黄 雅	淀山湖镇	320583105209
昆山金枫园林建设有限公司	邵士元	淀山湖镇	320583105206
昆山玛帝斯车业有限公司	殷建青	淀山湖镇	320583105209
昆山丰泽化工有限公司	倪春峰	淀山湖镇	320583105207
昆山莹耀塑胶模具有限公司	何光荣	淀山湖镇	320583105209
昆山顺天市政工程有限公司	周道元	淀山湖镇	320583105209
昆山市邮政局淀山湖邮政支局	张继红	淀山湖镇	320583105001
中国邮政储蓄银行淀山湖镇支行	顾梅琴	淀山湖镇	320583105001
昆山雅奇思妮饰品有限公司	蔡明英	淀山湖镇	320583105209
昆山三新化工有限公司	朱三囡	淀山湖镇	320583105201
昆山市百康药房有限公司	何 芳	淀山湖镇	320583105002

续表

单位名称	法定代表人	注册地	经营地行政区划代码
昆山雄驰电机制造有限公司	周声雄	淀山湖镇	320583105208
昆山市淀山湖小学	钟爱民	淀山湖镇	320583105000
昆山裕隆化工有限公司	叶余龙	淀山湖镇	320583105201
昆山格尔暖通设备有限公司	赖小英	淀山湖镇	320583105001
昆山市宁洋包装材料有限公司	李照刚	淀山湖镇	320583105206
昆山南山包装材料有限公司	李发新	淀山湖镇	320583105002
昆山昌达胶业有限公司	顾永球	淀山湖镇	320583105206
昆山禅缘文化旅游建设开发有限公司	卜新平	淀山湖镇	320583105001
昆山市淀山湖东方游乐园	俞正林	淀山湖镇	320583105209
昆山市百达五金机电有限公司	蒋小明	淀山湖镇	320583105206
昆山东杨包装制品有限公司	徐丹	淀山湖镇	320583105001
昆山莫野贸易有限公司	徐建平	淀山湖镇	320583105207
昆山市亿坤塑胶制品有限公司	冯冬梅	淀山湖镇	320583105206
昆山市淀山湖镇新叶塑料五金厂	李惠元	淀山湖镇	320583105206

第三章 社区文化

区域内的杨湘泾老街,早在明清时期就已形成,历史悠久。老街周围有众多的古庙、古桥等古迹。本章收入了古庙、古桥、老街商铺、老街名宅、汪氏大族等内容。

第一节 古 庙

社区内的老街在明代就跻身于江南古镇行列,康熙九年(1670年),盛符生、叶奕苞编的《昆山县志》就有杨及泾镇的记载。老街周围的古庙有明王庙、城隍庙、猛将庙、三官堂等。"文化大革命"时期,"破四旧"运动如潮水般席卷全国,寺庙、神堂等古文化遗迹遭到严重破坏。到"文化大革命"结束时,区域内所有寺庙、神堂都已不见踪迹。

一、部分消亡庙宇简介

1. 西庵庙

西庵庙,位于全福桥东堍南面,庙内供奉观音菩萨像。每逢农历初一、月半,村民成群(女性居多)到庙里烧香拜佛,祈求菩萨保佑,家庭平安,五谷丰登。

2. 西城隍庙

西城隍庙,位于全福桥东堍北面,在西庵庙北50米处。庙门朝北,庙门前有一片广场,约900平方米。村民常常到庙里烧香。每年夏收夏种后,秋天农闲,农历年底年初时都要举行庙会。居民除烧香拜佛、企盼丰收外,还要在庙场上举办各种体育比赛,如举石担、甩石锁、竖帆杆、拗手劲等活动。

3. 水仙庙

水仙庙,位于杨湘泾村东市梢,詠风桥西堍南面,杨湘泾市河与道褐浦交汇处,突兀于江中的一块地上。庙中供奉水龙王爷等佛像。居民中有人落水得救,就要到庙中烧香,一来叩谢龙王爷恩典,二来祈求龙王爷保佑平安。庙毁于1956年。

4. 东城隍庙

东城隍庙,位于杨湘泾镇东市,市河北边,东木桥北堍东侧。庙宇大殿中央是城隍菩萨，两边偏殿上立有罗汉菩萨，庙宇前是一片大场地，场地四周是围墙，南北约60米，东西45米左右，前面是两扇大门。每逢庙会节日，大门敞开，烧香念经、求神拜佛者络绎不绝。

抗日战争爆发，日军占领杨湘泾镇，日本兵看中东城隍庙地理位置好，设施环境理想，于是将东城隍庙改头换面，占据为日本兵营。

据《中国太湖史》记载："八一三"淞沪抗战从1937年8月13日交战至11月12日结束，11月15日，日军占领昆山。昆山沦陷后，日军派1个中队驻扎在杨湘泾镇老街东城隍庙。日军在东城隍庙的四周围墙上架设铁丝网，靠北围墙建一排5间平房、东北角三间平房，原庙宇殿堂为日军会堂，拷打审讯疑犯的场所。驻地操场中央竖一杆6米高的旗杆，扯日本太阳旗。庙内东厢房住汪伪警备队，日军住在居中的大厅两侧（原庙宇偏殿），还有2名从上海找来的军妓，其中一名叫爱樱，一名叫爱花。这两名军妓专门供日本军官玩乐。日本士兵利用扫荡的机会，下乡烧、杀、抢、掠，奸淫妇女。日本军到歇马桥扫荡时，见到两位美貌的妇女，就将其硬拉到杨湘泾东城隍庙充当慰安妇。驻地大门外有两座木岗亭，岗亭东、西两面均设有铁丝网"滚地龙"，铁丝网中间仅留一个小口子让人通过，来往行人过岗亭时须对日军哨兵行90度鞠躬礼，稍有不周，挨耳光是家常便饭。驻地附近百姓经常要为日军清洗"啪啪船"上的机油污垢，拔除驻地天井里场地上的杂草。

驻扎在东城隍庙的日本兵，干了很多坏事。腊月里的一个下雪天，一个日本兵到驻地西侧的朱毛倌家，借口搜查新四军，要奸淫朱毛倌家漂亮的大女儿，大女儿不肯失身，与日本兵厮打起来。朱毛倌见此情景，怒气冲天，随手拿一把铁铲，正要劈奸淫他女儿的日本兵时，日本兵朝朱毛倌开枪，朱毛倌两脚中弹。大女儿也一脚腕中弹。日本兵为了掩盖其奸淫妇女的真相，便制造一条理由，说怀疑朱毛倌与抗日武装有联系，于是日伪军纵火烧毁朱毛倌家七路头房屋5间（3间瓦房、2间草房）。50多岁的朱毛倌因两腿中弹受伤，火烧时逃不出去，被坍塌的梁瓦压住活活烧死。大女儿的脚留下终身残疾。

沦陷期间的又一个冬天，日军驻地附近农民毕杏林妻子和几个女邻居在街沿上"孵日旺"（晒太阳），日军伙夫苏北阿四到附近农民家里搜砻糠（日伪军煮饭的柴料），毕杏林妻子咕了一声："你们捐日本人牌头到处搜刮，我家不给。"阿四到驻地汇报，立即来了两个日本兵进毕家盘问谁是屋主，毕杏林从里间走出来指指自己。日本兵二话没说，一下子把毕杏林摔倒在地，摔得大胯（髋关节）粉碎性骨折，后虽到昆山伤科名医石小三处诊治多次，但还是留下终身残疾。毕杏林昆山看伤回家后，亲戚邻居来探望，日本兵前来监视。毕杏林亲戚沈品泉见到日本人笑一笑，日本兵认为他对"皇军"不恭，被抽耳光，敲掉3颗牙。毕杏林亲戚张阿云见到日军不点头哈腰，日本兵又要用铲刀铲掉张阿云的头，日军的中国伙夫大宝（会说日本话）见状，抢掉日本兵手里的铲刀，说了不少好话，日本兵才没有继续加害张阿云。

日本兵到老街西横头的糖果茶食店吃麻糕，老板周四林问日本兵要钱，钱没要到，反被日本兵拖进东城隍庙，被打得鼻青脸肿，一嘴牙齿颗颗活络。日军在杨湘泾犯下的滔天罪孽罄竹难书。

中华人民共和国建立后，东城隍庙改建成淀东机电站。

二、社区域内的古庙

表 3-1-1　　　　　　　　　　社区域内古庙一览表

名称	地址	名称	地址
西庵	陆泥浦东、全福桥东塇	西城隍庙	陆泥浦东、全福桥东塇北面、西木桥南塇
佛阁	杨湘泾西市梢	猛将庙	南寿巷中、朝南江西
三官堂	朝南江东、南寿巷北	关帝庙	东溇弄底
水仙庙	杨湘泾东、詠风桥南	明王庙	道褐浦西
东城隍庙	杨湘泾东、东木桥北塇东侧		

第二节　古　桥

一、保存完好的古桥

1. 太平桥（又名浜桥）

在杨湘泾镇西市金家溇口，原是有踏步台阶的小石桥，便于农民稻船通行，20世纪70年代改建为石板平桥。

2. 南寿桥

在朝南江口，东西走向。该桥于民国十三年（1924年）由里人童步清发起建造。

3. 善堂桥

民国二十一年（1932年）由里人周正贤发起建造。石桥未建时原是一座小木桥，为学生上学安全起见，才改建成石桥。

善堂桥

二、中华人民共和国建立后拆除的古石桥

1. 全福桥

明朝洪武十年（1377年）王伯均建；清朝乾隆十二年（1747年）里人陆素文重修。坐落在杨湘泾镇西市梢，东西走向，跨陆泥浦。桥长30米，宽2米，原是石砌桥墩，石板为桥面。20世纪60年代初，政府、交通局出资改建，桥墩改为砖石砌成，上铺碎石，加水泥桥栏，只能步行不能通行车辆。该桥已于2010年10月拆除，北移30米重建，以钢筋水泥混凝土为基础，使桥身更加坚固耐用，并改名为人民桥。

2. 詠风桥（大鸦桥）

属东西走向的石拱桥，桥长约40米，宽4米，清嘉庆十七年（1812年）里人建，清嘉庆二十五年（1820年）重建。在杨湘泾镇东市梢，横跨道褐浦。1992年，因有碍过往船只通行，经批准拆除。

《昆新两县续修合志》记载的詠风桥

詠风桥原貌

3. 中市桥

康熙五十四年（1715年），由汪思聪出资建造，属杨湘泾镇较早建成的阶梯石板桥。石桥南北走向，横卧在市河上，桥墩由花岗岩砌成，桥面是用3米多长的花岗岩石条铺成，桥的两旁都用石条做护栏，比较考究牢固。1994年拆除，改建成水泥公路桥。

4. 西小木桥

初建年代不详，坐落在杨湘泾镇市河中段，原是木桥，南北走向。20世纪70年代后期，改建成水泥框架的步行桥。后因健安桥建成，该桥逐渐少有人使用，属于危桥，于2012年10月拆除。

西小木桥旧貌

第三节 明清老街

据清康熙九年（1670年）的《昆山县志》记载，杨湘泾镇早就有一条近900米长的明清老街，东起道褐浦，西至陆泥浦，位于杨湘泾镇市河以北。老街保留着清末民初的民宅建筑，两旁砖木结构楼房，形成"一线天"的景观，其中建有豪宅大院。很多房屋傍水而建，有石驳河滩渡遮掩在傍水屋中的奇观。

明清老街的繁华地段，西起浜桥童秉忠家宅，东至大弄堂，之间距离长300余米。1924年，里人童步清发起并出资在此繁华地段铺上花岗岩条石石板街。据传，童步清亲自入名山选购1 069块上等花岗石，并请来能工巧匠，花了近两年时间修了高标准下水道，铺成高质量的石板路。直至2016年，石板街完好如初，下水道排水通畅。

杨湘泾镇明清老街

老街东段

老街"一线天"景观

一、老街主要街、弄

杨湘泾镇老街，早在明清时期就已经形成。人们在长期的生产劳动中，营造家园，建筑住房，铺设石板街道，逐步形成了商业街、弄。

1. 东大街

1978年党的十一届三中全会后，随着小城镇总体规划的逐步实施，市镇道路得到了明显改观。1981年，铺了一条宽3米、长390米的碎石路，西起中市路，连接石板街，往东经过原淀东中学门口，一直铺至大华桥西堍。既方便了群众出行，更方便了学生上学。

2. 西大街

东起中市路，西至小浜桥，为石板街；小浜桥往西，到陆泥浦，为水泥路，两段全长600米，宽3米，是老街主要的商业区。

3. 大弄堂

位于老卫生院医生宿舍西侧，南起东大街，北至东溇弄底，全长200余米，宽2米，碎石路面，可通往上洪村。此弄较宽阔，故当地群众称之为大弄堂。

4. 东溇弄堂

在大弄堂西40米处，南从东大街向北，可通往东溇，习惯称"东溇弄堂"。弄堂狭窄，仅宽1米，长100余米，碎石路面。

5. 善堂弄

善堂桥北堍，从街面向北至弄底50余米，弄狭窄，宽不足1米，石板路面，可通往东溇、敬老院、基督教堂。

6. 蒋家便弄

在原淀东镇政府西侧。该弄原系私宅便弄，随着时间的推移，开通了弄底，逐渐成为群众进出的便弄，称为蒋家便弄，又称西弄堂。弄宽1.5米，长50余米，碎石路面，可通往长棣屋。

7. 长棣屋弄堂

在原粮管所供应点西侧。该弄比较古老，从街面向北直通长棣屋，故得此名。弄宽约1米，石板路面，长150余米。

8. 曲弄堂

东起双溇闸桥，向西北弯弯曲曲至市河。长120米，宽1.5米，水泥路面。

9. 市河街

1981年，从善堂桥南堍向西到王宅折向南，再到南寿桥堍，铺有1.5米宽、150米长的碎石路面，定名为"市河街"。

10. 南寿巷

1983年，西从人民桥起向东过南寿桥，经农具厂、粉冶厂门口接中市北路，新开辟一条巷，宽1.5米，全长500米。南寿桥至全福桥段为黑色路面，南寿桥至中市路段于1999年改铺水泥路面，取名为"南寿巷"。同年，在杨湘泾镇市河南岸，从善堂桥南堍，向东沿河经中市桥至汪家宅曲弄堂口，改建成水泥路，宽1.5米，全长200米。

11. 汪家便弄

在今中市桥北堍西侧，汪宅前至老街仅50余米，宽1.5米，故称汪家便弄，可通往东溇、横丹、原敬老院。

二、老街商铺

杨湘泾镇明清老街的繁华有数百年历史，到中华人民共和国建立前后，已有一些店坊在同行中脱颖而出，成为杨湘泾镇地区百姓心目中的名店。老街商铺林立，有南北杂货店、糖果食品店、小吃饭店、中药铺、农具店、典当、茶馆店和鱼行等店坊111家。其中有汪炳生南货店、吴三妈粽子店、童家豆腐花店、周四林茶馆、王健华饭店、钱选忠鱼行、孙德发豆腐店、殷桂生药店和吴永发竹器店等名店。

以善堂桥为界，老街下滩从东至西有店铺（含住宅等）、救火会水龙间等：（1）池福新酒店，（2）周祥林米店，（3）张五保茶馆，（4）童永林馄饨店，（5）殷巧泉大饼店，（6）童子康饭店，（7）吴永发竹器店，（8）吴大丰百货店，（9）潘荣坤香烟店、陆雪林住宅，（10）陆福泰烟纸香烛店、陆保德住宅，（11）宏泰杂货店，（12）殷三林茶馆店，（13）沈和尚豆腐店、周四林茶馆店，（14）裕升茶食糖果店，（15）裕升茶馆店，（16）大新杂货店，（17）翁炳生肉庄，（18）童金生摇面店，（19）朱桂宝茶馆，（20）陈墓人农具店（工场）及李永飞小屋、李文斌看风水店和住宅。

西木桥江南向东：（21）张杏福木匠店，（22）张杏福磨坊。

以善堂弄为界，老街上滩从东至西：（23）易世才钟表修理店，（24）钱文明烟纸店，（25）袁小姐诊所，（26）姚玉英酒店，（27）张志义烟纸杂货店，（28）张家振豆腐店，（29）邹邦才理发店，（30）杏花村饭店，（31）陆世杰鲜肉店，（32）王根元圆作店，（33）陆阿火漆匠店，（34）千灯李小姐诊所，（35）益寿堂国药店（殷桂生），（36）张阿大圆作店，（37）徐阿泉理发店，（38）顾洪元布店、朱培林住宅、蒋家弄堂，（39）蒋仲芳杂货店，（40）姚洪琪理发店，（41）陆永顺杂货店，（42）三秀堂药店（陆建中），（43）三恩娘粽子店，（44）陆小妹杂货店，（45）翁炳生桐油店，（46）童冬生饭店，（47）童金生面店，（48）周太昌烟纸杂货店。

小浜桥向西：（49）沈和尚豆腐坊，（50）陆师傅农具店，（51）周岳希茶馆店，（52）张引林车锭子店，（53）张卫松横料店（棺材），（54）杜老太鸦片烟馆，（55）鸦片烟馆（厕所东）。

以善堂桥为界，老街下滩由西向东：（56）张丹阳茶馆店，（57）徐四梅摇面店，（58）张玉堂大饼店，（59）周其昌布店，（60）钱家福鱼行，（61）周大昌布店，（62）王健华饭店，（63）王泉元水果店，（64）吴亭观酒店，（65）朱阿火茶馆，（66）小恩娘茶馆，（67）钱选忠鱼行、中市桥，（68）周世祥典当，（69）童大观糕饼店，（70）吕康泰染坊，（71）殷小毛糕饼店，（72）邵洪生香烛店，（73）沈德昌豆腐店，（74）席祖岐诊所，（75）吴三妈粽子店，（76）田忠明茶馆店、周正贤屋，（77）沈海林农具工场、蒋家小屋。

以善堂弄为界，老街上滩由西向东：（78）柯家点心店，（79）久大昌杂货店附设邮政代办，（80）徐老太代客纺纱工场，（81）陈维梅银匠店，（82）照相馆（外地人开），（83）张玉山理发店，（84）周世祥米店，（85）徐家绒线加工店，（86）王云龙铁匠店，（87）夏希春烟纸店，（88）高家茶馆店，（89）同寿堂药店（谈建炳），（90）周君若杂货店，（91）汪炳生南货店，（92）张炳高酱菜店，（93）张同生理发店，（94）邵三妈茶馆店，（95）吕康泰染坊门市部，（96）朱锦清纸作店，（97）曹家梳头妈妈，（98）夏志真百货文具店，（99）蒋仲康烟纸店，（100）徐福生鱼行，（101）朱双泉纸作店，（102）沈德昌豆腐店，（103）周文哉诊所，（104）周阿三茶馆店、周正贤住宅，（105）王家木匠店，（106）施德其中医诊所，（107）沈家横料店，（108）沈品元米厂，（109）罗寿涛米厂，（110）周世祥米厂，（111）榭麓人米厂。

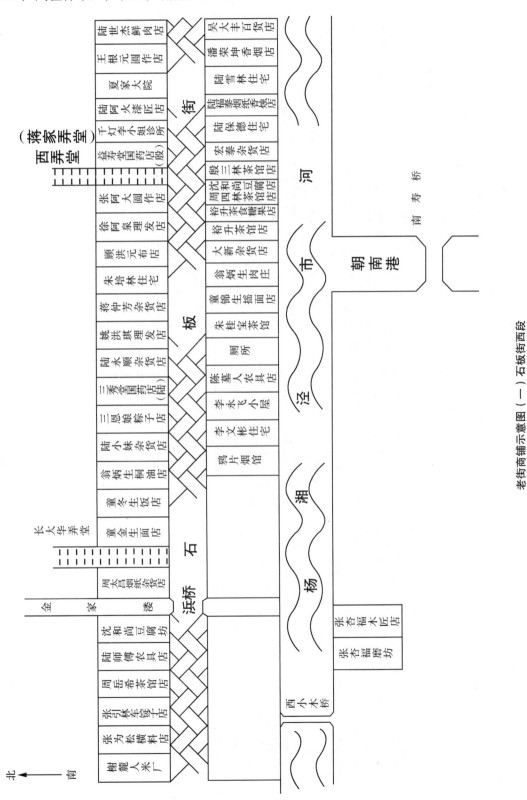

老街商铺示意图（一）石板街西段

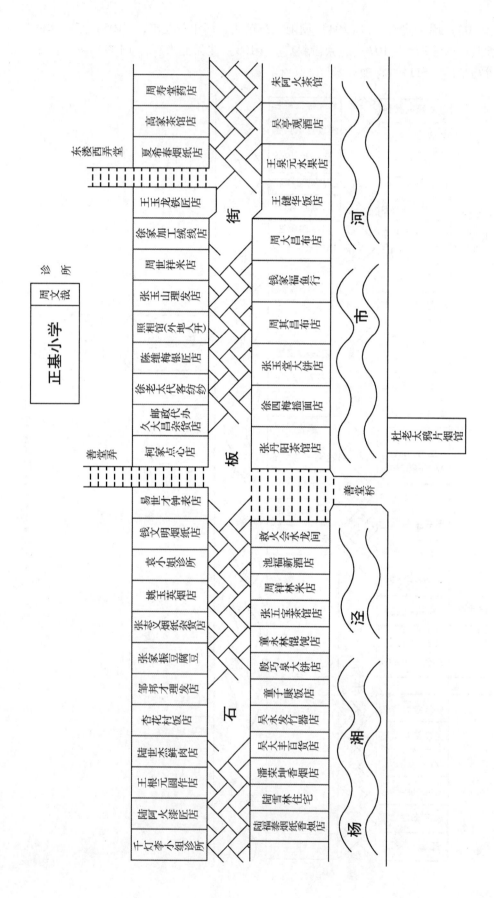

老街商铺示意图（二）石板街中段

第三章 社区文化

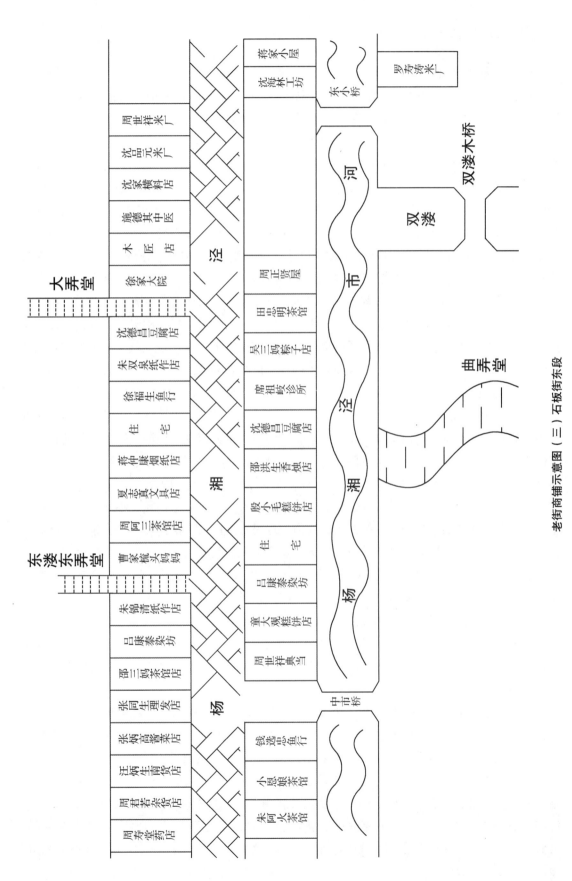

老街商铺示意图（三）石板街东段

三、老街名店

1. 吴三妈粽子店

吴三妈粽子店位于杨湘泾镇东市，名医席祖岐家东隔壁。两间房子北面临街，南面枕河，东面一间是客堂兼厨房，西面一间一隔为两，南面卧室，北面放些杂物。吴三妈孤身一人，以卖粽子维持生计。她热情善良，得到了人们的尊敬，年长的叫她"三妈妈"，年轻人叫她"三阿婆"。身高不到一米六的她，做事勤快。每天吃过晚饭，她把肉切成小块，拌上酱油、味精等佐料，把赤豆烧得半熟，然后包成肉粽和赤豆粽。肉粽包成长条形，俗称"枕头粽"；赤豆粽包成三角形，俗称"三角粽"。肉粽有鲜肉粽、咸肉粽、精肉粽、油肉粽。豆粽有赤豆粽、绿豆粽、枣子粽，还有蜜枣粽。咸菜粽有菜苋粽、雪里蕻菜粽。夏天天气热，她怕粽子隔夜变质，常常五更天起来包粽子，烧熟再卖。肉粽3分钱一只，赤豆粽和其他粽子5分钱两只。由于各式各样粽子味道好，又价廉物美，早晨一个时辰，粽子全部卖出。

周围几个村庄的农民上街，都要到吴三妈家歇歇脚，喝口热茶，或寄存东西，有些人在她家烧饭吃。那时候，乡下的孩子到杨湘中心小学读书，上学路远，雨天路滑难行，过木桥更是危险。吴三妈就让几个乡下孩子雨天住宿她家，从来不收住宿费，孩子还得到吴三妈的关怀和照顾。可见吴三妈人缘好，也使得她的粽子店生意兴隆。

2. 童家店

杨湘泾镇老街西段，有一爿童家店。童家祖籍为浙江绍兴，于民国初年逃荒流落至杨湘泾镇，先在老街边租了一间房子，以卖水豆腐花为生。童家店主与杨湘泾镇长大华的张家一位姑娘成亲，生有童冬生、童金生两个儿子。夫妻俩苦心经营豆腐花生意，赚了一些钱，生活渐渐有了起色，后来在西大街上滩72号处，买下了两间房屋。1937年，日军侵占杨湘泾镇，烧杀抢掠，经济遭到严重破坏，商业大受影响。不久，童店主病死。小儿子童金生自谋生路，开起了点心店，又购买了摇面机，为街上居民加工面条、馄饨皮子等，维持生计。大儿子童冬生在原来的店里，开起了饭店。饭店规模不大，只摆几张八仙桌。童冬生诚心实意做生意，引来不少回头客。顾客中有时缺钱少银，吃饭赊欠很多。童冬生不识字，不会记账，却很慷慨，说让赊欠者自己记住就行。有些欠款讨不回来，他也不在乎。

3. 杏花村饭店的名菜——红烧鳗鲡

杏花村饭店，位于杨湘泾镇老街的善堂弄西上滩38号。饭店老板阿根，有一手烹饪绝技，是老街上的名厨师。经他烹饪的菜肴色、香、味俱全，尤其以红烧鳗鲡最为闻名，因此饭店顾客盈门，生意兴隆。

鳗鲡是水产中的珍品，以鳗鲡为食材可以烹调出色、香、味俱全的系列美味佳肴，经过杏花村饭店老板阿根多年的摸索、传承、提高，从单一的红烧鳗鲡演变成水晶鳗鲡、滑烧鳗片、酱爆鳗片、剔骨鱼香鳗片、双龙戏珠（清蒸河鳗）等系列菜肴。

以名菜水晶鳗鲡为例，经过厨师的悉心探索，杏花村饭店已钻研出一道独特的烹调秘籍。那就是一挑、二清、三火。一挑：要挑青背白肚，白肚要略带金黄色的鳗鲡，又以重1 000克左右的为最佳。二清：在鳗鲡颈、脐各剪一刀，用竹筷卷出内脏，温水清洗黏膜，去头、尾，切段，漂清沥干，铺锅底猪网油上，鳗鲡段块上再敷上一层网油，并放上蒜瓣、姜片、葱结。三火：中火煸煮，先用中火煸煮一两分钟，待香味四溢，加料酒、清水。大火烧开。小火焖 30 分钟左右，待肉质酥烂，加海鲜酱油。中火烧 10 分钟，加入适量冰糖，急火使汤稠浓。此时须一边不断晃动烧锅，一边沿锅边淋油，直至香味四溢，再撒上味精、胡椒粉少许，即可出锅装盘，端上餐桌，供四方来客享用。

经过如此精烹细调后的成品，肥而不腻，咸中带甜，酥而不烂，大受食客称道，成为杏花村饭店款待贵宾的一道名菜。

4. 王健华饭店

王健华饭店，在杨湘泾镇老街下滩 23 号，是一爿夫妻店，王健华（老板）负责掌勺，妻子（老板娘）负责洗刷，招待顾客。两间门面，六张餐桌，其中三张餐桌安置在靠市河的店堂南面。靠市河一排三张桌子的坐凳是长条板凳，临河傍水的凳子上装有护栏，专供吃客靠背之用。坐在此处喝酒用餐，可欣赏市河里过往船只的美景，又便于关心停泊在市河边的自己家船只的安全，一举两得。所以王健华饭店顾客络绎不绝。

王健华饭店的名菜是炒鳝丝，最受顾客欢迎，来店的吃客少不了都要点上一份炒鳝丝。王健华烧的炒鳝丝，都选择条条鲜活的幼鳝，大小一致。幼鳝经沸水浸泡，待其微热时，老板娘动作利落，用竹签（划鳝刀）划开，将幼鳝骨肉分离。整齐划一的鳝丝摆放在桌台上，用纱布遮盖，预防蝇叮、灰尘。依据顾客需要，王健华将鳝丝精烹细调，炒出的鳝丝香味四溢，又价廉物美。

5. 殷三林茶馆

殷三林茶馆，开办于民国中后期，殷家是潭西村西北的何墅里村人，因村庄败落，才搬迁至杨湘泾镇上经商，租借老街下滩两间门面，开茶馆。茶馆进深 12 米，东间屋靠北边是烧水的老虎灶。茶馆店堂内共摆放 18 张茶桌。

殷三林茶馆，上午生意最忙，店堂里人头攒动，茶客满堂，有的茶客只能坐在临街处的长凳上喝茶。

茶客谈笑风生，大到国家大事，小到民间新闻、家庭琐事，什么样的话题都有，热热闹闹。民间所说：听"百鸟声"到茶馆，这话一点不假。茶客有的自带茶叶，单泡水。大多数茶客都用茶馆店的茶叶、茶壶、茶杯。茶壶全是清一色紫砂壶，茶杯都是罗全花纹青色陶瓷杯。

殷三林茶馆茶客在听书

殷三林茶馆，经常有说书先生来说书，有大书、小书、评弹等。说书内容大多是《水浒传》《三国演义》《隋唐演义》《杨家将》等故事。茶客听书喝茶，一举两得。

6. 徐阿泉理发店

杨湘泾老街上滩62号是徐阿泉理发店。徐阿泉理发店门面进深较大。店里放5把理发椅，理发椅一律朝西，每把理发椅对面墙壁上挂着一面大镜子。店的东墙边，放有4条长凳，专供等候理发的客人坐。由于理发店进深大，店堂采光不足，所以在店堂屋顶上开有一个很大的天窗。店堂北面是一间不大的烧水间。

徐阿泉是常熟人，民国初年迁居杨湘泾镇，学做理发生意。徐阿泉做事专心致志，理发考究，待人和气，男女老少理发，一视同仁，深得顾客信赖，生意越做越好。民国二十一年（1932年），他在老街上滩62号开了一爿理发店。

中华人民共和国建立前后，徐阿泉理发店雇用三位理发师：分别是常熟市何市镇的徐炳生（小名叫小炳），常熟市任阳的钱阿高，太仓市归庄的阿宝。另有两位学徒，学徒要学三年帮三年，开始专门负责烧水、扫地等活。学徒在学习理发前，专心看师傅理发。到晚上，吃过晚饭后，点上一支香，在烧着的香头上练习理发刀功，每次要练一支香的功夫，不分春夏秋冬，天天如此，只有这样，才能练成真正的理发刀功。

夏天炎热，顾客理发、刮胡子修面时要用热水，但理发时要求凉爽，怎么办？当时没有电风扇，徐阿泉想出好办法，在理发店堂上方，置挂一块两米长、一米宽的帆布，帆布下方结一根绳子，通过钉在墙壁柱子上的滑轮，由学徒将绳子牵拉，使帆布扇动，扇出凉风，让理发顾客凉风阵阵，十分舒服。

徐阿泉理发店，理发费可以一次付清，也可以赊欠理发费，到年终一并结算，所以一年到头生意忙碌。逢婚丧喜事，徐阿泉不但做理发生意，还兼做点汽油灯生意（当时没有电灯，用汽油灯代替），徐阿泉家共有12盏汽油灯（每盏汽油灯的亮度相当于100支光电灯）。徐阿泉白天黑夜，店内店外，忙忙碌碌，但他收入较好。

徐阿泉理发店

7. 吴永发竹器店

吴永发竹器店位于杨湘泾镇西市老街下滩，前店后坊，南面靠河是作坊。河边停着一条船，船上装载着采购来的竹子。

吴永发是竹匠师傅，常常带着徒弟在作坊里忙碌着。妻子负责接待顾客，收购和销售产品。北面临街是店堂，里面摆放着各种各样的竹器。梁上挂着各种竹篮、竹篓、饭箩；两边的墙上挂着各种竹匾、竹筛；门边竖放着扁担、竹柄；地上放着栲栳、山笆、箩筐等。

杨湘泾地区普遍种植竹子。村民利用竹子搭屋，做成竹篱、扁担，编织生产生活用具，有些人专门拜师学艺，成为竹匠。他们把编织的部分竹器拿到镇上的吴永发竹器店代销。吴永发竹器店获利不多，但促进了竹器的流通，方便了群众的生活。

制作竹器有好几道工序：选料、截料、劈篾、刮篾、编织等。

竹器与居民的生产生活息息相关。直到20世纪90年代，普遍使用塑料制品，竹器才渐渐少用。

吴永发竹器店

第四节　故居老宅

老街商铺林立，民居粉墙黛瓦，一派明清民国建筑特色。下滩店铺傍水而建，临河开窗，石驳岸迤逦，石河埠错落有致。石板街上下滩，商店作坊鳞次栉比。清末民初的民居，既有平屋也有砖木结构的楼宇。上下滩的楼宇街两边近在咫尺，形成"一线天"奇观。

300多米长的石板老街成了全乡的商贸中心。老街上还有民国时期的区、乡政府和小学，成为淀东地区的政治文化中心。中市桥北堍老街下滩13号是中国工程院院士、少将钱七虎旧居。大弄堂东边，老街上滩76号是徐旭臣豪宅。中华人民共和国建立初，将徐旭臣宅改为淀东地区卫生所。老街上滩58号夏家大院成为淀东地区的政府所在地。以后随着时间的推移，老街民宅经历风雨洗刷，发生巨大变化。特别是改革开放后，镇区已成为全国小城镇建设示范镇，古朴的石板街、弯弯的小桥、幽幽的小巷，无不激起人们对老街往日繁华的回忆。

一、故居

钱七虎故居

钱七虎是杨湘泾镇老街上的名人，1937年10月生于杨湘泾镇。钱家老宅位于中市桥北堍老街13号，三楼三底，北面临街，与街对面的楼房形成"一线天"景观。住宅南侧枕河，市河边立有六根石柱，上搁横梁，搭成宽1米的"后水阁"。其父钱选忠以老街下滩3间门面开设鱼行，卖鱼为生。平时在"后水阁"上吊着五六个大竹篓，竹篓一半没入水中，篓里养着各种鲜鱼，专供买鱼顾客挑选。钱选忠鱼行，鱼货鲜活，价格公道，生意红火。

钱七虎家兄弟姐妹多，他排行第七，故起名七虎，其兄叫钱五狗，姐叫钱世英又名钱六鹰（钱世英，师范学校毕业后，在杨湘泾小校等处任教直至退休）等。钱家人老实俭朴，生儿育女后，给孩子取名按当时习俗，都与飞禽走兽、家畜家禽有关，一般生男取名大多为猫（毛）、狗（苟）、虎、牛之类，生女则取名与鹅（娥）、凤凰（凤）、鹰（英）等有关。据说这种土里土气的名字，小囡易养育，不夭折，又聪明伶俐。钱选忠家教很严，要求子女认真读书，长大后为社会多做贡献。

钱七虎于杨湘泾小学毕业后到昆山中学求学，在校学习勤奋，成绩优异。后考入哈尔滨军事工程学院，毕业后，留学苏联，在古比雪夫军事工程学院研究生毕业后，又获副博士学位。

1969年，钱七虎任中国人民解放军南京工程兵学院教授、院长，中国工程院院士，中国著名的防护工程专家、军事工程专家、教育家。

二、老宅

1. 夏家大院

中华人民共和国建立前，淀山湖镇称作杨湘泾镇。杨湘泾镇西大街58号，是夏祥洲（原籍上海市青浦县大盈乡金家桥）的豪宅大院。因为金家桥村较小，人口也少，该村首富的夏家怕遭强盗抢劫，夏祥洲决定在岳父姚仲珍家居住地——杨湘泾镇上买地造房。于是请人看风水、算卦、烧香求签后，在杨湘泾镇上筹建大院。

民国二十九年（1940年），夏祥洲经过一番准备，在杨湘泾镇市河北岸西大街动工造房。聘请张保和（1906—1983年，生于上海嘉定黄渡，后迁居杨湘泾镇）当作头师傅。

张师傅组织人马，挑选人工，开工后处处关注，工程质量确属上乘。主楼客厅地面，水磨方砖一趟平，油灰嵌缝细密。为确保防潮、通风，还将方砖四角搁在钵头上，下面搁空，穿皮鞋走上去甚至还有共鸣声。

夏家大院整体建筑布局：

（1）沿街三间老房屋稍做修整，把中间一间当作通道，东西两间作为店铺。进门后是天井，东西各两间厢房，厢房前有走廊，走廊中间有一亭柱。亭柱立在精致的花岗岩石鼓礅上，天井地坪是有花纹的水门汀（水泥地面）。

（2）东西厢房北面连着石库门高围墙，上方面北有砖雕图案花纹。大门闩在墙洞里能伸能缩，一旦关门天衣无缝。石库门里面是80平方米的天井，东西两厢房安装落地花窗，外面走廊连着正屋走廊。

(3)正屋四楼四底,下面客厅占三间,东面房间铺有地搁板。东次间一条过道北通楼梯间,过道、楼梯间、客厅均铺有水磨方砖。客厅东西面对称各有一扇门,开门便见天。客厅后面有两根大亭柱,支撑上面的承重梁。两柱之间的封隔可挂中堂壁画。

(4)客厅后面又是石库门,两扇直拼大黑门安装在上下条石的"门印子"内。

(5)楼上楼板、天花板统一采用美国花旗松,阴面起线,上面绝平,天花板上面还有楼顶空隔。

(6)沿河下滩,西邻陆家,东连童家,中间一间门面是夏家的滩渡间。上面有小楼,下面是石驳岸滩渡,中间平台上有石头雕花。石驳岸上有带船锚缆绳的"夜壶攀"。

整幢建筑豪华气派,是当时杨湘泾镇的第一民宅。

中华人民共和国建立后,夏家成分划为地主。该宅成为淀东乡政府驻地,作为政府办公用房30余年,直到20世纪80年代,淀山湖镇在振淀路北侧建造了新的政府办公大楼,政府机关才搬出,成为居民住宅区。

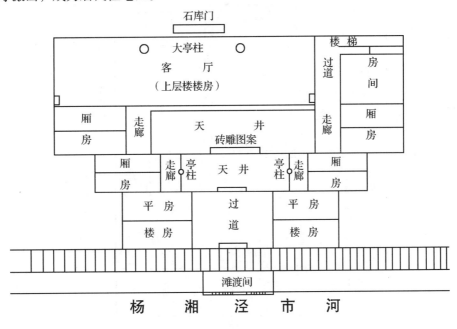

夏家大院平面示意图

2. 徐家大院

杨湘泾镇东大街76号,是徐氏大户于清末民初建造的一栋石库门建筑。房主徐旭臣,1905年生,杨湘泾镇人,日军占领昆山期间,任日伪昆山县政府秘书。

(1)建筑概况

徐家大院沿街有高大的石库门,里面是偌大的庭院。庭院的地面铺着刻有花纹的条石,种着各色盆栽花木。庭院两边是两排厢房,后面的走廊连着客厅的走廊,走廊中间的亭柱立在精致的花岗岩石鼓磴上。正房上下两层,两边的墙高出房屋顶两尺。

正房下面三间是客厅,里面立有四根漆着广漆的大亭柱。地面铺着水磨方砖,方砖与方砖之间拼合严密,只留下细细的一条缝。楼上三间铺美国花旗松地板,上有花旗松天花板,地板和天花板都漆成黄色,漆色光亮,能映出人的影子来。天花板与屋顶之间留有空隙,能隔热防潮。

整幢建筑面积313平方米，结构精巧，布局严整，显得豪华气派。

（2）建筑布局

沿街是石库门，石库门里面东西两边是两排厢房。

进第二道石库门是天井，天井东西两边各有厢房，厢房北面有走廊，与正房走廊相连接。

正房三楼三底，下面一层是客厅，方砖铺地。客厅里立有四根大亭柱，支撑着上面的承重架，客厅中间一间靠北面东西有两扇门，进西边门就是楼梯，进东边门可入楼梯间和天井。

客厅中间向北凸出一间，作为楼梯间，沿楼梯向上直通上层。上层三间，地面铺木地板。

北面是围墙，楼梯间东西两侧空档为两个天井。

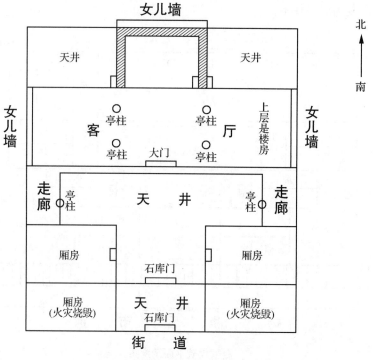

徐家大院平面示意图

（3）房产更迭

徐旭臣建成的豪宅，抗日战争期间由他的两个外甥居住。抗日战争胜利后，徐旭臣迁居上海。杨湘泾镇上的豪宅被国民政府接收，作为当时杨湘泾乡乡公所的办公用房。

中华人民共和国建立后，该宅被人民政府没收作为公房。1956年6月29日，昆山县淀东区卫生所成立，所址设在原徐旭臣住宅。1958年，淀东区卫生所与杨湘联合诊所合并，成立淀东卫生院，规模扩大，医务人员增多，原有的医务用房不够。院长沈锡龙等人想方设法，对原有的房屋扩建改造，把厢房后面的走廊改建成医务用房。

1974年10月，新建的淀东卫生院在镇西部落成，老卫生院搬入新址，原址成为居民住宅。

徐家大院旧貌

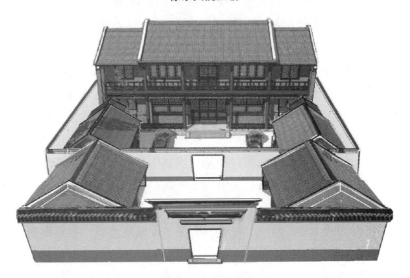

徐家大院复原示意图

第五节 汪氏大族

汪盛乾（小名炳生），民国年间在杨湘泾镇老街上滩78号开设南货店，经营糖果、糕点、烟酒、桂圆、枣子等。生意做得很红火，成为老街名店。汪盛乾是汪氏始祖第88代孙辈。说起汪盛乾的上代人，有着源远流长的家族史。

一、汪氏家族史

汪氏家族世居安徽徽州新安，其始祖在西汉时被封为越国公，并赐姓汪。家族中有一位武将被封为大汉龙骧将军。汪氏后裔汪思聪于清朝康熙年间随父亲迁居江南。以后，汪家在淀山湖镇地区繁衍生息，逐渐形成杨湘泾镇的一个大家族。

1. 徽商奇才汪思聪

汪思聪（字德达，号启竹），自幼随父亲迁居泖川乡白米泾村，12岁开始跟父亲学做文房四宝生意，15岁独自改行做茶叶生意，20岁与榭麓姑娘何秀英成亲，定居榭麓镇。

婚后，汪思聪在榭麓镇上开了一爿茶庄，由妻子照看，自己常常起早摸黑，徒步来往于朱家角、枫泾一带经商。他吃苦耐劳，聪明诚信，短短两年，小夫妻俩生意做得红红火火，成为榭麓镇上小有名气的富裕之户。

一天，何秀英试探着对汪思聪说："你常跑角里（朱家角）、枫泾一带，我听说那里有很多布庄，你能否带些我织的布去卖卖看，如果能行的话，我们何不再做点棉布生意，一来我们可以多一点生意路子，二来榭麓姐妹们织的布又多又好，可以将这里的布推销出去，也为榭麓人做一件好事，让邻居们慢慢富裕起来。"

汪思聪一口答应，第二天一早带着一捆布料来到枫泾镇上，走进一家号为"锦帛"的布庄。庄主展开汪思聪递给他的棉布，只见一龙一凤栩栩如生，大为震惊地说："如此佳布，你何处得来？"汪思聪说："乃我家娘子亲手所织。"

庄主急忙把汪思聪引入厅内，与其品茶聊天，并介绍说："自元代松江黄道婆从海南引进种植棉花与纺纱织布的技术后，受到江南地区农民的欢迎。由于棉布较麻布细结，比丝绸便宜，为一般百姓所乐用。你榭麓盛产佳布，开拓棉布市场定当前景看好啊！"

自此以后，汪思聪在做茶叶生意的同时，兼做棉布生意，把榭麓出产的棉布源源不断地运往枫泾、朱家角。他还带着妻子和两位榭麓姑娘到华亭县东门外双庙桥拜师学艺，学习松江贡布的纺织技术，使榭麓布的质量更上了一个层次。纺纱织布成了榭麓妇女农闲时的主要活计。榭麓镇呈现出空前繁华的景象。

康熙二十八年（1689年），苏州、青浦、松江一带风调雨顺，春熟喜获丰收，而徽州新安一带粮油作物歉收。汪思聪积极筹划，把产自江南的粮油源源不断地运往徽州销售。

汪思聪的生意越做越大，成为榭麓镇上的有名富户。清人陈元模《淞南志》载：汪思聪一生慕义乐善以济贫扶弱为乐，给乡里穷苦百姓夏施予帷（蚊帐），冬施予絮（棉被），疾者施予药，死者施予棺材，给贫困人家以钱粮救济，并坚持始终。丁亥、戊子两年（1707年、1708年）吴淞江以南相继发生水旱灾害，百姓饥馑相望。朝廷官船送粮赈灾，而官粟不及，汪思聪开仓济粮，使无数灾民得救。详尽地描述了汪思聪乐善好施的慈善义举。

汪思聪广做善事，建造桥梁，方便百姓。康熙四十年（1701年）建栅桥于王土泾村西，康熙四十三年（1704年）建双护桥于沈安泾与升罗潭之间，康熙四十七年（1708年）建远猷桥于金家堂前，康熙五十年（1711年）建龙凤桥于沈安泾，康熙五十四年（1715年）出资建造杨湘泾镇中市桥，康熙五十八年（1719年）建通济桥于三家村。汪思聪还在榭麓建文昌阁，内设紫阳书院义塾，使当时榭麓读书之风蔚然而生。正如《淞南志》所载：一时文风聿振，众人无不赞颂其功德。

2. 汪思聪的后裔

汪思聪的后裔在榭麓镇繁衍生息一百多年。汪氏始祖第83代孙汪章成（苍竹公，汪思聪重孙）生有5个儿子，其中一子官至淮安知府。

1862年，太平军以汪家不肯交钱粮为由进攻榭麓镇，镇上房屋大多被烧毁。汪章成率子女迁居杨湘泾镇,在镇上买地造房5套。太平军在败退前,到杨湘泾镇拆毁汪家新造房子一套(老街上滩,汪炳生南货店后面)。后来汪家又在原宅处平整填高宅基地,再建房屋,所以此宅基地特别高。

1905年,汪氏始祖第87代孙汪之镰与有识之士童锡、李世琛、顾焕章,在杨湘泾镇发起捐资办新学堂的宣传活动,得到镇上居民的广泛支持,以杨湘泾镇善堂庙后埭4间房屋为教室,办起了乡里第一所小学——正基学堂。创办经费由汪、童、李、顾四人捐资。

民国时期,汪氏始祖第87代孙汪之岳在朱家角开设"旧天宝"银楼,加工金银。日军侵占朱家角期间,该店一度迁至练塘镇,一直到中华人民共和国建立。

汪氏始祖第88代孙汪盛世、汪盛典以经商为生,1949年前迁居中国台湾。

据《昆山县志》记载,汪氏第88代孙汪盛年(1917—1947年),民国二十二年(1933年)以全省第一届高中毕业生会考第一名的优异成绩进入南京中央大学化学系。民国二十八年(1939年)考取留英公费生,后改派到加拿大麦基尔大学,专攻化学反应动力学。民国三十一年(1942年)获博士学位,转至美国加州理工大学化学实验室,从事X射线与晶体构造的研究工作。民国三十四年(1945年)在美国接受国民政府航空工业局之聘,任该局工程师。民国三十六年(1947年)三月怀着满腔报国热情归国,未竟其用。他目睹国民政府腐败无能,深感报国无望,愤而自尽。

汪氏始祖第88代孙汪盛乾(炳生),民国期间在杨湘泾镇老街上滩开设南货店,经营糖果、糕点、烟酒、桂圆、枣子等。生意做得很红火,成为杨湘泾镇老街名店。中华人民共和国建立后公私合营,汪盛乾成为供销社职工,到供销社开设在榭麓、新星大队的下伸店工作,直至退休。

汪氏始祖第88代孙汪盛斌(宝兴),13岁到朱家角南货店当学徒、帮工。中华人民共和国建立后成为杨湘泾镇供销社职工,一直工作到退休,1992年去世。

汪氏始祖第88代孙汪盛松、汪盛庠迁居上海。

中华人民共和国建立之后,汪氏后辈繁衍生息,都过上了幸福的生活。

二、汪氏家谱

西汉时期,汪氏始祖被封为越国公,赐姓汪,世居徽州新安。清朝康熙年间,汪氏后裔汪思聪随父亲迁居江南,定居榭麓镇。自汪氏始祖第82代起,汪氏家族名字的辈分排序为:文章鸣国家之盛,贤哲应时运而兴。

汪氏家谱图

第六节 成氏家谱

一、家谱简介

居民成尔乾，1936年生，祖籍江苏盐城市大成庄，于杨湘居委会成立后迁居杨湘泾镇，家住中市北路8号楼305室。成氏家族修有完整的族谱。这本名为《盐都县大成庄成氏宗谱》的家谱，始修于明朝崇祯九年（1636年），到2001年，已有365年的历史。家谱比较详细地记述了大成庄的地理环境、风土人情、成氏名人，以及从1636年起到2001年成氏25代的家族传承。

二、成氏家规

成氏家谱还订有家规十六条，即忠君国、孝父母、爱兄弟、和妻子、交朋友、敬师尊、教子弟、丧葬祭、睦亲族、戒争讼、守遗产、联婚姻、端品行、和乡邻、祭祀诚、遵家规。

三、十劝族人歌

一劝族人香宦后，簪缨世胄有家声。六封诰命两乡贤，盐邑无能出其右。
二劝族人行孝悌，敬重爷娘比天地，前人做样后人看，滴滴相承檐溜水。
三劝族人勤耕作，播种及时休摹索，唯有犁头不误人，饱食暖衣多快乐。
四劝族人勤教子，有子读书家道起，学得知识发旧家，培植儿孙是正理。
五劝族人教闺女，必须从小授规矩，缠头裹足莫离娘，没有人说是非语。
六劝族人常行善，恤孤慈老行方便，但从心上积阴功，管取儿孙多贵显。
七劝族人先完官，钱粮漕米莫蹉跎，油单板串无陈欠，那有公差来叫呼。
八劝族人莫告状，须知官府难欺诳，从来反坐有专条，重者徒流轻者杖。
九劝族人莫行凶，操拳持棒一窝蜂，不顾家财顾性命，世间王法岂能容。
十劝族人莫奢华，粗衣淡饭最为佳，不少钱漕不少债，克勤克俭克成家。

第七节　居民习俗

淀山湖社区居民习俗具有鲜明的个性和特色。居民风俗、方言土语、农谚、歇后语、民谣等反映了老百姓勤劳、淳朴、互敬、互爱、祈福，过幸福惬意好日子的美好愿望与虔诚心情。

一、节庆习俗

1. 春节

农历正月初一，俗称大年初一，是一年中最为重要的节日。家家户户在大年初一早晨开门放爆竹（俗称高升），寓意新年开门迎来好运，事事节节高升。

初一早上，各家门口摆一张桌子或小方台，台上放上年糕、橘子、甘蔗等物品，还放有一碗事先泡好的"糖水"，寓意新年里甜甜蜜蜜、诸事顺当。

初一，早饭吃年糕、长寿面，寓意高兴和健康长寿。这一天全家人都穿上新衣裳、新鞋子，寓意一身（生）新。

初一早上，晚辈面向长辈鞠躬，叫应一声，算作给长辈拜年。邻居之间见面时，拱手相贺，道声新年好、恭喜发财等吉祥语。

正月初二至初七、初八，迟的至正月十五，各家出门走亲戚"拜年"。一般先拜至亲，后拜远亲。少拜长、婿拜翁、甥拜舅、侄拜姑等，互敬互爱，被拜方设款待酒席，俗称"拜年酒"。

2. 元宵节

农历正月十五，人称"正月半"或"元宵节"。居民入夜放"高升"，吃"烊粉粥"。烊粉粥是用米粉、青菜、豆制品、慈姑、荸荠、香菇、枣子、腊肉丝等和盐、糖、味精调料做成的什锦羹。烊粉粥可口鲜美，别有风味。

元宵节"接灶君"，午后家家户户都要接灶君，在灶台上放些酒菜，焚香烧黄纸钱。祭祀后，再请上一尊灶君公公（纸佛像）登坐于灶头上的供龛"灶君宫"，俗称接灶君。有民间俗曲曰："年年有个家家忙，正月十五接灶王。炉内焚上一炷香，祝愿灶王降吉祥。"接灶君后，家庭主妇每逢农历"六"的日期（如农历初六、十六、二十六）要"刮镬子"（铲除锅底的烟灰），寓意：六发六发，六六大发。

3. 清明节

清明节是祭祖扫墓的节日，又称"踏青节"，时间为清明节到谷雨节之间，都可以祭祀祖先坟墓。

青团子是清明时节特有的美食。每年临近清明，绿油油、甜糯糯的清香甜美的青团子，特别引人食欲。青团子也是祭祀祖先、上坟扫墓的必备物品。

蒸做青团子，先将野生的青嫩草"将军头"摘回家洗干净，有的用石灰水焯，也有的用"小苏打粉"水焯，再将焯后的"将军头"叶打烂成青绿色泥状后放入糯米粉使劲拌搓。青团子馅用芝麻、赤豆、糖拌成。这种自制青团子味道好，是老少皆宜的时令美食。

青团子

中华人民共和国建立后，移风易俗，实行火葬，死者骨灰盒存放在公墓，清明节亲人们就到公墓扫墓。学校里组织学生清明节祭扫烈士陵园，瞻仰淀山湖镇南巷战斗纪念碑，缅怀先烈，进行革命传统教育。

4. 端午节

农历五月初五，俗称端午节，家家户户裹粽子。闭门关窗后把苍术、白芷（中草药）放在脚锣或缸、甏等器皿里点燃，用烟熏法驱除蛇、虫、百脚（蜈蚣）等五毒，以减少疾病。

家门口用艾叶、菖蒲扎成宝剑形挂在大门梁边上。小孩子胸前挂装有大黄等物的香袋。也有人将"雄黄"涂抹在孩子的脸、额角上避邪。

5. 七月七

农历七月初七，传说是牛郎织女"鹊桥相会"之日。民间传说：七月七，看巧云，交好运。

七月初七，孩子要吃"童子鸡"，长辈们都要给孩子杀一只童子鸡，煮了吃。据说小孩吃了童子鸡，健康又聪明。

七月初七，时兴吃西瓜。俗话说：七月七，买只西瓜切一切。据说吃后可以少生痱子。

6. 中秋节

农历八月十五，因居秋季之中，故名"中秋"，又称"团圆节"，一家人一起吃团圆饭。八月半有吃糖烧芋艿、月饼的习俗。

八月半晚上，家家门口放一张八仙桌，并把八仙桌搭架在长凳上，成祭桌，桌台上摆满各种水果和酒菜，点蜡烛，焚烧檀香木，也称烧夜香。一家人守望供桌，吃月饼赏月，俗称"守夜香"。

八月半前一段时间里，亲朋挚友皆以月饼馈赠。八月半节日后，不再送月饼了。

7. 重阳节

农历九月初九,俗称重阳节,每家都要蒸重阳糕,吃重阳糕。重阳节除了吃糕,还要登高,俗称:有山登高,呒山吃糕。

20世纪90年代,将重阳节定为老年节,提倡敬老爱老,传承中华民族优良传统,形成尊老社会新风尚。

8. 除夕

农历十二月三十(小年十二月二十九),俗称大年夜,是年终的重大节日。

年前,店主要外出讨债,讨回人家赊欠的货款。

大年夜,一家人不管在外地工作还是经商,都要回家过年,全家人一起吃年夜饭,也叫吃"团聚饭"。

吃年夜饭是一年里全家人的大事,家家户户十分重视,也十分讲究。

年夜饭的菜肴是一年里最为丰盛的。在之前一段时间,家人十分忙碌,杀鸡杀鸭,买酒买菜,为准备一顿丰盛的年夜饭,家人很辛苦。

大年夜全家人欢乐聚餐,尽情畅饮,又说又笑,其乐融融。吃过年夜饭后,长辈给小辈发"压岁钱"。

除夕夜,每家门上贴春联,入夜后家家都要守夜,也称守岁。老人小孩都要洗脚,一起吃炒蚕豆、瓜子、炒糖米花等。睡到半夜子时,家家都要放"高升百响",寓意送走旧一年,迎来新一年。

改革开放后,社区居民的生活水平提高了,除夕夜大多在家里的电视机前观看"春节联欢晚会"。

二、喜庆习俗

1. 迎亲 结婚

定亲后,女方按男方选择的良辰吉日结婚。成婚之日,男女双方各自宴请亲朋好友。结婚一般需要三天排场,第一天称为"开厨"。

"开厨"那天,女方将嫁妆送往男方家中,俗称"行嫁",其中必备嫁女的新被头、枕头要成双成对,被头内放红蛋、糖。嫁女新马桶、脚桶俗称"子孙桶",内放五个红蛋、米、赤豆、红枣等物。嫁女新淘箩、饭箩俗称"金饭箩",内有一身新衣服、一双新鞋并用红颜色方巾包扎,俗称"子孙包"。在"子孙包"上面放一棵用红纸包住根的万年青,俗称"运"。

男方送上"上头盘"至女方,俗称"肚里痛盘",盘内装有一桌酒菜、一腿猪肉和一条活鲤鱼(寓意鲤鱼跳龙门)等。女方收礼后将空碗、空盆里放上咸菜几根,其中一条活鲤鱼仍送回男方,俗称"游(有)来游(有)去"。

办喜事的男女双方都要请"账房先生"记录人情账。

男方发"正媒帖子"邀请正媒(女方的娘舅或姑父)当晚到男方吃晚饭,俗称"载娘舅"。娘舅一到,男方先放"高升"(鞭炮)再请茶(陪伴娘舅喝茶吃果品),然后备酒席,娘舅酒席安排在男方家客堂的东北角(据农村风俗"东北角"是第一位,最尊贵)。娘舅一人朝南独坐,其左右各两人陪吃,称为"请娘舅"。饭后,娘舅要送喜钱给厨师、茶担师。

男方在送女方娘舅回家时又要放"高升"（鞭炮）欢送。

"正日"那天，男方备花轿，摇娶亲船去女方家，娶亲船要扎彩，船上彩旗飘扬，请丝竹班吹拉弹唱，船艄配备双橹，装好"开出跳"，挑选身强力壮小伙子摇船和抬轿，船头配备两名撑篙能手，船舱里停放花轿，放置丝竹班子人员座位。一切安排妥当，在鞭炮、丝竹声中出发，去女方家"载新娘子"。

此时，男方家中布置新房，整理婚床，俗称"铺床"。婚床是新婚夫妇关系公认、许可的见证物，也是传宗接代的重要场所，其意义的重要性不言而喻。"铺床"，需挑选一对已婚已生育男孩的夫妇和一对男女小孩（俗称仙童仙女），参与"铺床"。

娶亲船摇至女方滩渡，放鞭炮，船上丝竹声响起，轿夫抬轿上岸，丝竹班跟随，吹拉喜庆乐曲。花轿停至女方家门口。新娘在上花轿前，蒙上红盖（是一块二尺见方的红颜色绣花布），上轿要哭，俗称"哭嫁"（新娘哭，娘家福）。如不哭，人家会说新娘子傻，没教养，没人情味，婚后也不好过日子。新娘不哭，嫂辈们会劝哭："哭两声吧，嘴里哭，心里愿，不哭两声不好看。"新娘哭之后，由其哥哥或堂兄抱上停放在门口的花轿，乐队、亲友伴送，在鞭炮、丝竹声中花轿抬至娶亲船，俗称"下亲船"。

娶亲船一路上十分畅通，所有船只都会避让，如与其他娶亲船相遇，各放鞭炮，相互谦让而过。民间传说：天下娶亲船最大，甚至遇大官船也会让路。

娶亲船停稳后，花轿抬至新郎家大门外等候，由新郎的妈妈首先迎接"子孙桶"，然后新娘子由喜妈搀扶下轿。下花轿的新娘第一声要叫新郎的妈妈，俗称"开金口"。新娘下花轿跨入男方家大门坎（槛）后，双脚踩在麻袋上，两只麻袋有人不断拾起、铺下交替移动，让新娘在麻袋上缓慢行走（寓意新娘来传宗接代）。

午后举行婚礼仪式，婚礼一般都在大客堂内举行，客堂中央摆一张用红布罩着的香案台，台上放大红烛、香炉，俗称结亲台。台前后安放椅子、凳子，亲朋好友欢聚大客堂两旁。先由主持人高声宣告新郎新娘拜堂成亲开始，同时场外放鞭炮，堂内奏乐。主持人宣喊：请"迎光员"入席，点燃香烛。"迎光员"由新郎新娘的父母与新郎同辈的男青年担任。入席后站立在香案台两旁。接着请主婚人（男方家长）、证婚人（有名望的人）、介绍人入席，他们就坐在香案台前后的椅凳上。

再请新娘新郎入席。此时，新娘在喜娘和新郎的搀扶下，踏着红毡毯，从新郎妈妈的房间里走出，入席后站在香案台前的红毡毯上。此时，红烛高烧，乐声不断。

首先请证婚人、主婚人、介绍人讲话。

接着主持人宣读：新郎新娘拜堂，一拜天地，二拜高堂，夫妻对拜。此时为婚礼高潮，大家尽可与新郎新娘嬉戏玩乐。

继而将新郎新娘送入洞房，新郎新娘手拉红绿"鸳鸯巾"，在手持红烛的"迎光员"引领下，踏着红毡毯进入新房。

拜堂后，祭祀祖宗，俗称"祭祖拜家堂"。接下来会亲，开宴，向亲朋好友敬酒。新娘在喜娘和婆妈伴同下，逐一向长辈行礼叫应。之后，新娘回新房。晚上闹新房至深夜，俗称"三朝呒老小，太公太婆闹一闹"。闹新房不分男女老幼，都可闹一会，为了图个热闹，增添喜庆气氛。

中华人民共和国建立后，提倡自由恋爱，婚事简办，移风易俗。有的举行集体婚礼。到

20世纪90年代,随着改革开放的深入发展,人民生活条件的逐步改善,婚礼渐趋讲究,女方要求越来越高,男方必备婚房、轿车,婚房内电器设备要齐全,装潢须新颖。娶亲婚车成队,婚宴酒席越办越丰盛。为儿女婚事,男女双方家庭倾其财力。但也有青年人要求节俭办婚事,提倡旅游结婚,甚至有的"裸婚"。

2. 招女婿

招女婿,又称"倒插门",是男方落户女方成立家庭。男方肯"倒插"的原因诸多,或因经济困难,娶不起媳妇而到女方家做女婿,或因弟兄多,其中一个出门做女婿。女方家招女婿是因为无儿,为继承香火而招女婿。男方到女方家入赘后,有的改姓女方的姓,有的保留原姓,但生育的儿女都得姓女方的姓,为的是替女方传宗接代。

招女婿,婚事由女方主办,其婚前手续和婚礼仪式与嫁女基本相同。此项风俗延续至今,但生育的儿女姓谁的姓,无规定,由男女双方商定。

3. 献三朝

产妇俗称"舍姆娘",婴儿诞生后数天,男家要办"三朝酒"。男女双方的至亲好友都要去男方家贺喜饮酒,送糖糕钱。

"献三朝",娘家送上红蛋、米糕、团子等礼物。饭后将红蛋、糕团等物品分赠亲戚邻里。也有婴儿满月请酒,称"做满月"。

4. 立嗣

旧时,若有子女未成家而死亡,或夫妇未生育的人家,为延续香火,继承家业,便找近房近亲的男儿作为该户人家之嗣子,也有外姓人做嗣子,俗称"立嗣"。

5. 做寿

一般于男女60岁、70岁、80岁做寿,大多提前一年做寿为吉利。旧时,大户人家至花甲诞辰,由儿孙辈摆酒庆贺。做寿前一日,女儿、女婿送上寿桃、寿糕、寿面、寿星纸马、寿香寿烛、寿酒等,俗称"暖寿",亲朋好友也送寿幛、寿礼。

做寿之日,寿堂里红烛高烧,寿幛高挂,寿礼纷呈。放鞭炮百响,由儿孙们向寿翁拜寿,一般亲友拱手作揖为礼。宴后向邻里分赠寿面。

还有老人至66岁时称"逢关",由女儿烧肉饭,送红衣服。据说,老人吃穿之后可顺利闯关,以达长寿,俗称"担饭"。

三、丧葬习俗

旧时,凡人亡故,其家属即将此噩耗讣告亲戚,俗称"报死"。只限报死亡者的亲戚,不报朋友,但朋友间可通过互传信息前来吊唁。

亡故后,先替死者净身,并将换下的衣服立即火焚,死者睡的床席、蚊帐丢抛至屋顶上。然后在客堂中央置一门板,将死者从房中移出至客堂,俗称"转尸"。死者躺在门板上,头南脚北,用清洁被单(面)盖上,脚上穿鞋,将一巴斗套住双脚,也有将巴斗套单脚,头前挂白被单(或白篷单),称为孝幕,放一张八仙桌,称孝台。死者头旁点一盏油灯,一碗盆中放一个荷包蛋,油灯昼夜不息,点燃香烛,放些祭品。孝台前放一铁锅,内焚化锡箔纸或黄纸钱。死者的子女、家属和直系亲属都穿白衣,女的加穿白布罩裙,脚穿白鞋,腰扎白带,头上披麻,其他亲属朋友扎白腰带,称"戴孝"。亲属昼夜守灵恸哭,称

"守夜"。朋友称"伴夜",恸哭者中,与死者是夫妻关系称"哭亲人",与死者是子女关系的称"哭爷娘",媳妇称"哭大人"。

丧事里请道士、佛婆念经,称"做道场"。死后3天,尸体放入棺材(入殓)。入殓前死者穿新衣服、新裤子、新鞋子、新帽子,死者一般要穿七件衣,称"七个领头"。入殓棺材里放石灰包、黄纸及死者生前喜爱的生活用品,俗称"陪葬"。出殡前办丧事人家请人专门记录亲朋好友的吊唁钱额,俗称"吊孝钱",记录簿称"丧簿"。

出殡前子女、亲友在死者棺材前挨次跪拜作揖,子女重孝披麻着白,扶着棺材抬出客堂,相帮人立即摔碗盏,道士吹哀乐,待死者棺材抬出客堂后,客堂间马上用大扫帚扫地。

死者出殡一路上撒锡箔钱或黄纸钱。子女、亲友簇拥着棺材送至坟地。死者的棺材送至墓地后,在当时有两种情况:一是将棺材放置于墓地上,用稻草遮掩,等后选择吉日,再入土埋葬,也有棺材四周用砖砌,上面用土瓦遮盖。二是当死者的棺材送至墓地,直接入土深葬,俗称"热落葬"。

回丧后,在客堂一角设灵台,白布台毯,台上点香,点白烛,立牌位,俗称"座台"。当晚宴请亲友,俗称"吃回丧夜饭"。自死者去世之日起,子女、直系亲属每日早晚在灵台前哀哭。每逢七日为"一七",直祭到"七七"为止。至第7个为断七。死者的"五七"为主七,家属须举办酒席、做道场、烧纸房子、过七仙桥等活动,十分隆重,俗称"做五七"。

中华人民共和国建立后,移风易俗。丧事简办,披麻改为臂戴黑纱、小白花,亲友吊唁送花圈、挽联、挽幛,有的开遗体告别会,寄托哀思,土葬改为火化,骨灰盒送进公墓安葬。

第八节 宗教信仰

中华人民共和国建立以前,居民中很多人信奉佛教,每年清明节、中秋节、除夕都要到老街周围的古庙中烧香拜佛。每年农历二月十九日碛碛寺庙会,信徒们都要去烧香、逛庙会。改革开放以后,国家奉行宗教信仰自由政策。1984年,基督教传入淀东乡,时有信徒10余名。1989年,淀东镇建造了教堂,之后基督教迅速发展,居民中很多人入教。2016年有基督教信徒5 320人,其中老年人居多,女性居多。

一、基督教

1. 基督教堂

基督教堂又称耶稣堂,坐落于杨湘泾镇西大街北则。第一座教堂建于1989年9月,投资18万元,占地面积1 332平方米,其中教堂面积595.32平方米,饭厅、灶屋134.66平方米,资金来自信徒捐赠、政府减免及台湾地区一信徒捐助等。第二座教堂建于1999年9月,投资65万元,占地面积1 860平方米,教堂建筑面积370平方米,大楼面积428.7平方米,其他用房200平方米,并设闭路电视4台、音响设备2套、钢琴1架、风琴2架。经费来源于信徒捐赠、政府减免及单位资助（晟泰村2万元、新东湖集团公司5 000元、永益村1 000元、塘泾村500元、复新村1 000元、复利村1 000元、新杨村300元、永勤村500元、杨湘村3 000元、农业银行2 800元）。

2015年5月，以上两座教堂拆除重建，占地12.4亩，建筑面积11 700平方米，由江苏永创建设有限公司承建。建筑分为教堂、教会办公室、会议室、培训室（含住宿）、厨房、餐厅、书画创作室等。教堂主体建筑设计为传统的简欧式。建筑招标费用2 900万元，内部装修费用1 500万元，资金主要来自信徒捐赠和政府减免。至2017年年底，主体建筑基本完工。

基督教堂（2014年摄）

2017年新建的教堂

2. 教会负责人

淀山湖镇教会接受昆山市宗教局领导。1984～1990年，教会负责人为昆山的韩大成。1990年后，由南京金陵协和神学院何介苗牧师主持。2000～2016年，教会负责人先后由闻新贵、张洁晨、俞惠琴担任。

3. 入教人数

2016年年底，淀山湖地区入基督教5 320人，其中受洗礼的3 500人，慕道友1 820人。

教徒中老年人居多，大部分年龄在 50 岁以上；女性居多，占 80%，男性占 20%。

4. 入教原因

一是基督教的教义是信仰上帝，与人为善，厉行节约，符合居民人心向善、勤俭节约，摒弃烦琐封建礼俗的心理。二是部分居民认为上帝和神灵是有求必应的，能保佑家庭平安、生活幸福。还有部分居民是因为家人生病、人际关系紧张等，在家人或朋友的劝说下入教。

5. 教会活动

建基督教堂后，每星期日为信徒聚会日，星期五为祷告日，星期三晚为中青年信徒聚会日。信徒们于星期日上下午和星期五下午进入教堂做礼拜，在牧师带领下唱诗歌，背诵圣经，集体做祷告，听牧师讲述圣经，也有部分信徒上台见证（谈体会）。一些虔诚信徒被选为小组长。小组长平时也会在家里组织信徒学习圣经，做祷告。教徒中有人生病，小组长即带领人员上门为其做祷告，祈求平安。每年12月24日平安夜、12月25日圣诞节，举办的活动最为隆重。昆山市统战部、宗教局，淀山湖镇领导亲临现场，镇政府两次召开有关单位圣诞节协调会。教徒们聚在一起，除了听经，做祷告，还邀请各单位文娱演出，吃圣餐等。

教堂还成立了天使乐队，教徒中有人病故，乐队上门服务，吹奏哀乐。这些活动让教徒们得到了精神寄托，促进了人际关系和谐。

二、佛教

1. 佛教礼节

入佛寺参拜时，信仰者面对佛像行大礼，双手合掌，十指并拢，置于胸前，身体微躬，或双膝下跪，五体投地，这为佛教最高礼节（跪拜磕头）。

2. 佛教的宗旨与倡导

佛教的宗旨：破迷开悟，离苦得乐。

佛教的倡导：智慧和慈悲，福慧双修。

3. 佛教徒的信仰与礼俗

佛教徒信佛诵经，主张发扬大慈大悲精神，凡事要忍耐。佛教信徒每逢清明、冬至、除夕要以佛教礼仪祭祀祖宗、拜佛，桌上摆放酒盅碗筷，点燃香烛，摆上一桌菜肴。祭祀结束时，烧纸钱、锡箔，家人跪拜磕头，表示怀念、敬仰祖宗，祈求神灵保佑。另外，每逢重大节日，家长到寺庙里佛像前烧香拜佛，求佛成真，保佑家人平安。佛教徒不杀生，吃素不吃荤。

4. 佛教徒亡故习俗

居民中凡是佛教徒信仰者，一旦亡故，他们就会按佛教习俗，丧事办三天三夜，十分热闹。

第四章 文体卫生

淀山湖中心小学创建于1905年,校名为正基学堂,校址从善堂庙起先后易地3次,校名先后更变8次。

淀山湖中学创办于1958年,校长更迭11人次,至2012年,培养出初中生8 600多人、高中生1 930多人。

20世纪六七十年代,淀东公社利用大礼堂放电影,让居民享受电影的乐趣。20世纪80年代,中国象棋大师胡荣华来杨湘大礼堂表演"盲棋"友谊赛,让杨湘居民一饱眼福。

21世纪初,淀山湖社区(杨湘居委会)组建老年体操队、乒乓球队、象棋队等,参与淀山湖镇组织的各项竞赛活动,都获得好成绩。

第一节 学 校

中华人民共和国建立后,教育事业蓬勃发展,杨湘居委会区域内有幼儿园、小学、中学。

一、幼儿园

1951年,杨湘幼儿园在杨湘泾中心小学内开办。先开办一班幼儿园,学生30名,幼儿园教师季宝芬。之后,幼儿班逐渐增至三个班,教师员工由1人增至10多人,师资人员从小学教师里挑选。幼儿园人数70~80人。居民的幼儿都进入杨湘幼儿园。1989年,搬迁至双娄江东、淀兴路南侧。

二、小学

淀山湖小学的前身是正基学堂。早在光绪三十一年(1905年)八月,由邑人汪之镰、童锡、李世琛、顾焕章四人发起,以庙田、义塾田的租息,利用杨湘泾镇善堂庙后埭4间空房创建正基学堂。当时仅有2个教学班40余名学生。创办人聘任杨湘泾镇双娄人李林思为校长,教员张惠中、张惠华(榭麓人)等4人。

辛亥革命胜利后,正基学堂改名为杨湘泾初等小学。民国四年(1915年),杨湘泾初等小学改称为杨湘泾国民学校。民国二十一年（1932年），杨湘泾国民学校改为杨湘泾中心小学。校长龚应龙（由昆山县教育局派来），学校开设4个教学班，一、二年级各为单式班，三、四年级和五、六年级均为复式班，学生人数140名左右。教员有张惠中、张惠华、蒋仲芳等5人。

抗日战争时期（1937～1939年），日本兵侵占杨湘泾中心小学，学校被迫停课2年。后学校复办，校长张兆谦（王土泾人）、朱瑞章（上面下派的）。

抗日战争胜利至中华人民共和国建立前夕（1945～1949年），推行国民教育，杨湘泾中心小学校改名为杨湘泾中心国民学校。校长先后由周其慰、王炳南等担任，教师周文新、周其美、周其观、蒋瑞华、吴保淦等，学生100多人。

1949年，中华人民共和国建立后，杨湘泾中心国民学校又改称杨湘泾中心小学，校长李维贡。1950年2月，姚裕康任杨湘泾小学校长，直至"文化大革命"开始（1966年）。

杨湘泾中心小学20世纪50年代初，曾办过扫盲班，居民中的文盲利用晚上时间，参加扫盲班学文化，扫盲教师全由杨湘泾中心小学教师兼任。扫盲班很有成效，扫盲率之高位于淀东区之首。

1958年后，杨湘泾中心小学先后改称为淀东公社小学、杨湘中心小学、淀东中心小学。1958～1961年，由钱家库村徐桂勤担任淀东公社小学"工农校长"。

1966～1984年，淀东（杨湘）小学校长（负责人）先后由周炳华、张祥荣、张学强、陈根法、沈逸群、张觉耿、金元龙等人担任。

1984年8月，淀东（杨湘）小学易地至杨湘泾镇双漊江东岸。新建学校占地10亩，建筑面积1 250平方米，教学设施更新优化。

1995年2月，杨湘中心小学第二次易地搬迁至杨湘泾镇东，新建学校占地49.08亩，建筑面积7 695平方米，教学设施更加先进。其中绿化占地1 056平方米，运动场地11 050平方米，设有环形跑道长250米，直道长100米，排球场2片，小足球场1片，校舍建筑面积7 695平方米，其中教学及办公用房6 364平方米，生活用房1 250平方米，其他用房81平方米，分教学、生活、运动三个区，分布合理。同年，杨湘中心小学更名为淀山湖中心小学。

淀山湖小学（1995年摄）

2013年8月，淀山湖小学第三次易地搬迁至杨湘泾镇淀辉路南侧，南苑路北侧，朝三港西岸，占地82亩，建筑面积为28 569.2平方米，总投资1.2亿元。教学规模8轨48班。

建造教学楼 3 幢、实验楼 1 幢、行政楼 1 幢、图书馆及报告厅 1 幢、艺术楼及食堂 1 幢。室外体育设施有 300 米跑道的操场一片、200 米标准轮滑跑道一条、排球场 4 片、篮球场 4 片、乒乓球场等。学校最多可容纳 2 400 名学生，教职员工有 150 多名。教育教学设施现代化。

淀山湖小学（2013 年摄）

至 2017 年的 22 年时间内，淀东（淀山湖）小学校长（副校长）先后由张觉耿、金元龙、沈凯群、吴惠德、李维新、徐三兴、钟爱民等人担任。学校教职员工 130 多人，学生 1 600 多人。

三、中学

淀山湖中学创办于 1958 年 7 月，当时名为昆山县第八初级中学，校址设在杨湘泾镇东大街，占地面积 10 006 平方米，开设 2 个教学班，学生 108 人，教职员工 9 人，校长郑仲涛。1959 年 8 月更名为昆山县杨湘初级中学。1963 年因遭受三年自然灾害实行调整政策而停办。1968 年 7 月复办，易名为淀东中学。1972 年 5 月建立中学党支部。1973 年起增设高中班，成为一所普通完全中学。

20 世纪 70 年代到 90 年代，淀东中学办学规模不断扩大。1989 年，原复光初中并入淀东中学，1993 年，原金家庄初中和榭麓初中并入淀东中学。至此，全校有 24 个班级（初中 18 班、高中 6 班），学生 1 193 人，教职工 77 人。

1987~1992 年，实施普及九年义务教育，1992 年 11 月，通过了苏州市教委的验收。1993 年，教育现代化工程启动。1994 年 11 月，淀东中学更名为淀山湖中学。1996 年 12 月，通过了昆山市教育现代化工程验收。1998 年 5 月，通过了苏州市的验收，年底通过了江苏省教育现代化工程的评估验收。

自 1988 年以来，淀山湖中学三次征地共 34 亩，校园面积由 18 亩扩至 52 亩，校舍总面积达 10 407 平方米，绿地面积 10 389 平方米。镇政府先后投入资金数百万元，新建教学、办公综合大楼一幢（包括标准教室 23 间，办公室、会议室、医务室 20 余间），建实验大楼一幢和图书馆楼一幢，建室外体育活动场地 10 387 平方米（包括足球场 1 片、篮球场 2 片、排球场 1 片、100 米直道、环形跑道和投掷区等）。实验楼内现代化微机、语音、美术、音乐各一室，理、化、生物实验室 6 间，图书馆藏书 4 万册。

至 2012 年，淀山湖中学共培养初中毕业生 8 600 多人，高中毕业生 1 930 多人。

至 2016 年，淀山湖中学历任校长郑仲涛、周炳华、唐汉民、王志鹏、杨国民、周耀庭、徐雪荣、张栋林、朱建国、潘卫国、郑平。

淀山湖中学（2012 年摄）

淀山湖中小学校，培养出了一批批建设国家的人才，他们中有中国工程院院士钱七虎，甘肃省农业科学院小麦研究所所长、教授周祥椿，江苏著名中医主任医师顾奎兴，国家一级运动员王旬，北京部队副军级干部朱强国，江苏省新闻出版局副局长沈建国等。还有众多的教师、医生、学者、设计师、党政干部、企业家和工程师，他们在各自的工作岗位上辛勤工作，为国家和地方做出了贡献。

四、学制与课程

清宣统年间，小学实行癸卯学制，初等教育为 9 年，即初等小学 5 年，高等小学 4 年。民国元年（1912 年），小学学制为 7 年，分初小 4 年，高小 3 年。民国十一年（1922 年），颁布新学制，初小 4 年，高小 2 年。中华人民共和国建立后，小学学制沿用六年制。1953 年沿用"四、二"制。1968 年，小学实行五年一贯制。1970 年改为春季招生。1974 年恢复秋季招生。1983 年秋，小学由五年制向六年制过渡，于 1986 年过渡完毕。

清宣统年间，初等小学堂教授科目有修身、读经讲经、中国文字、算术、历史、地理、格致、体操 8 科，加设图画和手工 2 科为随意科，此为完全学科。其时，乡民饥贫、师儒稀少的地方，科目从简，为修身读经合一，中国文字，历史、地理、格致合一，算术，体操 5 科，此为简易科。高等小学堂教授科目为修身、读经讲经、中国文字、算术、中国历史、地理、格致、图画、体操 9 科，加授手工、商业、农业等科目为随意科。民国元年（1912 年），执行教育部颁布的《小学校令》，初等小学校教授科目为修身、国文、算术、手工、图画、唱歌、体操 7 门，女子增加缝纫课。高等小学校教授科目为修身、国文、算术、本国历史、地理、理科、手工、图画、唱歌、体操 10 门，男子增设农业（或商业），女子增设缝纫，并可加设英语或别种外语。民国十二年（1923 年），初级小学设国语、算术、社会（公民、卫生、历史、地理四科合一）、自然（自然、园艺合一）、工用艺术、形象艺术、音乐、体育 8 个科目。高级小学设国语、算术、公民、卫生、历史、地理、自然、园艺、工用艺术、形象艺术、音乐、体育12个科目。民国二十五年（1936年），初级小学设公民训练、国语、算术、常识、劳作、美术、体育、音乐8科。高级小学设公民训练、国语、社会、自然、算术、劳作、美术、体育、音乐9科。自四年级起算术科加教珠算。其后，虽历经多次修订，但课程无重大变化。中华人民共和国建立后，取消公民训练，其余仍维持原状。1952年，执行华东军政委员会教育部颁布的教学计划，初小设语文（国语）、算术、体育、音乐、美工5科。高小设语文（国语）、算术（四年级起含珠算）、自然、历史、地理、体育、音乐、美工8科。此外，初、高年级均有朝会（包括早操）、课间会（包括课间操）、周会、校内课外活动、校外社团活动。1957年秋，小学增设每周1节周会，列入教学计划。1958年秋，小学增设劳动课，高年级开设农业生产知识课。1966年，"文化大革命"开始，学校停课。1967年复课，实行"四自"：自订方案，自定课程，自选教学内容，自编教材。多数学校设政治、语文、数学、唱歌、图画、军体、劳动诸科。1972年开始，执行昆山县颁布的教学计划。1977年秋，班队活动列入课程表。1982年秋，执行部颁《全日制五年制小学教学计划（修订草案）》。政治课改为思想品德课；语文课教时低年级略减，高年级酌增，安排写字指导，外语课停开；自然课提前一年开，增加总课时。1983年秋以后，由于学制过渡，同时执行江苏省颁《全日制六年制小学暂行教学计划》，六年制课程设置又做相应调整，设思想品德、语文（阅读、作文、写字）、数学、体育、音乐、美术诸科，四年级起设自然常识，五年级增设地理，六年级增设历史。三年级起开设劳动课。各年级均有自习、科技、文娱、体育活动和周班队活动。

五、学生校外（课外）游戏活动演变

1905年，邑人汪之镰等人创建正基学堂，后改称为杨湘泾小学。然而，由于地处水网区域，交通不便，再加上日寇入侵、社会动荡，大多数家庭的子女辍学回家，无力进学校读书，校外活动十分枯燥。

中华人民共和国建立之初，教育事业全面复苏，大部分学龄儿童进入学校读书。那时候，校舍简陋，活动器具缺乏。学生课外活动有老鹰抓小鸡、踢皮球、拍皮球、着（下）象棋、扎帖子等。学生放学后还经常玩打弹子、打铜板。冬天雪地里玩打雪仗等游戏。

20世纪60年代，教育事业进一步发展，办学条件得到改善，活动设施增加，学生的校内课外活动有踢毽子、跳绳、打乒乓球、打篮球、踢足球等，逐步向体育竞赛发展。

改革开放后，经济建设快速发展，人民生活水平提高，教育设施逐步现代化，人的素质也不断提高，学生课外活动形式多样，逐渐向高雅艺术方向发展，学习弹钢琴、书法、绘画、围棋、轮滑等，在省级、国家级学生比赛中屡次获奖。2012年，淀山湖小学曾获得全国少年速度轮滑锦标赛团体总分第四名。

第二节 医院

中华人民共和国建立前,居民缺医少药,有病得不到及时治疗。中华人民共和国建立后,在党和政府的高度重视下,科学卫生知识深入人心,医疗卫生机构逐步健全。改革开放后,居民有医疗保险,治病住院费用不担心。淀山湖人民医院历经两次易地搬迁,医院设施俱全,成为乡镇级的上乘医院。

一、医院外貌

淀东卫生院(1974年摄)

淀山湖人民医院(2012年摄)

二、医疗卫生机构沿革

1. 私人诊所

民国时期,杨湘泾镇上私人中医诊所有周文哉、张达志、张协寅、皇甫安(针灸)、姚玉英(四代祖传治臌胀病)、袁云袖(妇产科)。西医诊所有席祖岐、蒋仲义、何小姐、李小姐、俞先生、金杰。席祖岐医师被人称为"百科医师",既擅长西医内、外科,又能治疗牙病,还可为小儿治病等。中华人民共和国建立初期,杨湘泾镇开业医生有席祖岐(西医外科)、沈雪龙(中医外科)、姚玉英(中医内科专治臌胀病)、徐良(外科)、朱海涛(西医内科)。

2. 联合诊所

1950年,杨湘泾镇由席祖岐、袁云袖、丁学明、周文哉、陈孟道等组织了联合诊所,位于杨湘泾镇善堂桥北塊。医生为周文哉(中医)、皇甫仰安(针灸科)、沈锡龙(中医外科)、姚玉英(中医治臌胀病)。1956年3月,镇域内的3个联合诊所合并为杨湘中心联合诊所,并吸收社会上的私人开业医生(钱高吾、钱逸文、张协寅、钱德忠、王梅芬),护理员8人(张仁娟、方月华、蒋惠珍、邵惠美、张惠娥、顾传娟及周庄人2名)。设2个分诊所(榭麓、歇马),1个血吸虫病中心治疗组。1958年10月,杨湘联合诊所有医务人员12人。

3. 卫生院(卫生所)

1951年6月29日,昆山县淀东区卫生所成立。杨湘中、西医联合诊所中的3名医生转入淀东区卫生所。所址设在杨湘镇东市。1958年,杨湘卫生所和杨湘联合诊所合并,成立淀东卫生院,工作人员35人。卫生院门诊部设有西医内科、西医外科、中医、化验室、妇产科等。下设6个医疗点(歇马、榭麓、塘泾、金家庄、永安、新星)。1967年下设3个医疗点(金家庄、永安、榭麓)。

淀东卫生院部分干部、医生合影(1975年摄)

1974年10月1日,淀东卫生院第一次易地搬迁,医院从杨湘泾镇大弄堂东的徐家大院迁至杨湘泾镇健安路东西两侧。新卫生院占地面积3 268平方米,建筑面积2 050平方米,其中医务用房968平方米。设有门诊部、住院部及急诊室。门诊部设西医内科、西医外科、中医科、妇产科、五官科、骨伤科、针灸科、小儿科、X 光室、化验室、手术室等科室，住院部有病床 28 张。主要医疗器械有 X 光机 2 台，显微镜 1 台，九头无影灯 1 架，光电比色器 1 台，万能手术床、电动牙床、产床各 1 张，电动吸引器、电动人流吸引器各 1 台，高压消毒器、离子交流器各 1 台，医疗急救机船 1 艘，救护车 1 辆。

1994 年，经镇政府再度规划，反复论证，淀东卫生院第二次易地搬迁，从杨湘泾镇健安路东西两侧易地至淀兴路西段北侧处。总投资 520 万元，占地面积 17 086 平方米，建筑面积 5 414 平方米，成为镇级一流的新卫生院。1997 年 7 月 1 日，新的淀山湖人民医院正式开业启用。院内开设西医内科、西医外科、中医内科、骨伤科、针灸科、五官科、防保科、儿保科、妇产科、药剂科、放射科、B 超科、化验科。医务人员有副主任医师 1 名、主治医师 10 名、医师 5 名，主管护师 1 名、护师 4 名、护士 6 名，主管药剂师 1 名、药师 1 名、药士 1 名。增设医疗器械有心电监护仪 1 台、阿洛克 B 超 1 台、麻醉机 1 台、高频电刀 2 台、自动生化仪 1 台、尿液分析仪 1 台、海牌 B 超 1 台、牙科治疗机 1 台。能进行内科、外科常见病多发病的医治、农药中毒、中风的急救、胃癌根除、食道癌根除、前列腺摘除、膀胱癌切除、胆囊切除、胆囊癌及胰头癌切除、输尿管结石取石、肾脏切除、胆总管介入取石、子宫肌瘤切除术和剖腹产等手术，成功率较高。

2000 年，淀山湖人民医院工作人员 54 人，其中医疗技术人员 38 人。

2003 年 10 月，该医院有正式职工 47 人，其中副主任医师 1 名，主治医生 10 余名。院内设西医内科、西医外科、小儿科、普外科、泌尿外科、肛肠外科、肿瘤科、妇产科、中医内科、中医针灸科、中医伤骨科、五官科、检验科、B 超、心电图、放射、胃镜室等科室；增设医疗器械，其中有美国产 50TSD 多功能监护仪、日本产奥林巴斯纤维胃镜和 CD350-B 高频电刀等先进设备。

2013 年，医院有职工 100 余人，专业技术人员 70 余人，又增设医疗器械 X 线影像系统（CR）、500MA 数字胃肠机、电子胃镜、全自动血球分析仪、多功能蛋白检测仪、全自动手术台、电解质分析仪、十二导联心电图机、24 小时动态心电图检测仪、飞利浦彩超机、GES8 彩超机等先进仪器设备。

三、医院科室设置

1. 西医内科

医院开设农村常见病、多发病的急诊，抢救治疗室，还开设中西医内科、小儿内科，并扩建内科、儿科病区。2013 年，有副主任医师 1 人，中医全科副主任医师 1 人，主治医师 2 人，住院医师 5 人。

2. 西医外科

医院成立外科室，在苏州、上海等地医院专家医生的辅导、帮助下，不断提高医疗技术。医院建立手术室，开展外科手术。2012 年，淀山湖人民医院有工作人员 8 人，其中副主任医师 1 名，主治医师 3 名，住院医师 4 名。医院相继成立了骨科门诊、推拿理疗室等特色科室。增添了电动手术床、麻醉机、呼吸机、腹腔镜、多功能除颤监护仪等设备。外科除自行开展手术外，还与上海、昆山医院专家联合开展手术医疗，如甲状腺腺瘤手术，甲状腺全切、次全切手术，胆囊传统手术+腹腔镜微创手术，胃穿孔、肠穿孔修补术，胃癌、食管

癌根治术，左右半结肠癌切除术，肠黏连、肠梗阻手术，阑尾穿孔腹膜炎手术，腹股沟疝无张力修补术，大隐静脉高位结扎抽剥+激光闭塞术，内外痔、肛裂、肛瘘手术，四肢骨折钢板、髓内钉内固定术，髌骨、锁骨切开内固定术，四肢肌腱、韧带断裂修补术等手术及其他常见小手术。

3. 妇产科

医院设妇产科。2012年有副主任医师1人，主治医生2人。科室配有微波治疗仪、心电监护仪、阴道镜、多功能手术床等临床常用器械，能开展无痛人流、大月份药流及钳刮、上环、取环（包括节育环异常情况下的取环）、输卵管结扎术、宫外孕、卵巢囊肿剥除、黄体破裂修补、子宫全切、子宫次全切等手术。

4. 中医科

医院成立中医科，有良好的技术梯队医务人员10人，其中副主任医师2人，主治医师3人，医师5人，对内科各种常见病、多发病都能进行有效的诊治。中医科含中医内科、中医外科、中医妇科、中医康复科、针灸科等专业科室。擅长运用中医中药治疗肝炎肝硬化、胃炎胃溃疡、慢性咳嗽、哮喘、心脏病、风湿病、慢性肾炎、慢性前列腺增生症、甲状腺疾病、乳腺疾病、急慢性盆腔炎、功能性子宫出血、痛经、更年期综合征、面瘫、急慢性关节疼痛痉挛和中风后遗症等各种疑难杂症。

5. 康复理疗科

康复理疗科于2013年9月正式开展工作。科室配备了先进的理疗仪器，如中频电疗仪、红外线治疗仪、诊疗床、颈腰椎牵引仪、超声波治疗仪、空气压力波治疗仪。开展颈腰椎间盘突出、中风（脑梗塞、脑出血）后遗症、偏瘫、风湿类风湿性关节炎、术后切口恢复、骨折术后功能康复、妇科类疾病、各种颈肩腰腿急慢性疼痛等康复医疗。

6. 口腔科

口腔科是淀山湖人民医院特色专科科室，并聘请昆山市中医医院、昆山市第三人民医院的副主任医师开设专家门诊。主治各种牙体牙髓疾病、普通口腔黏膜病、牙周疾病、口腔颌面部炎症、肿瘤、畸形、创伤等疾病。牙体牙周方面采用国内领先技术根管治疗。口腔洁治修复方面：开展了目前国内先进的贵金属烤瓷、全瓷、瓷贴面、瓷边缘技术、金属烤瓷、各种活动义齿进行牙齿修复。正畸方面：开展了牙列拥挤、龅牙（哨牙）、地包天等牙列不齐的矫正治疗。颌面外科方面：开展微创拔牙等手术。

7. 儿科

儿科有医师3人，其中中级职称1人、硕士研究生1人，设有门诊和住院部，配有微量输液泵、雾化泵、多参数心电监护仪等医疗设备。能熟练掌握小儿呼吸系统、消化系统等各种常见病、多发病的诊断和治疗。运用中西医结合治疗法医治小儿厌食、疳积等症。在"三伏""三九"时，开展针灸、中药敷贴、雾化吸入治疗小儿哮喘及过敏性鼻炎、慢性咳嗽、腹泻等症的治疗。小儿中医体质辨识，调理小儿亚健康状态，运用捏脊、推拿、按摩等疗法调理小儿肺、脾、肾等脏器功能。

8. 中医针灸科

医院开设中医针灸科。2012年针灸科有医务人员1人，应用针灸和理疗相结合，配合推拿手法，在治疗中风、偏瘫、面神经麻痹、坐骨神经痛、肩周炎、颈椎病等疾病方面积累了丰富的经验。

9. 五官科

2012年，五官科有医生肖云1人，拥有企美GEM-1000D、裂隙灯显微镜、全科诊疗仪、视力表、眼压计等设备。

10. 检验科

2012年，检验科医务人员6人。检验科的化验室拥有酶标仪DR-200BE、洗板机Diato、特种蛋白定量仪、艾康尿液分析仪、血球仪BC-5380、化验仪器BS-400、血凝仪CA-550等仪器。

11. 放射科

2012年，放射科拥有柯达照相机、柯达扫描仪、万东500MA胃肠机、万东500MA双球管双床面X光机等仪器。

12. B超室

2012年，B超室拥有飞利浦彩超机、GES8彩超机、便携式彩超机、阿洛卡黑白超机、蓝韵手提式B超机、康荣信骨密度仪器等。

13. 心电图室

2007年2月，添置心电图机1台，开展对心肌梗塞、各种心律失常等心脏疾病的诊断及心得安、阿托品实验、双倍二级梯运动试验等项目。

2013年，放射科、B超室和心电图室共有工作人员6人。

14. 胃镜室

2001年成立胃镜室，添置奥林巴斯纤维胃镜，2007年更换为富士99电子胃镜。

四、医院历任院长

淀山湖人民医院历任院长：李文学、沈锡龙、钱大华、童小弟、周卫忠、张月林、孙贤、奚学东、刘玮、张雪芳、周敏。

五、医院历任党支部书记

淀山湖人民医院历任党支部书记：唐文华、盛裕根、张月林、顾雪元、张品荣、孙贤、陈泉妹、沈恒山。

第三节　文化体育

杨湘居委会成立初，白米泾小石浦说书先生经常到杨湘老街上的殷三林、周四林茶馆店里边打铜锣边说书。茶馆里说书，让听众边喝茶边听书，享受听书的乐趣，深受听众喜爱。

改革开放后，体育运动蓬勃开展，社区建立文娱宣传队、象棋队等，积极参加镇级比赛。社区里一批文娱骨干自编自演节目，深受观众好评。

一、娱乐活动

1. 自编自演沪剧小戏

20世纪50年代初,居民张毓泉等人以土改时期发生的故事为题材编写而成的大型沪剧《农家女》,在上海沪剧艺人的帮助下演出成功,轰动一时,受到了昆山县委的表彰。

居民中的主要文艺骨干有:郑秀英、周林泉、邵小荣、周其昌、周雪元、潘佩芳、邹凤仙、陆仁元、张雅娟等人。

20世纪90年代,改革开放后,文娱队伍不断壮大,杨湘泾镇上一批热爱文娱的男女青年纷纷加入淀山湖镇文娱宣传队,文娱活动十分活跃,他们为淀山湖镇荣获中国民间文化艺术(戏曲)之乡称号做出了贡献。

2. 大礼堂里看电影

20世纪六七十年代,居民在公社大礼堂里观看由昆山县第四放映队放映的电影。在放电影前一周或半个月,先贴广告通知,俗称"好消息"或"电影消息",告知电影片子名称、放电影场所、时间和注意事项等,让大家早做准备。看电影是当时居民重要的文化生活。

3. 大礼堂里表现"盲棋赛"

1984年10月,杨湘泾镇上邀请到曾多次荣获全国象棋大赛冠军的中国象棋大师胡荣华来杨湘泾镇表演"盲棋赛"。地点在镇大礼堂内,参与比赛的人员大多为杨湘居委会里的象棋高手,他们分别以六盘象棋同时跟胡荣华对下,但象棋大师胡荣华背对着他们,全凭他回想记忆,与他们六人对棋,结果将六人一一击败,赢得了全场观众的热烈掌声。从此,在杨湘泾街、弄里随处都能看到民间象棋比赛,掀起了一股象棋热潮。之后的岁月里,居委会里涌现出的象棋高手有王八苟、章志宏、季永兴、吴雪荣、顾学兴等人。

4. 青少年庭院游戏活动

青少年庭院游戏活动种类十分丰富,有的游戏活动历史悠久,代代传承至今。这些活动通常器具简单,方法简易好学,场地要求不高,受到孩童的欢迎。随着社会的发展与进步,有些活动已逐渐淡化,甚至消亡。这里选择几种做简单的介绍。

(1) 叉铁箍

叉铁箍,几乎是每个乡下男孩都会玩的一项活动。先找一个木桶或木盆上废弃的铁箍,然后用粗铁丝弯成一个一头直一头弯的回形针似的铁钩。直的一头插入细竹竿当手柄,弯的一头钩住铁箍,借助铁钩推着铁箍往前滚。熟练的孩子能在高高低低的乡间小路上叉,技术高超的甚至能自如地上下台阶。孩子们叉着铁箍飞奔,发出"哐啷啷"的响声,十分有趣。

(2) 打菱角

用一块硬质木块,做成一个直径5厘米、高5厘米左右的圆锥形菱角,主体成橄榄形,上部比下部略长,上端留有倒凸形端子,便于绕绳,不易滑落。然后用一根细绳沿菱角端子有规则地绕入,倒捏菱角于手中,手指用力抽绳并将菱角丢在地上,菱角自然正立,很快在地上旋转,煞是好玩。有时还可以比赛,两个转动的菱角互相对撞,哪个被撞停,谁就输了。

(3) 打弹子

所谓弹子,就是带花心的玻璃球。打弹子是男孩们最常玩的一种游戏。一般用大拇指和食指弹球，才能容易掌握力度和打中目标。玩法通常是"打老虎洞"。在地上挖出比弹子稍大的6个坑，谁的玻璃球先打进6个洞，就变成"老虎"，就可以先打谁的球，打着了就算赢，这就叫"打老虎洞"。

（4）飞竹蜻蜓

竹蜻蜓是中国古老的玩具。早在公元前500年，我们的祖先就从对大自然中蜻蜓飞翔的观察受到启示而制成了竹蜻蜓。竹蜻蜓的外形呈T字形，横的一片像螺旋桨，当中有一个小孔，孔中插一根笔直的竹棍子，用两手搓转这根竹棍子，竹蜻蜓便会旋转着飞向天空。当升力减弱时，它才落到地面上。

弹子

（5）踢毽子

踢毽子，相传起源于汉代，盛行于南北朝和隋唐，至今已有两千多年的历史。踢毽子也是淀山湖地区民间体育娱乐的项目之一，深受青少年儿童的喜爱，尤其是青少年女子。毽子一般用公鸡的长羽毛和圆形方孔的铜钿做成。踢毽子比赛有单人赛与集体赛。单人赛以每人踢毽的次数多少来判定胜负；集体赛按个人技术的高低分组，以总踢次数多少来判定输赢。技艺高超者可连踢数千次而毽不落地。还有一种团踢，即一群人共踢一毽，当毽落到谁面前时，谁可任意选择踢法把毽复踢给别人，接毽者也以自己的踢法把毽踢给别人，毽掉在谁的面前谁为输。踢毽子以下肢肌肉的协调运动为主，功夫在脚上。髋关节、膝关节、踝关节、脊椎各关节、腿部肌肉、肩背部肌肉都能得到有效的锻炼，可促进人的身体健康。

（6）削水片

平时散步或劳动歇息，一时兴起，便在河边墙角取一块碎瓦片、碎缸片、碎碗片之类，朝河面飞去。随着一阵"嗒嗒嗒——"的声音，水面上便会出现漂亮的水花，这就叫"削水片"。削水片看似简单，却很有讲究，也有一定的技巧。一是要有力，二是要使缸片、瓦片紧贴水面，掠水而行，出没跳跃，才能在水面上激起一串串的涟漪。飞出的涟漪由近及远、由小而大，在水面上画出一朵朵美丽的"白莲花"，给人以无穷的乐趣。

（7）跳橡皮筋

跳橡皮筋也叫跳牛皮筋，是女孩子们特别喜欢玩的一项活动。不少街头巷尾、弄堂院落经常可以看到女孩子们哼着童谣、和着节奏在跳橡皮筋。人多的时候会由两个高手分别率领两支队伍比赛；人少的时候一根牛皮筋（橡皮筋）加两个小板凳，一个人也可以玩得热火朝天。

（8）扇"洋片"

"洋片"，又叫娱人片，是一种彩色的卡片。早年装在烟盒里，叫"纸烟画片"，也有人称为"香烟牌子"。画面都为三国、水浒等故事中的人物，还有各类兵器，全套攒齐很不容易。小摊、货郎担上常有整版或分条出售，买回将其剪成单张，用橡皮筋绷住，藏好。每当放学后，一帮顽童蹲在墙脚边的空地上，或庭院、马路旁，将自己的"洋片"按单张、多张，正面朝下摞起。先猜拳决出先后，然后用手掌扇"洋片"。所谓扇，就是将洋片的正面翻出，翻出即赢。扇时，根据各人掌握的技巧与力度，利用手掌扇动时产生的风力将"洋片"扇翻。有时一扇能扇翻一两张，甚至好几张。当然，也有可能连一张也扇不翻，看似简单却魅力无穷。

（9）滚铜钿

滚铜钿，是一项适宜少年儿童玩的竞技性很高的民间游戏活动。滚铜钿是用铜钿滚，也有的用铜板滚。铜板跟铜钿有区别，铜钿也叫铜钱，它跟铜板不同，中间有一个方孔，体量轻而薄，不好滚。但它是金钱的代名词，所以叫作滚铜钿。

滚铜钿的方法是这样的：先在地上斜支一块砖，在前面五六米开外处设一障碍物。然后用大拇指和食指扣着铜钿或铜板，在砖面上用力一磕，铜钿（板）就叮的一声落在砖上并弹离砖面，顺着地面一路往前滚，谁滚得远，就是胜者。如果用力过猛，铜钿（板）从障碍物上弹回来，就反而距离近，谁的铜钿（板）能正好靠着障碍物上停下，那就是优胜者。如果几个人滚就能决出第一名、第二名、第三名……然后，由第一名先出手用自己的铜钿（板）打别人的铜钿（板），打中一个就吃掉一个。打不中则由第二名出手打，这样依次类推，十分刺激、好玩。

铜钿

（10）打铜板

打铜板是两个人以上玩的一项活动，以男孩居多。先在场地上平放一块砖，参与者每人将一个或数个铜板叠放在砖面上。然后，通过猜拳形式决出出场名次。胜者第一个出场，用自己手中的铜板瞄准砖面上的铜板用力击打。打掉几个就赢取几个。然后由第二个人出手击打，依次类推。击打时，既要眼力好，打得准；又要力度巧，打得多。技艺高的人可以一记一锅端，叫"端庄"；技艺差的可能连一个也打不着，叫"太烂光"。十分刺激、好玩。

后来铜板成了奢侈品，一般的孩子拿不出几个铜板。于是用硬纸板剪成一个个铜板状的圆圈来打，叫作"打圆圈"。有时用瓦片敲成一个个圆的来打，叫作"打象脐"，效果也不错。

铜板

（11）挑绷绷

挑绷绷，先取一根一米不到的"扎底线"，把线的两头打结拴住。然后，你来我往，利用自己双手的十个指头，或钩，或挑，或叉，变换出许多不同的图形，有"大方砖""梭子块""大手巾""乱草把"等。变幻无穷，让人目不暇接。

（12）跳绳

跳绳，在我国历史悠久，盛行于清代，名谓"跳百索"。《松风阁诗抄》记载："白光如轮舞索童，一童舞索一童唱，一童跳入光轮中。"当时，这种跳绳加伴唱的游戏娱乐性很强，对促进少年儿童灵敏度、速度、弹跳力及耐力等身体素质都有好处，因此，跳绳运动一直流传至今。

跳绳器械简单，场地到处都是，随时可做，是一项适合大众的体育健身运动。跳绳花样繁多，可简可繁，无论在家庭、社区、机关、学校乃至各企事业单位都有这项活动。

（13）掼纸包

掼纸包，也叫打四角，是由两个人玩的游戏。把书页撕下，取两张纸对折成长条形，然后把两张长条形的纸交叉相叠，折成一个四方形，一个纸包就做成了。然后，平放在地上，用自己手中的纸包击打别人的纸包。如果能把别人的纸包打得翻转身来，就算赢了。如果觉得自己的纸包太单薄，经不起打，容易被别人的纸包打翻，可以把三四张纸叠起来做，做得厚实就不容易被打翻了。这是少年儿童，特别是男孩子们很爱玩的一种游戏和娱乐活动。

（14）放风筝

风筝，是中华民族向西方国家传播的科学发明之一。它同我国古代"四大发明"一样，曾为人类的科学事业做出重要贡献，已被英国学者李约瑟收入《中国科学技术史》。

放风筝

追寻风筝的起源，可上溯到两千多年前的春秋战国时期。由于战争的需要，古人以鸟为形，以木为料，制成可在空中飞行的"木鸢"。木鸢产生于战争之中，用于战争之时，它随着我国丝织业的进步和造纸术的发明，不断演变，不断发展。相传，公元前203—前202年，在楚汉相争对峙的最后阶段，汉兵先包围楚营，汉将张良借大雾之机，从南山之阴放起丝制的大风鸢，并让吹箫童子伏于其上，吹奏楚歌，同时又命汉军在四面唱起楚歌，使楚营官兵思乡心切，不战而散，楚王项羽也自刎于乌江边。

以后，风筝逐步成为民间节日中的娱乐活动。它也是社会生活的明镜，反映出国家、民族及地区在一定历史时期的经济文化状况和生活习俗。因此，风筝往往出现在"太平盛世"的社会繁荣时期。每至清明时节，人们在春回大地、草木皆绿的大好时光，兴致勃勃地结伴去郊外踏青游玩放风筝。人们通过放风筝活动，呼吸到了新鲜空气，锻炼了身体，陶冶了情操，增强了体质。

（15）射纸箭

纸箭，用稍硬的纸折叠成尖三角状纸箭，放学后几个孩童聚在一起，比赛看谁的纸箭着（射）得远。为了让纸箭射得稳、射得远，他们都会在纸箭头上绕几圈铜丝或铁丝，增加重量，会射得更远，最远为赢家。

（16）打雪仗

孩童到冬天下雪后，把雪团成球，互相投掷闹着玩，称为打雪仗，特别开心。

（17）拍皮球

小朋友们聚集一起，3~5人为一组，用手拍小皮球，看谁连续不断拍皮球次数多，多者为赢家。也有比赛拍皮球花样多而新鲜者为第一等。拍皮球，也是小朋友们最开心的玩耍。

（18）扎帖子

所谓帖子，是用两寸见方的小布袋，里面装八九成黄沙或大米之类，然后将布袋封口，便成了玩耍的帖子。小朋友们在玩帖子时，一手把帖子抛起，此手紧接着抓起放在台上的另一只帖子，手中始终连续不断有帖子，抛玩时间长者为赢，此项活动小女孩最喜欢。

5. 老年人活动内容丰富

社区（居委会）建有老年活动室、图书阅览室、棋牌室、书场等。居民可以在老年活动室里排练戏曲节目、唱歌、跳舞。在娱乐室里看电视，看戏曲录像、戏剧碟片。在棋牌室里着（下）象棋、打牌。在书场里听书。图书阅览室里的藏书，可供居民借阅。

淀山湖社区先后荣获"苏州市公共文化服务示范社区""昆山市示范社区"等称号。

二、文娱骨干

1. 金国荣

金国荣，男，1945年生，杨湘泾村6组人，曾担任淀山湖镇文化站站长10年。

学生时代的金国荣就是文艺爱好者。1975年1月，金国荣自编自演的浦东说书《饲养员张阿虎》，参加苏州地区业余文艺会演，获得好评。1976年，他导演的沪剧小戏《砍竹》，参加苏州地区会演。1983年，他被聘为苏州戏院沪剧培训班讲师。1985年，他排演的大型沪剧《家庭公案》获得了苏州市公安局法制宣传贡献奖。

2003年，金国荣等人编演的《重返浅水湾》获苏州市"五个一"工程奖。

2. 邵小荣

邵小荣，男，1937年生，淀山湖社区居民。中华人民共和国建立初期，他到杨湘泾镇老街王健华饭店拜王健华为师，学习烹饪技术，后到杨湘商业饭店当厨师。

邵小荣参加杨湘业余宣传队，成为业余宣传队的骨干。他爱好文娱，喜爱锡剧、沪剧，功底好，唱腔圆润，利用业余时间积极排练、演出。参加了以土改时期杨湘泾村发生的故事为题材编写而成的大型沪剧《农家女》的演出,还参加了沪剧小戏《墙的秘密》《毛竹扁担》的演出,在锡剧《双推磨》中扮演男主角何二大,受到了镇上观众的好评。

改革开放后,邵小荣任淀山湖镇商业公司副经理,直至退休。

三、居民体育

1. 篮球运动

居委会成立初,体育活动得到党和政府的大力支持,遵照毛泽东主席"发展体育运动、增强人民体质"的指示,建立了篮球队。队员王福生、夏兴邦、陈和生、王祥生、张旭光、周雪生、周林泉等人。在乡政府东边专设一片篮球场,利用休闲时间经常进行训练和比赛。

20世纪60年代初,镇上的篮球运动基本处于停滞状态。1965年,社会主义教育运动("四清"运动)开始,又掀起了一阵篮球热。篮球队员有孙敬源、孙敬华、田忠良、陈祥兴、顾永兴、段小宝、项立英、谈济华等人。

"文化大革命"时期,群众体育运动一度停顿,直到1978年,群众体育运动才逐步恢复。改革开放后,镇党委和镇政府对群众体育运动更加关心与重视,每年开展一次规模较大的全民体育活动,活动项目多、内容丰富。杨湘(淀山湖)居委会组织运动队在篮球等多项运动赛中获奖。

2. 门球运动

门球是在平地或草坪上,用球槌打球穿过球门的一种室外球类游戏。门球运动占地少,花费省,很安全,运动量不大,有健身作用,适于社区中老年人运动。

至2016年,全镇门球队员50多人,大多数是淀山湖社区居民中的老教师、老干部、老居民。他们不分春夏秋冬,天天早晨在门球场上打球,既提高了门球技艺,又锻炼了身体。

淀山湖社区门球队员经常参与淀山湖镇门球队组织的镇、市级门球比赛,曾获得多项荣誉。

第五章 人口

第一节 人口总量

2012年，社区总户数865户，户籍人口1 957人，区域总人口5 468人。
2016年，社区总户数854户，户籍人口1 958人，区域总人口5 466人。

第二节 民族

淀山湖社区原来是单一的汉族聚居地区，1990年第四次全国人口普查资料反映，始有回族3人（男2人，女1人）、壮族1人（女）。1999年统计，有少数民族12人，其中：壮族10人（女）、苗族1人（女）、侗族1人（女）。至2012年年底，淀山湖社区居委会少数民族常住人员：壮族2人、朝鲜族2人、苗族1人，详细情况见表5-2-1。

表5-2-1　　　　　　2012年淀山湖社区居委会少数民族常住人员一览表

序号	户主姓名	姓名	性别	文化程度	民族	工作单位	与户主关系	家庭住址	备注
1	田志数	毛芝艳	女	初中	壮族	私营企业	公媳	淀山湖镇健安路25号	
2	田志数	田瑛	女	高中	壮族	学生	祖孙	淀山湖镇健安路25号	
3	金惠玉	金惠玉	女	初中	朝鲜	退休	本人	淀山湖镇东湖花园8-402室（该房已出售）	户籍原在淀山湖镇常住韩国已迁出

续表

序号	户主姓名	姓名	性别	文化程度	民族	工作单位	与户主关系	家庭住址	备注
4	金惠玉	李英	女	中专	朝鲜	昆山好烤克食品机械有限公司	母女	淀山湖镇东湖花园8-402室（该房已出售）	户籍原在淀山湖镇常住昆山娄江社区已迁出
5	张艳军	吴秋梅	女	中专	苗族	自由职业	夫妻	河滨花园4-403	

至2016年，淀山湖社区居委会少数民族从5人减少至3人（朝鲜族2人已迁出）。

第三节 人口变动

表5-3-1　　　　　　　　淀山湖社区居委会人口变动情况统计表

年份	总户数（户）	总人口（人）			增加部分（人）					减少部分（人）				
		总计	男	女	合计	出生			迁入人数	合计	死亡			迁出人数
						小计	男	女			小计	男	女	
2000	938	2 010	1 065	945	610	17	8	9	593	564	6	4	2	534
2001	956	2 056	1 092	964	117	26	14	12	91	127	12	7	5	115
2002	967	2 046	1 085	961	112	18	8	10	94	94	7	4	3	87
2003	958	2 064	1 093	971	35	7	3	4	28	84	6	4	2	78
2004	922	2 015	1 058	957	107	13	7	6	84	123	10	7	3	113
2005	899	1 999	1 048	951	58	10	5	5	48	125	10	6	4	115
2006	856	1 932	1 017	915	69	9	5	4	60	69	7	4	3	62
2007	856	1 932	1 017	915	61	9	5	4	52	69	7	4	3	62
2008	859	1 924	1 013	911	58	7	2	5	51	47	10	6	4	37
2009		1 935			50	17			33	65	10			55
2010	849	1 920	1 014	906	69	11	4	7	58	48	10	5	5	38
2011	859	1 941	1 017	924	49	9	5	4	40	32	10	7	3	22
2012	866	1 958	1 020	938	54	13	8	5		35	18	13	5	17

第四节 计划生育

表5-4-1　　　　　　　2013~2016年淀山湖社区独生子女奖金汇总表

年份	独生子女奖金（30元/人）	独生子女一次性奖金（3 600元/人）
2013	187人	23人
2014	182人	32人
2015	167人	36人
2016	139人	35人

第六章
社 区 建 设

早在明清时期，杨湘泾镇街市已经形成。市河上建有木桥、石桥多座。市河北岸有一条老街。1924年，由里人童步清发起，把老街铺成石板街。连接石板街的两端是通向东西市梢的高低不平、宽窄不一的便道，又是杨湘村农户家门前的场地，都是场路合一的泥路。这种道路格局，一直维持到中华人民共和国建立初。

改革开放以后，淀山湖镇小城镇建设加快。1985年，经过社区的昆杨公路通车。以后，社区内的路桥全面改造，新筑的淀兴路、中市路等公路既宽又平。社区内的水泥路纵横交错，四通八达。路边地下埋设了自来水管和污水管道。

与此同时，社区内建造了很多住宅房，逐步形成了淀新小区、东湖佳苑等多个居民小区。

第一节　基础设施建设

一、桥梁

淀山湖社区区域内有桥梁14座。

1. 人民桥

人民桥的前身是全福桥，明朝洪武十年（1377年）王伯均建，清朝乾隆十二年（1747年）里人陆素文重修。坐落在杨湘泾镇西市梢，东西走向，跨陆泥浦。桥长30米，宽2米，原是石砌桥墩，石板桥面。中华人民共和国建立后，重修桥墩，桥面改铺水泥预制板，加水泥桥栏，只能步行不能通行车辆，属危桥。该桥已于2010年10月全面翻建，北移30米，以钢筋水泥混凝土为基础，使桥身更加坚固耐用，并改名为人民桥。

中华人民共和国建立后重修的全福桥

人民桥（2016年摄）

2. 西木桥

俗称洋桥，建桥时间不详，于民国二十四年（1935年）重修。坐落在杨湘泾镇市河西端，南北走向，横跨在市河上，原桥墩用砖石砌成，桥面铺木板。中华人民共和国建立后曾多次维修，1970年重建为闸门桥，可通行自行车。

西木桥

3. 浜桥

又名太平桥，建桥年代不详，坐落在金家溇南口，平行于杨湘泾镇市河。中华人民共和国建立后曾多次维修，由三块花岗岩石板铺成，改成与路同宽的平桥。

浜桥

4. 南寿桥

民国十三年（1924年），里人童步清发起建造。坐落在朝南港北端，东西走向。桥长17.4米，宽1.8米，石桥墩，石条铺面，两侧装有石栏杆，两端踏步上桥，至2016年年底还保持原来的风貌。

南寿桥

5. 善堂桥

民国二十一年（1932年），由里人周正贤发起建造，坐落在杨湘泾镇市河中段善堂弄口，南北走向。桥长12.1米，宽1.6米，石桥墩，石条铺面。两侧装有水泥框架栏杆，两端石级步行上轿，不能通车辆。石桥未建前，在西侧10米处有一座木桥，因桥小而狭，不安全而拆除。

善堂桥

6. 中市桥

原是石桥,清康熙五十四年（1715年）汪思聪捐建。坐落在杨湘泾镇市河中段善堂桥东,桥长14米,宽1.7米,南北走向,石桥墩,石条铺面,两侧用整块石块做栏杆,两端石级上桥,不能通车辆。1994年拆除石桥,翻建成与路同宽的公路桥,长6米,宽20米,面积120平方米。

中市桥

7. 道褐浦桥

位于淀兴路农贸市场西,1993年3月建成,三孔板梁水泥公路桥,桥长31米,宽30米,面积930平方米。

道褐浦桥（1）

道褐浦桥（2）

8. 双溇江桥

位于淀兴路淀东商厦西侧，初建于 1986 年，是拱形水泥桥，长 6 米，宽 5 米，面积 30 平方米；1990 年扩建，仍是拱形水泥桥，长 20 米，宽 6 米，面积 120 平方米；1994 年拆除，改建成一孔桥梁，桥长 20 米，宽 30 米，面积 600 平方米。

双溇江桥

9. 朝南江桥

位于淀兴路供销社肥药部南，跨朝南江。1984年3月初建，拱形水泥框架结构公路桥，长30米，宽7米，面积210平方米；1994年6月拆除重建，建成涵洞式平桥，长30米，宽30米，面积900平方米，不能通航。

朝南江桥（1）

朝南江桥（2）

10. 陆泥浦桥

位于淀兴路卫生院西，跨陆泥浦。1984年3月初建，系昆杨公路桥，拱形水泥框架结构，长30米，宽7米，面积210平方米；1994年6月重建，三孔板梁公路桥，长31米，宽30米，面积930平方米。

陆泥浦桥（1）

陆泥浦桥（2）

11. 健安桥

坐落于杨湘粮管所南，跨杨湘泾镇市河，1991年12月建成，一孔板梁水泥桥，长6米，宽5米，面积30平方米。

健安桥

12. 湘粮桥

坐落于粮管所大门口东侧，平行于闸门桥。1991年10月建成，拱形水泥公路桥，长18米，宽5米，面积90平方米。

湘粮桥

13. 闸门桥

紧靠湘粮桥，与湘粮桥平行，1983年建成，防洪、步行并用。

14. 上洪桥

坐落于镇政府北，跨杨湘泾镇市河。2006年12月建成，拱形水泥框架结构，长16米，宽5米，面积80平方米。

二、道路

改革开放以后，镇区不断扩大，除了老街，社区内的水泥公路与街、弄相接，路、弄纵横交错，交通十分方便。

1. 淀兴路

1987年初建（初建时为人民路），1993年先向东延伸，边建桥（双溇桥、道褐浦桥）边筑路。1993年进行了改建和扩建，并向东西延伸，向西穿越香石路到复兴路止，向东到曙光路止。同时对朝南港、陆泥浦上两座公路桥拆除重建。1994年东起曙光路、西至香石路已建成30米宽的高等级水泥路面，全长1 357.7米，是淀山湖镇横贯镇区东西的中心路和商业街。

2. 中市路

1991年10月，中市路按市镇区规划，改造、拓宽向南延伸。第一期工程从中市桥至淀兴路，路加宽到16米，改铺水泥路面。第二期工程1993年建镇南桥，并向南延伸至永利路（接金杨公路）。路面加宽到40米，用花台做隔离带，快、慢车道分开，中间是双向四车道。第三期工程，1996年12月，从淀兴路起向南延伸至新乐路，全路贯通，路宽22米，是高等级水泥路面。此路分北路、中路、南路，全长2 100米（南路长1 435米，中路长420米，北路长245米）。全路已成为杨湘泾镇区南北中心马路。北段为个体户商业街，道路绿化同步到位。

3. 香石路

1993年，将原昆杨公路镇区段旧道拓宽，改建成40米宽的高等级水泥路面，改建、新建桥梁2座（金家溇桥、石杨河桥）。1993年第一期工程动工，北起石杨河，南至新乐路拓宽路基，俞家溇一孔拱桥改建成一孔板梁桥，新建石杨河公路桥。同年第二期工程动工，从原香精厂起，向南铺40米宽的水泥路面至新乐路，全长430米，双向四车道，花台隔离带，绿化同步到位，道路两侧装有海鸥式路灯。从香精厂起向北到石杨河，拓宽路基接通环北路。

4. 曙光路

1994年建成启用，北起马安村环北路，经环北路桥，向南跨越三家村分位河桥，穿越新乐路至永勤村的周家泾村，路宽30米，水泥路面，全长1 405米。

5. 健安路

1987年，从西小木桥起至卫生院建碎石路，路面宽2米，长100米。1997年拆除老路，向南延伸至淀兴路，以老卫生院为界，北为沥青路面至湘粮桥，南为水泥路面，路宽7米，全长330米。

6. 上洪路

1990年5月建成通车，路宽5米，初建时为砂石路面。1998年6月改为沥青路面，北起上洪村的罗家横，南至淀兴路，全长1 260米。

7. 府前路

1988年初建，1992年建成，水泥路面，西起双溇江，向东至镇政府门口，路宽7米，全长250米。

8. 新风路

1993年建成，在府前路南、振淀路北段西边，总长度300米。

9. 状元路

2016年建成，黑色路面，在韵湖国际花园西，南北向，总长度800米。

三、街、弄

1. 东大街

1978年党的十一届三中全会后，随着小城镇总体规划的逐步实施，市镇道路明显得到改观。1981年连接石板街的东市梢便道，铺了一条宽1.5米、长390米的碎石路，一直铺到原淀东中学门口，称东大街，既方便了群众，更方便了学生上学。

2. 西大街

西起长棣屋弄堂，东至大弄堂，是老市镇区唯一的商业区。区内有一条由花岗石条铺就的石板街，最宽处不足3米，全长168米。

3. 市河街

1981年，从善堂桥南塝，向西经市河到王宅折向南，到南寿桥塝，修成1.5米宽、150米长的碎石路，定名为"市河街"。

4. 南寿巷

1983年，西从全福桥起向东过南寿桥，经农具厂、粉冶厂门口接中市北路，新开辟一条巷，巷宽1.5米，全长500米。南寿桥至全福桥路段为黑色路面，南寿桥至中市路段于1999年改铺水泥路面，取名为"南寿巷"。以朝南港南寿桥为中心，从东西桥塊向东西方向各筑一条泥灰路面的便道。向东沿供销社原竹材部北面至粉冶厂门口；又从南寿桥西绕向西穿过健安路至全福桥塊；又从南寿桥西塊向北沿朝南港经尤家宅折向西至西木桥止。此巷东西全长500余米，沿江一段有100余米。

5. 大弄堂

在老卫生院医生宿舍西侧，从街面向北至弄底全长200余米，可通往上洪村。此弄较宽阔，约宽2米，故当地群众称之为大弄堂。

6. 东溇弄堂

在大弄堂西40米处，从街面向北，可通往东溇，习惯称"东溇弄堂"。弄面狭窄，仅宽1米，长100余米。

7. 汪家便弄

在中市桥北塊西侧，汪宅前至老街仅50余米，故称汪家便弄，可通往东溇、横丹、原敬老院。

8. 善堂弄

在善堂桥北塊，从老街面向北至弄底约50余米，弄狭窄不足1米，可通往东溇、敬老院、基督教堂。

9. 蒋家便弄

在原淀东镇政府西侧，该弄原系私宅便弄，随着时间的推移，开通了弄底，逐渐成了群众进出的便弄，称为蒋家便弄，弄宽1.5米，长50余米，可通往长棣屋。

10. 长棣屋弄堂

在原粮管所供应点西侧，该弄比较古老，从街面向北直通长棣屋，故得此名，弄宽约1米，长约150米。

第二节 新村小区建设

1. 淀新新村

1995年6月建成，坐落在淀兴路642号。内有20幢楼，占地面积22 620平方米，建筑面积19 224平方米，有178户，人口407人，绿化面积7 540平方米，内有健身设施。

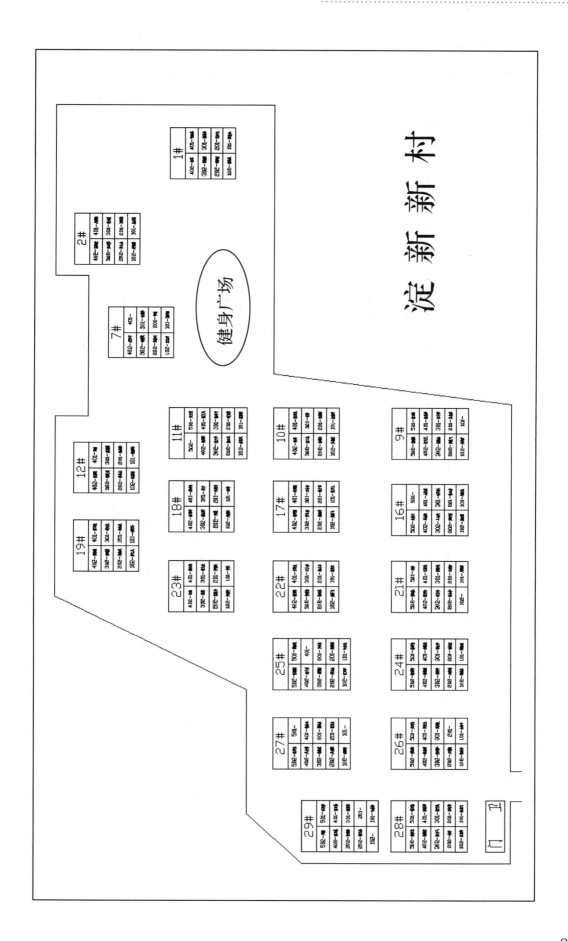

2. 淀兴小区

2004年4月建成，坐落在中市路，内有5幢楼，占地面积3 875平方米，建筑面积7 196.2平方米，有70户，人口250人，绿化面积1 433.75平方米，内有健身设施。由昆山市东湖房屋开发有限责任公司开发。

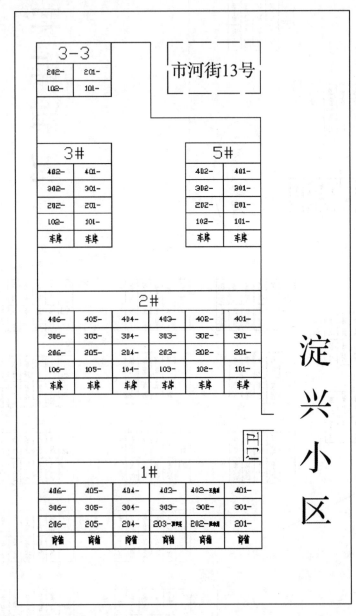

3. 东湖花园

2006年3月建成，坐落在朝南江，内有8幢楼，占地面积7 855平方米，建筑面积1 2547.13平方米，绿化面积2 984.9平方米，内有健身设施。由昆山市东湖房屋开发有限责任公司开发。

4. 东湖佳苑一期

2007年9月建成，坐落在曙光路168号，内有5幢楼，占地面积9 708平方米，建筑面积15 991.01平方米，有106户，人口280人，绿化面积3 883.2平方米，内有健身设施。由昆山市东湖房屋开发有限责任公司开发。

5. 东湖佳苑二期

2011年9月建成，坐落在曙光路168号，内有12幢楼，占地面积16 008.1平方米，建筑面积28 201.65平方米，有186户，人口550人，绿化面积6 491.04平方米，内有健身设施。由昆山市东湖房屋开发有限责任公司开发。

6. 河滨花园

2008年4月建成,坐落在府前路1号,内有7幢楼,占地面积9 076.5平方米,建筑面积14 953平方米,有106户,人口216人,绿化率40.3%,内有健身设施。

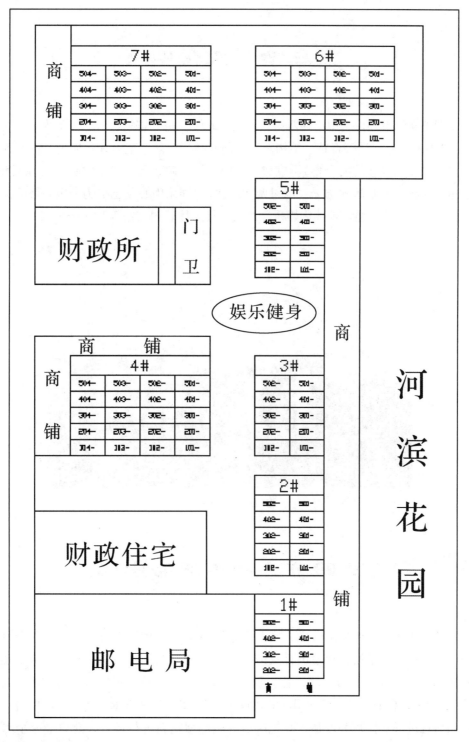

7. 中市商业广场

坐落在中市北路,内有10幢楼,占地面积4 320平方米,有127户。

8. 水利新村

1995年3月建成，坐落在上洪路32-3号。内有4幢楼，占地面积2530平方米，建筑面积2496平方米，有30户，人口88人，绿化面积633平方米，内有健身设施。

第三节　文化中心

淀山湖镇文化中心位于中市路西侧，淀兴路北侧，是一幢集娱乐、休闲为一体的文化娱乐设施。"娱乐中心"造型奇特、结构新颖，前有一片广场，建有绿化园地。内有842座影剧厅（又是镇千人大会的大会场）。歌舞厅、OK厅一应俱全。该"中心"占地面积11.84亩，总建筑面积2640.25平方米。经过两次修建，"娱乐中心"已成为淀山湖镇的文化艺术中心，保留了影剧厅，将其他休闲娱乐厅改成了排练厅、图书馆等文化场所。

淀山湖镇文化中心

第四节　老年活动中心

老年活动中心位于西大街善堂弄底，系原淀山湖小学和原淀山湖镇敬老院旧址。1998年创办时，利用原小学校舍（建筑面积970.60平方米）进行了改造扩建，增加了建筑面积801.33平方米。新建寄养楼一幢，是一幢二层砖瓦结构建筑，每层有9套套房，共18套，建筑面积为589.36平方米，其他用房的建筑面积有217.97平方米。在扩建的同时，对原有敬老院住房也进行了修理和改造，并把院后的废池塘重新进行设计，建成了一个水面面积5625平方米的长方形荷花池，周围装上不锈钢栏杆。周围有围墙，内部绿化同步到位。2009年8月，淀山湖镇政府对老年活动中心进行了全面修建，设置了书场、门球场、户外健身设施、乒乓球室、斯诺克台球室、棋牌室等活动室。2017年老街改造，成为安置居民住宅区。老年活动中心搬迁到香石路西、淀兴路南。

老年活动中心

老年活动中心的门球场

第七章 居民生活

淀山湖居委会刚成立时，经济困难，科技落后，居民生活仅能勉强维持温饱。20世纪50年代，国家对私营工商业进行社会主义改造，辖区内创办供销社，成立合作商店，居民生活有了起色。改革开放后，经济快速发展，社会养老、医疗保险全面铺开。居民住进了楼房，购买了轿车、高档家用电器，逐步过上了小康生活。

第一节 生活变化

中华人民共和国建立时，居民住房傍水而居，比较破旧。20世纪70年代后，居民家里通水、通电，生活得到改善。改革开放后，城乡一体化力度加大，居民收入增加，开始翻建新房，老街周围的民宅纷纷建成楼房。很多居民买了商品房，住进了新建的住宅小区，购买了高档家电、轿车等。

社区居民的饮食原来十分节俭，以米饭、素菜为主。20世纪80年代后，农副产品供应丰富，居民可到农贸市场自行挑选，饮食开始丰富起来。进入21世纪，居民饮食更注重质量，豆奶制品、新鲜瓜果、蔬菜、水产品等消费逐步增长，健康饮食习惯深入人心。

居民的衣着质地得到了提升，款式、色彩多样化。男女西装、两用衫、皮革制衣、羽绒服相当普遍，针织内衣、羊毛衫不断翻新。2016年，居民的衣着打扮、时尚消费档次更高，凸显个性、时尚、潮流。

居民的文化生活相当丰富，手机、电脑进入寻常百姓家。上网看新闻、听歌曲，网络购物（支付宝）十分方便。晚上，很多居民看文娱演出，跳广场舞，十分活跃。

第二节　养老保险

　　进入21世纪，随着社会的进步、经济的发展，政府财政收入的增加以及政府"以民为本"执政理念的持续强化，社会保障体系不断完善，人民生活得到全面保障。2000年，社会养老保险在市镇有业人员（机关、企事业单位干部、职工）中展开；此后又在农民中展开。2016年，社区居民总人数1 972人，参保人数1 646人，参保率达83.4%。

第三节　医疗保险

　　改革开放以后，经济快速发展，随着养老保险的逐步落实，居民的医疗保险也逐步推行，使居民老有所养、病有所医。2016年，社区居民总人数1 972人，参加医疗保险1 932人，参保率达98%。

第八章 基层组织

第一节 社区基层党组织

为进一步加强基层党组织建设,健全基层党组织机构,2006年4月25日经中共淀山湖镇委员会批准,组建淀山湖社区居委会党支部。由陆美康任党支部书记,李红任党支部委员。

2013年,石杨河党支部并入淀山湖社区党支部,张卫青任党支部书记。2016年,张卫青任党支部书记,周庆、凌云中任党支部副书记,朱茜、浦珏任党支部委员。2017年,柴彩根任党支部书记。

2017年11月,柴彩根任党支部书记,周庆、凌云中任党支部副书记,浦珏、吴晨玲、王洁慧任党支部委员。

第二节 社区居民委员会

一、居民委员会主任、委员

淀山湖社区委员会的前身是杨湘居民委员会,于1950年成立。1950~1993年,办公地点就在居委会主任家里,后转到老乡政府传达室。1950年,第一任居委会主任徐福生。1957年,第二任邵秀英。1960年,第三任曹林英(兼环卫所工作)。1963年,第四任高建华。1966年,第五任孙敬源(兼环卫所工作)。以上五位主任当时都不发工资。1974年,第六任主任由沈福钧退休后担任。居委会主任的主要工作是:为居民户口迁移、新生儿出生报户口打证明,发放居民的粮票、布票、困难户补助款,推荐社会青年就业,调解居民邻里纠纷等。

1993年10月，淀山湖居委会第二届换届选举，沈锡龙任主任，周士安、顾庆利、潘佩芳为居委会工作人员。1996～1999年，第三届吴丽娟为居委会主任，沈锡龙为副主任，周士安、顾庆利为居委会委员。

1999～2001年，第四届吴丽娟为居委会主任，王小顺为副主任，周士安、沈丽娟为委员。2001～2003年，第五届朱瑞英任主任，吴丽娟、沈丽娟、沈金凤为委员。居委会办公室搬至西大街23号。2003年，第六届淀山湖居委会换届选举，陆美康任主任，李红、沈丽娟为委员。2006年，第七届淀山湖居委会换届选举，陆美康任主任，李红、潘凤菊为委员。至2013年，第八、第九届淀山湖居委会仍由陆美康任主任，李红、潘凤菊为委员。2013年，第十届淀山湖居委会换届选举，张卫青任主任，周庆、朱茜、浦珏、吴晨玲为委员。

淀山湖社区居委会第九届、第十届工作人员合影（2017年7月摄）

第一排左起：潘凤菊、朱茜、吴晨玲

第二排左起：浦珏、李红、张卫青、陆美康、周庆

2016年，第十一届淀山湖社区居委会换届选举，周庆任主任，朱茜为主任助理，浦珏、吴晨玲、王洁慧为委员。

淀山湖社区居委会第十一届工作人员合影（2017年7月摄）

左起：朱茜、浦珏、张卫青、周庆、王洁慧、吴晨玲

表8-2-1　　　　　　　1993~2012年淀山湖镇居委会干部任职一览表

年份	淀山湖（杨湘）居委会				
	主任	副主任	委员	委员	委员
1950	徐福生				
1957	邵秀英				
1960	曹林英				
1963	高建华				
1966	孙敬源				
1974	沈福钧				
1993~1996	沈锡龙		周士安	顾庆利	潘佩芳
1996~1999	吴丽娟	沈锡龙	周士安	顾庆利	
1999~2001	吴丽娟	王小顺	周士安	沈丽娟	
2001~2003	朱瑞英		吴丽娟	沈丽娟	沈金凤
2003~2006	陆美康		沈丽娟	李红	
2006~2013	陆美康		李红	潘凤菊	
2013	张卫青		周庆	朱茜	浦珏、吴晨玲
2016	周庆	朱茜	浦珏	吴晨玲	王洁慧

二、居民小组长

表8-2-2　　　　　　　淀山湖社区居委会居民小组长名单

序号	小组	组长	备注
1	淀新新村	朱婉雯	1组
2	府前路、新风路	彭金娥	2组
3	淀兴路	王忠林	3组
4	上洪路	顾志仁	4组
5	东大街	沈永平	5组
6	西大街	郭凤菊	6组
7	中市路、中市商业广场、市河街	段炳臣	7组
8	南寿巷、健安路	夏建中	8组
9	香石路	沈丽娟	9组
10	淀兴小区	张惠琴	10组
11	东湖花园	张红芬	11组

续表

序号	小组	组长	备注
12	晟泰新村、晟泰农民新村	薛美英	12 组
13	马安新村	徐兴生	13 组
14	河滨花园	李华琴	14 组
15	东湖佳苑	周范芳	15 组

三、社区管理信息员

表8-2-3　　　　　　　　　　淀山湖社区管理信息员名单

序号	专职联络员	姓名	性别	政治面貌	兼职	居住地	网格责任区域
1	周 庆	郭凤菊	女	群众	退休	西大街58号老政府3－201	西大街中市桥起,老政府老供应店止
2		顾志仁	男	党员	退休	上洪路32－3	东大街中市广场东侧起,水利新村大华浦止
3		朱婉雯	女	群众	退休	淀新新村10－101	淀新新村（新村前路口）、东湖佳苑
4		彭金娥	女	群众	退休	淀新新村11－301	淀兴路、府前路、新风路、河滨花园
5		夏建中	男	党员	退休	南寿巷1号	淀兴小区、东湖花园、供电楼
6		陈孟超	男	群众	退休	西大街108号	西大街老供应店、香石路、淀兴路794号楼
7		段炳臣	男	群众	退休	利民新村9－303	中市路两侧、双娄公房、淀兴路734号楼

第九章

人　物

淀山湖居委会自1950年杨湘居委会成立起，至1996年，其中5位人物业绩突出，在居民中留下了较好的口碑。本章还收入了当代军人、大学生、插队知识青年、"五匠"、高龄老人名录。

第一节　人物简介

一、中国工程院院士钱七虎

钱七虎是中国工程院院士、著名防护工程专家、教授。1937年10月生于江苏昆山杨湘泾。1960年哈尔滨军事工程学院毕业后去苏联深造。1965年于古比雪夫军事工程学院研究生毕业，获副博士学位。回国后任西安工程兵工学院教授。1969年10月，调南京中国人民解放军工程兵工程学院，历任副教授、教授、院长、中国工程院院士。为国务院学位委员会学科评议组成员、中国岩土力学与土木工程学会常务理事。1988年被授予少将军衔。1990年荣获全国高校先进科技工作者、国家级有突出贡献的中青年专家等称号。1993年当选为第八届全国政协委员。

钱七虎长期致力于防护工程及军事系统工程、岩土工程的教学与科研工作，取得了多项开拓性的成就。在防护工程的研究中，他解决了孔口防护等多项难点的计算与设计问题，形成了我国自己的理论体系和计算方法；他率先将运筹学和系统工程方法运用于防护工程领域。以他为主建立了我国第一套《全军工程兵发展趋势动态模型》和我国确定人防工程领域的软科学研究；在完成我国一系列防护工程科技攻关中，他成功研制出柔性帆布工事大挠度大变形的抗爆设计计算方法，解决了地下飞机库大跨度钢和钢筋混凝土防护门有限元理论分析，他带领的课题组设计了我国跨度最大、抗力最高的地下飞机库防护门；他主持了上海人民广场地下车库等多项全国大型人防工程的专家顾问组工作，主持了世界上最大当量的珠海炮台山大爆破等在国际上有影响的工程；为了研究现代核战争中的防护问题，他曾身着防护服冒着危险几次冲进核弹试验区从事科学测试。在防护工程及有关领域里，有7项成果获国家或军队科技进步奖和优秀科技成果奖，1项获全国科学大会重大科技成果奖。

2013年4月19日，中央军委给钱七虎院士记一等功庆祝大会在南京举行，会上宣读了中央军委主席习近平签署的通令，并为钱七虎颁发一等功证书和奖章。

钱七虎是中国工程院首届院士、解放军理工大学教授。作为我国著名的防护工程专家，他始终牢记使命，紧盯前沿，攻克了我国防护工程领域一系列基础理论、关键技术的重点难点问题，成功研制出国内首台带软硬环平面波爆炸压力模拟器和国内首套深部岩体加卸荷试验装备；在国内率先开展系统工程和概率设计在防护工程中的应用研究，提出防护工程的"防护效率"概念和通用公式，为学科发展奠定了理论基础，牵头完成的科研项目获国家科技进步一等奖，为解决"深部岩体力学理论与实践"等世界性难题做出了卓越贡献。先后培养出长江学者、新世纪百千万人才工程国家级人选等国家级科技尖兵11人，所在团队被评为国家重点领域创新团队；主持完成了28项重要课题研究，多项成果获国家和军队科技进步奖。钱七虎的计算理论及防护结构概率设计理论，在国内提出将运筹学应用于防护工程的破坏概率确定、抗力论证及方案比较，开创了我国国防与人防工程的软科学研究。主持了"21世纪中国城市地下空间发展战略及对策"的国家咨询课题研究。

钱七虎将军在科研上取得重大成果的同时，不忘帮助家乡的教育事业，他在淀山湖镇设立了"瑾晖"爱心助学基金，无私帮助淀山湖镇品学兼优的贫困家庭子女就学，并委托司法所收集、联络、反馈相关救助信息，负责爱心款发放，协助其顺利开展爱心助学活动。

钱将军还捐赠7万元给淀山湖镇福利院，用以资助院内的全护理、半护理8位老人的费用。钱七虎将军荣获2015年"月圆中秋，慈善永恒"昆山大型公益慈善第三届"鹿城慈善"个人奖。

至2017年，钱将军累计资助学生20多人，资助金额达22万余元。有6名受助学生大学毕业，其中1名进入昆山市公安队伍，1名从事相关法律工作，3名从师范学院毕业后进入教师队伍。

钱将军资助的学生中，张丽静表现突出。张丽静是淀山湖镇晟泰村人，学习成绩优异，但家庭经济比较困难，在上完九年义务教育之后继续上学的可能性比较小。淀山湖镇司法所、民政办了解情况之后，将张丽静的个人信息反馈给钱七虎将军。钱将军在得知情况的第一时间与张丽静联系。经过与张丽静及其班主任的走访，钱将军了解到张丽静成绩优异、积极向上，遂将张丽静纳入"瑾晖"助学金的范围。

钱将军从张丽静初三开始资助，直至张丽静大学毕业。在此期间，张丽静也不辜负钱将军的期望，努力学习，以优异的成绩考入江苏大学，学习英语师范专业。张丽静说，她是因为钱将军的资助才能读完大学，有了一个不一样的人生。她毕业之后成为一名光荣的人民教师。她表示要用自己的双肩和知识去承担这份责任，用她的双手去完成这份重托，用自己的努力去成就自己的人生，把握自己的命运，报答钱将军的关怀。

二、"两航起义"者周其焕

周其焕参加了全国著名的"两航起义"（中国航空公司和中央航空公司）。1926年周其

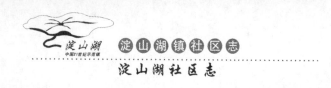

焕生于马安村，3岁随父母迁居杨湘泾镇东头，后又改迁镇西头。5岁在杨湘泾小学读书。1937年抗日战争爆发，迁居朱家角井亭港。1948年毕业于上海之江大学工学院，并考入上海中国航空公司工作。1949年11月参加"两航起义"。1950年在天津、北京两地参加民航工作。（详见《安上村志》）

周其焕1998年退休，退休前的40多年为中国航空事业做出了巨大贡献。退休后居住、生活在天津和珠海两地。

三、建筑工程师孙其昌

孙其昌是建筑设计教授、高级工程师。1931年生，江苏昆山淀山湖人。1957年毕业于上海同济大学建筑系，分配到哈尔滨建筑设计院工作。1960年调到贵阳市建筑设计院工作至今。现为教授级高级工程师。

孙其昌专长于建筑设计，退休前的40多年来一直从事建筑设计工作，为祖国的建筑事业做出了一定的贡献。

四、社区干部沈锡龙

沈锡龙，男，初中文化程度，中级技术职称，住淀山湖镇东大街40号。1948年5月到昆山南街28号秉红诊所拜沈秉红为师学习中医外科（专治农村常见病痈、疽、疖、乳痈、疔疮等）。1952年10月在杨湘泾镇东市开业行医。1953年3月与周文哉、姚玉英、皇甫安组建健康联合诊所。1956年3月，三个联合诊所合并为杨湘中心联合诊所，沈锡龙任中心联合诊所主任。1963年3月任淀东公社卫生院院长，上任后狠抓医务人员思想教育、医院管理、硬件建设，使卫生院成为一定规模的公社医院。

沈锡龙担任医院领导期间，尽管工作较忙，仍坚持天天门诊。他的中医外科名望较大，每天诊治病人50多人，最多一天诊治102人。就诊病人面广，除淀东公社各村外，石浦、千灯、青浦、香花、新桥、朱家角等地的病人也闻讯前来求医。

沈锡龙1991年11月退休后至2001年，先后担任淀山湖居委会主任、淀山湖镇老龄办公室主任、淀山湖镇关心下一代工作委员会主任，经常参加社区的各项公益活动。

沈锡龙1978年被评为江苏省卫生院管理先进个人（省劳动模范），曾多次被评为淀东公社先进个人。他当选为1979年、1984年、1989年昆山县党员代表大会代表，淀东乡第七次、第八次党员代表大会代表，淀东乡第十届、第十一届人民代表大会代表。2001～2016年，获老有所为先进个人2次、五好文明家庭4次，以及昆山市"首届颐和鹿城健康之星"等荣誉称号。

五、社区干部沈福钧

沈福钧，男，昆山市千灯镇石浦街道杨树浜自然村人。1958年起，任淀东公社粮管所所长，户口属杨湘居委会。其妻吴桂英，户口从杨树浜迁出，落户杨湘11队，住老卫生院西南角下滩。

沈福钧任职期间，工作认真负责，办事雷厉风行。他坐办公室的时间少，常常深入第一线检查粮食质量、入库进度，到码头上与交粮农民谈心，处理交粮过程中出现的矛盾。每当发现职工的缺点，他能爽快地指出，并耐心细致地做思想工作。淀东粮管所多次被评为先进单位。

由于沈福钧在居民中有一定的威信，从1974年起，兼任杨湘居委会主任。

1983年，沈福钧因病提前一年退休，但仍任淀山湖居委会主任，直至1993年。1996年，沈福钧因病离世。

第二节 人物录

一、当代军人录

表9-2-1 　　　　　　　　　　淀山湖社区当代军人名录

序号	姓名	性别	出生年月	政治面貌	何时入伍	何时退伍	在部队职务	专业名称	家庭住址
1	朱金元	男	1937.05	团员	1955.03	1958.01	副班长		复月
2	田扣弟	男	1934.03	团员	1955.03	1958.07	战士		杨湘
3	殷建明	男	1943.01	团员	1965.03	1969.02	战士	40火箭筒手	杨湘
4	沈逸勤	男	1945.03	党员	1965.03	1969.02	战士		杨湘
5	蒋卫东	男	1952.08	党员	1969.03	1976.03	班长		上洪
6	朱杏元	男	1951.02	党员	1970.01	1975.03	班长		金湖
7	凌金林	男	1948.07	党员	1970.12	1975.03	副班长		塘泾
8	王桂明	男	1953.08	党员	1972.12	1976.03	副班长	82无坐力炮手	永益
9	吴月明	男	1953.12	党员	1972.12	1976.03	班长		淀湖
10	蒋全林	男	1954.09	团员	1972.12	1976.03	战士		新兴
11	张建国	男	1954.12	团员	1972.12	1976.03	战士	40火箭筒手	杨湘
12	张官银	男	1953.02	党员	1974.12	1979.12	班长		石杨河
13	吴建福	男	1955.09	党员	1975.01	1981.01	副班长		淀金
14	沈来熙	男	1956.08	团员	1975.01	1978.04	战士	侦察员	新兴
15	王彐明	男	1956.08	党员	1975.01	1981.01	副班长		官里
16	任启明	男	1956.10	党员	1975.01	1981.01	班长	无线电修理	新兴
17	陈海林	男	1957.02	党员	1976.12	1982.01	班长	地炮测地员	斜六
18	李正洲	男	1956.01	党员	1977.01	1984.01	战士	汽车驾驶员	涟水高沟
19	张其林	男	1959.09	党员	1978.04	1981.01	战士	炊事员	红亮

续表

序号	姓名	性别	出生年月	政治面貌	何时入伍	何时退伍	在部队职务	专业名称	家庭住址
20	朱浩飞	男	1959.10	党员	1978.04	1984.01	班长	保管员	永安
21	沈　锋	男	1960.03	团员	1978.04	1982.01	副班长		杨湘
22	顾建生	男	1959.06	团员	1978.12	1981.10	副班长		永安
23	钱巧生	男	1959.08	团员	1978.12	1981.01	战士	空调员	杨湘
24	沈小根	男	1960.02	党员	1979.12	1985.01	代理排长		永益
25	沈伟良	男	1960.07	团员	1980.01	1983.01	战士		杨湘
26	方建光	男	1961.11	党员	1980.01	1985.01	班长	汽车驾驶员	石墩
27	沈金忠	男	1961.11	党员	1980.01	1985.01	班长		金湖
28	彭建民	男	1962.07	党员	1980.11	1984.01	战士	卫生员	永勤
29	郭进兴	男	1962.10	党员	1980.11	1986.01	战士	汽车驾驶员	永义
30	郁永明	男	1962.12	党员	1980.11	1986.01	班长	文书	淀金
31	徐阿三	男	1963.01	团员	1981.10	1985.01	战士	炊事员	石墩
32	邵祖德	男	1963.09	团员	1981.10	1985.01	战士	地炮侦察员	淀金
33	郁春元	男	1964.02	党员	1981.10	1985.01	副班长	文书	永生
34	董建飞	男	1965.04	党员	1983.10	1987.10	班长		红亮
35	苏德林	男	1966.10	党员	1984.10	1988.01	战士		塘泾
36	沈林荣	男	1966.11	党员	1984.10	1988.01	战士	卫生员	石墩
37	曹革红	男	1967.12	团员	1985.10	1989.03	副班长	侦察员	双桥
38	凌云中	男	1968.06	党员	1986.10	1990.12	班长	侦察员	塘泾
39	俞三囡	男	1967.04	党员	1986.12	1990.03	文书	文书	复新
40	张永革	男	1968.11	党员	1987.11	1990.12	班长	电工	上洪
41	钟金荣	男	1969.02	党员	1987.12	1990.12	班长	话务员	复利
42	潘大荣	男	1969.04	党员	1989.03	1991.12	班长		新杨
43	薛　燕	男	1969.09	团员	1989.03	1992.12	战士		双桥
44	薛　平	男	1972.03	团员	1990.03	1993.12	中士	57炮手	市镇
45	吕　进	男	1972.02	党员	1990.12	1994.12	班长	空降兵	新兴
46	汤善中	男	1973.03	团员	1992.12	1995.12	战士	汽车驾驶员	安上村
47	徐海华	男	1976.12	团员	1994.12	1997.12	战士		双护村
48	屈雪弟	男	1977.08	党员	1995.12	1998.12	班长		双护村
49	顾思铭	男	1977.06	团员	1998.12	2000.12	战士	地爆兵	淀山湖居委会

续表

序号	姓名	性别	出生年月	政治面貌	何时入伍	何时退伍	在部队职务	专业名称	家庭住址
50	李 刚	男	1978.04	党员	1998.12	2002.12	一级士官	主机兵	双护村
51	庄全弟	男	1979.05	党员	1998.12	2000.12	副班长	牵引炮兵	双护村
52	费志豪	男	1980.06	团员	1998.12	2000.12	副班长		安上村
53	钟慧荣	男	1978.12	团员	1999.12	2001.12	副班长	报话员	兴复村
54	尹惠华	男	1979.08	团员	1999.12	2001.12	战士	炊事员	双护村
55	何小江	男	1981.10	团员	1999.12	2001.12	战士	炊事员	安上村
56	陈 聪	男	1979.02	团员	2000.12	2002.12	战士		淀山湖居委会
57	夏文华	男	1981.11	团员	2000.12	2002.12	战士		民和村
58	吕秀洁	男	1981.05	团员	2001.12	2003.12	班长	装甲步兵	淀山湖居委会
59	顾 页	男	1982.06	党员	2001.12	2003.12	战士	武装侦察员	淀山湖居委会
60	葛 华	男	1982.09	团员	2001.12	2003.12	战士		民和村
61	韦国柱	男	1983.06	团员	2004.12	2006.12	战士	侦察员	淀山湖居委会
62	姜晓华	男	1986.08	党员	2004.12	2009.12	一级士官	报话员	民和村
63	顾 吉	男	1987.02	党员	2006.12	2008.12	战士		淀山湖居委会
64	沈 健	男	1989.09	团员	2007.12	2009.12	战士	炊事员	淀山湖居委会
65	吴焘焘	男	1989.08	团员	2008.12	2010.12	战士		淀山湖居委会
66	李冰星	男	1986.10	团员	2009.12	2011.12	战士		淀山湖社区
67	朱静君	男	1991.03	党员	2009.12	2011.12	战士		淀山湖社区
68	董铭辉	男	1990.01	团员	2009.12		战士		淀山湖社区
69	柳智阳	男	1993.11	团员	2012.12		二级士官		淀山湖社区
70	梅庆华	男	1976.11		1997.12	2000.11	战士	汽车驾驶员	安徽无为县

二、社区籍大学生名录

表9-2-2　　　　　　　　　　　　淀山湖社区籍大学生名录

姓名	性别	家庭地址	录取大学校名	学历	入学年月	毕业年月
蔡 刚	男	淀兴路820号2－202室	南京中医药大学	本科	1991.09	1996.07
陈竹琳	男	西大街120号	天津商学院	本科	2002.09	2006.07
沈皖炜	男	中市路379号	苏州大学	本科	2003.09	2007.07
张亦皓	男	昆山罗马假日	苏州科技学院天平学院	本科	2001.09	2005.07
许燕玲	女	东湖佳苑5幢601室	常州工学院	本科	2002.09	2006.07

续表

姓名	性别	家庭地址	录取大学校名	学历	入学年月	毕业年月
陈来来	男	东湖佳苑5幢601室	华中科技大学	本科	2002.09	2006.07
朱薇萍	女	西大街38-12号	南京医科大学	本科	2002.09	2006.07
陆晓晨	男	健安路40号	徐州工程学院	本科	2004.08	2008.07
徐之贤	男	淀新新村22号401室	淮海工学院	本科	2004.09	2008.07
张聪聪	男	淀新新村19号302室	江苏科技大学	本科	2004.09	2008.07
袁怡	女	淀新新村7号102室	徐州师范大学	本科	2003.09	2007.07
王悦	男	淀新新村17号301室	长安大学（西安）	本科	2001.08	2005.07
陈刚	男	塘泾7组	江苏大学	本科	2005.09	2009.07
赵寅辰	女	淀兴小区3-301室	江苏教育学院	本科	2004.09	2008.07
徐旻	女	晟泰农民新村	淮阴工学院	本科	2004.09	2008.07
周钱慧	女	上洪路	江苏技术师范学院	本科	2004.09	2008.07
潘任飞	男	市河街29-1号	南京医科大学康达学院	本科	2005.09	2009.07
凌成荣	男	上洪路	扬州大学	本科	2005.09	2009.07
夏枫	女	淀新新村16号402室	扬州大学	本科	2005.09	2009.07
李冰星	男	淀新新村29号501室	南京理工大学	本科	2005.09	2009.07
徐茜	女	新风路999号	中南财经政法大学	本科	2005.09	2009.07
汤钰	女	淀新新村22号101室	山西财经大学	本科	2005.09	2009.07
顾盛	男	西大街118-2号	江苏大学	硕士	2005.09	2012.07
金宝玲	女	西大街	苏州大学文正学院	硕士	2005.09	2012.07
陈子乾	女	淀兴路820号	江苏大学京江学院	本科	2005.09	2009.07
徐洁	女	西大街38号202室	江苏大学京江学院	本科	2006.09	2010.07
蒋琳	女	淀辉锦园43幢401室	天津商业大学	本科	2006.09	2010.07
顾煜飞	男	淀新新村17号302室	扬州大学	本科	2006.09	2010.07
周丹霞	女	淀新新村26-301室	中南财经政法大学	本科	2006.09	2010.07
朱寅杰	男	市河街25号	武汉理工大学	本科	2006.09	2010.07
金晓二	男	西大街	南京师范大学中北学院	本科	2006.09	2010.07
陆赛帅	男	淀兴路	扬州大学广陵学院	本科	2006.09	2010.07
李徐	男	新风路4号	中国矿业大学徐海学院	本科	2006.09	2010.07
黄静	女	上洪路	南华大学	本科	2006.09	2010.07

续表

姓名	性别	家庭地址	录取大学校名	学历	入学年月	毕业年月
钟子骞	女	淀兴小区3-302室	南京师范大学	本科	2007.09	2011
朱 茜	女	东湖绿苑	苏州大学文正学院	本科	2007.09	2011
滕进妍	女	淀兴路794-306室	南京财经大学红山学院	本科	2007.09	2011
殷 勤	女	东大街56-1号	常州大学	本科	2007.09	2011
赵雯雯	女	中市路2号302室	南京师范大学泰州学院	本科	2007.09	2011
黄珊珊	女	晟泰农民新村	南京财经大学	本科	2007.09	2011
曹 芹	女	新风路2号	南京农业大学	本科	2007.09	2011
丁沙沙	女	西大街58号3-301室	南京信息工程大学	本科	2007.09	2011
周 骁	男	淀兴路	常熟理工学院虞山学院	本科	2007.09	2011
蒋 懿	女	新风路	中国传媒大学南广学院	本科	2007.09	2011
毕云翠	女	东大街42号	南通大学杏林学院	本科	2007.09	2011
董天宇	男	淀新新村9幢202室	南京邮电大学通达学院	本科	2007.09	2011
凌 洁	女	马安新村	南京航空航天大学	本科	2007.09	2011
杨文勇	男	南寿巷	武汉理工大学网络教育学院	本科	2002	2005
邵祖德	男	淀新新村	武汉理工大学网络教育学院	本科	2002	2005
张仁秋	男	马安新村	武汉理工大学网络教育学院	本科	2002	2005
张晓东	男	淀新新村28幢501室	武汉理工大学网络教育学院	本科	2002	2005
张春荣	男	淀新新村	武汉理工大学网络教育学院	本科	2002	2005
董坚飞	男	淀新新村	武汉理工大学网络教育学院	本科	2002	2005
李丹凤	女	淀兴路	武汉理工大学网络教育学院	本科	2002	2005
郭其生	男	新风路	武汉理工大学网络教育学院	本科	2002	2005
郁春元	男	淀新新村	武汉理工大学网络教育学院	本科	2002	2005
费建华	男	昆山	武汉理工大学网络教育学院	本科	2002	2005
俞慧君	女	市河街	中国地质大学北京网络教育学院	本科	2006年春	2010
张春炜	男	马安新村	中国地质大学北京网络教育学院	本科	2005年秋	2009
冯仁刚	男	曙光新城花园	中国地质大学北京网络教育学院	本科	2005年秋	2009
何金元	男	淀兴路	中国地质大学北京网络教育学院	本科	2005年秋	2009
徐 军	男	马安新村	中国地质大学北京网络教育学院	本科	2005年秋	2009
蒋欢欢	女	淀兴路612号	淮阴师范学院	本科	2008.09	2012.07
李晓云	女	淀兴路612号	南京师范大学泰州学院	本科	2008.09	2012.07
吴惠婷	女	淀兴路612号	南京晓庄学院	本科	2008.09	2012.07

续表

姓名	性别	家庭地址	录取大学校名	学历	入学年月	毕业年月
韦 婷	女	淀兴路810号	南京医科大学康达学院	本科	2006.09	2011.07
陈 庆	男	淀兴路810号	东南大学医学院	本科	2005.09	2010.07
孙将伟	男	淀兴路810号	南通大学	本科	2006.09	2011.07
毕雪华	男	淀山湖镇府前路57号	江苏教育学院	本科	1996.09	2000.07
顾敏芳	女	淀山湖镇府前路57号	江苏教育学院	本科	1998.09	2002.07

三、插队知识青年名录

表9-2-3　　　　　　　　　　　　　淀山湖社区插队知识青年名录

姓名	性别	家庭所在城镇	落户地		插队年月	返城年月
			当时名	现名		
汤旦文	男	淀山湖	塘泾大队	民和村	1970	1976
张汉东	男	苏州	永安大队	永新村	1968.12	1976.08
万荷娣	女	苏州	民主大队	民和村	1964.01	1980.01
陈孟超	男	淀山湖	红三大队	红星村	1968.08	1975.05
蒋菊珍	女	淀山湖	新联大队	杨湘泾村	1968.08	1976
王菊明	男	淀山湖	胜利大队	金家庄村	1972	1977
张初元	男	淀山湖	新和大队	晟泰村	1970	1976
汤旦晨	女	淀山湖	塘泾大队	民和村	1970	1976
季永芳	女	淀山湖	新联大队	杨湘泾村	1970	1976
任志芬	女	淀山湖	杨湘大队	杨湘泾村	1970	1976
倪剑林	男	淀山湖	杨湘石杨河知青点	杨湘泾村	1975	1980
徐 蕊	女	淀山湖	杨湘	杨湘泾村	1970	1975
吴丽娟	女	淀山湖	复新大队	兴复村	1970	1975
吴卫强	男	淀山湖	新民大队	安上村	1970	1976
吴卫星	女	淀山湖	杨湘	杨湘泾村	1970	1976
林雅芳	女	淀山湖	新和大队	晟泰村	1970	1975
田志龙	男	淀山湖	新星大队	双护村	1970	1976
汪贤玲	女	淀山湖	新联大队	杨湘泾村	1972.11.05	1979.01.21
吕其明	男	淀山湖	杨湘	杨湘泾村	1975	1980
童善华	女	淀山湖	江苏建设兵团三师		1971.04.08	1978
陆文华	男	淀山湖	新联大队	杨湘泾村	1970	1976

续表

姓名	性别	家庭所在城镇	落户地		插队年月	返城年月
			当时名	现名		
胡永良	男	淀山湖	新和大队	晟泰村	1974	1980
陆珍珍	女	淀山湖	新华3队	安上村	1972.11.05	1980
狄云祥	男	淀山湖	杨湘	杨湘泾村	1975	1980
邵祖元	男	淀山湖	新和大队	晟泰村	1970	1975
许乃珍	女	苏州	复利	兴复村	1963.12	1976
张奎泉	男	淀山湖	杨湘	杨湘泾村	1962.12	1975
王玲娣	女	淀山湖	钱沙	双护村	1968	1975
徐孟君	男	淀山湖	杨湘大队12队	杨湘泾村	1976	1979
潘巧云	女	淀山湖	复明5队	兴复村	1964	1980
魏根福	男	苏州	白米大队3队	双护村	1964	1980
郭其均	男	淀山湖	新和8队	晟泰村	1966.05.06	1979

四、高龄老人名录

表9-2-4　　2012年年末淀山湖社区居委会高龄（80周岁及以上）老人名录

姓名	性别	出生年月	备注
蒋佩玉	女	1916.12.04	西大街2号
徐阿妹	女	1919.05.16	上洪路999号
宋桂珍	女	1919.08.12	健安路27-6号
张玉堂	男	1919.12.22	西大街38-6号
狄昌华	男	1921.11.11	西大街71号
顾琴玲	女	1922.04.10	市河街28号
陆阿妹	女	1922.11.24	西大街79-1号
方阿筱	男	1923.06.24	上洪路32-3号1幢103室
谈亚荣	男	1926.04.27	南寿巷18幢401室
王金凤	女	1926.11.05	新风路3幢401室
王阿娥	女	1926.11.15	淀兴路644-1号
袁立忠	男	1926.11.29	市河街27-1号
万灯秀	女	1927.01.09	西大街38-6号
蒋阿二	男	1927.10.11	南寿巷39号202室
潘琴宝	女	1927.12.18	府前路85号

续表

姓名	性别	出生年月	备注
王瑞琦	男	1928.04.02	东大街76-2号
张世英	女	1928.05.15	上洪路32-3号2幢102室
张惠珍	女	1928.07.15	西大街999号
程德维	女	1928.07.23	西大街17号
陈美英	女	1929.03.11	西大街58-4号106室
吴振芳	男	1929.09.18	淀兴路674号102室
陈菊英	女	1929.11.17	健安路29号
童翠云	女	1930.03.15	西大街57号
王伯林	男	1930.06.14	西大街57号
吴霞云	女	1930.07.05	西大街82号
倪振家	男	1930.08.05	市河街5-1号
曹辉元	男	1930.11.10	淀兴路642-2号
李雅珍	女	1931.06.06	市河街5-1号
沈锡龙	男	1931.08.22	东大街40号
朱京寿	男	1931.11.27	东大街50号
尤火根	男	1931.12.16	健安路32-2号
夏素英	女	1932.03.29	西大街86号
张兆荣	男	1932.08.13	西大街43号
朱金福	男	1932.08.19	中市路333-2号
杨惠琴	女	1932.10.02	西大街140号201室
钟阿四	女	1932.10.18	新风路16号

第三节　离休干部

一、周梦飞

周梦飞，男，1922年2月生于度潭乡复新村二组，1947年7月参加革命工作，1950年加入中国共产党，1951年任度潭乡乡长。1952年1月任淀东供销社党支部书记、主任，兼任复兴村党支部书记。

周梦飞任淀东供销社主任直至1979年5月，因病离休，2004年病故。

二、袁立中

袁立中，又名袁小林，男，1926年生，江苏扬中人，文化程度初小。

1949年5月参加工作，1951年1月加入中国共产党，后参加中国人民志愿军。从部队复员后，任淀东供销社营业员、酒酱部负责人，直至离休。

袁立中于2017年7月14日病故。

三、王瑞琦

王瑞琦，男，河南人，1929年生，16岁时到印刷厂做工，后担任国民党南京总统府门卫，解放南京时被俘。

中华人民共和国建立后，王瑞琦任南京雨花台区派出所户籍警。1956年到无锡学习血防工作，被安排到昆山县淀东公社搞血吸虫防治，后到金家庄血吸虫病防治点工作。

王瑞琦于1989年离休，2013年病故。

第十章 荣誉

中华人民共和国建立后，1950年成立杨湘居民委员会（即现在的淀山湖社区）。广大居民在中国共产党的领导下，在居委会的带领下，投入社会主义革命和建设事业，做出了贡献并取得了显著成绩。特别是党的十一届三中全会后，广大社区居民积极投身于改革开放，获得多项集体荣誉。

淀山湖社区（杨湘居委会）自成立起，特别是改革开放后，先后荣获28项奖项，其中省级1项、地市级6项、县市级15项、镇级6项。

表10-1-1　　　　　　　　　　　淀山湖社区集体荣誉一览表

年月	获奖单位	荣誉称号	授予单位	级别
2011	淀山湖社区	《江苏省机关团体企业事业单位档案工作规范》二星级标准	江苏省档案局	省级
2007.06	淀山湖社区	苏州市绿色社区	苏州市人民政府	地市级
2008.11	淀山湖社区	苏州市民主法治社区	苏州市依法治市领导小组办公室、苏州市司法局、苏州市民政局	地市级
2012	淀山湖社区	苏州市规范化村（社区）人民调解委员会	苏州市司法局	地市级
2012.12	淀山湖社区	苏州市公共文化服务示范社区	苏州市文化广电新闻出版局	地市级
2012	淀山湖社区	苏州市公共文化服务示范社区	苏州市文化广电新闻出版局	地市级
1999	淀山湖社区	尊老服务爱心奖	昆山市老龄工作委员会	县市级
2000—2002	淀山湖社区	人口与计划生育先进集体	中共昆山市委员会	县市级
2001	淀山湖社区	敬老服务先进单位	昆山市老龄工作委员会	县市级
2007	淀山湖社区	昆山市民主法治示范社区	昆山市人民政府	县市级
2009	淀山湖社区	昆山市文明社区	昆山市精神文明建设委员会	县市级
2011	淀山湖社区	2010—2011年度老龄工作先进集体	昆山市老龄工作委员会	县市级

续表

年月	获奖单位	荣誉称号	授予单位	级别
2012	淀山湖社区	昆山市文明示范社区	中共昆山市委员会、昆山市人民政府	县市级
2012	淀山湖社区	昆山市社区教育先进单位	昆山市社区教育办公室	县市级
2012	淀山湖社区	昆山市人口计生工作先进单位	昆山市人口与计划生育领导小组	县市级
2008	淀山湖社区	庆"七一"纪念改革开放30周年党的颂歌三等奖	中共淀山湖镇委员会、淀山湖镇人民政府	镇级
2008	淀山湖社区	庆第二十一个老年节健身球操团体赛一等奖	淀山湖镇老龄委	镇级
2008	淀山湖社区	第八届运动会健身球操第一名	淀山湖镇文体站	镇级
2012	淀山湖社区	淀山湖镇老年人象棋比赛二等奖	淀山湖镇文体站	镇级
2012	淀山湖社区	淀山湖镇人口计生工作先进单位	淀山湖镇人口和计划生育办公室	镇级
2012	淀山湖社区	机关效能建设创新奖	中共淀山湖镇委员会、淀山湖镇人民政府	镇级

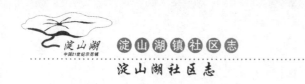

第十一章 媒体报道

一、淀山湖社区对零星散楼、无物业小区统一管理 "聚散整管"探出老小区治理路

"往年天气一热，居民们就开始发愁，由于没有物业管理，无法及时清理的生活垃圾不仅会散发出阵阵异味，还会招来蚊虫。而如今，居民的生活垃圾每天都会按时清理，小区内的整体卫生环境也有了很大提升。"昨天，家住淀山湖镇淀山湖社区河滨花园的60岁居民庄进荣高兴地对记者说。

据了解，淀山湖社区是淀山湖镇最早成立的社区之一。辖区内有商品房、集体公房、征地农民安置房等多种性质的老旧住房。据淀山湖社区工作人员介绍，由于这些住房大多建在20世纪80年代，年代久远，管理缺失，小区的环境卫生、治安管理等都处于真空状态，群众反映强烈，矛盾纠纷、利益冲突等时有发生，经过深耕细管后，社区环境大变样。

针对社区管理问题，淀山湖社区有关负责人在经过长期走访查看后，提出了"聚散整管"模式，即零星散楼、无物业小区整体化统一管理模式。淀山湖社区按照地域分布将辖区内的零星楼道和小区划分为四大区域，并安排专人在各区域内深耕精管。邵阿度是小区里的一名专职卫生管理员，除对整体环境及楼道卫生进行全面管理，定期对区域内的绿化进行修剪和维护外，还兼职"哨兵"角色。有一天，邵阿度在进行日常清洁卫生的时候发现，有两个陌生男子一直在小区内转悠，形迹可疑，便走上前告知两个男子，有什么找不到的话可以带他们去监控室看看，当听到"监控"二字时，两人找了个理由即匆匆离开。

与此同时，社区治安辅警每天不分早晚对各区域进行全面细致的巡逻，确保区域的治安及社会安全；社区社会管理信息员深入居民中，能最真实、最快速、最深入地了解和发现居民的诉求和问题隐患，让社区能及时地将问题和隐患消灭在萌芽中；而社区工作人员每星期至少2次以上对区域整体环境进行监督检查，确保问题隐患无疏漏、无拖延。

目前，"聚散整管"管理模式已覆盖整个淀山湖社区。淀山湖社区党支部书记张卫青表示，根据运行情况来看，"聚散整管"的管理模式妥善解决了淀山湖社区老旧住宅管理缺失的问题，同时"聚散整管"进一步推进了社区逐步形成居民与社区工作人员共同参与、共建和谐的治理氛围。

见习记者 张 田 通讯员 周 庆
原载《昆山日报》2015年4月8日

二、居民的笑容是我最大的满足
——和睦小家，和谐大家，记淀山湖镇李红

李红一头短发，微微发福，与人交流时脸上常常挂着笑容，给人一种亲切感。从4月22日开始，李红几乎跑遍了全镇84岁以上老人的家。

"服务人员不仅将我家使用多年的纱门洗刷一新，还带着我去了好几家超市买到了我十分想要的一款电暖锅。"8月3日，在85岁的叶梦蕾老人家里，李红正在进行乐惠居养老服务回访，看到老人满意的笑容，李红倍感欣慰。

尽管连日高温，最高气温达39摄氏度，但每个工作日的入户回访，李红雷打不动。"只要居民需要我，我工作的脚步就不能停。"李红说。乐惠居养老服务由市民政局统一购买，为淀山湖镇84周岁以上老人提供每月一次3小时的免费上门服务，而服务内容将根据老人的需求，包括家庭保洁、精神陪护、买菜做饭等。2014年，李红从社区工作岗位上退休，今年4月，由民政局推荐到乐惠居公益组织工作，在淀山湖镇全镇范围内进行乐惠居养老服务的推广和管理。从4月22日开始，李红几乎跑遍了全镇84岁以上老人的家。"一些老人住址有变，还有一些老人有抵触情绪，要沟通好，一户往往要跑上两三趟。"李红说。经过李红的努力，直至目前，已有400多户老人接受了服务。

能在短时间内将乐惠居养老服务在全镇得以推广，凭借的是李红丰富的基层工作经验。2003年，李红进入淀山湖社区工作，主要负责计划生育。在社区工作的第一个休息日，李红就骑上自行车开始了她的计生工作摸底，对社区内所有育龄妇女上门逐一登记和了解情况，对外来人员进行地毯式排查，2天来共排查外来人口102户、382人。她还自学电脑，将社区育龄妇女、外来妇女儿童的信息全部录入电脑，大大提高了信息的完善度和工作效率。确保户籍人口和流动人口计划生育率均达100%。在社区工作的这十几年里，李红尽心尽力。2005年，淀山湖社区成立淀山湖镇全镇企业退休人员社会化管理网点，李红不仅积极做好退休人员档案移交、联系卡发放、上门联系等日常管理工作，还对独居老人和孤寡老人格外照顾。戴松元是一名孤寡老人，有一次，连续几天李红都没看到戴松元。于是，冒着大雨找遍了他平时经常去的地方，并请来社区民警打开了戴松元的家门，发现空无一人。后来，有居民反映戴松元老人去了医院，李红又急忙赶往镇医院，了解到老人已到了癌症晚期。李红千方百计联系他的所有亲属，但由于戴松元脾气古怪没有亲人愿意照顾他。针对这一情况，淀山湖社区特地请来了一位护工照顾老人，而李红在忙完了手头上的工作后就到医院探望老人。出于对李红的信任，戴松元将身后事委托李红处理。

作者：全媒体见习记者 张 田
原载《昆山日报》"社区新闻版"2015年8月6日

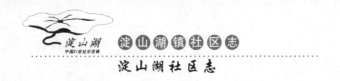

《淀山湖社区志》修编人员名录

《淀山湖社区志》征编小组

(2013 年 3 月)

组　　长　张卫青
副 组 长　周　庆
成　　员　朱　茜　浦　珏　吴晨玲　陈孟超　李　红
　　　　　夏建中

(2015 年 3 月调整)

组　　长　张卫青
副 组 长　周　庆
成　　员　朱　茜　浦　珏　吴晨玲　王忠林　柳根龙

(2017 年 11 月调整)

主　　任　柴彩根
副 组 长　周　庆
成　　员　浦　珏　吴晨玲　王忠林　柳根龙

编　辑

执行编辑　王忠林
编　　辑　柳根龙　吴晨玲

审　稿

钱　建　罗　敏　许顺娟　张晓东　王　强　吕善新　张品荣
夏小棣　陈海萍　张卫青　柴彩根　周　庆　王忠林　柳根龙
吴晨玲

采编人员

柴彩根　张卫青　周　庆　王忠林　柳根龙　陆美康　李　红
潘凤菊　陈孟超　夏建中　朱　茜　浦　珏　王洁慧　吴晨玲
沈锡龙　沈丽娟　汪贤康　吴丽娟　董根金　成尔乾　倪振家

石杨河社区志

序

  《石杨河社区志》在 2017 年 12 月完成，这是石杨河社区全体居民的一件大事。

  石杨河社区的前身是淀东公社运输大队（石杨河运输社），从 1966 年 1 月成立运输大队至今，经过半个世纪的艰苦奋斗，昔日的茅草小屋，变成了漂亮的楼房；往日的低矮狭窄的小桥，变成了宽敞的水泥大桥。面对这沧桑巨变，我们为之振奋，但不能忘记前人的艰苦创业精神，因为没有前人的创造贡献，就没有我们今天的薪传发展，更不能忘记党的十一届三中全会以来，实行改革开放的富民政策，所以我们务必编修《石杨河社区志》，让石杨河社区子孙后代了解石杨河发展的历史。

  由运输社到社区，不仅仅是一个名称的变化，更主要的是社区这个名称，本身就富含了许多时代的信息。

  虽然石杨河作为社区，到现在还不一定完全具备社区的功能，在很大程度上仍保留着很多农村的生活方式，但从发展的眼光看，石杨河社区作为城镇化的一个组成部分，其社区功能将会不断地增强和完善，向着规范化社区的目标挺进。

  修编志书，是一件艰难的系统工程。它难在时代久远、资料匮乏，又要内容全面、详略得当。为了完成《石杨河社区志》，社区两委按照上级的统一部署，成立了《石杨河社区志》编纂小组。

  《石杨河社区志》本着对历史负责、为现实服务、替未来着想的态度，用辩证唯物主义和历史唯物主义的观点引用大量的历史资料，较为全面、客观、真实地记录了从运输社到石杨河社区的历史演变过程。在编修社区志的过程中，社区居民特别是老党员、老干部、老同志为社区志提供了大量的宝贵资料，使志书质量更为翔实、更为完善。在此，我代表石杨河社区党支部、居委会向所有为《石杨河社区志》做出贡献的同志们表示衷心的感谢。

  我们希望《石杨河社区志》的问世，能够起到"前有所稽，后有所鉴"的积极作用，激励全区居民团结一致，共同奋斗，满怀豪情地把石杨河社区建设得更加文明昌盛；也期望以《石杨河社区志》为媒介，让全镇人民更多地了解石杨河社区，与我们携手共进，把石杨河社区建设得更加美好。

石杨河社区居委会主任　凌云中
2017 年 12 月 8 日

概　述

　　石杨河社区位于淀山湖镇区北边，距镇区约0.5千米的石杨河南岸，东至上洪路，南至杨湘横丹自然村，西接新杨村，北依石杨河。东西长300米，南北宽200米，总面积6万平方米（约合0.06平方千米），其中水域约2 000平方米，主要河道有石杨河、金家溇及横丹江边的一条小河。社区设2个居民小组，2017年常住人口99户265人，外来人口300人，有40户居民房屋出租，大部分人口居住在淀山湖镇区，部分人口居住在昆山市区、苏州、常熟、上海等地。

　　石杨河社区居民大部分来自苏北各地农村，曾在上海从事水上运输业。中华人民共和国建立前在上海搞水上个体运输。1955年，这批船民经上海民政部门动员，疏散下乡，有的便在淀山湖镇（杨湘泾、淀东）定居，垦荒种田，有业务时搞运输，无业务时种田，主要集中在原新农大队、新星大队、白米大队、红一大队、红二大队、百家荡等地。农业合作社运动中，杨湘乡将这些船民组织起来成立运输合作社，当时共有60条船（大多是破旧小木船）150个船员，船户仍自找业务，有业务时搞运输，无业务时垦荒种田，实际仍为单干。1960年1月，由淀东公社将这批船户重新组织起来，成立淀东公社运输大队。为全县乡镇第一个运输大队，实行自主经营，统一调度，多劳多得，按吨位拆账分成。三年困难时期，由于运输业务清淡，公社根据实情除保留13条船、80多人外，其余船户回原所在大队种田。留下的船户边搞运输边种田，公社安排新和大队黄泥泾、陆家桥荷叶村、百家塘等处50～60亩田归运输大队种植，以解决吃粮问题。1966年5月，公社将原回新农大队18条、新民大队1条、红一大队1条，共20条船调回。委派柴仁龙任主要负责人，成立淀东公社运输合作社，入社船户33户、船33条，总吨位422.4吨，入股金额42 842元，实行自主经营，独立核算，自负盈亏，建章立制，有章可循。分配结算实行职工工资制，按学徒工、正式工等行业工资及提成规定执行，较大地调动了职工（船民）的积极性，经济效益不断提高。随着经济效益的提高，淀东运输合作社先后组建了三个轮拖队，当时成为淀东公社（乡、镇）企业的排头兵，利润70%上交公社（乡镇），30%留运输社。随着运输业的发展和企业效益的提高，又先后组建了船舶修理厂和淀东造桥队，造桥队在1984年由淀东公社接管。1989年7月，经昆山县工商局批准，淀东运输社更名为淀东运输公司。石杨河运输公司在八九十年代运输业快速发展下，集体经济发展越来越快，先后建了办公楼、车间、食堂和职工宿舍，运输人员工资多次上调，召回原在农村部分船只并对老职工实行养老保养制度，运输社的兴旺带来人口增长，1988年达360人，集体固定资产达百万元以上，居民（村民）家家盖了楼房，逐步形成像样的居民居住小区。1990年后，随着市场经济的繁荣和运输业的快速发展,公路运输逐步取代水上运输,原为昆山化工厂和农资公司运输的1号拖轮和2号拖轮全部被退回,人员就业极为困难。为了解决就业和经济发展问题,运输公司创办了华洋电器厂和创兴物资公司,并将集体船只转让给本社船户搞个体经营。由于竞争激烈,华洋电器厂和船舶修造厂先后倒闭。

1993年,石杨河居委会成立。1997年,在老职工保养金无法支付的情况下,先后两次向镇党委、镇政府与镇农工商总公司打报告要求公司解体。1998年7月,淀山湖镇党委、镇政府正式批准淀东运输公司解体。解体后的淀东运输公司资产等事宜由石杨河居委会接管。

石杨河人注重环境综合治理,在政府的大力支持下,主干道铺设地下雨水、污水排放管道。随着镇区环境的整治,石杨河社区从道路建设到环境绿化,较好地改善了生态环境,使石杨河村成为宜居的幸福家园。

石杨河社区自然生态环境良好,"环保优先"已成为石杨河人注重发展的共识,几年来努力建设生态文明、精神文明,从而获得苏州市人民政府颁发的"绿色社区"和苏州市司法局颁发的"民主法治社区"荣誉称号。

如今石杨河畔,石杨河社区居民正沿着既能保持生态文明又能使生活富裕和谐安定的康庄大道前进。

大事记

1960年1月,淀东公社运输大队成立,徐德龙任大队长,张德田任副大队长。

1966年5月,成立淀东公社运输合作社,社长柴仁龙。

1968年,淀东运输社在兴化购买第一艘轮船(编号淀东1号轮船)。

1969年4月,运输社成立革命委员会,主任李进山。

1980年,建造淀东2号轮船。

1981年,建造淀东4号轮船。

1989年7月8日,经昆山县工商行政管理局批准,淀东运输社更名为淀东运输公司。

1990年,创办华洋电器厂和创兴物资公司。

1993年11月13日,批准成立石杨河居委会,徐为九被选为居委会主任。

1996年11月,第三届居委会选举,徐为九仍当选为居委会主任。

1998年7月20日,经镇党委、镇政府、镇农工商总公司批准,正式宣布淀东运输公司解体,解体后的运输社资产由石杨河居委会接管。

1999年11月,第四届居委会选举,徐为华当选为居委会主任。

2002年5月20日,石杨河居委会更名为石杨河社区居委会。

2005年6月,第六届社区居委会选举,许阜生当选为社区居委会主任。

2008年4月,石杨河社区居委会成功创建昆山市"民主法治示范社区"。

2008年7月,第七届社区居委会选举,丁根凤当选为社区居委会主任。

2009年12月,石杨河社区居委会成功创建苏州市"民主法治社区"。

2013年10月,撤销石杨河社区党支部,并入淀山湖社区党支部。

2013年12月,第九届社区居委会选举,陆为平当选为社区居委会主任。

2016年11月,第十届社区居委会选举,凌云中当选为社区居委会主任。

第一章 社区形成

石杨河社区居民原散居于苏北各地农村,主要在泰兴、泰县、大丰、盐城、阜宁、射阳等地。民国时期,他们从农村到上海开展水上运输(撑船)。中华人民共和国建立后的1955年,经上海市民政部门动员,在回原籍途中部分船只参加淀山湖镇(淀东、杨湘泾)一些社队生产,并在此安家落户(一船一户)。主要集中在原新农(上洪)、新星、白米、红一、红二等社队。船民总人数400多人,有80多条船(大多为破旧木船),总吨位近千吨,有业务时搞运输,无业务时种田。1960年,由淀东公社组织这批船民成立淀东公社运输大队,属集体性质,实行自主经营、独立核算、自负盈亏。单位驻地石杨河东南岸,原淀东公社饲养场。1966年5月,淀东公社将困难时期下放到原新华大队18条船、原新民大队1条船、原红一大队1条船共20条船调回,委派永安大队干部柴仁龙负责,成立淀东公社运输合作社,规范建账,对外营业。当时运输社船只共33条,计422.4吨,评估价42 842元作为入社股金(后在1992年兑付结束),60年代后期搬迁至今靠大华浦边的石杨河南岸,才形成了一个像样的社区。在石杨河社区干部群众的努力下,70~80年代运输业务大发展,生产力水平不断提高,居民生活持续改善,一度成为淀东公社经济发展的"小壮蟹",居民造了房屋,集体有了办公场所,一个新兴的生活小区在石杨河畔诞生。

第一节 地 理

石杨河社区在镇区东北边缘,距镇驻地杨湘泾0.5千米,东至上洪路,南接杨湘泾村的横丹自然村,西邻新杨村,北依石杨河,总面积为0.06平方千米。石杨河社区居委会民房形似泥瓦匠的瓦刀,东边一排楼房似刀柄,西边因楼房重叠好似刀面。因社区坐落在石杨河畔,故命名为石杨河社区。

石杨河社区居委会辖区平面图

第二节 沿　革

中华人民共和国建立后的20世纪50年代后期，石杨河社区老居民（船民）落户在红一、红二、新农、新华等农业社队从事农业生产兼营运输业。1960年，淀东公社组织这些船民成立淀东公社运输大队。

由于船民分散，经营不集中，导致组织涣散，运输大队经营不善，名为集体，实际单干，为此淀东公社党委、管委会于1966年又组织他们成立淀东公社运输社，驻地石杨河东首，也驻陆虞浦原轮船站，当时入社有33户197人，成为后来的石杨河社区的基本成员。

1987年，淀东运输社更名为淀东运输公司，1993年成立石杨河居委会，1998年公司解体。2012年常住户105户273人，外来人口300人，还有40户居民有房出租给外来人口，居民大多集居在镇区、昆山市，部分分散在上海、苏州、常州、常熟等地。

第三节 区　划

表1-3-1　　　　　　　　　　石杨河社区各时期建置一览表

年份	名称
1960	淀东公社运输大队
1966	淀东公社运输社
1984	淀东运输公司
1993	成立石杨河居委会
1998	淀东运输公司解体
2002	更名为石杨河社区居委会
2006	社区划分为3个居民小组
2012	社区划分为2个居民小组

第四节 自然村落

1982年起形成石杨河自然村，村名以"石杨河"命名。

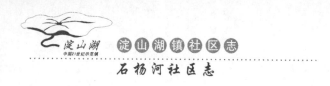

第二章 人　口

第一节　人口总量

1960年1月成立淀东运输大队时总人口197人，到1996年年底达379人。1979年后，集中力量搞经济建设，使一部分人先富起来。由于这些诸多因素，石杨河社区居民抓住机遇，走出社区外出打工挣钱，大部分到昆山，还有少数居民到苏州、上海等地，户口也迁往昆山、苏州、上海等地。为此，社区人口减少，截至2012年，社区户籍105户，总人数273人，2017年99户265人。

第二节　人口变动

由于人口的自然增长和人口的迁入迁出，人口有所变动，但出入不大，具体见表2-2-1。

表2-2-1　　　　　1984～2012年石杨河社区人口变动统计表　　　　　单位：人

年份	总户数	总人口			增加部分								减少部分							
					出生			迁入					死亡			迁出				
		合计	男	女	小计	男	女	小计	省内迁入	省外迁入	移入	调入	小计	男	女	小计	迁往省内	前往省外	移出	调出
1984	30	138	72	66	1	1							1	1					1	
1985	30	139	72	67	2	1	1	1								1	1			
1986	33	146	75	71	4	3	1	2	1	1	1									
1987	33	150	75	75	2		2	1	1		2		1			1	1			
1988	83	327	154	173	1		1	1	1			1	1			4				1

续表

年份	总户数	总人口			增加部分							减少部分						
					出生			迁入					死亡			迁出			
		合计	男	女	小计	男	女	小计	省内迁入	省外迁入	移入	调入	小计	男	女	小计	迁往省内	前往省外	移出	调出
1989	79	335	162	173	14	9	5	3	3		1	2	1		1	7	6	1	2	2
1990	79	345	164	181	6	1	5	5	4	1	2	1	1	1		2		2		1
1991	82	364	173	191	10	6	4	7	6	1	5	4	2	1	1	1	1			4
1992	81	353	170	183	9	5	4	5	5		4	5	4	1	3	25	25			3
1993	110	357	171	186	6	4	2					3	2	1	1	2	1	1		3
1994	110	368	175	193	5	1	4	10	9	1		3	2	2		2	1	1		
1995	115	377	181	196	6	4	2						2	1	1	3	2	1		
1996		379			8			5	4				5			3	3		3	
1997																				
1998	119	385	181	204	3	1	2						1	1		3	4			
1999	118	374			2		2		2	3		4	1	1		18	18		3	
2000	3	4	1	3	1	1			4	2						13				
2001	1	1		1															3	
2002	112	311	143	168	4	3	1		1			1	3	2	1	19			5	
2003	114	304	142	162	2	1	1			1								2		
2004	111	293	135	158									1	1				1		
2005	109	283	129	154									1	1		2	1	1	5	4
2006	107	278	128	150	1		1	1	1											
2007	107	278	128	150	1			1	1											
2008	106	276	127	149	1								3	1	2					
2009	106	274											2							
2010	106	275	126	149	2					1			1	1				1		
2011	106	273	124	149	1								1	1		1				
2012	105	273			1	1		1	1				1	1				1		

第三节 人口构成

一、年龄

表2-3-1　　　　　　　2012年石杨河社区人口年龄段统计表　　　　　　单位：人

年龄	1~49	50~59	60~69	70~79	80~89	90以上	合计
男	85	13	13	13	5	0	129
女	82	27	16	13	5	1	144
合计	167	40	29	26	10	1	273

二、姓氏

石杨河社区共105户，28个姓氏。其中11户姓徐，10户姓吴，9户姓刘，7户姓孟，5户姓陆，5户姓张，4户施姓，姓杨、潘、李、夏、姚各6户，姓许、伏各3户，姓冯、陈、苗、葛各2户，姓郭、胡、丁、赵、朱、屈、项、周、王、殷各1户。共273人，其中男性129人，女性144人。

表2-3-2　　　　　　　2012年石杨河社区居民姓氏户数、人数一览表

姓氏	户数（户）	人数（人）	性别 男	性别 女	姓氏	户数（户）	人数（人）	性别 男	性别 女
徐	11	28	15	13	陈	2	4	3	1
吴	10	24	9	15	苗	2	6	2	4
刘	9	20	11	9	葛	2	6	3	3
孟	7	21	9	12	郭	1	1		1
陆	5	21	10	11	胡	1	3	2	1
杨	6	16	7	9	丁	1	6	3	3
潘	6	9	5	4	赵	1	2	1	1
李	6	14	7	7	朱	1	7	2	5
夏	6	15	7	8	屈	1	3	1	2
姚	6	13	8	5	项	1	1		1
张	5	11	4	7	周	1	1		1
施	4	14	7	7	殷	1	1		1

姓氏	户数（户）	人数（人）	性别		姓氏	户数（户）	人数（人）	性别	
			男	女				男	女
许	3	10	5	5	冯	2	4	3	1
伏	3	11	5	6	合计	105	273	129	144

三、文化程度

表2-3-3　　　　2012年石杨河社区人口文化程度统计表　　　　单位：人

文化程度	研究生	本科	大专	中专	高中	初中	小学	小学以下
人数	3	16	50	4	13	61	124	2

第四节　人口控制（计划生育）

石杨河社区计划生育工作由妇女主任专职抓。

自1973年起，配备专职干部把计划生育工作列入重要议事日程。1973~2012年，社区计划生育干部分别由徐雅平、朱秋英、李正芳、吴桂兰、蒋玲珍、丁根凤担任。

根据上级计划生育办公室的有关规定，本区域内计划生育工作主要措施如下：

（1）1973年规定，男25周岁、女23周岁以上结婚为晚婚，妇女24周岁以上生育为晚育。

（2）1974年，全面实行避孕药具免费供应。

（3）1979年，开始推行"一对夫妻只生一个孩子"，并领取"独生子女证"。

石杨河社区每年给独生子女未满14周岁的父母发放独生子女奖金。

表2-4-1　　　　2011~2012年石杨河社区居委会独生子女父母奖金发放清单

年份	户数（户）	人数（人）	金额
2011	31	31	930
2012	27	27	810

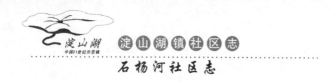

第三章

社区建设

第一节 居民住房建设

20世纪60年代，人民公社时运输社的船员生活可以说是一穷二白，收入相当低，吃的是粗茶淡饭，住的是茅草小屋。随着国民经济的好转以及改革开放的持续深入，运输社船员收入快速增长。入社时的小木船换成了铁驳船，过去的茅草屋变成了新楼房，而且不少人家在镇区和昆山市区购买了商品房。据2012年年底统计，社区105户273人（其中30户与父母、直系亲属一同居住外），有平房11间522平方米，楼房187间5 505平方米，商品房9套930平方米，人均住房面积超过40平方米。石杨河社区已形成独立的管理小区。居民居住条件较好，已成为镇区的一部分。

淀山湖镇石杨河社区平面图

石杨河社区志

表 3-1-1　　　　　　　　　　石杨河社区房屋明细表

序号	房主姓名	房屋地址	序号	房主姓名	房屋地址	序号	房主姓名	房屋地址
1	吴春寿	石杨河1号	21	葛士泰	石杨河35号	41	吴胜军	石杨河63号
2	孟广生	石杨河2号	22	徐德洪	石杨河36号	42	夏成忠	石杨河65号
3	伏如珍	石杨河3号	23	杨省福	石杨河37号	43	夏仁宝	石杨河66号
4	潘海英	石杨河4号	24	王三九	石杨河38号	44	许阜生	石杨河68号
5	潘太山	石杨河5号	25	夏成山	石杨河39号	45	徐为连	石杨河69号
6	伏如华	石杨河7号	26	冯于林	石杨河44号	46	许金生	石杨河70号
7	张小龙	石杨河9号	27	徐兆明	石杨河45号	47	胡兰英	石杨河72号
8	胡兰英	石杨河10号	28	徐召华	石杨河46号	48	徐国夫	石杨河74号
9	夏成环	石杨河11号	29	姚应生	石杨河47号	49	胡根英	石杨河75号
10	王四子	石杨河12号	30	张芬英（去世）	石杨河52号	50	程立俊	石杨河76号
11	张小羊	石杨河13号	31	张大章	石杨河53号	51	刘介贵	石杨河77号
12	许金来	石杨河14号	32	许阜生	石杨河54号	52	朱庆云	石杨河78号
13	姚于平	石杨河15号	33	徐为俊	石杨河55号	53	周维秀	石杨河82号
14	建管所	石杨河17号	34	徐为亭	石杨河56号	54	吴凤岗	石杨河83号
15	姚于平	石杨河18号	35	刘兴亚（去世）	石杨河57号	55	刘龙新	石杨河84号
16	张同女	石杨河20号	36	韦卫生	石杨河58号	56	苗大荣	石杨河85号
17	吴国平	石杨河31号	37	张官荣	石杨河59号	57	李为才	石杨河86号
18	陆承鸣	石杨河32号	38	徐为部	石杨河60号			
19	孟荣生	石杨河33号	39	冯于林	石杨河61号			
20	吴小团（去世）	石杨河34号	40	葛士才	石杨河62号			

第二节　基础建设　公共服务设施

一、石杨河社区服务中心

石杨河社区服务中心坐落于石杨路50号，办公楼面积为326平方米，内有8个功能服务中心，即党员活动服务室、居民求助热线、民政服务、法律服务、计划生育服务、居民教育培训、老年活动、康复服务。服务中心以社区居民为服务对象，以"民有所需、我有所解"为服务宗旨，秉承"以人为本、为民服务"的工作理念，以满足居民生活需求为目的，培育发展便民服务窗口，努力做到面向居民，方便快捷，热情周到。内有咨询电话57471118接受居民求助。

二、石杨河社区服务中心室外健身场所

石杨河社区服务中心配置室外健身场所（安装10件健身器材），健身锻炼场地50平方米，社区居委会有专人及时组织和通知老年人观看镇文体站节目演出，积极组织居民参加文体活动。

三、建设桥、路

石杨河社区辖区内有一座桥，位于石杨河东段上洪路上，是1985年建成的水泥砖砌的拱形步行桥。1990年5月，并列此桥再建框架结构水泥公路桥，长30米，宽7米。现在原砖砌拱桥已拆除。还建有200米长、10米宽的水泥大道，为新杨村、杨湘泾横丹自然村共用的道路。

四、小学

原石杨河运输社在1968年办了一所石杨河小学，是一至四年级的单班复式小学。第一任教师是插队在上洪大队的苏州女知青，为民办教师。知识青年回城后，由公办教师沈娣娟执教。后由民办教师杨香萍任教，陈文虎曾任代课老师，直至90年代，由于学生减少诸多因素，并入淀山湖小学。

五、医疗机构

石杨河社区设有医疗服务站。到2001年，淀山湖镇人民政府在香馨佳苑新建了社区卫生服务站。卫生服务站建筑面积350平方米，内设门诊治疗、社区康复两个机构。社区预防保健业务，涉及石杨河社区、淀山湖社区、利民社区和淀辉社区。

香馨佳苑卫生服务站设在香馨佳苑小区内，站内环境舒适温馨，并有临床经验丰富的全科退休专职医生为社区居民服务。

第三节　环境保护

为改善石杨河社区居民居住环境，2016年石杨河社区居委会决定对环境卫生进行综合整治。综合整治的具体措施如下：

1. 成立社区环境综合整治领导小组

组长：由居委会主任凌云中担任。

组员：由居委会委员陆为平、孟祥洪、朱晓晶、田聪担任。

居民小组长：由丁根凤、徐召华、施文莱担任。

石杨河社区志

2. 制订具体整治方案
召开专门会议，宣传、发动社区居民积极参与。

3. 明确职责
落实环境整治工作责任，明确人员分工。

4. 综合整治行动
4月初组织人员粉刷和铲除社区范围内墙壁、电线杆上乱张贴、乱涂写的各类广告。清除废品收购点周围、道路两侧垃圾，路边白色垃圾，河边、塘边漂浮物，清理社区通道、弄堂杂物、社区环境死角垃圾。拆除路边搭建的蔬菜种植栏、架、棚，河边停船户岸上乱搭建的晒衣架和杂物棚。

5. 落实环境卫生综合管理长效机制
居委会委员陆为平为环境卫生长效管理责任人，各居民小组长、居民代表协助，每星期坚持至少两次对社区环境卫生进行全面检查，必要时再组织人员进行集中整治。保洁员许金生、徐国夫负责社区道路路面的清扫、路边整洁工作，中转垃圾站的清扫工作，河边、塘边的漂浮物清理等。

通过环境整治，环境卫生要达到如下要求：

（1）居民住宅区无乱搭建，无断墙残壁，辖区内道路平整，下水道通畅，污水无外溢。

（2）辖区内垃圾桶、中转站、公共厕所、各户垃圾桶齐全（如没有，由居委会提供）。管理规范，清洁卫生，确保垃圾日产日清，无暴露垃圾。

（3）辖区内河道边水面、池塘边无漂浮物，社区主干道保持路面整洁卫生，路边无垃圾杂物。

（4）辖区内确保无流动摊点经营，无乱堆乱放杂物、乱涂乱画、乱倒垃圾等现象。

（5）开展环境卫生长效管理，社区主管卫生责任人每周检查2次，发现问题及时处理。提倡居民群众大搞室内外环境卫生，保持家庭院落干净整洁，彻底清除暴露垃圾及卫生死角，清理社区楼道物品及黑色广告。

通过环境整治形成长效管理制度：

（1）将外来人员纳入社区统一管理中，对外来人员要做到人员情况清楚、就业清楚、安全清楚。

（2）与派出所联防人员保持信息联系，随时掌握外来人员的实际情况，注重重点人员的管理，落实外来人员计划生育管理措施。

（3）与出租户落实外来人口暂住管理办法，保持外来人员的动向联系，服从社区统一管理。

（4）加强社区集体资产房屋管理，公布出租房屋价格和资金收缴情况。加强对租赁厂家的协同管理，从严管理收购废品站，对无证经营收废品点将与有关部门联合执法进行取缔。

（5）多关心群众的热点，多到群众中走访了解情况，解决实际问题，让群众参与社区管理和决策。

第四章 社会与管理

　　社会之大，包罗万象，因涵盖面广泛，仅选择家庭、居民生活、传统习俗、方言俗语及社区管理等内容予以介绍。石杨河社区居委会历史短，居民原来在苏北各地种粮打鱼，男耕女织，民风淳朴，品性醇厚，形成了特有的风俗习惯，或渊源于悠久的历史，或植根于当今生活，均成为存在于民间的一种历史文化现象。社会在发展，文明程度在提高，许多旧习俗渐渐为人们所摒弃，而代之以新思想、新风尚。

第一节 家 庭

　　家庭结构：历来当地（苏北）村民组建家庭均以父辈为中心，父辈对家庭独具支配权，并对家庭人员和经济负有一定的责任，尤其对小辈成家立业负主要责任。民国期间，男女婚嫁注重门当户对。家庭中女子没有地位，凡出嫁之女，均以夫家的姓为己姓，而自己的姓则作为"氏"，如张姓女子出嫁到李家，该女子则称作李张氏。有的家庭有家规、家训，并刻写成条文。一般家庭三代同堂的居多。

　　中华人民共和国建立后，家庭结构逐步变小，原来三代同堂的结构变成夫妻小家庭生活。尤其是20世纪90年代农村经济快速发展（包括船民、渔民），村民富裕起来后，农户翻造平房，再造楼房，居住条件逐渐改善，儿辈结婚后，大多与父母分居。女子在家庭中的地位日益提高，男女平等。

　　婚姻关系：中华人民共和国建立前，农村民间普遍持有男尊女卑的伦理观念，尤其是漠视女子权益的封建买卖婚姻十分普遍，男女婚嫁全由父母包办，讲究门当户对，有的指腹为婚，流行童养媳、换婚（兑换亲）、抢亲、早婚、纳妾等陋俗。女子早年丧夫，终身不能改嫁；男方不能生育，却诿责于女方。

　　当地富户嫁女，田地较多者，用田地作陪嫁给男方，直至中华人民共和国建立后，不再带田随嫁。20世纪50~70年代，男女婚嫁通常由介绍人（媒人）牵线，经男女相亲，父母同意成婚。当时双方注重家庭政治因素，以及男女德行。80年代开始，因大龄男青年于当地物色不到对象，即寻找外省市的女青年结婚。90年代后，随着农村经济的发展，自由恋爱结婚的多，随之离婚现象也增多。

赘婚（俗称招女婿），招女婿的男方在民国年间被人歧视，在家庭中无地位；有的进了女方门，还得改为妻子家庭姓氏。中华人民共和国建立后，赘婚不再受人歧视。民国年间，寡妇招夫进门，人称"钻火洞"，其夫受人歧视；母亲改嫁时所随子女亦受人歧视，贬称"拖油瓶"。中华人民共和国建立后，这种婚姻不再受人歧视。另外若夫妻无子女，则由侄子立嗣（阿侄儿子）。

经济收入：民国年间，船员在老家苏北有的种田，有的经商，有的一直跑码头搞运输，其中17户一直在上海搞水上运输。中华人民共和国建立后，船员在淀东定居参加农业社、人民公社，实行按劳分配。以原在新农大队船员经济收入为例，1957年人均分配水平82.3元，1962年99.63元，1963年后大部分船户在运输社参加分配，以后实行承包责任制、拆账制等分配形式，后来先后办了企业，使原运输社居民的经济收入逐步增加，富裕起来。运输社一度成为全公社经济发展的典型，为镇办企业的发展做出过贡献。

第二节　居民生活

一、衣食住行

中华人民共和国建立后，随着经济社会的发展，石杨河居委会居民生活水平逐年提高，基本上和当地农民一样。在农业合作社运动中，实行组织起来集体生产，参加劳动分配。20世纪60~70年代，人均分配水平徘徊在120元左右，基本解决温饱，居民吃菜（蔬菜）自给自足，荤菜到镇上买。住房开始在船上，后定居石杨河，少数居民建1~2间小屋。80~90年代，运输社集体收入增加，居民生活条件逐步改善，上岸居住的人多了，草房改建瓦房，瓦房改建楼房，吃穿居住条件有了飞跃。据2012年统计，社区有105户，只有9户是7路头平房，其他都是楼房，出行也较方便，道路筑到家门口。交通工具80年代是自行车，90年代摩托车，21世纪初家家有电动车，部分家庭有了汽车。

二、生活保障

1. 农村养老保险（农保）

进入21世纪后，农村（社区）人口日趋老龄化，家庭人员结构呈现"4:2:1"模式。从2003年4月起，市、镇两级政府出资全面实施养老保险制度，是年农民（居民）男满60周岁、女满55周岁全部享受每月100元的养老金，70周岁以上的130元，以后每年增加25%。2008年女性年龄调整为50周岁，2009年60周岁老年人每月养老金250元，70周岁以上为280元，对未满领取养老金的人（18周岁以上）每年每人缴纳养老金1050元，由个人、镇政府、市政府按"4:3:3"比例负担，2003~2007年居民参保率在90%以上。

2. 社会养老保险（社保）

2007年，社保对无业农民开放，以后则由农保转为社保，凡年满60周岁男性、50周岁女性，都可以申请参加。参保人第一个月就可领取600元，解决基本生活费来源，这就从根本上解决了"4∶2∶1"型家庭养老的后顾之忧。

表4-2-1　　　　　　　　2014年石杨河社区居委会领取农保、社保人数　　　　　　　单位：人

险种	人数	其中	
		男	女
农保	37	14	23
社保	44	13	31

3. 最低生活保障

2000年后，根据《昆山市农村人员最低生活保障办法》精神，农村人均生活水平不足100元/月、城镇人均不足180元/月的由政府予以补足。以后逐年增加，2007年调整为农村200元/月、城镇320元/月，2008年又调整为农村市镇统一为350元/月，2012年社区享受低保有2户共6人。

4. 医疗保险

1969年，农村开始设立合作医疗站，基金由个人和生产队共同负担，参加者每人交1~2元，集体交2~4元，在本村（大队）医疗站就诊医药费全免，转公社卫生院医药费报销50%，转县以上医院报销20%~30%。大病风险基金制度始于1992年，以户为单位参加，每人每年交2~4元，镇、市两级政府拨款兑现风险基金。2000年前医药费报销，最高不超过3 000元。2000年的收费标准有所提高，每人每年交20元，其中个人交16元，市、镇财政各补贴2元。报销也不同，超过千元的报销20%，3 000~5 000元的报销25%，5 000元以上的报销30%，住院最高报销6 000元封顶。

2000~2003年，政府在农村合作医疗的基础上，逐步完善大病风险基金制度。2004年起，政府加大了对农村医疗保险的投入力度，交费标准每人每年200元，其中个人承担50元（60岁以上人员免交），其余由镇、村两级政府负担。

2009年，调整居民医疗保险基金标准，每人每年交320元，其中市、镇两级财政补贴110元，村集体负担20元，个人交80元，同时调整报销医药费标准，门诊、住院医药费起付线与职工医保接轨。60周岁以下门诊、住院起付线调整为600元，60周岁以上门诊、住院起付线调整为300元，60周岁以下住院起付线根据一、二、三级医院（含转外）等医院类别仍为300元、600元、1 000元，60周岁以上根据一、二、三级医院（含转外）等医院类别分别调整为200元、500元、800元，门诊、住院各分段统筹基金补助报销比例在原基础上，分别提高5个百分点。

2012年交费标准每人每年550元，其中个人150元，镇补180元，市补200元，村补20元；60岁以上交费由市、镇补贴，低保个人交费由市补贴，居委会集体补贴由镇负担。2012年，社区居民参保率达100%。

5. 弱势群体生活保障

对弱势群体生活保障主要有"爱心助学""扶贫帮困""敬老助残"等活动。2012年春节期间，对社区困难家庭、致残人员、大病、重病等其他原因造成的实际困难户25户通过昆山市民政局和昆山市社会保障局落实救助金25 000元。

6. 生活费补贴

石杨河社区居委会自原运输公司解体以后，按照1999年9月24日通告精神和2004年3月24日制定的《关于临时发放未享受补老金的老年人生活费补贴的实施意见》，对符合条件的社区居民发放生活补贴。

(1) 发放生活费补贴的依据

① 原运输公司解体前未到退休年龄的员工发放一定的费用补贴生活。

② 原运输公司解体后职工全部自谋职业、单位未办理养老保险（社保、农保）。

③ 石杨河社区居委会无耕地，未能享受土地征使用补偿。

④ 石杨河原运输公司解体时有一定的固定资产（现已有相应的租赁收入）。

(2) 生活费补贴的享受范围、对象

① 石杨河社区居委会在册户口、原享受运输公司发放给养金的全体人员；现已享受居委会发放生活费补贴的全体人员。

② 石杨河社区居委会在册户口、并在原运输公司工作过的全体人员（具体人员名单确定见原运输公司结算解体补偿金人员名单）。

③ 凡符合上述条件的，而且年龄达到：男年满60周岁、女年满50周岁的人员（每年有不同数量的变动），方可享受生活费补贴。

④ 虽在原运输公司工作，但在原运输公司解体前、后户口迁出石杨河社区的不享受。

⑤ 凡私占集体房产，而又不交租金的家庭人员不享受（待补交租金后享受）。

⑥ 凡户口在石杨河社区的，但今后如享受农村集体土地征使用补偿的，到时即停止发放。

⑦ 上述享受发放生活费补贴的范围，主要是解决石杨河社区在册户口又原在运输公司工作过、现已到退休年龄而无社保退休金人员的生活费补贴，对工作到退休年龄时拿到社保养老金的人员不再享受生活费补贴（个人自费交的可以享受，自费补交的按补交比例享受，自交不足一年的按一年计算，自费补交比例，指自费补交年份除以交费总年份）。

(3) 享受生活费补贴标准

① 男性年满60～69周岁、女性年满50～69周岁，每人每月享受生活费补贴135元。

② 男性年满70～79周岁、女性年满70～79周岁，每人每月享受生活费补贴148元。

③ 无论男女，年满80周岁，每人每月享受生活费补贴161元。

④ 上述发放标准今后如有调整，则按调整后的标准发放。

(4) 发放时间和具体细则

① 凡符合享受生活费补贴的对象，按照本实施意见通过之日起，由居委会实行每月发放。

② 凡享受生活费补贴的对象，户口迁出石杨河社区的停止发放。

③ 年老病故后停止发放。

④ 本实施意见如将来上级有新的政策调整，则按调整后的政策实施。

此外，石杨河社区居委会每逢节假日都会给社区退休人员发放过节费，对原在运输公司工作达21年以上的退休人员，发放年终一次性慰问金每人1 000元。

表4-2-2 2012年石杨河社区居委会发放符合条件的已退休老人生活费补贴名单及每月金额

单位：元

序号	姓名	金额	序号	姓名	金额	序号	姓名	金额	序号	姓名	金额
1	潘太山	161	22	孟荣生	148	43	吴秀珍	135	64	李引娥	135
2	吴引娣	135	23	胡金银	135	44	徐桂勤	148	65	潘兰英	135
3	伏如珍	148	24	周玉英	148	45	殷步凤	135	66	徐素青	135
4	张同女	161	25	郭玉珍	161	46	许金生	135	67	朱秋英	135
5	吴春兰	148	26	陆根茂	148	47	许阜生	135	68	葛小妹	135
6	姚应生	161	27	宗俊英	135	48	程立俊	148	69	赵小花	135
7	吴凤岗	161	28	张小羊	148	49	单兰花	135	70	陈珍林	135
8	李云芝	161	29	项爱宝	135	50	李为金	148	71	吴洪扣	135
9	张大章	161	30	李为才	148	51	许金莲	135	72	施秀华	135
10	王忠香	161	31	冯于林	148	52	唐明兰	135	73	张连凤	135
11	陈世英	135	32	徐亚萍	135	53	郭月梅	135	74	刘训洲	135
12	王三九	148	33	苗银娣	135	54	张官荣	135	75	夏成环	135
13	胡兰英	148	34	苗大荣	148	55	张官传	135	76	葛士才	135
14	吴小团	161	35	刘介贵	148	56	吴扣娣	135	77	姚于平	135
15	丁稻锁	148	36	姜邵芳	148	57	徐国夫	135			
16	朱庆云	148	37	杨省福	148	58	郭爱红	135			
17	施米珍	148	38	孟广生	148	59	李招娣	135			
18	周维秀	148	39	张小龙	148	60	潘海英	135		截至2012年年底	
19	郭云梅	148	40	潘成强	135	61	张翠兰	135			
20	周其英	148	41	孙永琴	135	62	吴金娣	135			
21	胡根英	135	42	伏如华	148	63	陈才捐	135			

表4-2-3 石杨河社区居委会享受年终一次性慰问金人员名单及金额

单位：元

序号	姓名	金额	序号	姓名	金额	序号	姓名	金额
1	郭玉珍	1 000	22	朱庆云	1 000	43	项爱宝	1 000
2	潘太山	1 000	23	王三九	1 000	44	吴小团	1 000
3	李云芝	1 000	24	张官荣	1 000	45	殷步凤	1 000
4	吴凤岗	1 000	25	徐亚萍	1 000	46	许金莲	1 000
5	王忠香	1 000	26	苗银娣	1 000	47	张官传	1 000
6	张同女	1 000	27	孟广生	1 000	48	郭月梅	1 000
7	姚应生	1 000	28	伏如珍	1 000	49	吴扣娣	1 000

续表

序号	姓名	金额	序号	姓名	金额	序号	姓名	金额
8	张大章	1 000	29	胡根英	1 000	50	吴洪扣	1 000
9	陆根茂	1 000	30	姜邵芳	1 000	51	刘训州	1 000
10	吴春兰	1 000	31	孟荣生	1 000	52	李招娣	1 000
11	宗俊英	1 000	32	丁稻锁	1 000	53	姚于平	1 000
12	许金生	1 000	33	许阜生	1 000	54	葛士才	1 000
13	刘介贵	1 000	34	胡金银	1 000	55	徐国夫	1 000
14	杨省福	1 000	35	张芬英	1 000	56	夏成环	1 000
15	周其英	1 000	36	胡兰英	1 000	57	陆文士	尚未退休
16	周玉英	1 000	37	程立俊	1 000	58	许金来	尚未退休
17	周维秀	1 000	38	伏如华	1 000	59	葛士泰	尚未退休
18	冯于林	1 000	39	吴秀珍	1 000			
19	郭云梅	1 000	40	张小龙	1 000	截至2012年年底		
20	施米珍	1 000	41	张小羊	1 000			
21	苗大荣	1 000	42	李为才	1 000			

第三节 传统习俗

石杨河社区的居民大部分来自苏北，日常生活中带有明显的苏北风俗习惯，在当地别具特色。

一、年俗

1. 春节

过去苏北受经济条件的限制，向来有"赔不尽闺女过不尽年"的说法，但年总得过，而且家家户户过年总得办得热闹些，因此再困难也要买肉做肉圆，蒸馒头，蒸"长发饼"（寓意发财）。大年初一吃汤圆，吃弯弯顺（饺子），吃粥（苏北方言读"足"），就是希望一年顺利富足。现在，生活条件好了，许多活动已经湮没或被其他形式取代，有的是旧瓶装新酒，即用老百姓喜闻乐见的形式换上了新的内容，如玩麒麟、玩龙船等，但仍然保持了幽默、风趣、诙谐的特点，因而居民很乐于接受。

2. 腊八

腊八是指腊月初八、十八、二十八三天，这三天早上都吃腊八粥。腊八粥是用青菜、白菜或菜干、萝卜加上花生米、赤豆、豇豆、黄豆和着杂粮糁子煮成，吃起来口味很不错。相传古代一户有钱人家，生活奢侈，平时铺张浪费，不管饭菜多好，剩下的全倒掉。一位佣人觉得可惜，就把这些东西收起来晒干。后来，因为这家有钱人家暴殄天物，老天爷惩罚他们，失天火烧得精光。其时适逢隆冬腊月，饥寒交迫。这家人家无衣无食，好心的佣人拿出收藏起来的干菜干饭煮了吃，一家人才得以充饥。这个好心的佣人道出了原委，让这家人家感触很深，一家人才认识到节俭的重要性。从此，这家人除了辛苦经营外，从不浪费一粒粮一滴油，不久生活又好了。苏北还有三八不如二十四的说法，就是腊月二十四也吃腊八粥。

3. 扫尘

扫尘是苏北的习俗，就是腊月二十四以前家家户户都把屋里屋外、上上下下用新扫帚扫干净，连房顶的笆茬子和墙角都扫，意在除旧布新。扫房顶和墙角时，扫帚绑在竹竿上，屋里的东西用芦席盖起来，至于灰尘可能落到的其他家具，扫后用抹布抹干净。扫尘也有许多讲究，时间一般在十八、十九为宜。俗话说"要得发扫十八，要得有扫十九"。一般不能超过二十三，一定要在灶王爷上天言好事前完成，免得灶王爷说你不干不净，影响明年的运气。送灶后各家各户就忙着杀猪、做豆腐、蒸年糕了，这个习俗至今仍然保留着。

4. 送灶

据说，灶王爷是玉皇大帝派驻在各家各户的特使，每年腊月二十四上天报告工作。因此，人们对灶王爷可不敢马虎，苏北人特别恭敬。那几天灶王爷面前的香炉要插上香，香烟缭绕，还要买些麦芽糖粘住他的嘴。如不奉承好，灶王爷说你坏话可不得了。贴门对也一定先请一张灶爷像，两旁贴上"上天言好事，下界保平安"。据说麦芽糖不仅给灶王爷甜头，使他高兴，还不让他说话，只有点头的份。如果没有糖，在他嘴上抹点糖丝也行。

5. 喝角干汤

除夕早上，苏北有喝角干汤的习俗。据说喝了这汤，以后不会"揪筋"。"揪筋"是苏北方言，是一种阵发性疾病，人身上的筋（多是腿脚、手、臂部）好像被抽起来一样疼，经过按摩、搓揉可恢复。

6. 烧亡人纸

烧纸钱是除夕的一项重要活动。一般从中午菜端上桌子开始，男性当家人在桌子前点燃纸钱，还要叩头祈祷，希望祖宗保佑合家平安、兴旺发达。这活动很神圣也很神秘，据说这是烧给孤魂野鬼的，希望他们不要找麻烦。

7. 贴挂廊

挂廊是苏北特有的艺术形式，用彩纸刻出各种各样的图案花纹，如"年年有余"（两条鱼图案）、"新年大发"（金元宝图案）、"合家幸福"（灯笼图案）、"喜上眉梢"（喜鹊站在梅花图案上）等，除夕午饭后贴在门窗上方。贴挂廊有许多讲究：红色表示喜庆，正常都用这颜色；白色表示孝敬，因为有老人去世的才贴白色；还有家族中有长辈去世的贴蓝色、黄色、绿色、紫色（又叫五色挂廊），通常叫暗孝。据说，贴上挂廊就等于宣告过年了，不能上门讨债或者让主人不高兴，只能开口说恭喜发财。

8. 压岁钱

压岁钱一般在除夕守岁时由长辈给晚辈，按家庭财力或多或少，也可根据晚辈生活需要给，如孩子大了读书就多给些，小孩子会乱花钱就少给些。一般说来，给新媳妇的比其他人相对多些，表示婆婆对她的喜爱与器重。

9. 水涨豆子测雨水

除夕晚上，有些老年人会劈开高粱头下的那段秆子夹进十二颗黄豆放在屋外，早上看哪颗豆仁涨开了，那么新年相应的那个月雨水就多，很可能会发生水灾。据说很灵验，老一辈人都用这办法预测来年的降水状况，决定种什么庄稼。农谚说"秋豆开花，捞鱼摸虾"。而山芋、花生就不行，水大了就没收成。年初一早上，人们还会看天色，据说颜色深而浓的方向收成好，浅而淡的方向收成差。

10. 开口糕

苏北人年初一是不能"空口说白话的（相当于时髦话'空手套白狼'，比喻做事不踏实）"，一定要先吃糕、果，也都是开口甜蜜的意思。因此，守岁后，当家人就把大糕、果子分给一家大小，过去都用红纸包起来，现在用方便袋包。早晨起床后第一件事就是吃开口糕，寓意步步升高。这程序绝不可少，吃多少不在乎。

11. 开门鞭

这是极其隆重极其讲究的活动，都由当家人亲手操办。当家人平时农闲时可以睡早觉，但大年初一早上一定要早起开门放鞭，不得由别人代替。苏北人放开门鞭很讲究，起得很早，取早发的意思。接着，就动手煮圆茶。

12. 吃圆茶

吃圆茶也有不少规矩，一家大小都起来，一个也不能少，表示合家团圆。千万不能说再睡会，那是要遭晦气的，意为生病卧床不起。北面的位置不能坐人，北面是冷的，代表阴暗。而且苏北方言"北"与"白"同音，北坐等于是白坐，很不吉利。还有，吃时一定要留一点，俗话说叫"压碗"，表示有得吃、年年有余。吃饱了也不能说"不吃了"，只能说"吃足了"。

13. 不倒水

苏北年初一早上有不倒水的习俗，洗脸、刷牙用后的水都放在屋内的盆里或桶里，叫隔年陈，或者肥水不外流。一般等到午后才倒掉，讲究的人家要等到第二天才倒掉。

14. 叩头拜年

叩头拜年是各家吃过圆茶后的事。叩头是晚辈对长辈的礼节，小孩子真要双膝并立跪下叩下头，其余的只是嘴里说一声，主人客气地说"免礼"也就罢了。接待客人的话多是"发财发财"，接下来就是请坐喝茶，一般都坐下吃花生、瓜子、向日葵子，扯点闲话。血缘或关系亲近的多给小孩一些压岁钱，数量多少取决于关系亲疏。过去只是一角两角的零钱，至多一元足矣；现在最少也是十元以上，多则五十、一百。过去苏北人喜欢第一个上门磕头的是男孩，所以女孩一般不早早出门游玩。

15. 玩麒麟

玩麒麟是流传于苏北的传统娱乐形式，现在几乎绝迹了。以前，一些农村艺人四五个人组个班子，第一个叫打庄的、拜门的，一般是地方上有头有脸的角色，负责收钱，不唱也不打锣鼓家伙，到人家门口抱拳、作揖、道好；接着就是背麒麟的人，用彩纸糊在芦柴架子上，花花绿绿的，就算麒麟了；其余人都边打锣鼓边唱麒麟歌。麒麟歌词有固定的和现编现唱的两种。固定的也随时代变化而改变，传统的已流失得差不多了，如意气洋洋出书房，二郎担山赶太阳，三气周瑜芦花荡，司马投唐笑秦王，伍子昭关美名扬，六郎三关破天门……十三太保李成孝，二十八宿闹昆阳。现编的也有基本的模式，只是变换人称罢了。如锣鼓一打响锵锵，麒麟唱到××庄，锣鼓一打唱唱台，恭喜××发大财。都是喜庆讨好的话，见什么唱什么，多以方言口语的顺口溜入唱，颇能吸引观众。那时的孩子和闲人常会跟着玩麒麟的跑几个庄子看。麒麟调旋律简单，两句轮回，易学易唱，接着就是固定的锣鼓旋律，然后再接着唱。

16. 玩龙船

玩龙船由六七个人组成，"稳场"的除一把二胡外就是锣鼓手；主角一男一女，男的手拿一根竹竿算撑船的，相当于小丑；女的站在龙船里扮船老板娘，应答小丑，是个配角。所谓龙船，就是木板条做成船的样子，五六尺长、两尺多宽，饰以彩布、排须，用两根红带子挂在女角肩上。说唱结合，以说为主，多是笑话。如开场：天也不早了，人也少了，我们小船也应该跑了，老板娘（哎……），把狗拎上来，好开船喔……（老板，哪有什么狗啊？）噢，弄错了弄错了，把猫拎上来（猫和锚同音）。然后就是船行到哪儿，模拟哪儿的方言趣事，全场笑声不断。一般到中场就收钱了，"各位父老乡亲，新年头月的，赏几喜钱喂猫吧"，人们纷纷掏钱，然后说些感谢的话，继续演下去。一般都事前联系好了，到某村演半天，村里也给些钱。

17. 跳财神

苏北跳财神多是两人搭班子，一个收钱的在前面，打躬、作揖、道好；一个穿大红花袍、戴古代官帽装财神。苏北风俗跳的人不能说话只管跳，这事难度很大。据说到人家一步也不能走，财神"走了"不吉庆。于是，有人故意为难，在门口放条凳子，财神只好跳出去。因此，扮财神的都是年轻力壮的人。进屋后，边跳边撒几个花生果，意为财神送财、主人生财。出门时财神也作揖表谢意，主人就给点钱。

18. 不动针线

苏北人正月初三前不动针线。过去，人们衣服鞋袜都靠妇女手工做，农闲时男人可以赌点小钱睡懒觉，妇女却要操持家务做针线，一年忙到头，只有这三天空闲。

19. 请年席酒

苏北请年酒一般在正月初进行，所请对象都是知亲好友，多是靠近的本家、邻居，远路的亲友正巧来访的更好。只要认为必须请的人是客人，主人一定要妥善安排时间，预先约好，再约请其他客人。年席酒从某种意义上说又是面子酒、人情酒。请年酒实际上是过年酬谢。

20. 请新娘子酒

正月里，前一年结婚的新媳妇，丈夫的本家、亲友要请吃酒，叫"请新娘子"。这个习俗大概是新娘子得到大家认可的意思，也表示主人与新郎家的关系密切。作陪的大多为女客，但不管陪的人辈分多高，新娘子坐首席。新娘子肯定要谦让一番：我是小字辈，请长辈上坐。主人就会出来打招呼，客气地说，桌席少对不起长辈。长辈们当然要表态：今天应该这样，你是新人，我们都是跟你沾光的，在戏谑笑谈中入席。

21. 过五

苏北正月有过五的习俗，即初五、十五、二十五讲究一些，不像有的地方只过元宵节。初五早晨燃放鞭炮，早饭多吃汤圆，中午大多忙着吃年席酒。十五与各地大体相同。二十五时年味就淡薄了，但汤圆照例不可少。苏北的汤圆与别的地方不大一样，有好多地方特色的馅。荤的有猪油，即用猪大油切碎拌上白糖、芝麻粉，吃起来香甜可口。还有用精肉切成小

块状拌豆角干做馅,多数人喜欢吃。再有一种叫"道人"馅的,用豆角干拌豆腐,口味独特,清爽可口。也有用青菜拌豆腐做馅的,清清白白,不仅好吃,看起来也赏心悦目。除了汤圆以外,还会包些饺子吃。

22. 跑六

跑六是苏北很看重的风俗,就是前一年结婚的新夫妻,正月初六要回娘家,俗话叫"初三磕头初六跑,一样不能少",意思是初三去老丈人家磕头拜年,初六陪妻子回娘家。新娘正月是不在娘家过宿的,叫正月不空房,都是当天来回。娘家一般在这两天都做好准备,如请年席酒多安排在这时间。十六、二十六不一定回娘家,但要去女方的亲戚家,如新娘的姐姐、舅舅、姑姑家,或闺房女友家也行,反正要走亲戚。不然,新娘就没面子,现在不流行这个风俗了。

二、节俗

1. 清明

清明是春节后第一节,苏北人过清明主要有这几项活动:

填坟。又叫圆坟,就是清明前几天把祖先的坟填上新土,加上坟茔顶子(选有草根的泥土挖成圆锥形,铲去锥尖部,三块堆叠起来)。填好后,烧些纸钱,以示祭奠。也有的带上酒菜供奉一番。

插柳枝。清明前一天下午,把柳树枝插在门檐口。这一风俗的来历已无从考证,推测可能是希望这一年庄稼长得像杨柳一样郁郁葱葱、生机勃勃,生活像杨柳那样婀娜蓬勃。因为古代清明是祭奠谷神的,祈求他保佑风调雨顺、五谷丰登、六畜兴旺。

烧纸钱。传说清明是鬼节,"清明前后刮鬼风",说春天天长,鬼也饿得慌,都出来找吃的。迷信说法烧纸钱时会旋起一阵风,就是鬼来取钱了。现在人们这样做,是为了纪念先人,表示悼念。

悼亡人。民俗对前一年逝世的老人举行祭奠活动,一般在中午或晚上进行,老人的子女聚在一起,带着酒菜上坟供奉。有钱人家特别讲究,要请和尚道士做道场,超度老人早日升天。一般人家立墓碑也在这时候。

2. 端午

端午是四时八节中的三大节(春节、中秋)之一,苏北人很当回事。主要活动如下:

插艾插菖蒲。四月底那天傍晚,各家各户就割来艾和菖蒲,插在门口屋檐上以驱除邪恶,合家平安。艾与爱同音,表示一家人相敬、相亲、相爱。而且,艾有一种特殊的香味,可以驱除害虫,中医针灸就用艾叶做原料制成艾条治病。这意味着期望合家健康。端午前天晚上重新插上艾和菖蒲,端午的节日气氛就浓郁多了。有的地方还在房子四角的檐口插上刀,意味着毒蛇猛兽不敢入侵。

包粽子。据说这是为了纪念楚国大夫屈原。屈大夫投汨罗江后,人们怕他的尸体被鱼吃掉,就包粽子投到江里喂鱼,不让鱼吃他的尸首。现在,粽子已成了一种文化美食。

扣绒线,抹雄黄。苏北又把端午节叫娃娃节,因此都要给孩子们添置夏天的衣饰,从头到脚样样俱全,什么太阳帽、凉帽、遮阳帽、棒球帽;各种各样的太阳镜;手镯脚镯上都带铃铛,走起路来当当的响声悦耳。特别是扣绒和抹雄黄是必不可少的。绒线一般是用蚕丝制成，现在多是呢绒的，因为蚕丝容易掉色。卖绒线的人把这些线染成七彩鲜艳的颜色，分别绕在可转动的线框上，有人买时同时扯住几根头量尺寸。端午中饭后，就在孩子们的手腕、脚脖及颈项里扣上绒线，花花绿绿的，煞是好看。孩子们那段时间洗脸洗手特别小心，生怕把绒线弄湿了退颜色。抹雄黄的习俗与《白蛇传》的故事有关。人们认为蛇是怕雄黄的，于是在夏天即将来临之际的端午，在孩子们的肚脐眼等处抹上雄黄，这样就不怕毒蛇害虫了。

缝香袋。香袋内囊以艾叶为主，加上适当的雄黄等香料制成，挂在孩子的脖子上或腰带上，既可让人闻到香味，驱除夏天的汗腥味，又可避免各种害虫的叮咬。香袋的形状有菱形、椭圆形、心形诸多形状，巧手的媳妇还用丝线在香袋上绣上各种图案，如龙凤呈祥、喜上眉梢、双喜、百寿、松鹤延年等，花样栩栩如生。

3. 立夏

苏北人对立夏也比较讲究，早上煮鸡蛋吃，据说是为了防止"疰夏"。有的地方特别讲究，一定要当家人煮好了，端到床前让老婆孩子吃，这样才能把他们养的像鸭子、老母鸡一样肥胖。

4. 六月六

农历六月初六是苏北的节日，主要活动是吃炒面，新出嫁的姑娘回娘家歇夏，苏北俗话叫吃馊饺子。新娘子临回婆家时，娘家要给闺女做一套衣服，叫"歇夏衣"。苏北所谓的炒面，不是把下过的面条用凉水涤后加上佐料上锅炒出来吃，而是把面粉放在锅里炒熟后用开水泡，放上糖吃。苏北俗话"吃了六月炒，才脱老棉袄"。剪绒是六月初六的重要活动。端午给孩子们扣的绒线，这天吃过午饭就剪下来，扔到房子顶上。

5. 八月半

苏北的中秋节很讲究，其隆重仅次于春节。原因可能是在农耕为主的时代早秋庄稼已收获，晚秋庄稼也已经没有多少农活，大可放松一下，品尝丰收果实了。中午饭菜相当丰盛，常常炸肉圆、煮鱼、烧肉皮，再弄一些时髦流行的菜肴加上自己种的素菜。下午忙着做炕饼，即使在困难时期，没有白面用杂粮面也要做的。苏北妇女做炕饼的手艺特别好，准备赏月用的那块大饼直径一尺左右，两三寸厚，却炕得黄而不焦，吃起来皮脆瓤柔，香甜可口。别的饼可蒸可炕，多包上各种馅，口味特别好。白糖拌芝麻泥馅必不可少，就当月饼，乡下人家以前买月饼的极少。还有用韭菜、白菜、豆角等拌上佐料做馅的，很丰盛。

晚上的节目就是赏月放烟花。赏月的程序是在门口或院子里摆上桌子，桌子中间的碗上放那块大炕饼，再放几样菜，摆几碟时鲜水果，梨、苹果、西瓜、葡萄、柿子、藕、花生果等。然后放爆竹，孩子们喜欢玩各种烟花，意为请月神品尝丰收果实，感谢月神保佑风调雨顺，五谷丰登。

苏北人中秋节前都要给至亲好友送些礼物，达人情，尽孝心。比如，双方的父母、长辈是必送的。还有欠人情的，请人帮忙的，不管是卖力气还是卖面子，都要有所表示。这份礼物中一定有月饼，至于其他东西，烟酒、点心均可，礼物轻重就看人情大小。礼物实惠适用还是客气好看，取决于关系亲疏。

6. 重阳

古人有重阳登高饮酒赏菊花的习俗，苏北人则有吃饼的风俗。传说重阳吃饼不怕冷。现

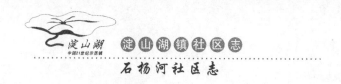

在重阳已成为我国的老人节,有条件的不仅给老人买衣服,还带出去旅游,这就把传统和现代有机结合起来。

7. 冬至

苏北人习惯把冬至叫"过冬",据说过冬后就没有苍蝇了。冬至是肃杀的开始,直到立春,动植物大多处于休眠状态。因此,苏北人认为平时有忌讳的事,这时都百无禁忌。

三、婚俗

结婚是人生的大事,所以特别讲究,中国各地婚俗虽大同小异,却各有特色,就是苏北也有一些差别。如盐城一带,新娘子走得比较迟,故有"盐城嫁女——黑黑进门"的歇后语。而其他地方则尽量早走,叫"早发早发"。同一村上一天有两家娶新媳妇,新娘晚到家的往往抢一把木锨(过去的扬场工具)进门,叫着"抢锨(先)",据说谁先到家那个媳妇就先怀孕。

1. 相亲

相亲是必不可少的程序,即使是自由恋爱,也多有这个形式,双方看对方人样人品。现在大多是自由恋爱,有些相亲的也在亲戚朋友家或某公共场所进行。有的相亲之后其他人就找个借口退出,让男女双方谈谈以便增进了解。以后,双方可用多种方式、途径接触,了解对方的全面情况,以便做出决定。同时,双方的父母、哥姐等亲属也会"访亲",就是到对方附近的村子、单位间接了解对方及家庭的经济状况、社会背景、为人处事等情况,特别注重有没有遗传病。如果双方都基本满意了,就通过媒人通知对方,就差不多定下来了。

2. 望亲

望亲是双方家庭成员的第一次正式见面,很隆重也很重要。一般是男方一家先去女方家,女方把婚后可能来往的亲友都请到家,大家看看未来的姑爷怎么样。特别是像娘舅这样说话管用的亲戚,还有姑娘的闺中密友,男方一定要应对好,免得节外生枝。虽然,现在已不再像封建社会那样娘舅一锤定音,但形式还是要的。这次"审查"过关了,女方就合家去男方家。一般到望亲时,这亲事就定了,但还有一些程序。

3. 串柬

串柬,双方请风水先生分别用红纸写出庚柬,即男女的出生年、月、日、时,按古代天干地支的排序方法换算成生辰八字,男女的姓名、属相,两张庚柬合起来压在男家灶王爷面前的香炉下面,过一定时间双方没有什么意外的事情发生,才能算天作之合、美满姻缘。若是有什么天灾人祸,即便是死了一头猪,或者遭到偷窃等事,都认为是不妥当的,最好不要攀这门亲。当然,如果双方属相不合,比如属龙的和属虎的,应了"龙虎斗"的俗语,千万不能联姻。

4. 定亲

定亲是除了结婚以外最大的事,经济条件好的人家都要大操大办。两家可能从无瓜葛,"定了亲就合了心"。定亲前颇有一番周折,要讲定礼金多少,买什么首饰,买多少衣服,有没有"二礼"(结婚前再送一笔礼金),所有的事项都商量好了,才选个好日子举行定亲仪式。现在大多为双方商议差不多了,媒人再协调一下就行。如果是"柬里夹日子"(定亲时说好结婚的日期)最少要跑两趟,女方家要面子,不能被人家说养不起闺女。现在大多由青年人自己协商，没这么多麻烦。

定亲的程序是准女婿和媒人一起把礼物送到女方家，这叫"一头成"。除了聘礼外，盐城、大丰一带还要送四条鲤鱼，其中带回两条；猪后腿几个，分赠女方的舅舅、姑姑、叔叔等亲戚；红烛一对、香、茶叶、米、香烟、喜糖或礼包准备送给女方来吃喜酒的亲友。快到女方家时燃放鞭炮，女方家也燃放鞭炮迎接。吃完喜酒，带上准媳妇回家。一般由姑娘的姐妹或嫂子陪着去，男方家又像女方一样请亲戚吃喜酒。至此，定亲的仪式就完成了。

5. 见面礼

定亲时，双方的父母要给见面礼（故有的地方叫"下定""下聘"）。未来的丈人、婆婆当然得有所表示，数目多少依经济条件和当地习惯，现在一般不少于八百八，多数一千六以上，钱的数字也图吉利。苏北人喜欢"六"（六六大顺）"八"（发的谐音）这样的数字。哪方后给的都要在对方的基础上多加些，也表示客气和尊重。

6. 年礼

定亲当年春节前，准女婿一定要买年礼，年礼不外乎烟、酒、点心，可依据具体情况决定档次高低，两三百、两三千均可。一般女方父母在新年招待客人时都会拿出来炫耀，"这是女婿买的"。因此，万不可小家子气，免得丢人现眼，一般都把握在比当地水准稍高的层次。准女婿临回家时，丈人要给他压岁钱。这次买的年礼分量很重，女方的叔伯每家都要送一份，女方的叔伯也都要给压岁钱。当然，这个礼的分量和钱的数量一般没有女方家多。而且，为了互相尊重，都要回几包，表示客气。大丰一带是春节前送礼，正月才给压岁钱，其他地方多为当时就给。准女婿送礼时只喝点茶。

7. 买喜床、子孙桶

结婚前夕，男方的父母要布置"房窝"。其内容随时代进步而变化，但有两样东西一定要买，那就是喜床和子孙桶。喜床不管什么式样、价钱，一定要加"喜楔"（木工加在缝隙处的加固物）。子孙桶里放上红纸，表示喜庆。至于其他床上用品和房间摆设，则依据具体情况而定，如写字台、沙发、组合柜、电视、空调等，可多可少。

8. 催妆

苏北人把结婚的那天叫正日，前一天叫催妆，意思是催促新娘准备嫁妆。过去，新姑爷催妆那天去女方家发嫁妆，也等于提醒：明天就是正日子了，赶紧做好准备，免得到时忙乱。双方也在这天招待亲友吃喜酒，以便正日事情太多有疏忽。现在，女方都在正日中午办喜酒，男方多在晚上办酒席，人们对催妆的概念已经很淡薄了。吃喜酒即使不在饭店，农村也有专门的家宴服务，自备帆布大棚子，同时可开十几桌酒席，无须前一天就忙碌。

9. 压床

压床就是催妆晚上男女各请一个人做伴睡觉。可请的人有许多讲究，男方压床的男孩多在10岁左右，属相不能犯冲犯克，这些都是风水先生预先关照的，一般都是关系密切的亲友的孩子。睡前就告诉他，被角里缝着桂圆、红枣、红花生、染红的白果、莲子等，还有红包，早上起来要把被角里的东西掏出来。这些东西寓意富贵团圆、早生贵子、百年好合、喜结连理。女方压床的同伴年龄大些也无妨，只要属相不犯忌讳就行。压床时要安排吃一次喜酒。

10. "全福人"

苏北人结婚要请福爹福奶，俗称"全福人"，相当于外地的喜娘，当地叫"保房奶奶"。

这个角色挑选很苛刻，一是属相不犯忌讳；二是主人信得过的人，新房的一切都指望她，不仅是钱物，还怕有人做"衍伴"（做对新人有坏影响而又暗地作祟的事）；三是心灵手巧伶牙俐齿八面玲珑，在新娘和公婆、新娘和闹房人之间会斡旋，这个分寸的把握可不是闹着玩的，喜事大日不能闹出不愉快。而且，最重要的条件是必须夫妻双全、子孙满堂，如果公婆、父母双全的更好，能在亲友中有威信的更难得。

11. 贴红铺床

催妆的上午，"全福人"就被请到家里用红线缝被子，被角放上喜果。"福爹"则忙着贴红，即贴对联、挂廊。对联的内容都是喜庆的话，传统的如"苏才郭福，姬子彭年"（"苏才"即历史上苏轼父子占唐宋八大家中的三家，才高独占鳌头；"郭福"即汾阳王郭子仪和皇帝是亲家，是福德星下凡；"姬子"即周文王姓姬，据说他有一百个儿子；"彭年"即彭祖活了八百岁），"五世其昌，百年好合"等。现在以新题材为内容的居多，如有戏谑谐趣的嵌字联最惹人发笑。

下午，就要铺床了。先喝茶放鞭，然后"全福人"夫妻各抱一捆用红线捆着的芦柴铺上，现在都有席梦思，但还是放上几根芦柴，苏北方言"柴"与"财"谐音。其余按床上该铺的东西铺好。铺过床的新房闲人免进，所谓该忌讳的人不得进门。同时，点上"长寿灯"，以前是煤油罩灯，"全福人"添油，现在多买红烛式样的台灯，也有真点红烛的。

12. 押轿发轿

新郎坐了桌面子以后（按惯例这天坐首席首位，娘舅也只能在后排坐），就催促发轿了，说要"早发"；女方家总要拿拿"架子"，说不迟，意为挽留姑娘在家多待会。这时一个必要的程序就是压轿，即在亲友中找一个小男孩坐在轿上，等着新郎掏红包，有的掏一次还不行，要"争喜"，一般不管数量多少，掏第二个红包就会下来。然后是搬箱子，由新娘的哥哥、弟弟或嫂子要红包，不然不准搬。这次的红包数额要大些，也不一定两次就行，新郎往往做出无奈的样子，说准备不充分，跟同来的人"借钱"。同来的一般是新郎的姐夫或朋友，也有新娘熟悉的姑娘，这时就会劝新娘让步。而钱早就放在他身边了，再掏出来用红纸包上给人家。看看闹得差不多了，娘家就同意发轿。

13. 送亲

送亲的角色一般由新娘的哥哥弟弟担任，也有表弟送的，都是平辈或晚辈，大概表示家里人依依不舍的意思吧，临走时送。通常送里把路，新郎的车就停下来，互相拱手告别，新郎拿出喜烟喜糖给送亲的人表示感谢。苏北灌溉总渠以南的风俗是一直送到家，招待吃喜酒后安排到邻居家住宿，不影响闹新房。第二天带新娘回门。

14. 搀新娘过火盆

新娘到家附近，首先燃放鞭炮让男方家里知道，男方家里赶忙燃放鞭炮迎接。车门打开后，新娘不下车，等着公婆给红包。红包到手，"全福人"或伴娘打着伞遮住才下来，压床的过去搀着，款款而行。初来乍到，总是要摆个谱的，不能让人小瞧了。第一道坎儿是过火盆，寓意红红火火。然后进门，"全福人"立刻关上门，压床的就跟进去。接下来是洗脸，这脸也不好洗，又要公婆掏红包。因为要新娘拿出箱子里的脸盆、毛巾、香皂，这回比较麻烦。新娘子不说话，就看"全福人"的嘴上功夫。直到"竹杠"敲得差不多了，新娘才打开箱子洗脸。洗过脸要在脸盆旁放上红包，压床的就倒掉洗脸水。做这些事时，"全福人"

都要说喜话。

15. 喝团圆茶

团圆茶一般是汤圆加白糖做成，汤圆都不包馅，表示实心实意。讲究的加入红枣、桂圆、白果、莲子，小两口在新房里吃。新娘吃得很少，新郎也不能狼吞虎咽，喝茶总要斯文些。"全福人"除了劝新娘吃以外，还要说喜话。留下的茶叫押碗，意为富裕有余，待以后热了小两口再吃。

16. 看新娘

苏北人看新娘有三个层次：首先是喜爹喜奶看，一家之主，当然要先睹为快。大概是古代新人拜堂时拜高堂的意思，只是省略了一些程序。接着请"全福人"看新娘，就是亲友中属相不犯忌的而又福禄寿财齐全的夫妻俩。"全福人"根据情况说喜话，看的人也要说，也可说诙谐风趣的，逗大家一笑。如一进新房笑哈哈，养个儿子像大冬瓜。"全福人"看过新娘就百无禁忌了，谁都可以进新房看，不再谈忌讳什么属相。

17. 新娘上锅

旧俗，新娘要上锅煎豆腐，婆婆烧火。豆腐可能是取"陡富"的谐音，新娘进门家道就陡然富裕起来。从堂屋到锅屋一定要伞的，据说新娘不能见天，特别是晚上，若见到七女星要养七个闺女，这对男尊女卑思想意识严重的人来说，是绝不希望的事。切豆腐也有规矩，"全福人"也要说喜话。

18. 闹洞房

闹洞房是最热闹的，也是结婚活动中的重头戏。苏北闹洞房的主要对象是公爹、叔公和大伯子，公爹和大伯子都在事情忙得差不多时躲起来。当然有好事者预先瞄着，故很难逃脱。多数人被拖进新房，脸上被强行涂上鞋油、胭脂、墨水、面霜、牙膏，与花鬼脸一样，然后拖到新娘身边一起照相、录像，俗话说"进门三天呒大小"，当作笑料也无妨。而且，苏北风俗新娘是不能笑的，把这些人画得样子很滑稽，新娘很难忍得住。聪明的新娘都把头拗向一边，免得发笑。

一般在喜酒吃到半酣时，主人包括新娘上来敬酒后，就开始闹了。首先由司仪宣布闹新房开始，请表演者上台。公爹穿戴齐整竖坐条凳，身后坐着穿红衣服的新娘，最后坐着喜奶。饭店准备的凳子比较短，非得紧挨着。司仪高喊："新郎骑着两匹骏马来了！"喜爹喜奶要分别抓住板凳头子，三个人动作要协调，不然就会前碰后撞，逗得客人大笑。闹新房虽然可以"闹"，但不能过火。如果新娘性格内向腼腆，不予配合，或者喜爹古板保守，定要适可而止，免得大家不愉快。

19. 吃团圆饭

吃团圆饭是苏北的重要风俗，一般是在客人走得差不多时才进行，或者少数客人闹洞房请出去以后。团圆饭有四样菜必不可少：肉皮（膘）、肉圆（狮子头）、鱼、豆腐，其他的或多或少做几样。吃团圆饭都是一家人，亲戚不上桌子，哪怕是出嫁的姑娘即便没吃酒席也另外吃。新娘坐首席，新郎二席，长辈打横，有姑娘、小叔子的对陪。"全福人"搀出新娘，古礼要给公婆磕头，现在只是喊一声爸爸妈妈就给红包。长辈说"吃吧"就开始，"全福人"搛菜给新娘碗里，每搛一样都说喜话：新娘吃块鱼（鱼是搛整条的），年年有富余；新娘吃豆腐，家财万贯富。其实，过去风俗新娘是不动筷子的，连同饭碗里的饭都端到新房

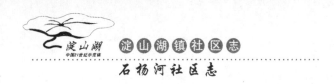

里，第二天早晨和新郎一起吃掉。现在，虽然不一定吃，但往往端起酒杯敬酒，每敬一次都会拿到红包。

20．送房

送房是苏北婚礼的最后高潮，送房人一般选择新郎的姐夫或家中兄弟担任。先洗脸，送房人一定要熬得住，不能轻易洗，要送房礼。一般新娘都准备八样以上，慢慢朝外拿，就是一下子拿出来也同样是要熬的，闹喜是风俗。礼物多为香皂、雪花膏、手帕、香水、发乳、洗发精等，都是双份，两人共享。有的新娘一次就拿出四样，说没有准备，"全福人"就比江说海，再从新郎家拿出几包烟和糖，劝说送房人。多数人不听这一套，过一会新娘往往又拿出一点，常常为一样礼物要缠好长时间。送房人感到礼物满意了，就洗脸、喝茶，真正的工作开始。先到房里给新人斟交杯酒，又叫合卺酒，新娘不喝由新郎代喝。然后，撒红花生，撒时说喜话：撒床上，养一趟；撒床外，养个儿子当元帅。等各处都撒到了，喜话也说完，就到外面戳窗户。窗户上是催妆时贴好的红纸，一般用一把红筷子戳几个眼子，最后瞄准坐在床上的新娘，一手托着筷子一手用力打进去，新娘用围裙等着。据说，围裙里接着的筷子越多越好，意思是一群孩子。送房后，小夫妻就关上房门开始甜蜜了。

21．新娘扫地

婚后第一天早上，新娘要早早起床，不能贪睡。洗漱梳头后，把吃团圆饭时端进房的饭菜烧热，与新郎一起吃掉。然后扫地，这与平时的扫地不同，讲究的用芦柴扎一个把子，现在都买一套新扫帚、簸箕。扫的方法也不一样，从门口朝里扫三下，然后再按正常扫，意为把财宝扫进家里。公婆要准备红包，意为新娘扫地都扫到钱。一般扫三下以后，由小姑子或婆婆接过来扫，意为婆媳、姑嫂关系和睦，和气生财。

22．回门

回门又叫会亲，一般二朝、三朝、六朝回门。新娘回门前是不能随便走动的，只能在家里，据说走到哪家哪家晦气。响水县城是当天回门，即早上带新娘子，到家喝茶换衣服后返回娘家吃午饭。饭后由娘家人送回，晚饭招待新亲，新亲回家后晚上闹新房。因为节约时间，这种方法已被许多人家采用。会亲时，都由新娘的父亲、叔父和哥哥、弟弟或父子俩或叔侄俩将新娘送回家。到娘家后先洗脸、喝茶，待客人齐了，新娘家要把新亲安排在首席，而且因为是两代人坐一桌也不礼貌。所以，都各坐一首席；如桌席少不好安排，要跟新亲协商一下，表示歉意。酒席过后，新亲多回家，如离得太远的，也可留宿。

会亲后，苏北婚俗程序就全部完成了。

四、再婚

尽管当今有人把婚姻当儿戏，把离婚当时髦，苏北人在这方面比较保守。特别对寡妇再嫁有一套规矩，一是要买一丈青布、一丈白布到丈夫的坟上烧掉，意为和前夫缘分已尽，现在清清白白地分手，再嫁了与前夫无关，免得阴魂纠缠不清。二是临嫁时走路要在三岔路口扔掉一双鞋子，意为脱掉旧鞋走新路。因此，苏北人路上看到鞋子是没人拾的，拾鞋是拾的晦气。三是结婚的时间是晚上而不是白天，意为寡妇应当守节，再嫁并非光明正大，是没面子丢人的事，不能明目张胆，要隐秘一些。尽管现在人们思想解放了，但因旧观念的约束，还是这么办。至于离婚再嫁的，也只举行一个形式，不会操办的怎么风光。

五、丧俗

1. 睡冷铺

平时苏北人骂人会说睡冷铺,冷铺是快要死的人睡的。冷铺是两条板凳搁上木板,上面摆几根芦柴、一把稻草或麦秸草,再铺上一张反面朝上的芦席,席边要撕掉几根芦篾,下面要放一块石头。正常病故的人在弥留之际就放到冷铺上;如在外因意外事故死亡的,包括死在医院的,一般在门前搭一个棚子搁冷铺,不放在屋内。睡到冷铺上就意味着无可救药,得准备后事了。

2. 穿衣服剃头

苏北风俗睡冷铺后就给他剃头、穿送老衣服。有的老人如生病很长时间,也有未上冷铺前就穿好的。给病危的人穿衣服一般是年纪较大又有胆量的人。有的衣服粗针大线地缝一下,俗话叫"遮遮活人眼目"。外套衣服多是青色,衬衣多为白色。女性如外衣穿裙子,也以青色为主。

3. 烧铺躺纸

铺躺纸是人弥留之际放在门口烧的。用几块砖头围成一圈,纸钱放在里面烧。这纸钱也有讲究,一沓一沓的转成花边子,看起来好像很多,用来糊弄鬼确实可以。然后用鱼贯(针状粗大的贯通工具)带红毛线串起来,慢慢焚烧。据说,人临死前阎王会派夜叉等小鬼来捉拿灵魂,这纸钱是用来行贿的。这纸钱一般是闺女和侄女所买,所以,苏北人养闺女又叫"有铺躺纸了"。

4. 成服戴孝

苏北风俗,人死后,先摺一件衣服在房顶上,人们一看到这标志就知道这家"老人"了,人们忌讳"死",常用避讳的词语,口语中"老人"是最常用的。本家和邻居听到哭声就会过来帮忙,"丧事闻讯就到"也是苏北的民俗,哪怕是原来有点龃龉的邻居也不再计较,"死者为大"、看在死者的面上是人们约定俗成的,也是一种宽容的美德。一般主人会请几个信得过的人分别负责某样事。首先,要请一位待客,他总管各项事务,兼收客人吊唁的钱物,支派各项事情。待客一定要懂得本地的风俗习惯,厘清亲戚关系,才能不得罪人,把丧事办好。其次要请几位差买,购买各种物品以备用。请一位会扎哭丧棒的人,负责圈席子、扫地、点燃冷铺等。要有几位妇女忙着做孝服。儿子、媳妇的孝巾要根据个子大小决定,一直要拖到地上;腰里系麻绳,旧俗脚穿麻鞋或草鞋,鞋头上缝一小块白布。闺女、侄女要准备细白布的孝褂,一般是六尺布斜系在身上,头上还要系孝巾。女婿和侄女婿要戴两个孝帽子,里面一个和别人一样,外面是细白布的。孙女辈的孝巾斜挂着,不顶在头上。曾孙辈的孝服都是红色的,玄孙辈都是绿色的。有的就在孝帽上缝一小块红布、绿布,以示区别。这孝服不是一做好就戴的,按俗要请死者"主档"亲戚来,孝子捧着哭丧棒,棒上摆两个孝帽子和孝巾,"主档"接过孝帽子自己戴上,伸手拉起孝子,并把孝巾披在孝子头上,用麻绳系好,腰里系上麻绳,其他人就互相帮助戴上孝服。所谓"主档",是指死者舅舅家的人,老"主档"是指其父亲舅舅家的人,哪怕死者年事很高,舅舅家来的人是他的长辈,也要请他做这样的事。如死者是女性,就请她娘家的人做,这就叫成服。成服后可以把摺在房顶上的衣服挑下来。

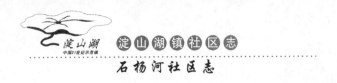

5. 泼汤送饭

成服后第一次吊唁活动就是泼汤。扎孝杖的人先用死者生前睡的席子在三岔路口支起一个"土地庙"（用泥土固定，使之前面稍高呈拱形即可），据说古代真的到村子附近的土地庙里去。戴孝的人都可以参加，一般是女婿提着茶壶（现在就用茶瓶），拿一个小酒杯走在最前面，接着是孝子捧着孝杖，依次是媳妇、闺女等人，女性手里都拿着纸钱，其他亲戚随后。到土地庙前，孝子面朝土地庙跪下，其他人也散跪在附近，把纸钱集中到一起点燃。女婿倒三杯茶在土地庙前，仪式就结束。意为让死者先喝点汤或茶，然后送饭，免得噎着。送饭的格局与此大同小异，就是把茶换成用酒杯装点儿饭菜，倒在那儿。苏北习俗泼两次汤、送三次饭，因为死者死后在家三天才下葬。

6. 哭丧棒

哭丧棒是口语，文雅的说法叫孝杖。苏北习俗，成服前请一位老年人扎孝杖，长度二尺四寸，用二十四根细芦柴扎成。外面用白纸剪成排须状，稍斜一点裹在柴棒上，这是儿子们捧的，每人一根。孙子们则不剪排须，只用白纸裹就行了，以示区别。曾孙们用红纸裹着，也不剪排须；玄孙们用绿纸裹。孝子求人做事，一般都双手捧着孝杖叩头。灌河以北习俗不用芦柴扎而用柳树枝裹白纸，侄儿也跟儿子一样捧哭丧棒，很有人情味。而且，插杨柳树枝是我国古代送别的传统，对死去的人来说，也有永远留在后人心中的意思。哭丧棒一般插在坟的南面，插的时候都一样齐整。

7. 吊纸

苏北把吊唁叫作"吊纸"，本意是买些纸钱吊唁，其实，除了闺女、侄女以外，几乎没有人真的买纸钱，至多是买被面、花圈，或干脆用钞票。前来吊唁的亲友也可以商量一下，出一样多钱，共买一只花圈。剩下的钱交给待客，待客当面将数目登记在丧簿上，并写上敬挽的物品数量，以便安排酬谢的桌席。丧簿又叫"人情簿"，封面上写"丧簿"，下侧写"堂号"（旧俗各姓氏都有某某堂的名称，如忠孝堂、三槐堂等）、年月，便于以后礼尚往来。有亲戚来吊纸时，主人家的女眷要哭着出迎；孝子要捧着哭丧棒跪迎，哭丧棒上放孝帽请人家戴孝。

8. 喊乐队

苏北死人喊乐队由来已久，只是规矩与外地有些差别，形式与内容也有很大变化。不变的是由闺女、侄女共付费用，若死者年龄大、子孙多又有钱财与社会地位，称喜丧，乐队会讨喜钱。至于孝帽、香烟、吃饭当然由主人家负责。以前，一班吹鼓手只有两人，一个吹，一个打钹或打鼓，所以有的人家常请几班吹鼓手。现在不同了，一班乐队有十多人，使用的卡车是经过改装的，放平围板支撑起来就是舞台，还带着几十床被子供主家租用，还带有花圈、被面供购买。相当于系列服务，晚上可演两个小时左右的文娱节目。配有唢呐、几种洋号、二胡、锣鼓、电子琴，有的还配笙、箫、笛等。除了演奏乐器，还配有歌手、演员。根据丧事程式的需要，或吹奏或播放哀乐，如泼汤、送饭、封棺、出茔、夜里哭翻身、告别遗体时磕头等。

9. 打棺材

打棺材一般在人死去的次日进行，也有买现成的。过去，许多老年人先把棺材打好，叫"寿材""喜材"，并由亲戚中姓陈姓刘（因为陈是旧的或放着的意思，刘与留同音，留住的意思）的扯三尺六寸红布来恭贺，这布夹在棺材头的盖子下面。据说用这块布给小孩做毛衫特别好，能保佑平安长寿。女婿买来红漆或黑漆油漆好，讲究的人家逢年过节还烧些纸钱并把灰存放在里面。据说，打棺材有许多规矩，里面的刨花不能弄掉，等真需要时才能扫清；木板的厚度也有固定规格，低于一寸的叫薄皮棺材，底子一寸、墙子二寸、盖子三寸的叫幺二三，依此类推叫二三四、二四六、三六九，如果是整块的木板做盖子就叫整合子；据说人病危时打棺材可以冲喜，女婿在棺材上跑效果更好，跑几圈就能过几年；木工是不打祖钉眼的，一般找地方上没有后代的孤独老人打，给他孝帽子、两包香烟、十几块钱。祖钉眼的位置男女有别，男左女右，距离棺材盖子的头子约二尺四寸、距离边子一尺左右。

10. 泥墙

所谓泥墙，就是棺材打好后，女婿把外面油漆好，闺女用纸钱模拟抹墙的动作在里面抹一遍。泥墙是苏北方言，"泥"作动词。传说棺材就是死人住的房子，不抹的话会漏雨，因此这道程序必不可少。抹的时候边抹边哭，祈祷不要漏雨。

11. 叩头

叩头又叫磕头，这相当于遗体告别仪式，土葬时在封棺前夕进行，现在都在尸体抬上火化车前夕举行。先将遗体抬到当门，门外放一两张席子，被子折叠起来放在席上，磕头时膝盖叩在被子上。磕头的动作是垂手站立后双膝着地，弯腰至头部靠地，连续四次，站立后双手抱拳示敬意，退后走出。之后，祖辈亲戚最先，接着按亲疏关系、辈分依次磕头，每次都有本家同辈的人作陪磕头。孝子从头到尾跪在侧面的地上陪着，直到仪式全部结束。

12. 封棺成殓

按土葬程序，磕头后就封棺了，就是把尸体放到棺材里。一般由抬棺材的人用孝子的孝巾系在尸体的腰部，头脚各有一人抬着。放进棺材后，用一根红毛线吊一下，看位置是否居中；还用镜子照一下，大概是辟邪的意思。然后盖上盖子，两边用钉子钉好。封棺时不能哭，说是死人也要图吉利，就像人盖房子进宅子一样，其实是劝慰人们不要伤心过度。封棺后，抬棺材的人就七手八脚抬到外面放在两根木棍上，用绳系好抬往茔地。

13. 看风水

下葬的前一天，就请风水先生选好茔地。有的村里专门辟一块地用于安葬，还有就葬在自家的承包地里，一般是田头、路旁或靠河边的地方。苏北风俗上午下葬，风水先生一清早就到了，准备有关事宜。剪贴好幡，幡是约三寸宽、头上用红纸剪成花饰的白纸条；用一个小笆斗，装上两三斤大麦、几块糕、碗盏、铅币等。如留"七单"（祭奠的时间表）的也要写好。

14. 出茔

苏北人把棺材抬出家门叫出茔。出茔时送葬的人全部去，最前面是两个孩子扛着幡，接着是捧着哭丧棒的孝子，棺材，媳妇、闺女、女婿紧随其后，乐队，散路钱的人，其他送葬人没有固定的序列。乐队要一直吹奏。如路上要停一下，孝子们全跪到棺材面前。

15. 散路钱

散路钱就是把纸钱剪成二寸见方的样子，一路撒到茔地。据说这是散发给那些孤魂野鬼的，因为又有新鬼来了，大概是怕他们欺生吧，所以先给些好处贿赂一下。也有买通路上各方神灵的意思，大家都得到好处，当然不会为难了。

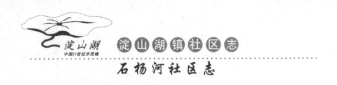

16. 焐坑

选好茔地后，出殡的早上先去几个人挖坑。坑比棺材宽大些，便于放下棺材、抽出绳子，坑的深度以不影响耕种为宜，以免以后坟被平掉露出棺材。棺材到茔地后，风水先生跳到坑里用大麦撒成"太平"二字，然后焐坑。所谓焐坑，就是孝子到坑里蹲一下，意为地下潮湿、寒冷，儿子们先把它焐干焐热，免得先人吃苦。这也是一种寄托哀思的形式。

17. 插祖钉

这道程序本该出茔前做的，封棺后插钉。因为现在实行火化，骨灰是不进家的，所以都从火化场直接到茔地，家里就请一个人先把棺材用平车拖到地里。待骨灰到了以后，有一个人把骨灰撒在棺材里成人体的模样，再放上几件衣服，然后封棺。插祖钉是很讲究的，一般是主档亲戚代表动手。先将剪刀沾水，然后剪下孝子旋根的头发；接着把头发放在钉眼上，才插下祖钉。

18. 落棺

落棺就是把棺材放到坑里，苏北风俗倒不这么简单。先有一个人带着预先换好的零钱，把看热闹的孩子引到离开墓穴的地方，撒钱给孩子们抢，免得他们说不吉利的话。风水先生用罗盘对好方位，指挥大家把棺材放到适当的部位，再到坑里摆放凉（粮）饭碗盏，碗里放点大米、糕，盖上小碟子。接下来就是填坟，送葬的人都要抓点土填一下。其余由女婿负责带领挖坑的人填。女婿预先准备好香烟，不然人们会挖很大的坟茔顶子让他搬，按风俗该由女婿做这事。填坟时要在南面用土填成一个台子，以便烧七时放酒菜。回家时孝子先走，把孝巾盘在头上，到家附近的三岔路口，有人点燃先前圈土地庙的席子和死者生前的枕头，孝子们抓几根冷铺下的芦柴，回家后放在自家床下。其他人都要从火上跨过，意为去晦气。

19. 酬客

等老人入土为安了，家里就酬谢客人。苏北风俗"丧不拘礼"，不管你什么交情，也不管你敬吊多少钱，只安排吃一次酒席。一般都是在下葬的中午，即便客人多分几次开席，也不往后拖。因为忙碌，常有到下午三四点才吃饭的，人们已习以为常。至于在外工作的人，单位要上班，也有安排在晚上酬谢的。

20. 过七供奉

据说人死后要过"五七"才知道自己死了，因此儿女们在家里留个牌位，在墙上留个"七单"（祭七的日程），每顿饭都盛好饭菜在牌位前供奉，并把筷子插在饭碗里。从死之日算起，第七天是头七，以后类推。逢七的下午，都要到坟上祭扫。讲究的准备酒菜，一般都是包饺子，也是每碗七个，两碗，同时烧些纸钱。

21. 望儿女 换饭

苏北有五七望儿女的说法。五七清早太阳出来前，儿女们穿戴孝服跪在家门口，前面放一碗清水。据说，死去的人随着太阳上来，能看到儿女。五七这一天还要换饭。就是出嫁的闺女、女婿都回来，并且准备好酒菜，从早晨就供奉在灵位前，中午热热吃掉。灵位前换上儿子家供奉的酒席，晚上再吃掉，故称"换饭"。

22. 脱孝

脱孝是脱去孝服的意思。旧俗，人死后三年才举行仪式，请一些亲戚来，酒席招待，宣告孝期已满。因为孝期内子孙不能结婚，当官的也要在家守灵，需等守孝后方可结婚或上

154

任做官。子孙如因特殊情况需要结婚，也可在死后的一个月内举行婚礼，叫作"热孝"。脱孝后，丧事全部结束。

第四节 人 物

石杨河社区居民（村民）历来勤劳朴实，为淀山湖镇和石杨河社区的发展做出了一定的贡献。

一、当代军人名录

表4-4-1　　　　　　　　　　　　石杨河社区当代军人名录

序号	姓名	性别	出生年月	文化程度	政治面貌	入伍时间	退伍时间	部队职务	部队名称	家庭住址	备注
1	张官银	男	1953.02	初中	党员	1974.12	1979.12	班长	83116部队	石杨河社区	
2	徐召华	男	1968.10	职高	党员	1987.11	1990.12	班长	80507部队	石杨河社区	
3	孟繁成	男	1970.01	初中	团员	1989.03	1991.12	战士	32535部队	石杨河社区	
4	刘庆中	男	1974.07	初中	团员	1993.12	1997.12	班长	海38504部队	石杨河社区	2004年迁出
5	徐明悦	男	1991.07	大专	团员	2012.10	2014.10		南京军军区空军	石杨河社区	
6	徐为中	男	1955.01	高中	党员	1977.01	1981.01	战士	83569部队	石杨河社区	已迁出

二、大学生名录

运输社成立之前，上过私塾、识字解文之人屈指可数，达到初小文化程度的也为数不多。

运输社成立之后，很多船民都上岸造了自己的房屋，有了固定的居住场所、固定的工作地点。他们积极响应党和政府学文化的号召，让自己的孩子上学读书。1960～2012年，社区具有初、高中文化程度者倍增，并有人先后考入全国、省、市等各类大中专院校。至2012年全社区有大学生5人。

表4-4-2　　　　　　　　　　　2016年石杨河社区大学生名录

姓名	性别	录取大学校名	入学年月	毕业年月
施蕾	男	淮安信息职业技术学院	2004	2007
许平安	女	应天职业技术学院	2004	2007
姚杰	男	苏州市高等职业技术学院	2008	2011
陈磊	男	淮安信息职业技术学院	2006	2010
徐晓燕	女	徐州医科大学华方学院	2006	2011

三、80周岁以上老人名录

截至2012年年底，石杨河社区有80周岁以上老人6名，90周岁以上老人2名。

表4-4-3　　　　　　　　　　2012年石杨河社区高龄老人名录

序号	姓名	性别	出生日期	住址
1	郭玉珍	女	1919.10.16	淀山湖镇石杨河999号
2	王忠香	女	1920.06.11	淀山湖镇石杨河70号
3	张同女	女	1929.09.27	淀山湖镇石杨河20号
4	潘太山	男	1926.05.25	淀山湖镇石杨河5号
5	姚应生	男	1930.11.19	淀山湖镇石杨河47号
6	张大章	女	1929.10.16	淀山湖镇石杨河53号
7	吴凤岗	男	1929.09.15	淀山湖镇石杨河83号
8	李云芝	女	1928.05.13	淀山湖镇石杨河83号

第五节　荣　誉

近年来，石杨河社区在淀山湖镇党委、镇政府的领导下，取得了一些成绩，获得了一些荣誉，主要有：2009年12月荣获苏州市"民主法治社区"称号，2011年12月荣获苏州市"绿色社区"称号。

2009年12月创建苏州市"民主法治社区"

2011年12月创建苏州市"绿色社区"

第五章

经济建设

　　石杨河社区居民历来勤劳正直,民风朴实,以种植稻麦、油菜为主。中华人民共和国建立前,由于受封建土地所有制束缚,且交通闭塞,人民生活贫困,不得不外出去上海以经营水上运输为生(撑船),农民成了船民。中华人民共和国建立后,在党的富民政策指引下,运输业经济收入不断增加,船民生活逐年改善。1955年在人民政府号召下,他们陆续回原籍或在昆山淀山湖镇(原淀东人民公社)定居,亦农亦商,忙时种田,闲时撑船。1960年成立淀东公社运输大队,走上了集体化道路,生产力不断提高,集体经济不断壮大。1966年成立了淀东运输合作社,1968年购买了第一艘轮船(淀东1号),组成了第一支轮拖队搞专业运输,1980年购买了淀东2号,1981年再购买淀东4号,相继组织了3个轮拖专业队加两条机动船搞运输。

　　为了扩大业务,在1980年把原来20吨水泥驳船更换成60吨以上钢质驳船,当时3个轮拖队总马力为280马力,总载重1 462吨,其中钢质驳船16艘88吨,水泥驳船26艘58吨,年产值20万~30万元,其中70%利润上交公社。1989年经县工商行政管理局批准,更名为淀东运输公司。改革开放后,石杨河运输业迅速发展,成为淀东公社经济发展的排头兵,有力地支持了公社社队工业的发展。从90年代起,石杨河社区社队企业进一步发展,先后开办了淀东造桥队、船舶修理厂、华洋电器厂、创兴公司、淀山湖并铁厂、昆山力能胶黏剂包装有限公司、昆山常胜电子有限公司等工业企业。随着经济的发展,固定资产达千万元。1990年后,随着市场经济的变化和陆地运输业的迅速发展,公路运输逐步取代水上运输。原昆山农资公司和化工厂的撑船户全部退回。为解决人员就业,公司又办了两个企业,并将集体船只作价转让给船户,实行个体经营,公司名存实亡。1998年运输公司解体后,集体经济来源主要靠集体资产(房屋)出租,以解决居委会开支和老员工生活费补贴。

第一节　工商业

　　石杨河社区的前身为淀东运输社,在党的富民政策指引下,依靠石杨河人的努力,经济建设取得了很大成绩,对淀东公社的社队工业发展起了一定的推动作用。这里以几个企业年

产值为例。

一、工业企业

表5-1-1　　　　1960~1998年淀东运输公司（运输社、运输大队）经济发展统计表　　　单位：万元

年份	产值	年份	产值	年份	产值	年份	产值	年份	产值
1960	0.40	1961	0.42	1962	0.45	1963	0.47	1964	0.50
1965	0.48	1966	0.80	1967	1.20	1968	2.10	1969	2.50
1970	3.00	1971	4.00	1972	4.20	1973	4.60	1974	5.00
1975	6.20	1976	6.50	1977	8.00	1978	9.20	1979	9.60
1980	10.80	1981	10.90	1982	13.60	1983	15.80	1984	18.40
1985	20.60	1986	22.30	1987	23.40	1988	25.20	1989	36.50
1990	38.80	1991	40.40	1992	41.80	1993	43.40	1994	44.30
1995	35.10	1996	21.30	1997	9.10	1998	0.70	合计	542.02

表5-1-2　　　　1969~1978年石杨河船舶修造厂经济发展统计表　　　单位：万元

年份	产值	年份	产值	年份	产值	年份	产值	年份	产值
1969	30.5	1970	34.4	1971	36.7	1972	42.3	1973	43.2
1974	45.1	1975	49.5	1976	48.6	1977	47.1	1978	41.2
合计	418.6								

表5-1-3　　　　1975~1977年石杨河居委会创兴公司经济发展统计表　　　单位：万元

年份	产值	年份	产值	年份	产值	合计
1975	55.00	1976	75.00	1977	22.90	152.90

表5-1-4　　　　2002~2006年石杨河社区私营企业（石杨河并铁厂）经济发展统计表　　　单位：万元

年份	产值	年份	产值	年份	产值	年份	产值	年份	产值
2002	10.0	2003	15.0	2004	20.0	2005	25.0	2006	30.0
合计	100								

表5-1-5　　　　1998~2006年石杨河社区三个私营企业经济发展统计表　　　单位：万元

企业名称	年份	产值	年份	产值	年份	产值	年份	产值
	1998	3.50	1999	3.80	2000	4.20	2001	5.60
新业彩印厂	2002	8.90	2003	9.10	2004	9.50	2005	10.0
	2006	12.50	合计	67.10				

续表

企业名称	年份	产值	年份	产值	年份	产值	年份	产值
上海成强实业	1999	70.00	2000	28.00	2001	82.00	2002	90.00
	2003	105.00	2004	115.00	2005	130.00	2006	170.00
	合计	790						
淀山湖镇门窗维修服务部	1998	18.50	1999	19.50	2000	22.00	2001	25.00
	2002	28.00	2003	30.00	合计	143		

表5-1-6　　　　1997~2006年石杨河社区个体运输经济发展统计表（水上运输）　　　　单位：万元

年份	产值	年份	产值	年份	产值	年份	产值	年份	产值
1997	17.50	1998	30.00	1999	32.00	2000	38.00	2001	44.20
2002	48.10	2003	52.80	2004	54.00	2005	60.70	2006	70.50
合计	447.80								

二、商业

表5-1-7　　　　2002~2006年石杨河社区个体经营户经济发展统计表　　　　单位：万元

单位	年份	产值
阿孟饭店	2002	5.0
	2003	8.0
	2004	9.0
	2005	11.0
	2006	12.0
合计		45.00

表5-1-8　　　　2000~2016年石杨河社区居委会集体经济收入统计表（房屋出租）　　　　单位：万元

年份	产值	年份	产值	年份	产值	年份	产值	年份	产值
2005	0.30	2001	0.50	2002	2.10	2003	3.60	2004	4.50
2005	4.80	2006	5.10	合计	20.90				

表5-1-9　　　　2016年石杨河社区集体资产房屋统计表　　　　单位：平方米

序号	地址	承租人	承租时间	合同期限	承租面积	用途	备注
1	居委会门卫	王加驹	2003.08.06		28	居住	空关
2	居委会办公楼平房第一间	吴扣林			36	居住	空关
3	居委会办公楼平房第二间	吴鹏秀	2014.01.01		36	居住	空关

续表

序号	地址	承租人	承租时间	合同期限	承租面积	用途	备注
4	居委会办公楼平房第三间	杨省福			36	居住	
5	居委会办公楼平房第四间	胡兰英			36	居住	
6	居委会办公楼平房第五间	屈建林			36	存放货物	
7	原船厂路西第一间	苗扣龙	2014.01.01		36	存放货物	
8	原船厂仓库三间	杨翠洪	2004.01.10		108	存放货物	
9	居委会办公楼平房第一间	郭荣苗	2004.01.10	2010.10.15	72	存放货物	空关
10	船厂大楼西楼下第二间	陈建春	2004.06.04	2010.12.06	30	存放货物	空关
11	船厂大楼东楼第一间	陈建春	2004.06.04	2010.12.6	30	存放货物	空关
12	船厂小隔间	陈建春	2004.06.04	2010.12.06	10	存放货物	空关
13	小仓库	陈建春	2004.06.04	2010.12.06	96	存放货物	空关
14	船厂大楼北平房三间及场地	陈建春	2004.06.04	2010.12.06	128	存放货物	空关
15	船厂大楼东楼上第二间	陈建春	2004.06.04	2010.12.06	30	居住	空关
16	原船厂仓库两间	陈建春	2004.06.04	2010.12.06	72	存放货物	空关
17	船厂大楼东楼下第二间	金汉兴	2002.06.06		30	居住	空关
18	船厂大楼西楼下第一间	吕美娟	2002.08.01	2011.01.09	30	存放货物	空关
19	船厂大楼东楼上第一间	周兴庆		2010.12.31	30	居住	空关
20	船厂大楼西楼上第一间	陈海圣	2005.10.15		30	居住	空关
21	船厂大楼西楼上第二间	孟繁国			30	居住	空关
22	原船厂机修间仓库	李瑞新	2003.07.01	2010.12.31	200	厂房	有机器存放
23	纸管厂	曹梅根	2003.07.07	2011.01.05		厂房	空关
24	新丰不锈钢厂东面平房	曹银平		2011.10.15	45	厂房	空关
25	新丰不锈钢厂	曹银平	2005.10.15	2011.04.14	600	厂房	空关
26	张贵福仓库	张贵福	2004.02.12	2011.02.17	800	厂房	
27	翠洪五金厂	杨翠洪		2010.12.31	255	厂房	
28	扣林机械厂	吴扣林		2010.12.31	255	厂房	
29	并铁厂	刘训州		2032.11	1000	厂房	

第二节　农业生产

运输社的船户原来都是乡下农民，他们习惯于忙时务工（搞运输），闲时种田。20世纪70年代，运输业务清淡。当时公社根据实情，为解决运输社居民吃粮问题，动员船户回原所在大队务农，运输社只保留13条船80多人。在搞运输业务的同时，由公社安排红一大队黄泥溇20多亩、新华大队（向三桥）20多亩低洼田，投入部分劳动力，成立专业队，由冯于林、吴春旺、许阜生等人负责种植，初步解决了部分人员吃粮不足的困难。一直到80年代，土地归还给所在农业大队。

第三节　运输社解体

1990年后，随着运输业的变化，陆上运输取代水上运输，原昆山化工厂、昆山农资公司借用的撑船户全部被退回，人员就业困难。运输社根据实际情况为发展经济、解决就业问题，创办了华洋电器厂和创兴物资公司，并将集体船只作价转让给本社船户实行个体经营。到1994年运输公司已名存实亡，华洋电器厂投资30万元失败倒闭，船舶修理厂无业务而关闭。创兴公司也无起色，运输公司面临倒闭。公司领导于1997年10月、11月向镇党委、镇政府提出申请要求公司解体。1998年7月，镇党委、镇政府同意解体，解体后的有关事宜由石杨河居委会接管。

第六章 基层组织

第一节 基层党组织

1973年前，党组织活动并入渔业大队，1973成立运输社党支部，由徐桂勤担任党支部书记。党支部成立后加强党的建设，一手抓党建一手抓经济建设，充分发挥党员先锋模范作用。主要工作有党员教育培训、党员目标管理和党员先进性教育、党支部建设、在群众中开展党的路线教育等一系列党的活动，较好地发挥了党支部的战斗堡垒作用。随着形势的发展，石杨河党支部于2013年10月并入淀山湖社区党支部。

表6-1-1　　石杨河（原运输社、公司、居委会、社区居委会）党支部书记、副书记名录

任职时间	书记	副书记
1973.04~1974.11	徐桂勤	
1978.03~1983.09		柴仁龙
1979.10~1982.12	徐桂勤	
1983.04~1985	张祥龙	
1990.02~1999.11	李为银	
1999.11~2013.10	张官银	

第二节 社区居委会

原石杨河运输公司属社办性质的企业，名称多变，1960年10月成立淀东公社运输大队，1966年5月成立淀东公社运输合作社，1989年7月更名为淀东运输公司，1993年11月

成立石杨河居委会，2002年5月更名为石杨河社区居委会。

淀东公社运输大队、淀东公社运输合作社、淀东运输公司、石杨河居委会、石杨河社区居委会行政领导班子见表6-2-1、表6-2-2、表6-2-3。

表6-2-1　石杨河社区居委会（原运输大队、运输社、运输公司、村委会）领导班子成员名录

名称	大队长	副大队长	社长	副社长	主任	副主任	经理	副经理	任职时间
淀东公社运输大队	徐德龙	张德田 吴成斌							1960.10～1966.05
淀东公社运输合作社			柴仁龙	李进山					1966.05～1969.04
淀东公社运输社革命委员会					李进山	刘介贵 柴仁龙			1969.04～1978.03 1969.04～1977.10
淀东运输公司							李为银 徐为九		1989.07～1998.07
石杨河村民委员会					罗福泉				1983.09～1984.11

表6-2-2　石杨河居委会、社区居委会主任、副主任名录

名称	主任	副主任	任职时间
石杨河居委会	徐为九		1993.11～1999.11
石杨河居委会		李为银	1996.11～1999.11
石杨河居委会	徐为华		1999.11～2002.05
石杨河社区居委会	许阜生		2002.05～2008.07
石杨河社区居委会	丁根凤		2008.07～2013.12
石杨河社区居委会	陆为平		2013.12～2016.09
石杨河社区居委会	凌云中		2016.09至今

表6-2-3　淀东运输大队、运输社（公司），石杨河村委会、居委会、社区居委会历任会计名录

姓名	任期
王四光	1961～1966
李为金	1966～1983.09
陈其昌	1983.09～1984
陆承鸣	1984.10～2000

第三节　群众团体和其他组织

一、团支部

淀东公社运输合作社、淀东运输公司、石杨河居委会、石杨河社区居委会团支部成立于

1973年，历任团支部书记有李为银、徐召华、杨翠洪。

二、妇代会（妇联）

石杨河运输大队（运输社公司、居委会、社区居委会）妇代会成立于1973年，历任妇女主任有程立俊、徐亚萍、朱秋英、李正芳、吴桂兰、蒋玲珍、丁根凤、徐平安。石杨河运输社1988年成立计生协会，由妇女主任兼任计生协会负责人。

三、民兵

石杨河运输大队（运输社公司、居委会、社区居委会）民兵组织成立于1960年，历任民兵营长（连长）有徐德龙、陈扣林、徐召华（同时兼任治保主任）。

第七章 往事实录

石杨河社区从1960年成立淀东公社运输大队至今已近60年的历史。俗话说:"六十年风水轮流转。"经过风雨锤炼的石杨河人在党的领导下,过上了小康生活并正在向高水平小康奋进。

一、1966年淀东公社运输社入社船民、原单位、驳船作价表

表7-1-1　　　　　1966年淀东公社运输社入社船民、原单位、驳船作价表

姓名	吨数（吨）	成数	总价（元）	原单位	备注
许老山	14	5.5	1 540	新华9队	1966年成立运输社
张锦盛	8	5.3	848	新华9队	1966年成立运输社
施志贵	10.7	5	1 000	运输大队	1958年来
杨省福	14	4.9	1 372	新华大队	1966年
陈发才	14	7.2	2 016	新华10队	
孟荣生	9.5	4.7	893	运输大队	
徐荣美	7.5	6.5	975	新华9队	
李进山	13	7.5	1 950	新华9队	
杨省林	14	3	840	新华9队	
吴风岗	16.5	5.5	1 815	新华9队	
孟铁生	10	4.9	980	运输大队	
苗大荣	6.5	5.5	715	运输大队	
李为银	8	2.8	448	运输大队	
吴成兵	17	4	1360	新华大队	
刘德庸	16.5	7.5	2 475	马鞍大队	
孟广生	9	3.3	594	运输大队	
刘介贵	7.7	5	770	运输大队	

续表

姓名	吨数（吨）	成数	总价（元）	原单位	备注
徐宝麒	16	7.6	2 432	新华大队	
李德昌	16	7	2 240	运输大队	
姚应生	25	5.5	2 750	新华大队	
夏云海	14.8	6	1 776	新星大队	
陆长道	12.2	3	732	新华大队	
葛才良	15	5.8	1 740	新华大队	
潘太山	17	2.5	850	运输大队	
郭海亭	12	4	960	新华大队	
张官玉	14	4	1 120	运输大队	
吴春寿	19	3.4	1 300	红一大队	
施志林	11.5	5.5	1 265	运输大队	
徐宝浦	14	8	2 240	新华大队	
周玉英	15.5	5.5	1 705	新华大队	
汪福堂	7	3.5	490	马安大队	
丁以祥	6	6	840	新星大队	
施志贵	13.5	公社所有	未作价	运输大队	
总计	422.4		42 841		

二、1989年淀东运输公司章程

（一）淀东运输公司是原淀东运输社，自1966年成立以来，由于经济不断发展，职工日益增加，规模逐步扩大而更名形成的公司的宗旨：拥护党的领导，遵守国家有关政策法令，以从事内河货运为主，全心全意为社会主义运输事业服务。

（二）淀东运输公司是集体经济性质，受淀东镇政府领导，采用定级固定工资集体承包、个体承包等多种经营方式。

（三）淀东运输公司有货驳26条，1 100余吨船皮，150匹马力拖轮2艘，下辖淀东船舶修造厂一个（独立核算），总计自有资金68.1万元，其中流动资金8.6万元、固定资金59.5万元，资金来源主要有三个方面：

1. 运输社1966年办社时入社股金4万元及1989年发行的股票4.6万元，合计职工投资8.6万元作为流动资金。

2. 运输社自1966年办社至今的积累基金42万元为固定资金来源之一。

3. 占用企业历年提留的专用基金17.5万元为固定资金来源之二。办社时的股金4万元为长期股金，一般情况职工不能退股，1989年发行的股票4.6万元期限为三年，三年后一次还本付息。

（四）淀东运输公司以内河货运为主，下属的淀东船舶修造厂（独立核算）以维修保养船舶为主。根据公司的发展情况，拟可成立供销经理部，以经营砂石料、五金、油漆为主。

（五）昆山淀东运输公司的地址在昆山县淀东镇石杨河。

（六）淀东运输公司现有职工208人，主要人员为淀东运输社的原有职工及其子女，还有近10名土地工和农民工。今后公司仍主要招收本公司职工子女，采取择优录用的方法。公司每一个职工都应自觉维护公司的利益，尽心尽职为公司服务，下属的各承包户及核算单位应努力完成公司下达的任务指标。公司对不遵守劳动纪律、损害公司利益造成公司严重损失的职工按规定给予必要的处分，直至辞退、开除为止。职工享有公司规定的一切福利、劳动保护待遇，对为公司服务到退休年龄的职工，按淀东镇政府批示的精神实行保养制度，发放保养金。

（七）公司管理委员会为淀东运输公司的领导机构，设正、副经理负责日常管理工作，正、副经理由淀东镇人民政府任免。管理委员会下辖生产科、行政科、财务科，具体负责公司的各项工作，公司的法定代表为李为银经理，由淀东镇人民政府任命。

（八）公司的利润分配按照国家有关法规及淀东镇政府下达的合同指标执行，职工的劳动报酬按多劳多得的原则分别实行定级固定工资，对个体承包及集体承包的按合同结算兑现。

（九）本章程是昆山县淀东运输公司成立时制定的，以后根据实际情况需要修改补充，须经公司管理委员会集体讨论研究决定。

昆山县淀东运输公司
一九八九年五月二十日

三、1998年淀山湖镇人民政府关于同意淀山湖镇运输公司解体工作实施意见的批复

石杨河居委会：

你居委会1998年6月26日《关于淀山湖镇运输公司解体工作实施意见的请示》收悉。经研究决定，同意淀山湖镇运输公司进行解体及解体工作实施意见，解体后涉及原运输公司有关行政性事务，由石杨河居委会具体负责处理。

特此批复

淀山湖镇人民政府
一九九八年七月十四日

四、1999年石杨河居委会通告

石杨河村居委会全体村民：

自从本居委会下属企业去年解体以来，经过反复的清理债权债务及盘点现有的可利用存量资产，根据老年人的要求及本居委会的经济现状，经村党支部、居委会研究决定，报请上级同意，对实施补老金提出如下意见：

（一）补老金的享受范围、对象

1. 石杨河居委会在册户口的原享受运输公司发放给养金的全体人员。

2. 石杨河居委会在册户口的至1999年12月31日男年满60周岁、女年满55周岁的人员。

3. 凡符合补老金享受的对象一律实行与原解体时一次性补助金进行接轨换算。

4. 对在1998年度本居委会下属企业解体前已办理一次性处理的人员，不享受补老金。

5. 为了确保补老金的如期发放，村居委会必须盘活存量资产，在资产租赁过程中如发现阻止、扰乱，造成租赁不成的，对肇事者取消享受补老金资格，并按照有关法律规定进行查处。

（二）补老金享受标准

1. 男性年满60~69周岁、女性年满55~69周岁，每人每月享受补老金50元。

2. 男性年满70~79周岁、女性年满70~79周岁，每人每月享受补老金60元。

3. 男性年满80周岁以上、女性年满80周岁以上，每人每月享受补老金70元。

（三）补老金发放时间

1. 凡符合补老金享受的对象按解体一次性补助金接轨换算冲抵结束后开始发放，实行每月一次发放的办法。

2. 凡享受补老金对象户口迁离本镇后停止发放。

3. 凡享受补老金对象年老病故后停止发放。

五、2002年石杨河居委会关于发放年度慰问金的实施意见

石杨河居委会享受补老金及慰问金的居民：

本居委会下属运输企业自解体以来，部分长期从事运输业的老人经济上尚有一些困难。根据本居委会老人和困难户的要求，居委会理应为民服务，尽力排忧解难，但必须由广大居民的配合和支持，努力使现有资产盘活，产生一定的经济效益。本居委会在1999年9月24日"关于实施补老金通告"中规定的补老金发放时间不变。采用补老金定期发放、发放到老的原则。为了关心本居委会老人的实际困难，在诉讼过程中，经苏州中院及昆山市政府和地方政府做了大量工作，在此基础上居委会特承诺发放一定数量的慰问金，具体意见如下：

（一）慰问金享受对象

1. 凡符合1999年9月24日本居委会通告精神享受补老金的对象。

2. 凡在1998年度本居委会下属企业解体前已办理一次性处理的可享受慰问金。

3. 从2000年1月1日起，凡解体时工龄超过21年，且年龄男满60周岁、女满55周岁的人员，到年龄时可享受慰问金。

（二）慰问金发放时间

慰问金在国庆节、春节前分2次由本居委会发放。

（三）慰问金发放标准

凡符合享受对象每人每年1 000元。

（四）其他事项

1. 凡至今尚未领取解体补老金者暂不享受慰问金，到接受领取补老金后即可享受。

2. 凡至今仍私占本居委会集体房屋者暂不享受慰问金。

3. 凡当年享受慰问金的对象年老病故，不足半年发放半年，超过半年的以全年发放。

4. 户口迁出停止发放慰问金。
5. 凡已享受集体办理保险的不再享受。
6. 所有职工工龄以解体时甲、乙双方认可的为准。

（五）慰问金实施时间

从 2002 年 1 月 1 日起实施。

淀山湖镇石杨河居民委员会
二〇〇二年一月二十一日

六、2002 年石杨河居委会协议书

甲方：昆山市淀山湖镇石杨河居民委员会

乙方：淀山湖镇石杨河居委会 ×××居民

甲方下属原运输企业自解体以来，部分长期从事运输业的老人经济上尚有一些困难。甲方本着为民服务、尽力排忧解难的工作目标，努力使本居委会的现有资产盘活，产生一定的经济效益，改善本居委会居民的生活，乙方积极配合和支持。现甲、乙双方就原淀山湖运输公司老人生活问题等事宜达成如下协议：

（一）甲方承诺，发放给乙方一定数量的慰问金（见《关于发放年度慰问金的实施意见》）。

（二）甲方根据《实施意见》按时发放慰问金，乙方承诺不再以公司解体、政府侵权等任何理由进行集访。

（三）本协议适用于公司解体时享受补老金和工龄超过 21 年的男满 60 周岁、女满 55 周岁的职工。

（四）本协议一式三份，甲、乙双方各一份，报有关部门备案一份，本协议由甲方负责解释。

（五）乙方签字后，即发生法律效力。

二〇〇二年一月二十八日

七、2002 年石杨河居委会承诺书

昆山市公证处：

根据 2002 年 1 月 21 日《关于发放年度慰问金的实施意见》及《协议书》中的各项条款，居委会特向签订协议书的享受对象承诺，保证落实资金按时并长期发放。具体承诺条款见甲、乙双方签订及办理公证的协议书。特此承诺。

淀山湖镇石杨河居委会
二〇〇二年二月五日

八、2004 年关于临时发放未享受补老金的老年人生活费补贴的实施意见

石杨河社区居委会全体居民：

本居委会自运输公司解体以来，经本届居委会的努力和广大居民的支持，现将居委会的

存量资产房屋进行租赁，租赁收入除居委会正常开支外，尚有积余。现根据居委会的实际情况，1999年9月24日通告规定，解决了一部分老人的补老金，尚有部分老人陆续达到一定年龄，生活比较困难。经居委会研究和广泛听取党员、群众意见的基础上，决定从资产房屋出租的租赁费中来安排发放陆续到达年龄人员的生活费补贴，采取有租赁费就发放补贴、无租赁费就停止的原则，供居民代表大会讨论通过后实施。

具体实施意见如下：

（一）生活费补贴的享受范围

1. 石杨河社区居委会在册户口而没有享受1999年9月24日通告规定的全体人员（即没有享受补老金的人员）。

2. 石杨河在册户口的只要达到年龄，男年满60周岁、女年满55周岁的人员（每年有不同数量变动）。

3. 凡今后从外地迁入石杨河居委会的户口人员不享受。

4. 凡享受单位办理养老保险的人员不享受。

5. 原户口在石杨河现已迁出石杨河居委会的人员不享受。

6. 为了确保享受生活费补贴资金的正常发放和延期发放，居委会必须盘活现有的存量资产，广大居民要积极配合，在资产租赁过程中如发现阻止、扰乱，造成租赁不成的，对肇事者取消享受生活费补贴资格。

（二）享受生活费补贴标准

1. 男性年满60~69周岁、女性年满55~69周岁，每人每月享受生活费补贴50元。

2. 男性年满70~79周岁、女性年满70~79周岁，每人每月享受生活费补贴60元。

3. 男性年满80周岁以上、女性年满80周岁以上，每人每月享受生活费补贴70元。

4. 本实施意见不做长期规定，没有长期发放的保障，随本居委会的租赁收益而定。如今后与上级政策不符，即停止实施。

5. 如房屋租不出去，无资金保证，发放即停止实施。

6. 发放时间由居民代表大会通过，各户出席代表签字认可后开始实施。

7. 以上实施意见解释权属石杨河社区居委会。

石杨河社区居委会
二〇〇四年三月二十四日

九、石杨河社区居委会关于探视老年人生病住院及吊唁死亡人员的规定

根据中华人民共和国老年人权益保障法，为弘扬中华民族敬老、爱老的传统美德，根据居民代表的提议，经居委会会同老年协会讨论通过，决定从2008年1月起，对老年人生病住院或死亡人员，进行看望探视和吊唁，特作如下规定。

1. 凡老年人（指男年满60周岁、女年满50周岁）生病住院在3天以上的，居委会将上门或到医院探视，探视慰问品费用在100~120元（如居委会工作忙走不开或不知道的，凭住院出院结算单由居委会补偿现金100元）。

2. 凡超过80岁以上老年人生病卧床30天以上的，居委会将上门进行探视，探视费同上。

3. 低保人员、残疾人员生病住院探视不受以上年龄限制。

4. 其他人员生病一般不再进行探视（特大疾病除外）。

5. 对已进入成年人年龄的（指年满18周岁者，违法人员除外）不管何种因素造成死亡的，居委会将进行吊唁，吊唁品为花圈和被面，金额在150元左右。

以上条款和规定由居委会从2008年1月20日起实施。

石杨河社区老年协会

二〇〇八年一月十五日

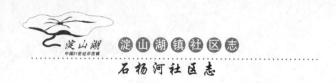

《石杨河社区志》修编人员名录

《石杨河社区志》编纂领导小组及采编人员名录

组　　长　凌云中

副 组 长　孟祥洪

成　　员　田　聪　朱晓晶　陆为平　许阜生

与编人员　王定廉　朱家学　计俊林　夏小棣

《石杨河社区志》审核人员

李　晖　罗　敏　许顺娟　王　强　吕善新　吴新兴
徐秋明　张品荣　夏小棣　陈海萍　丁根凤　凌云中

杨湘社区志

一、社区概况

杨湘社区居委会,是杨湘泾村辖区内的一个社区居委会。成立于 2000 年 5 月,居民大部分是杨湘泾村原来的土地工、小城镇户口的人员。办公场所与杨湘泾村委会合用,居村干部、工青妇等群团组织交叉任(兼)职,以居村合一的形式开展管理工作。辖区内由东大街、东溇、横丹、港东、东大、双溇东、双溇西、南寿巷、圆厅、长大华、陆岸、周家泾、王土泾等 14 个居民居住自然村、街、巷组成,有 15 个居民小组。居委会户籍常住人口 811 人,户数 286 户,行政管理的晟泰新村小区户数 63 户、242 人,合计总人口 1 053 人,总户数 349 户。外来户 302 户,人口 1 805 人。杨湘社区居委会有共产党员 28 名,组织关系在杨湘泾村党总支,党员活动与村党小组相互结合共同开展。

二、班子分工

杨湘社区居委会主任:李尧。

杨湘社区居委会委员:张庆、盛玉凤、朱敏怡。

李尧:负责杨湘社区居委会全面工作。

张庆:负责安全环保、民兵,协助居委会主任做好社区日常行政工作。

盛玉凤:负责妇幼保健、社会救助、社区文化、台账资料。

朱敏怡:负责劳动保障、协助党务建设、大厅服务。

杨湘社区居委会在淀山湖镇党委、镇政府的领导下,在杨湘泾村党总支、村民委员会的关心和支持下,社区居委会班子人员统一思想、团结努力,不断提高创新能力。以"居民自治、依法管理、优质服务"的工作机制,认真积极配合村党总支、村委会开展工作。采用居村合一、资源共享,围绕制订的工作计划,突出工作重点,着重整体推进的工作模式。

三、社区工作

(一)宣传教育工作

近年来,杨湘社区居委会成员认真学习党的十八大、十九大精神,积极宣传党的路线、方针、政策和市镇两级政府的工作精神,积极搞好社区教育阵地建设,通过创办《杨湘社区道德讲堂》《社区促进学校》《法制学校》《生态文明讲堂》《公众评判庭》《校外辅导站》等各种形式,宣传党的十八大、十九大精神,为昆山率先基本实现现代化,为淀山湖镇转型升级、创新发展,坚持科技强镇、文化亮镇、生态立镇,提速城乡一体化、社会管理创新化、文化品牌突出化,为实现百姓生活幸福、生态宜居的"新江南特色镇""尚美淀山湖"做贡献。

居委会利用多种载体对社区居民进行道德教育、青少年素质教育。开展形式多样的科学知识讲座,营造温馨、祥和的社会氛围。组织社区居民开展文明社区、学习型家庭的创建评比活动,不断提高社区文明程度。同时定期召开社区居民代表座谈会,了解居民群众的心声。采用多种方式进行广泛宣传,用橱窗展览、墙报、黑板报、图片、公告形式宣传教育卫生保健、计划生育、科技信息、法律法规等健康向上的知识,弘扬正气,反对邪气。举办健

康知识授课教育，低碳生活、宜居家园的讲座，让广大社区居民了解健康和低碳生活知识，收到良好的教育效果，杨湘社区荣获"昆山市级学习型社区"称号。

（二）为弱势群体谋福利

杨湘社区居委会注重以人为本，加快健全社会保障体系，推进经济改革和发展，构建和谐社会，维护社会稳定。

社会救助是社区一项热点和难点工作。为了维护社会稳定，营造良好的和谐社会，保障最低生活困难家庭收入，杨湘社区居委会在杨湘泾村党总支的统一部署下，召开村委会、居民委员会代表会，经过反复调查、走访、核实、摸底，做了大量的工作，把低收入家庭纳入低保或低保边缘等，使其生活有保障。实现100%人员参加昆山市居民医疗保险，有效地保障其病有可医。社区连续多年组织中老年人参加镇老龄会举办的老龄活动赛。同时对高龄老人每年春节、重阳节进行慰问。乘公交车方面，社区给老年人办"老人卡""优惠卡"，给残疾人办"爱心卡"，给中小学生办"学生卡"等，让居民享受改革开放的成果。

（三）打造清洁美丽家园

杨湘社区居委会在淀山湖镇政府所在地，又是全镇唯一一个村居合一的社区。在推进新社区清洁家园建设中，积极参与农村社区的环境整治。居、村两委会成员齐心协力，建立25人的常年保洁队伍。在环境全面大整治中，做到责任清楚，分工明确，任务到人。年初有计划、平时有检查、年终有评比、奖惩有制度，成效显著。杨湘社区区内无卫生死角，让居民幸福快乐地生活在一个天蓝水清的美丽家园中。

（四）营造活动场所

为了落实社区健康活动工作要求，积极营造社区居民健身体育和文艺活动的场所，杨湘社区有3个老人活动室，内部添置棋牌、桌椅、影像碟片、健身器材等。使社区居民有一个晨练、读书看报、娱乐活动的好去处，为社区居民创造了一个活跃身心的新天地。同时与镇预防保健所和卫生院配合，每年为中老年人开设关于常见病、多发病方面的知识讲座。这些举措有效地提高了社区居民的身心健康。

杨湘社区居委会近年来做了很多工作，得到了广大居民的赞同和上级领导的认可。

有关杨湘社区居委会的具体内容参见《杨湘泾村志》。

利民社区志

序

利民社区东至东苑路，西至香石路，南至新乐路、新华路，北至淀兴路。位于淀山湖镇区中心，辖区总面积1.02平方千米。社区布局合理，交通十分方便。

随着改革开放力度的加大，房地产开发速度加快，淀山湖镇小城镇建设日新月异，利民社区居委会应运而生。社区于1993年筹建。筹建初期，仅有公园新村和利民新村两小区及周边的零散楼宇、住宅。2017年，通过24年建设，扩展为具有11个完整小区和13个零星小区的社区规模。利民社区的诞生，是中国21世纪淀山湖镇小城镇规划和建设示范工程取得成果的见证。社区虽然建制年限短，但发展速度之快、效果之好，令人瞩目。

利民社区居民有着强烈的爱国爱家乡情怀，在中国共产党的领导下，意气风发，各项社会事业迅速发展，人民生活明显改善，加快了基本全面实现现代化的步伐，为盛世修志创造了良好条件。

《利民社区志》是淀山湖镇社区志的组成部分。编写社区志，在淀山湖镇是一项没有前例的工作，由于历史资料少，编写知识有限、经验不足，疏漏和差错在所难免，望有识之士阅后不吝指正。

在此，向关心、支持编纂社区志的所有人士表示衷心感谢，向参与编写的同志表示敬意。殷切希望《利民社区志》能成为全体利民人的至爱，能起到"前有所稽，后有所鉴"的借鉴作用。希望利民人以史为鉴，高举习近平新时代中国特色社会主义思想伟大旗帜，在实现中国梦的伟大感召下，充分发挥每个人的聪明才智，共同把利民社区建设好、服务好、管理好，为淀山湖镇的文明、和谐社会，共同努力。

中共淀山湖镇利民社区党支部书记、居委会主任　张嘉炯

2018年3月

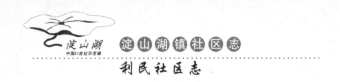

概 述

一

利民社区是昆山市淀山湖镇下辖的一个社区,1993年筹建利民居委会,1996年11月5日,正式建立利民居民委员会,2002年5月20日更名为利民社区居委会。

利民社区北至淀兴路,东至东苑路,西至香石路,南至新乐路、新华路;位于淀山湖镇区中心,辖区总面积1.02平方千米。地域位置为东经121.028 772°~121.050 97°,北纬31.182 253°~31.187 034°。社区布局合理,交通十分方便,可直达上海、苏州、昆山等地。

利民社区地处长江三角洲太湖流域淀泖地区,地势平坦,四季分明,日照充足,雨量充沛,无霜期长,气候宜人。

2016年,利民社区居委会在籍704户,户籍人口1 602人,常住人口3 498人。

利民社区居民,民风朴实,勤劳正直,在改革开放的大好形势下,居民生活水平逐年提高,年人均消费水平1万元以上。先后被评为江苏省民主法治示范社区、绿色社区,苏州市绿色社区、和谐示范社区、民主法治社区、先锋社区,昆山市社区建设示范社区、民主法治示范社区、文明社区、学习型社区等。

二

利民社区建立前,是淀山湖镇杨湘村的一片农田。随着改革开放力度的加大,房地产开发速度的加快,淀山湖镇小城镇建设日新月异。1987年开始,淀山湖镇开发建设力度加大,逐步形成公园新村、利民新村等小区。1993年,辖区内又建成东湖新村;为筹建利民居委会打下了基础。2000年,建成石墩新村。2001年,建成东湖水岸。2003年,建成福运庄园。2005年,建成曙光新城。2012年5月,政府部门又将福运庄园二期小区君悦花园和福兴庄园划入利民社区居委会管辖。辖区管理向东延伸至东苑路,配套设施日趋完善、提升,形成了一个水准比较高的新社区。随着新建小区住户的入住,人口迅速增加,居民生活质量明显提高。2016年,辖区内有利民新村、公园新村、东湖新村、石墩新村、曙光新城、东湖水岸、福运庄园、福运庄园二期、福兴庄园、君悦花园、福依庄园(福运马洛卡)11个完整小区和13个零星小区。

三

20世纪90年代初,淀山湖镇发展外向型经济,通过"筑巢引凤""引凤筑巢""以外引外"等招商举措，社区境内建成多家联营企业，引进多家外资企业。1993年8月，淀兴路商业金融街初步形成。90年代后期，工业经济在结构调整中健康运行，全面完成了企业产权制度改革，完全转为私营（民营）企业。2005～2007年，改造镇区商业街主要建筑立面，呈现欧陆风格。

2012年，利民社区内沿主要街道大小服务门面（摊）338家（不含住宅区大门），其中305家为各类商店和服务行业。

2016年，淀兴路、中市路、曙光路等成为淀山湖镇商业中心，沿街店面包罗万象，应有尽有，呈现一派经济繁荣的景象。

2017年，利民社区内有大小服务门面（摊）438家（不含住宅区大门），5年内对外服务门面增加100家，其中398家为各类商店和服务行业，比2012年增加93家。有省级示范幼儿园1所，镇政府23个管理部门在利民社区内设立办事机构，还有3家医疗服务单位及房产中介、休闲娱乐场所、快递快运等入驻。

四

20世纪90年代，历届党政组织重视文化事业建设，建设广播电视、老年活动室、图书室，开创"五位一体"多功能的文化阵地，充分发挥主阵地作用，传播文明健康的科学文化知识。进入21世纪，群众文化工作蒸蒸日上，群众业余文化生活丰富。

社区文化、体育设施比较完备。2014年，利民社区有办公、活动用房，有市民法制学校、社区服务中心、社区综治办、影视室、图书阅览室、排练厅、亲子活动室、电子阅览室、残疾人康复室、斯诺克台球室、乒乓球室、棋牌室、老年人活动室、警务站、物业管理站及现代化办公设施等。各个小区设有宣传栏。有小公园露天广场一处、门球场一片、室外健身器材8套，2016年，健身路径增至11条。

群众文化娱乐体育活动丰富多彩，文化、宣传阵地质量不断提高，围绕经济建设和重点节庆活动，积极开展和参与镇举办的文艺表演、元宵灯谜、迎国庆书法、征文、演唱、黑板报等各类活动。

社区有业余"舞回青春"老年舞蹈队和中年"靓丽舞蹈队"，在各类活动和比赛中多次获奖。文体团队遵循"立足社区，面向大众，办老百姓喜欢、参与的文化"的群众文化工作理念，利用各种形式，推进社区社会文化活动的开展，搭建社区居民健身休闲、文化、学习交流平台，构建文明和谐社区，营造健康向上的社区文化氛围，增强居民群众对社区的归属感和认同感。

五

利民社区经过20来年的建设发展，社区管理范围扩大，管理人员增加，社区居委会先后成立了党支部、妇代会、团支部和民兵连等建制。社区加强党的领导，贯彻执行上级指示精神，支持居委会开展各项工作，保证居委会充分行使行政组织和群众组织职权，把握改革、发展和稳定的关系，锐意进取、勇于争先、迎难而上、求真务实，社区管理日趋规范、完善，社会秩序稳定。

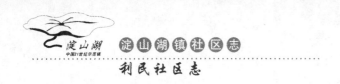

大 事 记

1993 年

10月，经上级批准，利民居委会筹备委员会成立，顾学兴为负责人，陈兴锐为工作人员。暂无办公地点。

1996 年

11月5日，正式建立利民居委会，由顾学兴任主任，陈兴锐、顾新英和殷爱琴三人任委员。办公地点暂设于利民新村7号楼108室。

1997 年

是年，利民居委会迁移至淀山湖镇农贸市场北1楼办公。

1999 年

是年，利民居委会换届选举，顾学兴连任居委会主任，增设张惠娥为副主任，陆英英任委员。

2000 年

1月，利民社区户籍资料收集整理完成，并建立户籍档案，安排人员配合派出所管理。

4月，利民居委会第四届换届选举，张惠娥任主任，黄红芳任副主任，陈兴锐和王小顺任委员。

2002 年

5月，根据淀政发〔2002〕16号文件，利民居委会更名为利民社区居委会。

2003 年

是年，社区居委会开展丰富多彩的文体活动，包括三八节、清明节、重阳节等节庆活动，夏天在小公园露天舞台举行纳凉晚会，演出歌舞等节目，还举办棋类活动等。

2004 年

3月26日，江苏省政法委副书记孙安华，苏州市政法委书记陈振一，在昆山市和淀山湖镇主要领导陪同下，视察利民社区居委会警务站。

3月，由淀山湖镇政府拨款，在利民居委会西侧建成一幢二层办公楼208平方米及辅助用房，居委会干部入驻办公。

是月，中共昆山市委、昆山市政府授予利民社区"昆山市社区建设示范社区"荣誉称号。

2005 年

4月，利民社区居委会第六届换届选举，张惠娥任主任，黄红芳任副主任，沈元龙任委员。

是月，利民社区成立社区腰鼓队，由社区内中、老年妇女16人组成，平时定期排练。

12月，利民社区第一位适龄青年程晨应征入伍。

是月，淀山湖镇人民政府授予利民社区"2005年度社会治安综合治理管理工作先进单位"荣誉称号。

2006 年

2月，昆山市精神文明建设委员会授予利民社区"昆山市文明社区"荣誉称号。

3月，昆山市依法治市领导小组授予利民社区"昆山市民主法治示范社区"荣誉称号。

4月25日，中共淀山湖镇委员会发文，成立利民社区党支部，张惠娥任书记，黄红芳任党支部委员。

6月，苏州市人民政府授予利民社区"苏州市绿色社区"荣誉称号。

9月，中共淀山湖镇委员会、镇政府授予利民社区"'十五'期间人口和计划生育工作先进集体"荣誉称号。

12月，昆山市社区教育办公室授予利民社区"昆山市级学习型社区"荣誉称号。

2007 年

3月，中共昆山市委员会、昆山市政府授予利民社区"昆山市文明示范社区"荣誉称号；昆山市人民政府授予利民社区"昆山市社区建设先进单位"荣誉称号；昆山市民政局授予利民社区"2006年度昆山市社区活动中心建设先进单位"荣誉称号。

4月，中共苏州市委、苏州市政府授予利民社区"苏州市和谐示范社区"荣誉称号。

5月，苏州市依法治市领导小组授予利民社区"苏州市民主法治社区"荣誉称号。

12月，利民社区适龄青年王琪、王玮应征入伍。

2008 年

5月，为便于居民健身活动锻炼，利民居委会在利民新村对面设置了健身场地，有三位

扭腰器、健骑器、上肢牵引器等健身器材。

7月,社区居委会第七届换届选举,朱进荣任主任,沈元龙和郁洪芳任委员。

11月,江苏省依法治省领导小组授予利民社区"江苏省民主法治示范社区"荣誉称号。

是年,中共昆山市委宣传部、昆山市文广局授予利民社区"昆山市首批新农村(村级)文化设施标准化建设达标单位"荣誉称号。

2009 年

5月,江苏省妇联授予利民社区"江苏省妇女法制宣传教育示范点"荣誉称号。

12月,社区适龄青年徐顺凯应征入伍。

是年,昆山市社区教育办公室授予利民社区"昆山市级学习型社区"荣誉称号。

△ 中共淀山湖镇委员会、淀山湖镇政府授予利民社区"2009年度综治(创安)信访工作先进单位"荣誉称号。

2010 年

3月,中共淀山湖镇委员会、淀山湖镇政府授予利民社区"淀山湖镇人口和计划生育工作先进集体"荣誉称号。

7月,由淀山湖镇政府拨款,开工建设辅助房二层442平方米,为社区文体活动中心、城管、物业等用房。

6月,利民社区开展第六届全国人口普查,时间段为6~11月。

8月,利民社区党支部换届选举,朱进荣任党支部书记,庄伟元任支部委员。

9月,利民社区队参与"昆山市第五届啤酒社区文艺团队展示",健身舞、腰鼓舞获得第二名。

12月,利民社区适龄青年杜亮亮应征入伍。

2011 年

3月,利民社区居委会第八届换届选举,朱进荣任主任,沈元龙、郁洪芳和沈建芳任委员。

8月,淀山湖小公园老干部活动中心归利民社区居委会管理,改为社区老年活动室。

是月,利民社区文体中心新楼竣工。

9月,昆山市老龄工作委员会授予利民社区居委会"昆山市敬老爱老助老先进单位"荣誉称号。

10月,利民社区警务站在公园新村和利民新村范围内,实现电子化监控(系统)。

11月,成立利民社区信息员工作站。

12月,昆山市社区教育办公室授予利民社区"昆山市社区教育示范社区"和"2011年度昆山市社区教育先进单位"荣誉称号。

是月,利民社区适龄青年沈联应征入伍。

2012 年

2月，在淀山湖居委会内的利民社区退管人员，划归利民社区管理。

3月，利民社区柔力球队荣获"昆山市'银龄杯'区镇柔力球比赛"优秀奖。

8月，昆山市社区建设办公室授予利民社区"昆山市首批'特色社区'"荣誉称号。

10月，社区适龄青年朱沈威、金徐立、黄志浩应征入伍。

是月，利民社区综合工程改造，包括利民新村和公园新村，2013年5月完工。

11月，昆山市司法局授予利民社区"2010—2012年度昆山市人民调解工作先进集体"和昆山市社区教育办公室授予的"昆山市第三批数字化学习实验社区"荣誉称号。

是月，中共淀山湖镇委员会、淀山湖镇政府授予利民社区"2011年度社会治安综合治理（平安建设）先进集体"荣誉称号。

△ 利民社区团支部于4日成立。

是年，昆山市红十字会授予利民社区"昆山市红十字示范社区"荣誉称号。

2013 年

3月，昆山市政府授予利民社区"昆山市第二届和谐示范社区"荣誉称号。

6月，苏州市社区教育办公室授予利民社区"苏州市教育现代化社区市民学校"称号。

6月2日，江苏省社区教育办公室授予利民社区"首批江苏省标准化居民学校"荣誉称号。

7月，江苏省环保厅授予利民社区"江苏省'绿色社区'"荣誉称号。

7月，利民社区居民王戒成摄影作品《藕·出淤泥而不染》入选"中国梦·廉石颂"创元杯苏州市廉政书画摄影作品展。

12月，利民社区第九届换届选举，朱进荣任主任，委员有沈元龙、沈建芳、潘青和张斌华4人。

12月，苏州市司法局授予利民社区"苏州市规范化村（社区）人民调解委员会"荣誉称号。

2014 年

3月，苏州市妇女联合会授予利民社区"苏州市示范妇女儿童之家"称号。

3月9日晚，利民社区中年组舞蹈队获昆山市广场舞淀山湖赛区第一名。

3月12日，利民社区监督委员会选举主任1名，委员2名。

是月，利民社区根据镇群众路线活动要求，分三个阶段开展走访、谈话活动，共收集到意见和建议53条。

4月4日，利民社区党支部组织全体党员、干部前往南巷战斗纪念碑扫墓；之后，又组织社区党员观看《焦裕禄》和《身边人眼中的周恩来》等影片，并撰写观后感和学习心得35篇、个人对照材料3篇。

4月20日，利民社区文体队到敬老院慰问演出。

5月，利民社区开展每周一次走访活动，共走访27户，征集建议和意见36条。

5月14日，4名基干民兵参加镇基干民兵点验大会。

8～10月，对辖区内重点区域火灾隐患企业5家及单位电梯17部、燃气单位81家等进行摸底，排查整治，把火灾隐患消灭在萌芽之中。

12月1日，《昆山日报》报道，69岁老人朱家学从利民社区信息员手中领回新办理的市民活动卡，非常高兴。

是月，社区适龄女青年宋思燕应征入伍。

是年，全年，辖区内妇女"三病一治"健康检查350人；"三讲三评"共评选先进家庭2户，镇级文明和谐家庭5户，提升了妇女的社会地位。

△ 一年内，社区组织多媒体专题讲座学习培训8期，受训400余人次。

△ 多次配合镇医院为慢性病（高血压、糖尿病）患者进行心理咨询，举办知识讲座。

△ 全年，社区宣传画廊出版共12期，涉及政、法、健、计生等内容。

2015年

1月，新年伊始，智慧淀山湖平台开通，利民社区主办处理居民投诉或矛盾调解3件，协办处理5件。

1月7日，利民社区派出文艺团队参加在文体中心举行的淀山湖镇迎春文艺活动。

3月9日，下午，利民社区居委会召开全体工作人员会议，学习镇党委书记徐敏中的讲话精神，制定社区2015年度工作计划，包括：关注民生，抓好矛盾纠纷排查，改善工作作风等七个方面。

4月20日，利民社区在富贵广场举办广场舞健身点两周年庆祝联谊活动。

7月，利民社区妇女骨干赴周市镇"龙之天地"妇女活动中心和"睦和社区"妇女活动中心，参观、学习、取经。

8月，暑假里，利民社区组织中、小学生，听取淀山湖人民医院关于急救知识和技能讲座。

8月27日，市人武部副部长焦佃玉、市人武部朱正弟、团市委副书记李凡、镇人武部部长李斌、镇派出所教导员黄建忠、镇民政助理孙倩、镇医院门诊部主任蔡刚，前往利民社区适龄青年家庭走访了解情况，由居委会党支部书记柴彩根、治保主任沈元龙等陪同。

是月，利民社区派员去镇党校，听取关于全民参保会议讲座。

9月初，利民社区3名适龄青年张震东、谈佳成和朱陈凌鹏应征入伍。

是月，利民社区派员参与"昆山市第二届妇女儿童之家公益服务项目创意大奖赛"，获二等奖。

10月，至月底，利民社区辖区内登记在册外来暂住人口4 110人。

是月，利民社区在辖区2 355人中走访1 780人，占71%，了解社会保险参保情况，其中260人缴纳社会保险金。

是年，组织辖区内单位、党员志愿者、低保户，参加义务劳动13次，清理"牛皮癣"398张。

△ 利民社区有共产党员20名，预备党员1名，转出、转入各2名。

2016 年

9月,适龄青年顾妙佐应征入伍。

10月,利民社区党支部换届选举,柴彩根任书记,沈建芳任副书记,支部委员蔡晓菲。

12月,利民社区换届选举,柴彩根为主任,沈元龙、沈建芳、蔡晓菲和柴晨洁四人任委员。

是年,党员骨干常态化入户走访,每周1~2次,每次走访3~4户居民,全年共征集到意见和建议170余条,通过努力,横向联动协调,切实解决问题的有167条。

△ 利民社区党支部被评为"淀山湖镇先进基层党组织"。

△ 社区化解居民矛盾共35起,有效地做到了维稳与发展。

△ 利民新村、石墩新村增设电瓶车充电设施,东湖新村安装限高设备等。

△ 深化社区流动人口常态化管理,清查流动人口3 430余人,给予审检、办证345人。

△ 全年,社区组织多媒体专题讲座、学习培训6期,受训230人次;开展好人好事宣讲5次,最美家庭宣讲会2次。

2017 年

11月21日,张嘉炯任利民社区党支部书记、居委会主任。

第一章 建置区域

第一节 地域地貌

利民社区位于昆山市淀山湖镇区中心，北至淀兴路，东至东苑路，西至香石路，南至新乐路、新华路（见利民社区行政区域图）；办公地点设在公园路8号。

地域位置为东经121.028 772°~121.050 97°，北纬31.182 253°~31.187 034°，辖区总面积1.02平方千米，其中水面面积0.1平方千米。社区范围内，过境河流有道褐浦、双溇江、朝南江、陆泥浦、分位河、三家村河。

利民社区地理位置优越，离昆山市区边缘、312国道、京沪高速公路、京沪高铁、沪宁城际铁路、沪宁铁路23千米左右，到上海虹桥机场仅半小时车程，陆路交通极为便利，水运四通八达。

社区土质结构大部分是黄泥土，从绿化植物生长情况看，地下水丰富。社区属亚热带海洋性气候，四季分明，日照充足，雨量充沛，无霜期长，但冬夏季风进退有早有迟，强度变化不一，降水和气温的年际差异较大，旱涝风雪灾害时有发生。

第二节 社区形成

利民社区未建制前，是淀山湖镇杨湘村的一片农田。

改革开放后，镇区范围逐渐扩大。1987年，淀山湖镇政府开发建设干部福利房、教师福利房、企业职工福利房，先后建成10栋住宅楼，形成住宅小区"公园新村"。1989年，淀山湖东湖房屋开发有限公司首期在利民路西、中市路东、公园路南、新乐路北的范围内，开发15栋楼的商品房住宅小区，加上淀山湖堤闸站1栋楼，新东湖集团3栋职工楼，形成"利民新村"小区。

1993年，服装厂建成东湖新村。从此，迈开了农村城市化建设的大步，镇区面积从原来的0.2平方公里扩展到1.63平方公里，形成了"二横三纵"的主干道框架，构成了纵横交错、四通八达的公路道路网络。在此基础上，镇政府批准成立利民居委会筹备组，管理淀兴路南、香石路东、曙光路西、新乐路北范围内的居民住户，为成立社区居委会做准备工作。

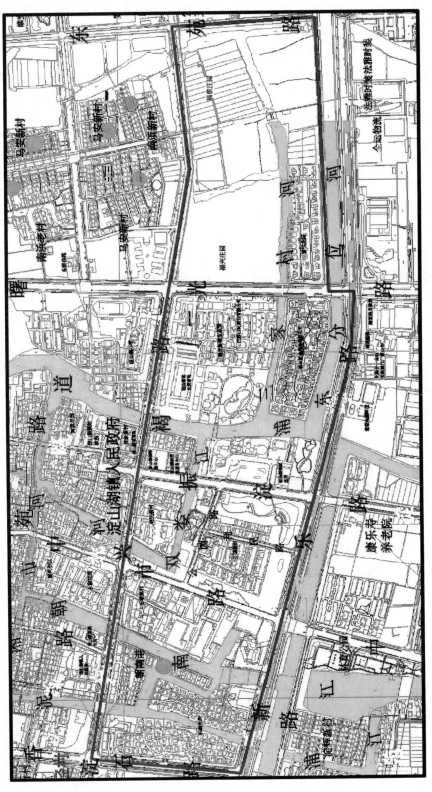

利民社区行政区域图

通过三年多时间的努力，具备了"一定的地域、一定的人群、一定的组织机构、一定的认同感"的建立新的社区居委会的基本条件。

1996年11月5日，经昆山市人民政府批准，由淀山湖镇政府发文，正式成立利民居民委员会。

2000年，辖区内建成石墩新村；2001年，建成东湖水岸；利民居委会规模不断扩大。根据苏办发〔2001〕15号文件精神，2002年5月20日，镇政府发出"淀政发〔2002〕第11号"文件，将利民居委会更名为利民社区居委会。

随着改革开放力度的不断加大，镇区建设日新月异。2003年，辖区内建成福运庄园；2005年，建成曙光新城。2012年5月，将福运庄园二期小区君悦花园和福兴庄园划入利民社区居委会管辖；2014年4月，又将福侬庄园划入利民社区居委会管辖。辖区管理延伸向东至东苑路。

2017年，辖区内有利民新村、公园新村、东湖新村、石墩新村、曙光新城、东湖水岸、福运庄园、福运庄园二期、福兴庄园、君悦花园、福侬庄园（福运马洛卡）11个完整小区和16个零星小区。

第三节　区名由来

1987年，淀山湖镇政府开发建设干部福利房，取名公园新村。1989年，淀山湖东湖房屋开发公司首期开发建设住宅型商品房，住宅小区取名利民新村。1996年，镇政府以两小区为核心范围，以"利民新村"的"利民"两字为名，报上级政府批准，设立利民居民委员会。2002年5月20日，更名为利民社区居委会。

第四节　区　划

建制筹备期间，仅有公园新村和利民新村两个小区及周边的零散楼宇、住宅。随着改革开放力度的加大，镇区建设日新月异。2017年，辖区内有利民新村、公园新村、福侬庄园等11个完整小区；有沿江路、曙光楼等16个零星小区。

一、完整小区

2017年，利民社区有利民新村、公园新村、东湖新村、石墩新村、曙光新城、东湖水岸、福运庄园、福运庄园二期、福兴庄园、君悦花园、福侬庄园（福运马洛卡）11个完整小区。见表1-4-1。

表1-4-1　　　　　　　　　　2017年利民社区完整小区基本情况一览表

序号	小区名称	占地面积（平方米）	建筑面积（平方米）	幢数（幢）	户数（户）	人数（人）	小区建成年份
1	公园新村	7 170	6 232	9	72	277	1987
2	利民新村	26 600	21 360	15	328	746	1989
3	东湖新村	10 904	5 880	7	88	202	1993
4	石墩新村	9 600	8 710	16	72	313	2000
5	东湖水岸	52 685	24 570	84	90	207	2001
6	福运庄园	40 653	20 942	35	100	229	2003
7	曙光新城	73 000	43 000	28	456	1 452	2005
8	福运庄园二期	28 007	18 183	78	78	156	2008
9	福兴庄园	41 147	66 131	15	186	372	2010
10	君悦花园	28 012	45 355	17	393	786	2011
11	福侬庄园	84 364	156 053	52	910	2 100	2014

二、零星小区

2017年，利民社区有沿江新村、沿江路、建行楼、杨湘综合楼、曙光楼、建筑公司楼、多服公司楼、商业楼住宅、教师楼、粮管所楼、商城、商住楼、朝南江小区、退教活动室、新信用社楼、老信用社楼16个零星小区。见表1-4-2。

表1-4-2　　　　　　　　　　2017年利民社区零星小区基本情况一览表

序号	小区名称	占地面积（平方米）	建筑面积（平方米）	幢数（幢）	户数（户）	人数（人）	小区建成年份
1	沿江新村	4 500	3 620	25	48	202	1988
2	沿江路	7 532	7 100	15	48	50	1989
3	建行楼	1 890	950	1	16	40	
4	杨湘综合楼	1 350	800	1	10	30	2000
5	曙光楼	4 136	1 500	2	32	112	1999
6	建筑公司楼			2	22	30	
7	多服公司楼			1	56	88	
8	商城			5	72	256	
9	商住楼						
10	教师楼			1	30	53	
11	粮管所楼			2	22	47	

续表

序号	小区名称	占地面积（平方米）	建筑面积（平方米）	幢数（幢）	户数（户）	人数（人）	小区建成年份
12	商业楼住宅			1	20	37	
13	朝南江小区			7	25	54	
14	退教活动室						
15	新信用社楼			2	16	25	
16	老信用社楼			2	16	25	

三、区划演变

1993年10月居委会筹建至1996年11月5日居委会成立后两年，管辖公园新村、利民新村、东湖新村；1999年11月，管辖9个单位；2003年6月，管辖10个单位；2005年3月，管辖14个单位；2012年5月，政府部门又将福运庄园二期小区、君悦花园和福兴庄园划入利民社区居委会管辖，辖区管理向东延伸至东苑路，管辖15个单位。2017年12月，辖区内有利民新村、公园新村、福侬庄园等11个完整小区；有沿江路、曙光楼等16个零星小区，组成7个居民小组。社区区划演变过程见表1-4-3。

表1-4-3　　　　　　　　　1993~2017年利民社区区划演变一览表

日期	辖区
1993.10~1999.11	利民新村、公园新村、东湖新村
1999.11~2003.06	公园新村、利民新村、沿江路、沿江新村、粮管所楼、商城、东湖新村、石墩新村、东湖水岸
2003.06~2005.03	公园新村、利民新村、沿江路、沿江新村、粮管所楼、商城、东湖新村、石墩新村、东湖水岸、福运庄园
2005.03~2012.05	公园新村、利民新村、沿江路、沿江新村、粮管所楼、商城、东湖新村、石墩新村、东湖水岸、曙光新城、福运庄园、福运庄园二期（别墅区）、福兴庄园、君悦花园
2012.05~2017.12	公园新村、利民新村、沿江路、沿江新村、粮管所楼、商城、东湖新村、石墩新村、东湖水岸、曙光新城、福运庄园、福运庄园二期（别墅区）、福兴庄园、君悦花园、福侬庄园（福运马洛卡）

四、社区示意图

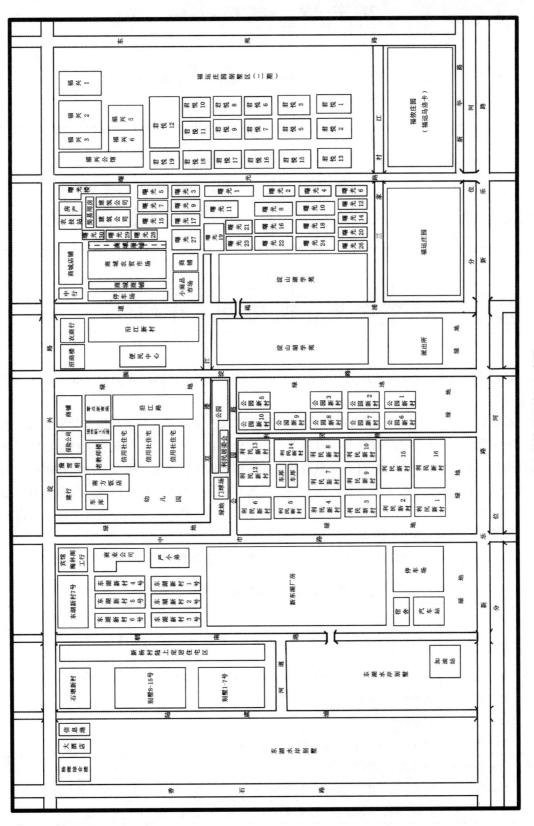

淀山湖镇利民社区示意图

第五节 居民小组

2017年,利民社区有7个居民小组,居民小组及组长名单见表1-5-1。

表1-5-1　　　　　　　　　　第十届利民社区居民小组组长名单

居民小组	组长	居民小组	组长
利民新村	冯彩英	商城	李士龙
公园新村	彭建红	多服公司楼	徐兴珍
沿江新村	李善行	东湖新村	朱祥娥
粮管所楼	凌越秀		

第六节 信息员工作站

2011年11月,淀山湖镇建立社会管理信息员制度,利民社区居委会相应成立社区信息员工作站。

社会管理信息员是基层治安片区社会治理工作的义务工作者,在镇综治办和公安派出所的指导帮助下,在社区的直接领导下开展工作。工作职责:带头落实上级有关社会治安工作的政策指示和任务,积极当好社会信息收集员、法律宣传员、警民联系员、纠纷调解员、治安防范员、帮教转化员;组织义务治安巡防,排查可能发生的矛盾潜在因素,配合上级综治部门和派出所,处理片区内发生的较大的矛盾纠纷和案件,热心听取群众对社会综治工作的意见和建议,并向上级部门反映。

信息员工作站由8名信息员组成,明确管辖范围。见表1-6-1。

表1-6-1　　　　　　　　　　利民社区居委会信息员一览表

序号	姓名	性别	管辖范围
1	彭建红	女	君悦花园大门口以南1号、2号、3号、5号、6号、7号、13号、15号、16号楼,福运马洛卡
2	曹林娥	女	君悦花园大门口以北8号、9号、10号、11号、12号、16号、17号、19号楼,福兴庄园
3	郭其春	男	东湖水岸、福运庄园
4	凌越秀	男	曙光新城
5	李士龙	男	商城、多服公司楼、曙光楼、建筑公司楼
6	冯彩英	女	利民新村、公园新村
7	李善行	男	沿江新村、新信用社楼、老信用社楼、建行楼、教师楼、粮管所楼、沿江路
8	朱祥娥	女	石墩新村、东湖新村、中市路沿线、杨湘泾综合楼、朝南江西侧沿线

第二章 人 口

第一节 人口总量

1996年11月5日，利民居民委员会正式成立，年末在籍总人口897人。1997年，区划变动划入人口后，有578户，总人口1 067人，比上年增长18.95%。2002年，利民居委会更名为利民社区居委会，管辖范围扩大，年末人口1 834人，比上年增长17.99%。2006年，区划变动划出人口较多，年末人口1 495人，比上年减少17.99%。以后几年，尽管区划范围不断扩大，但以商品房居多，外来人口激增，在籍人口基本稳定。

2016年，利民社区居委会在籍704户，户籍总人口1 602人，其中男786人，女816人。户籍总户数和总人口数分别比1997年增长21.80%和50.14%。见表2-1-1。

表2-1-1　　　　　　　　1997～2016年利民社区户籍人口一览表　　　　　　　单位：人

年份	户数（户）	总人口	其中	
			男	女
1997	578	1 067	543	524
1998	636	1 184	598	586
1999	760	1 566	797	769
2000	860	1 834	940	894
2001	896	1 890	979	911
2002	898	1 884	980	904
2003	914	1 908	986	922
2004	873	1 854	947	907
2005	851	1 823	929	894
2006	680	1 495	743	752

续表

年份	户数（户）	总人口	其中	
			男	女
2007	680	1 495	743	752
2008	674	1 494	741	753
2009	662	1 479	734	745
2010	662	1 478	733	745
2011	661	1 477	733	744
2012	666	1 493	740	753
2013	668	1 498	741	757
2014	669	1 511	751	760
2015	682	1 545	765	780
2016	704	1 602	786	816

第二节　人口变动

实行计划生育，有效控制人口，出生率基本稳定；人民生活水平提高，群众保健意识增强，人的平均寿命延长。出生人口多于死亡人口，自然增长率呈平缓状态。

区划变动划入、划出；人口迁入、迁出，包括工作调动，婚入、婚出，"缴钱买户口"（农村户口转小城镇户口）等，造成人口较大变动，此为人口机械变动。

一、自然增长

20年中，共出生243人，死亡65人。

1997年，利民居委会出生14人，死亡1人，自然增长率1.22‰；2005年，出生12人，死亡3人，自然增长率0.49‰。2016年，出生10人，死亡2人，自然增长率0.50‰。1997~2016年，利民社区人口自然增长情况，见表2-2-1。

二、人口迁移

从1997~2016年利民社区人口变动一览表中可以看出，20年中，共迁入人口769人，其中省内迁入174人、省外迁入257人，移入82人，区划变动划入256人；共迁出人口1 411人，其中迁移省内200人、迁移省外104人，移出358人，区划变动划出571人。1997~2016年，利民社区人口机械变动情况见表2-2-1。

表2-2-1　　　　　　　　　　1997~2016年利民社区人口变动一览表　　　　　　　　　单位：人

年份	上年末总人口	本年末总人口	增加						减少					
			小计	出生	省内迁入	省外迁入	移入	区划变动划入	小计	死亡	迁往省内	迁往省外	移出	区划变动划出
1997	897	1 067	199	14	10	5		170	29	1	12	4		12
1998	1 067	1 184	200	15	1	1	183		83	2	27	4	50	
1999	1 184	1 566	444	20	17	3	404		62	4	32	12	14	
2000	1 566	1 834	334	22	10	18	284		66	5	38	4	19	
2001	1 834	1 890	115	22	6	8	79		59	6	37	9	7	
2002	1 890	1 884	75	15	14	5	41		81	3	37	4	37	
2003	1 884	1 908	41	7	22	12			17	8	1	8		
2004	1 908	1 854	73	11	21	11	18	12	127	1	3	2	24	97
2005	1 854	1 823	77	12	11	4	8	42	108	3	1	5	10	89
2006	1 823	1 495	41	24	7		5	5	369	3	3	7	12	344
2007	1 495	1 495	24	7	7		5	5	24	3	3	7	11	
2008	1 495	1 494	31	6	4	3	6	12	32	2		4	10	16
2009	1 494	1 479	27	6	2	3	8	8	42	2	4	6	18	12
2010	1 479	1 478	44	7	11	9	17		45	2	1	7	35	1
2011	1 478	1 477	27	5	5	15	2		28	4		6	18	
2012	1 477	1 493	58	9	5	31	13		42	5	1	9	27	
2013	1 493	1 498	22	12	2	8		0	17	2			15	
2014	1 498	1 511	38	12	5	20		1	25	3	0	2	20	
2015	1 511	1 545	48	7	4	36		1	14	4	0	1	9	
2016	1 545	1 602	85	10	10	65		0	28	2	0	4	22	

三、外来人口

20世纪90年代后，外地务工经商暂居的外来人员逐渐增多。2010年第六次全国人口普查，利民社区总人口2 792人，其中户籍人口1 473人（普查标准时间为2010年11月1日零时，与派出所2010年12月31日年报数据1 479人，稍有不同，属正常）；外来人口1 319人，外来人口中，离开户籍地半年以上的有1 232人；加上户口待定和离开社区不满半年的，常住人口为3 498人。

第三节 人口构成

一、民族、籍贯

2016年年底，利民社区有回族5人、土家族1人、壮族2人，其余均为汉族。见表3-3-1。

表2-3-1　　　　　　　　　　　利民社区少数民族人员一览表

序号	姓名	性别	文化程度	民族	家庭住址	备注
1	王丹一	女	初中	回族	公园新村	
2	李连虎	男	中专	回族	曙光新城	2012.9迁入
3	任海英	女	中专	回族	曙光新城	2012.9迁入
4	李佳沂	男	小学	回族	曙光新城	2012.9迁入
5	李佳欣	女	学龄前儿童	回族	曙光新城	2012.9迁入
6	姜彩凤	女	中专	土家族	利民新村	
7	韦美凤	女	初中	壮族	新乐路	
8	吴伟涛	男	小学	壮族	新乐路	

二、性别

1997年，利民社区有1 067人，其中男543人、女524人，男性占总人口的50.89%，女性占49.11%，性别比例为103.63（女性为100）。

2016年，利民社区有1 602人，其中男786人、女816人，男性占总人口的49.06%，女性占50.94%，性别比例为91.29（女性为100）。见表2-3-2。

表2-3-2　　　　　　　　1997～2016年利民社区人口性别比一览表　　　　　　　　单位：人

年份	总人口	男	女	男占总人口%	女占总人口%	性别比（女=100）
1997	1 067	543	524	50.89	49.11	103.63
2000	1 834	940	894	51.25	48.75	105.16
2005	1 823	929	894	50.96	49.04	103.91
2010	1 478	733	745	49.59	50.41	98.39
2015	1 545	765	780	49.51	50.49	98.08
2016	1 602	786	816	49.06	50.94	91.29

三、姓氏

2017年8月20日,利民社区以户口簿统计为准,户籍人口1 622人,有姓氏151个。有些取父母姓组成的不规范复姓,只按第一字的单姓统计。利民社区超过或达到百人的姓氏有3个,张姓在利民社区为第一大姓,共有142人,占总人口的8.75%;朱姓113人,为社区第二大姓,占总人口的6.97%;顾姓100人,为社区第三大姓,占总人口的6.17%。姓氏在50~100之间的有6个,周姓82人、王姓76人、徐姓76人、陈姓74人、吴姓55人、沈姓50人。见表2-3-3。

表2-3-3　　　　　　　　　2017年8月20日利民社区姓氏一览表

姓	人	姓	人	姓	人	姓	人	姓	人	姓	人	姓	人	姓	人
毕	3	费	2	计	2	罗	3	任	8	田	2	薛	5	张	142
蔡	13	冯	21	郏	1	吕	8	茹	1	童	6	严	8	章	3
曹	11	付	2	贾	2	马	13	阮	4	汪	13	颜	2	赵	12
曾	4	甘	1	江	3	梅	1	沙	2	王	76	羊	3	郑	2
柴	2	高	4	姜	13	孟	2	邵	11	韦	2	阳	1	钟	11
常	1	葛	1	蒋	5	苗	3	申	2	魏	5	杨	23	周	82
陈	74	耿	1	接	3	缪	1	沈	50	闻	1	姚	8	朱	113
程	5	龚	3	金	14	莫	1	盛	22	翁	5	叶	9	祝	1
褚	4	谷	3	居	2	倪	3	施	3	邬	2	衣	1	庄	8
戴	8	顾	100	蒯	2	宁	3	石	6	吴	55	易	2	邹	1
单	1	管	3	雷	1	潘	14	时	3	伍	3	殷	4	祖	1
邓	2	郭	20	李	40	庞	3	舒	1	奚	1	印	5		
刁	1	韩	9	郦	1	彭	22	司马	1	系	1	尤	2		
丁	9	何	19	梁	1	浦	1	宋	10	夏	11	余	2		
董	8	贺	1	林	2	钱	7	苏	5	项	1	俞	6		
杜	3	洪	2	凌	6	乔	3	孙	21	肖	1	郁	9		
段	5	候	1	刘	21	秦	2	谈	6	谢	7	袁	1		
范	2	胡	8	柳	1	邱	3	汤	11	熊	2	臧	1		
方	7	黄	34	卢	12	屈	1	唐	22	徐	76	翟	1		
房	1	姬	2	陆	31	饶	1	陶	1	许	27	詹	3		

四、年龄

1. 年龄结构

2016年12月31日统计,利民社区总人口1 602人。其中18周岁以下的有205人,18~

35周岁353人，35～60周岁812人，60周岁以上232人。见表2-3-4。

表2-3-4　　　　　　　　　2013～2016年利民社区户籍人口年龄构成表　　　　　　　单位：人

年份	年末总户数（户）	年末总人口	其中		性别		年龄			
			非农业人口	未落常住户口的人员	男	女	18岁以下	18～35岁	35～60岁	60岁以上
2013	668	1 498	1 498	0	741	757	202	328	781	187
2014	669	1 511	1 511	0	751	760	194	329	790	198
2015	682	1 545	1 545	0	765	780	191	343	788	223
2016	704	1 602	1 602	0	786	816	205	353	812	232

2. 高龄老人

从年龄结构看，2013年，全社区60岁以上老年人187人，占总人口的12.48%，其中80周岁以上8人，占总人口的0.53%。见表2-3-5。

2016年，全社区60岁以上老年人增至232人，占总人口的14.48%。其中80周岁以上老年人16人，占总人口的1%。见表2-3-6。

表2-3-5　　　　　　　2013年年终利民社区80周岁及以上老年人名录

序号	姓名	性别	出生年月	家庭住址
1	夏炽铭	男	1924.07.24	淀兴路
2	郭锦明	男	1927.05.30	公园新村
3	王定廉	男	1927.12.09	沿江路
4	夏阿妹	女	1928.11.13	公园新村
5	蒋阿妹	男	1929.08.21	公园新村
6	叶梦雷	女	1930.04.09	淀兴路
7	朱阿九	男	1930.05.24	振淀路
8	顾小妹	女	1931.12.07	公园新村

表2-3-6　　　　　　　2016年年终利民社区80周岁及以上老年人名录

序号	姓名	性别	出生年月	家庭住址
1	夏炽铭	男	1924.07.24	淀兴路
2	夏阿妹	女	1928.11.13	公园新村
3	蒋阿妹	女	1929.08.21	公园新村
4	叶梦雷	女	1930.04.09	淀兴路
5	朱阿九	男	1930.05.24	振淀路
6	顾小妹	女	1931.12.07	公园新村

续表

序号	姓名	性别	出生年月	家庭住址
7	李宝云	男	1934.01.17	沿江路
8	郁奎英	女	1934.10.20	沿江路
9	张秀英	女	1934.10.20	淀兴路
10	顾新英	女	1935.01.06	利民新村
11	何民权	男	1935.02.12	淀兴路
12	杨金龙	男	1935.07.20	振淀路
13	吴桂英	女	1935.12.23	利民新村
14	顾奎荣	男	1936.08.26	振淀路
15	顾抱一	男	1936.11.19	利民新村
16	沈凯群	男	1936.11.24	淀兴路

五、文化程度

1. 文化结构

利民社区是20世纪90年代后期成立的社区居委会，国家实行九年义务教育，学龄儿童全部入学，各种文化程度在不同年龄段合理分布，除学龄前儿童外，基本没有不识字或识字很少的成年人。

2012年，在籍总人口1 493人，其中学龄前儿童15人、小学文化221人、初中文化609人、高中文化421人、大专文化125人、本科文化78人。

2017年2月，在籍总人口1 626人，其中学龄前儿童42人、小学文化257人、初中文化565人、高中（中专）文化349人、大专文化71人、本科文化66人；新迁入276人，户口簿上未登记文化程度，不详。

2. 下乡插队

20世纪60年代，利民社区辖区内，有16名城镇人员一度安排在农村当农民。见表2-3-7。

表2-3-7　　　　　　利民社区务农城镇人员一览表（2013年统计）

序号	姓名	性别	年龄	住址	务农所在地
1	田忠林	男	63	沿江新村	新和
2	陆文玉	女	61	沿江新村	新和
3	朱　静	女	55	沿江新村	杨湘
4	张丽萍	女	62	沿江路	新和
5	唐同亮	男	60	沿江路	福建
6	陆英英	女	64	淀兴路	新和
7	潘永泰	男	62	淀兴路	杨湘

续表

序号	姓名	性别	年龄	住址	务农所在地
8	凌全民	男	64	利民新村	新和
9	陈海萍	女	62	公园新村	新兴
10	袁建萍	女	59	中市路	大丰
11	尤 杰	男	62	东湖新村	钱沙
12	徐伯芳	女	71	中市路	金家庄
13	沈月琴	女	62	中市路	金家庄
14	顾庆丁	男	63	中市路	金家庄
15	金洪强	男	58	沿江新村	复光
16	朱家学	男	70	曙光路	黎明4组

六、劳动力结构

2016年,利民社区劳动力中,务工人员923人,经商人员14人,机关、学校、事业等单位工作人员和手艺人员共251人,其中在镇以上机关、事业单位工作的有40人。

七、能工巧匠

据不完全统计,利民社区历史上做过"五匠"的有27人。见表2-3-8。

表2-3-8　　　　　　　　2012年利民社区"五匠"人员一览表

序号	姓名	性别	住址	工种
1	顾行孝	男	沿江路	木匠
2	易金龙	男	沿江路	泥水匠
3	李宝云	男	沿江路	木匠
4	吴秀英	女	沿江路	木匠
5	洪小方	男	沿江新村	铁匠
6	顾长春	男	沿江新村	竹匠
7	张辉云	男	沿江新村	竹匠
8	凌桂英	女	沿江新村	竹匠
9	周炳荣	男	沿江新村	木匠
10	徐孟仙	男	沿江路	泥水匠
11	汤小庆	男	沿江路	木匠
12	杨金龙	男	振淀路	木匠
13	顾奎荣	男	振淀路	木匠

续表

序号	姓名	性别	住址	工种
14	薛三源	男	振淀路	木匠
15	蔡奎林	男	振淀路	木匠
16	何森林	男	振淀路	木匠
17	殷建青	男	振淀路	木匠
18	韩解放	男	振淀路	木匠
19	张炳荣	男	福运庄园	泥水匠
20	唐小弟	男	淀兴路	木匠
21	张永明	男	淀兴路	泥水匠
22	朱林荣	男	东湖新村	裁缝
23	陆振东	男	东湖新村	木匠
24	张阿毛	男	石墩花园	木匠
25	张琴荣	男	中市路	裁缝
26	朱乾元	男	公园新村	木匠

第四节 计划生育

1979年10月，开始实行"一对夫妇只生一个孩子"政策，并领取《独生子女证》。1979年以后强调除禁忌证外，实施一胎上环、两胎和两胎以上结扎的避孕节育措施。对于放环的妇女，坚持每年透环一次。1980年9月25日，中共中央发表《关于控制我国人口增长问题，致全体共产党员、共青团员的公开信》，广大党、团员积极响应，以自己的模范行动带动周围群众，有力地推动了人口控制工作，并取得了明显的效果，人口自然增长率逐年下降。

2001年，计划生育技术服务实行国家指导和个人自愿相结合的原则。公民享有避孕方法的知情选择权。国家保障公民享有适宜的计划生育技术服务的权利。国家向农村实行计划生育的育龄夫妻免费提供避孕、节育技术服务，所需经费由地方财政予以保障。

2009年10月1日起，实施国务院公布的《流动人口计划生育工作条例》，社区居委会协助镇人民政府，做好流动人口婚育情况登记。对流动人口实施计划生育管理，开展计划生育宣传教育；指导流动人口中的育龄夫妻，选择安全、有效、适宜的避孕节育措施，依法向育龄夫妻免费提供国家规定的基本项目的计划生育技术服务。建立流动人口计划生育信息通报制度，及时采集流动人口计划生育信息，运用流动人口计划生育信息管理系统核实、通报流动人口计划生育信息。

2011年2月，国家人口计划生育委印发《人口和计划生育工作者职业道德规范（试

行)》的通知,各级人口计划生育部门广泛开展对人口和计划生育职业道德规范的学习教育。忠于国家,落实国策;依法办事,服务群众;爱岗敬业,诚信务实;团结协作,廉洁奉公,不断提高人口计划生育系统职业道德水平。

计划生育工作,侧重于优生优育宣传教育,着力推广优生优育技术知识。新婚夫妇在办理结婚登记手续时,先接受婚育知识培训,育龄妇女怀孕后,办理生育保健卡,定期到医院妇产科做检查,确保孕妇和胎儿的全面健康。

计划生育政策出台,奖惩措施分明,计划生育措施落到实处,有力地推动了计划生育工作的开展,计划生育成为国家的基本国策,育龄妇女成为自觉执行者。至2013年,利民社区共申领独生子女证105份,发放独生子女父母奖金3 890元(见表2-4-1),有效地控制了人口增长(独生子女名字出现两次的,为父母都在利民社区领取奖金)。

表2-4-1 2013年利民社区独生子女父母奖金发放名单 单位:元

序号	姓名	子女姓名	出生年月	地址	金额
1	毕伟东	毕婧盈	2005.03.26	东湖新村	30
2	李 燕	毕婧盈	2005.03.26	东湖新村	30
3	蔡冬军	蔡艺泽	2006.01	振淀路(淀辉)	30
4	陈 健	陈丽安	1999.12.10	东湖新村	30
5	吴雪军	陈梦娇	2002	新乐路(兴复村)	30
6	陈 井	陈周周	2009.11.16	曙光新城	30
7	罗贤英	褚书明	2005.01.26	沿江路	30
8	邓利平	邓越羚	2008.09	建行商住楼	30
9	朱晓英	高蜂竣	2005.03.11	昆山富贵花园	30
10	顾春军	顾程宇	2000.08.15	度城村	30
11	盛凤勤	顾靖雯	2000.03.05	晟泰新村	30
12	顾英芳	顾乐宜	2009.07	度城村	30
13	顾 惠	顾思阳	2008.11.17	曙光楼	30
14	顾奋龙	顾 叶	2000.08.04	新乐路(度城村)	30
15	王春红	顾 叶	2000.08.04	新乐路(度城村)	30
16	顾浩云	顾艺韬	2000.09.10	振淀路兴复村	30
17	张晓晴	顾逸浩	1999.06.10	利民新村	30
18	赵 洁	顾宇晖	2000.11.18	杨湘泾村	30
19	顾 娟	顾宇杰	1999.07.21	淀山湖兴复村	30
20	顾雪红	顾毓婷	2000.10.27	振淀路复利7组	30
21	郭雅静	郭 咪	1999.02.20	振淀路(度城村)	30

续表

序号	姓名	子女姓名	出生年月	地址	金额
22	何彩娥	何思佳	2000.08.23	新乐路（兴复村）	30
23	黄志斌	何思雨	2002.11.02	东湖绿苑	30
24	黄静菊	黄吴宇浩	2007.10.12	利民新村	30
25	黄晓东	黄艺芸	1999.06.10	石墩花园	30
26	吕 琴	黄艺芸	1999.06.10	石墩花园	30
27	黄 芳	黄奕聪	2000.08.06	中市路	30
28	姜 剑	姜心月	2003.08.27	中市路	30
29	李国平	李诺崇	2004.05.14	利民居委会	30
30	董雪芳	李晓菲	2000.03.15	淀兴路	30
31	李丹阳	李晓菲	2000.03.15	淀兴路	30
32	顾 燕	刘顾嘉禹	2005.07.23	振淀路（永新村）	30
33	顾雪妹	刘以琳	2003.12.24	振淀路	30
34	印蓓蓓	刘子涵	2010.07.19	杨湘泾综合楼	30
35	陆 俭	陆玟君	2004.11.16	淀山湖安上村	30
36	吕 军	吕已亮	2000.06.22	利民新村	30
37	苗健健	苗陈怡	2005.10.31	利民新村	30
38	赵雅红	潘雯轩	2005.12	安上村	30
39	庞小燕	庞 威	2005.10.13	曙光楼	30
40	魏云强	庞 威	2005.10.13	曙光楼	30
41	张扣梅	乔正弘	1999.03.30	利民新村	30
42	印伟红	邵英杰	1999.02.19	新乐路（马安新村）	30
43	顾蓓芳	沈家豪	2000.11.14	新乐路（马安新村）	30
44	沈卫刚	沈家豪	2000.11.14	新乐路（马安新村）	30
45	沈 华	沈旺玗	2006.06.16	新乐路（红星村）	30
46	钟小花	沈 莹	2004.02.13	汽车站	30
47	盛春燕	盛苏丹	2002.01.05	东湖新村	30
48	苏 浩	盛苏丹	2002.01.05	东湖新村	30
49	盛晓亮	盛旖恩	2010.08.10	东湖花园	30
50	吴徐妹	谈鑫宇	2006.01.17	沿江新村	30
51	高玉华	唐家啸	2001.12.19	新乐路	30
52	郭春怡	王郭晨	2003.09.18	淀辉锦园	30

续表

序号	姓 名	子女姓名	出生年月	地址	金额
53	王 晨	王天浩	2009.11.06	公园新村	30
54	陈方云	王娅菲	2006.10.22	利民新村	30
55	赵 娜	王逸轩	2009.12.18	东湖绿苑	30
56	钱冬梅	翁钱羽	2006.10.05	中市路永新村	30
57	蔡少洪	吴玟君	1999.12.20	利民新村	30
58	吴彩娟	吴玟君	1999.12.20	利民新村	30
59	张丽霞	吴唯一	2002.06.26	淀兴路信用社楼	30
60	韦美凤	吴伟涛	1999.09.11	新乐路（兴复村）	30
61	吴 斌	吴曦成	2009.08.19	曙光新城	30
62	吴玉花	吴伊凡	2005.03.30	新乐路（双护村）	30
63	唐 娅	吴语堂	2006.10.30	利民新村	30
64	吴 光	吴语堂	2006.10.30	利民新村	30
65	陈玉英	谢晨曦	2001.08	曙光新村	30
66	沈建龙	徐 静	1999.01.16	新乐路（兴复村）	30
67	彭 静	徐彭月	2005.06.20	新乐路（永勤2组）	30
68	徐 陆	徐 悠	2006	石墩花园	30
69	沈建惠	许庆华	1999.09.30	利民新村	30
70	乔春芽	杨轹文	2002.11.29	曙光新城	30
71	杨建国	杨轹文	2002.11.29	曙光新城	30
72	董 明	杨思萌	2000.08.01	淀辉锦园	30
73	徐秀兰	杨苏仪	2007.07.30	振淀路	30
74	杨志刚	杨潇峰	2003.03.07	东湖新村	30
75	张卫芳	尤嘉骏	2002.05.20	东湖新村	30
76	李 珏	俞妍冰	2007.05.22	沿江路	30
77	俞敏华	俞妍冰	2007.05.22	沿江路	30
78	王友芳	张皓轶	2006.01.16	淀兴路	30
79	常 苇	张俊杰	2004.12.06	利民新村	30
80	张桂玲	张婷婷	2004.10.30	振淀路	30
81	张雨龙	张婷婷	2004.10.30	振淀路	30
82	顾婷婷	张析瑜	2006.05.08	公园新村	30
83	张惠良	张 筱	2007.09.11	金家庄村	30

续表

序号	姓名	子女姓名	出生年月	地址	金额
84	周燕	周徐弢	2003.03.02	利民新村	30
85	周云弟	周子俊	2006.01.16	新乐路（新杨村）	30
86	汤月红	周子俊	2006.01.16	新乐路（新杨村）	30
87	朱慧	朱李淼	2011.03.14	信用社	30
88	彭艺	朱玲依	2006.08.26	永勤	30
89	朱正风	朱煜轩	2000.09.04	利民新村	30
90	吕华平	庄凯忍	2004.08	老信用社楼	30
91	陈军	陈佳威	2004.07.06	兴复村4组	30
92	王志萍	杨峰	1999.01.27	曙光新城	30
93	段海璋	段佳怡	2003.09.30	曙光新城	30
94	梁月梅	段佳怡	2003.09.30	曙光新城	30
95	翟秀梅	刘广成	2002.09.19	曙光新城	30
96	刘谋深	刘广成	2002.09.19	曙光新城	30
97	阳新连	房欧	2000.06.20	曙光新城	30
98	黄素英	潘克海	2000.08.15	曙光新城	30
99	陈居春	陈梓浩	2012.09.09	淀辉锦园	60
100	余晓晶	徐嘉	2004.03.31	曙光新城	120
101	徐树申	徐嘉	2004.03.31	曙光新城	120
102	杨志英	王志峰	2002.05.02	晟泰新村	60
103	顾玮	李顾锒	2007.02.05	张浦江南春堤	150
104	张建国	朱张杰	1997.09.24	晟泰新村	220
105	朱春妹	朱张杰	1997.092.4	晟泰新村	220

第三章 社会

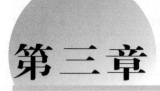

社会之大，包罗万象。利民社区居委会历史短，从筹建居委会至2017年，仅20多年。建制后的区域，成为淀山湖镇区的重要组成部分，域内入驻了许多政府机关办事机构、事业单位和金融机构，境内无农业，以经商务工为主，即使有务农者，也在境域外耕作。本章叙述入驻机构、家庭、居民生活、传统习俗、人物、景观等内容。利民社区居民，为杨湘泾镇老居民、改革开放后农转非小城镇户口家庭人员、机关学校企事业单位工作人员、购置商品房定居人员、租房从事经商务工人员等。社区居民，民风淳朴，品性醇厚。随着社会的发展，文明程度与日俱增，各地汇集而来的旧习俗，未能在当地成为主流，而社会主义新思想、新风尚在迅速占领思想文化阵地。

第一节 入驻机构

利民社区地处淀山湖镇商业中心，经济繁荣，交通发达，基础设施比较完备，公共服务设施比较完善。城镇建设始终以建设"中国21世纪示范镇"为既定目标，先后兴建了一批现代化气息十分浓厚的标志性建筑，进驻了一批机关事业单位和学校、金融、商贸机构等。

一、进驻单位

1993年，利民社区辖区内，进驻单位有淀山湖派出所、司法办、镇党校、广播站、文化站、兽医站、工商组、招商服务中心、经营管理办公室、汽车站、淀山湖小学等。

随着时间的推移，有的单位搬迁，有的更名或升格驻原地，也有新设机构进驻。

2012年，辖区内进驻单位23家。见表3-1-1。

2017年，辖区内进驻单位20家。见表3-1-2。

表 3-1-1 　　　　　　　　　　　2012 年利民社区辖区内进驻单位一览表

序号	名　称	序号	名　称
1	自来水厂门市部	13	淀山湖城管中队
2	淀山湖镇农业服务中心	14	金龙调解室
3	淀山湖商城	15	淀山湖综治中心
4	淀山湖镇动物防疫站	16	淀山湖派出所
5	淀山湖镇招商服务中心	17	淀山湖司法所
6	淀山湖镇便民服务中心	18	淀山湖消防队
7	淀山湖工商组	19	淀山湖应急救援队
8	淀山湖镇劳动保障所	20	淀山湖联防队
9	淀山湖镇统计站	21	淀山湖幼儿园
10	淀山湖学苑	22	淀山湖镇拆迁办公室
11	信息港淀山湖分公司	23	汽车客运站
12	交警淀山湖中队		

表 3-1-2 　　　　　　　　　　　2017 年利民社区辖区内进驻单位一览表

序号	名　称	序号	名　称
1	淀山湖镇农业服务中心	11	淀山湖市场监督管理分局
2	淀山湖镇农产品质量监督站	12	淀山湖城管中队
3	淀山湖水产站	13	交警淀山湖中队
4	淀山湖商城	14	淀山湖派出所
5	淀山湖镇动物防疫站	15	淀山湖专职消防队
6	淀山湖镇招商服务中心	16	淀山湖应急救援队
7	淀山湖幼儿园	17	淀山湖联防队
8	淀山湖广播电视站	18	淀山湖镇社管（网格）办
9	淀山湖镇拆迁办公室	19	淀山湖学苑
10	淀山湖镇便民服务中心	20	汽车客运站

二、部分进驻单位简介

1. 淀山湖镇招商服务中心

淀山湖镇招商服务中心，进驻工贸大楼，位于淀兴路与振淀路交叉口的东南侧。工贸大楼于1988年建成，占地面积1 653平方米，四层砖混结构，每层八间，总建筑面积为1 692.8平方米。进驻时，单位称外经公司招商部和工业公司招商部。大楼前，有1 000多平方米的绿化地，后改建成停车场。大楼内，还入驻淀山湖镇动物防疫站，一度入驻经营管理办公室、统计站、科技办等办事机构。2017年年底，上述两单位合并改称淀山湖镇招商服务中心。

淀山湖镇招商服务中心为镇政府直属单位，经费渠道为全额拨款，其主要职责：研究拟定产业招商的政策意见和实施办法，并组织实施；拟定全镇产业招商工作的中长期规划和年度计划；落实全镇产业招商工作目标；会同有关部门对产业招商工作进行指导、督办和年度考核；负责产业招商项目的收集、调研、编制、更新和储备管理，开展区域产业招商引资的分析评估，指导区域产业合理布局；开展招商工作的宣传和信息发布活动，助推投资环境提升，推广整体投资环境；协调、组织、统筹全镇国内外招商工作，统筹协调跨区域产业项目的科学合理布局，参与和做好产业项目落户评估。

淀山湖镇招商服务中心大楼

2. 淀山湖镇农业服务中心（农产品质量监督站）

淀山湖镇农业服务中心、农产品质量监督站位于商城东侧的淀兴路621号，大楼于1999年建成启用，是镇农业公司、多种经营服务公司的办公大楼。大楼启用前，农业公司在党校、广播站大楼临时办公。大楼共分5层，每层10间，底层为营业厅，二层是办公室，三层至五层是套房式住宅楼，靠大楼南还建有一排生活用房。大楼总建筑面积2 322平方米。

2002年，由淀山湖镇农业公司、多服公司、农机站三个单位合并建立淀山湖镇农业技术推广站，一度更名为农业技术服务站。2011年，更名为淀山湖镇农业服务中心，并设立淀山湖镇农产品质量监督站。

淀山湖镇农业服务中心与农产品质量监督站，实行两块牌子一套班子的管理模式。

2017年，在岗在位员工22人，淀山湖镇农业服务中心（农产品质量监督站）的主要职能：种植业技术指导，水产养殖技术指导，农业机械服务，农产品质量监督。是年，淀山湖镇农业服务中心重点围绕"夯实农业基础设施，提升农业生产发展生命力；增强农产品质量监管，全面提高农产品竞争力；优化养殖业产业结构，发展渔业基础设施建设；推进农业全程机械化，助力秸秆禁烧和综合利用"开展工作。

3. 淀山湖镇便民服务中心

淀山湖镇便民服务中心大楼，位于淀山湖镇政府南200米（振淀路247号），1993年建成。造型别致，占地面积2 750平方米。主楼为二层楼，建筑面积为455平方米。办公楼南半部入驻"淀山湖工商行政管理组"，后升格为"昆山市市场监督管理局淀山湖分局、昆山市食品药品监督管理局淀山湖分局"；北半部原入驻"淀山湖镇文化站"，建筑面积

便民服务中心大楼

为759平方米。21世纪初，淀山湖镇文化站搬迁到文化中心后，曾进驻过旅游公司等。不久，又成为淀山湖便民服务中心用房。

便民服务中心为镇政府职能机构，统一受理、集中行使淀山湖镇政府及其下属机构的行政许可、行政审批、公共服务事项。

办公场所总面积700多平方米，除后台办公室外，主大厅约530平方米，设置54个窗口。2017年12月，实际使用40个窗口，涉及建管、国土、劳动、卫生、公共自行车、交管、城管、自来水、物价收费、环保、市场监管、计生、人保财险、民政、文广、天然气、地税、国税、个私办、兴瑞税务、公安21个部门，剩余窗口留存备用，为阶段性服务项目方便使用。

便民服务中心本着"创新、高效、廉洁、便民"的服务宗旨，"服务无止境"的服务理念，"进一个窗口办好，在承诺期限办结"的服务承诺和"基层满意、企业满意、群众满意"的服务目标，努力打造服务型、效能型机关新形象，全方位推进中心职能转型升级；通过集聚各窗口职能、创新服务方式方法，打造"一站式"服务平台；通过整合镇村二级资源，采用"办理+全程代理"的模式，打造亲民型服务平台；通过公开透明运作，采取自查与互查相结合的办法，打造阳光型服务平台。

淀山湖镇便民服务中心信守承诺，努力提高办事效率，持续推进行政审批工作，热情为群众和企业服务，尽力把便民服务中心办成群众办事的"绿色通道"，说事的"温馨之家"，干群之间的"连心桥"，为建设"尚美淀山湖"增添亮丽的色彩。

4. 淀山湖派出所

淀山湖派出所位于淀山湖镇振淀路东侧、新乐路北侧的振淀路199号。1992年建成广播、党校大楼。大楼占地面积2 808平方米，总建筑面积2 012.79平方米，除大楼外，还有246.21平方米的生活用房（厨房、餐厅），房前有一片绿地，绿地位置原来是淀山湖镇水利管理站。先后进驻淀山湖镇成人教育中心校、中共淀山湖镇党校、淀山湖镇广播电视站等。21世纪初，3家单位均搬迁。先后入驻淀山湖派出所、淀山湖城管中队、交警淀山湖中队、淀山湖专职消防队、淀山湖应急救援队、淀山湖联防队、数字城管淀山湖中队、淀山湖镇综合治理办公室、社管（网格）办、司法所等，后被人们俗称为"公安司法大楼"。2017年年底，淀山湖镇综合治理办、社管（网格）办、司法所搬迁，其余单位留在该大楼办公。

2017年，淀山湖派出所共有民警18人、辅警217人，担负着淀山湖镇56平方千米，10个行政村，7个社区居委会，7.6万多人口的日常治安治理、安全保卫、公共安全监管、人口管理等工作。接受群众的报警、求助，为民排忧解难；依法办理各类刑事、治安案件。

附：淀山湖镇水利管理站

淀山湖镇水利管理站位于振淀路东侧、新乐路北侧，1987年建成启用。砖混结构房屋，是以厂房为主、办公用房为辅的建筑，占地面积8 400平方米，总建筑面积7 110.42平方米，其厂房面积6 138.42平方米，办公用房、生活用房972平方米，"上海长江机械制造厂淀山湖分厂"就设在这里。21世纪初，水利站用房搬迁，改建成大型绿地。

5. 淀山湖镇综治办

淀山湖镇综治办成立于21世纪初，原址位于镇"公安司法大楼"，2016年搬至老小学。

主要职责：贯彻社会治安综合治理各项精神、要求，执行工作计划；指导、督促和协调镇社会治安综合治理工作；对治理目标管理责任制的执行情况进行检查；定期组织社会治安重点整治工作；办理有关社会治安综合治理工作的其他事项等。2017年，创新建立由"四老"骨干组成的社会管理信息员队伍，发扬"四千""四万"精神，成为各村（社区）两委的得力帮手；设有"二三五"工作法、"老对老"结对帮扶机制、"大走访"机制以及技防覆盖工程等惠民特色项目。

6. 淀山湖镇社管（网格）办

淀山湖镇社会管理办公室成立于2012年年底，2016年搬至老小学。具体承担社会管理中的监督、指导、检查、规划、服务等功能。办公室下设"一办""十中心"，以一个"社会管理办公室"为核心，下设应急指挥、民生服务、文化宣教、综合协调、信访接待、矛盾调处、人口管理、治安防控、舆情分析等十个中心。2017年年底，社管办与网格化办公室正式合并。网格办以社会治理联动中心为指挥平台，网格员队伍为抓手，昆山网格化手机APP为工具，为全镇基层问题的发现、上报以及解决提供一条便捷之道。

7. 淀山湖镇司法所

淀山湖镇司法所成立于21世纪初，原址位于镇"公安司法大楼"，2016年搬至老小学。内设法律服务、社区矫正、人民调解、法治宣传等办公室。司法所办公室设施齐全，名称、印章、标识、标牌、制度统一规范，主要职责包括：调解疑难、复杂民间纠纷工作；社区矫正、刑释解教人员帮教工作；开展法治宣传教育、基层依法治理工作；参与社会治安综合治理工作，以及完成其他维护社会稳定工作等。2017年，司法所凝心聚力，推陈出新，以大调解机制、金龙调解室、公众评判庭等符合当地民情的调解品牌项目为载体，持续提升公众法治满意度。

8. 淀山湖交警中队

昆山市公安局交通警察大队淀山湖中队，创建于2010年12月20日，位于淀山湖镇振淀路203号，负责淀山湖镇范围内的交通安全管理工作，下设违法处理窗口、事故处理窗口。2017年，有民警5人，辅警26人，辖区有省道（S343）1条、昆山市框架道路3条（新乐路、黄浦江路、曙光路）。淀山湖交警中队始终坚持党的领导，坚持走群众路线，牢记全心全意为人民服务的宗旨，坚持廉洁高效的工作作风，维护道路安全、有序、畅通。

9. 淀山湖城管中队

昆山市城市管理行政执法大队淀山湖中队，组建于2003年9月，管辖面积65.84平方千米。在淀山湖镇范围内，具体实施城市管理、行政执法。

城管中队行使国务院法制办批准的城市管理行政处罚职能：

行使市容环境卫生管理方面法律、法规、规章规定的处罚权，强制拆除不符合城市容貌标准、环境卫生标准的建筑物或设施；行使城市规划管理方面法律、法规、规章规定的行政处罚权；行使城市绿化管理方面法律、法规、规章规定的行政处罚权；行使市政管理方面法律、法规、规章规定的行政处罚权；行使环境保护管理方面法律、法规、规章规定的对社会生活噪声污染和建筑施工噪声污染的行政处罚权，对向大气排放有毒有害烟尘和气体的行政处罚权，对在公共场所焚烧杂物的行政处罚权；行使工商行政管理方面法律、法规、规章规定的对无照商贩的行政处罚权；行使公安交通管理方面法律、法规、规章规定的对侵占道路行为的行政处罚权。

淀山湖中队始终恪守"严格、公正、文明、自律"的工作宗旨,不断开拓创新,精益求精,努力向着"政治坚定、作风过硬、纪律严明、执法严格、群众信赖"的目标迈进。

10. 淀山湖消防中队

淀山湖消防中队位于淀山湖镇振淀路与新乐路交界处,组建于2013年1月28日,全队编制24人,其中干部3人。

辖区总面积65.84平方千米,下有7个社区居委会,10个行政村。辖区二级重点单位11家,三级重点单位7家。辖区内共有市政消火栓111只,天然水源1处。2017年,配有执勤车辆3辆。五十铃水罐泡沫车(水4吨、泡沫1.5吨)1辆、五十铃中型水罐车(水3.5吨)1辆、五十铃小型水罐车(水2吨)1辆,液压破拆器材1组、无齿锯1台、机动链锯1台、空气呼吸器10具、抢险救援服10套、防蜂服1套、防化服3套,其他常规器材按标准配齐配全。消防中队在完成灭火救援工作的同时,多次出动人员为人民群众及企事业单位做好事、排忧解难,队伍建设日益规模化。

淀山湖消防中队结合辖区实际,认真制订计划,科学安排部署,坚持以速度、力量、协调性训练为重点,不断强化队员体能训练,不断强化队伍专勤训练,拓展抢险救援职能。强化专业知识和技术的学习训练,强化科目设置训练,强化基础性应用和救助技术训练;有针对性地开展灭火疏散演练,提高各类突发事故的处置能力。

在全力开展打造消防铁军、加大执勤备战力度的基础上,淀山湖消防中队积极组织开展辖区志愿消防队伍培训,利用QQ联络平台发布火灾预警信息,随警出动宣传,进村入户宣传等,积极开展社会面的宣传教育。

11. 中共昆山市淀山湖镇委员会党校

中共昆山市淀山湖镇委员会党校,成立于1984年,校址在西大街老乡政府内。1992年迁至淀山湖镇振淀路新建大楼。2004年,为适应社会主义市场经济条件下党员教育新形势的需要,镇党委、镇政府筹措400多万元,在镇成人教育中心原有校舍(上洪路)的基础上,再增建了一幢2 000多平方米的教学大楼,党校搬迁至新址,实行"两校合一,各司其职"的办学模式,最大限度地发挥教育资源的综合功能。

学校教育教学设备齐全,建有微机室、多媒体电子阅览室、语音室、图书室和成果展览室等设施。教育设备现代化。学校各类藏书5 000多册,每个教室均有有线电视和数字网络线,确保党校各类教学培训活动的正常开展。

淀山湖镇党校组织机构健全,由镇党委书记,党委副书记,组织、宣传、纪检委员及有关部门负责人组成校务委员会,党校校长由党委书记兼任,配备1名专职副校长,1名专职教员和十几名兼职教员。

镇党校建立和健全各类规章制度14项,党校工作职责明确,专兼职教师共同承担全镇党员培训的教学任务。党教工作在积极体现多样化、本土化、通俗化的实践中,提升水平、增强实效,为推进全镇三个文明建设提供智力支持和精神动力。

淀山湖镇党校坚持常年办学,常办常新。始终坚持党校姓"党"的原则,以马列主义、毛泽东思想、邓小平理论、"三个代表"重要思想和科学发展观为指导,紧紧围绕昆山市委宣传部提出的教学要求和镇党委的目标任务,组织全镇党员进行系统轮训。党的十八大后,淀山湖镇党校坚持"服务发展大局、服务基层组织、服务党员群众"的工作理念,明确"满足市民需求为导向,推进内涵建设为根本,发挥载体作用为依托,构建和谐淀山湖为己任"的办学方向,树立"博学进取,严谨创新"的校风,坚持"厚德载物"的校训。从实际出发,探索"集中培训与送教下乡相结合、灵活办班与学历办班相结合、理论提高与调查研究相结合、党员教育与农村宣传相结合"的特色办学之路。

截至2017年,先后荣获江苏省先进基层党校、江苏省红旗基层党校、苏州市红旗基层党校、苏州市示范基层党校称号;连续19年,每年被评为"昆山市优秀基层党校","社区第一课"被评为党员教育优秀品牌。

12. 淀山湖镇成人教育中心校

淀山湖镇成人教育中心校创办于1984年8月,隶属于昆山市教育局领导。校址最初设在西大街善堂弄内的老小学,1992年迁至淀山湖镇振淀路,2003年迁至上洪路新校舍。2004年,镇成人教育中心校与镇党校实行"两校合一,各司其职"的办学模式,最大限度地发挥教育资源的综合功能。学校建有一支素质高、有特长、教育理念先进、敬业爱生、师德高尚的师资队伍,有专职教师8人,兼职教师19人,教师学历达标率100%。

淀山湖镇成人教育中心校以"服务社会、服务经济、服务基层"为宗旨,融职业教育、成人教育、社区教育和社会培训为一体,通过各级各类教育培训,提升全镇人口的人文素质。中心配有300座多功能厅1个,多媒体教室2个,微机室2个,标准教室5个,建成广播系统、会议系统和宽带网络系统。先后创建钳工技能、焊工技能、缝纫工技能等技能操作室,备有机械、模具数控实训工场,为开展各类成人教育和技能培训提供硬件保障。

淀山湖镇成人教育中心校全力推进成人高等教育,先后与苏州职业大学、南京农业大学、中国石油大学、中国地质大学、武汉理工大学、西南科技大学、华中师范大学和北京航空航天大学等高等院校联合办学,开办成人专科本科函授教学、网络教学班。学校同时担负全镇的社区教育、党员教育、现代农民教育、新淀山湖人教育等工作,为全镇的人才培养和经济发展做出积极贡献。

淀山湖镇成人教育中心校先后被确认为"江苏省重点成人教育中心校""江苏省教育现代化先进学校""昆山市级社区教育中心""苏州市级社区教育中心",连续多年被评为"昆山市社区教育先进单位"。

13. 淀山湖镇中心幼儿园

淀山湖镇幼儿园创办于1951年,为淀山湖(杨湘泾、淀东)中心小学附属幼儿园。1989年,从镇老街区搬迁至新区,在双娄江东岸、淀兴路南侧,新建二层半环形教学楼一幢,有六套教室,总建筑面积1 000多平方米。1998年,镇政府投资150万元,在幼儿园北侧进行扩建,扩建后的中心幼儿园,造型新颖,面貌焕然一新。集教学、活动、休息于一体的教学楼,共9套3层,总建筑面积2 700平方米。

2012年,全园占地面积6 536平方米,建筑面积5 200平方米,绿化面积超过30%。有16个班级,在园幼儿673名,其中小小班1班,学生20名;小班5班,学生204名;中班5班,学生204名;大班5班,学生234名。有教师34名、工作人员26名。

幼儿园注重骨干教师培养和青年教师培养,涌现出一批苏州市、昆山市优秀教育工作者,昆山市"双十佳"青年教师,昆山市学术带头人,昆山市学科带头人,昆山市教学能手和教坛新秀，昆山市级以上骨干教师占 30%。拥有一流的现代化教学设备，设有科学发现室、建构室、多媒体教室、图书室、美术室。建成了校园网，班级配备了"新三机"，每位教师配有教学和办公用电脑。

幼儿园以"面向未来，追求卓越，服务社会"为宗旨，以促进幼儿终身可持续发展为本，以纸工特色教育为突破口，努力营造民主、宽松、自由、和谐的氛围，让孩子在自由选择、自主活动中得到能力和个性的良好发展，使幼儿在动手能力、科学认知、情感发展、审美情趣等方面整体协调发展，培养出了一批批"健美、聪明、活泼、自信"的孩子。

2014 年下半年，在昆山市政府的关心下，幼儿园从淀山湖中心小学划分出来独立建制。全园占地面积 6 809 平方米，建筑面积 5 554 平方米。幼儿园以优美的环境、精良的园舍设备、优秀的教职工队伍，成为具有现代化气息和农村特色的孩子成长乐园。是年，入驻淀湖社区的现代化幼儿园启用，相对减轻了幼儿招生压力。

幼儿园在"尚美"文化引领下，进一步提升幼儿园纸工教育特色的内涵。做实做强艺术教育特色品牌，培养孩子健康的审美情趣和良好的艺术修养，在激发孩子艺术兴趣的同时，展现孩子的艺术才能，一批批"尚美"宝贝脱颖而出。

2017 年，有 15 个班级，其中小班、中班、大班各有 5 个班，在园幼儿 535 名，教师员工 65 名。

幼儿园在传承和创新之路上不断前进，获得了多项集体荣誉。先后被评为江苏省绿色学校、江苏省示范性实验幼儿园、苏州市巾帼文明示范岗、苏州市基本现代化幼儿园、苏州市常规管理先进幼儿园、苏州市合格家长学校、苏州市平安校园、苏州市绿色学校等，昆山市先进集体、昆山市"三八"红旗集体，连续多年在昆山市教育综合考评中被评为"优秀学校"。

14. 淀山湖学苑

淀山湖学苑始建于 1997 年 9 月，由上海合作银行收购淀山湖迎宾馆，更名为淀山湖学苑，由上海方经营。1998 年 12 月，总投入 4 500 万元，对原宾馆进行改造，将喷泉改为草坪，改造大厅，大门移至南侧（派出所旁边），并征用道褐浦河道东侧土地 42 亩，开始建设二期工程。

改造扩建后的淀山湖学苑，集餐饮、住宿、健身、娱乐、会议、培训为一体，为国际三星级标准管理的旅游涉外宾馆。内有标准客房 100 余间，豪华套房 4 套，独立组合套房 4 幢。大型宴会厅可容纳 200 余人就餐，另有大小包房 6 间；学苑会议中心有容纳 234 人的大型多功能会议厅、8 个中小型会议室、1 个贵宾室、1 间多功能教室、2 间普通教室，配有电化教育设施，能满足 150 人教育培训的

淀山湖学苑

需要。学苑文体设施齐全，有垂钓中心、水疗馆（桑拿、游泳）、健身房、弓箭吧、网球场、溜冰场、保龄球馆、壁球馆、桌球房、乒乓室、棋牌室、游戏机房、多功能舞厅、影视

厅、KTV等。

2006年年底，淀山湖学苑出于某种原因，停业，全部设施空关。

2017年，淀山湖学苑整修改造。

2018年，整修改造后的淀山湖学苑，入驻"美华学校"。

附：淀山湖迎宾馆

淀山湖迎宾馆位于振淀路东侧淀兴路与新乐路之间，淀山湖镇人民政府兴建。占地面积100亩，建筑面积12 000平方米，总投资6 000万元，1994年建成对外开放。宾馆由三幢欧美建筑风格的低层别墅组成，附之以宽阔的广场和平坦的草坪及音乐喷泉，为二星级涉外饭店。宾馆集餐饮、住宿、健身、娱乐、会议、购物为一体，有豪华套房、标准房60间（套）、大小会议室、卡拉OK厅、舞厅、美容厅、桑拿、健身房和购物中心。1997年9月，以3 800万元售给上海合作银行（当时名）。

15. 江苏有线网络发展有限责任公司昆山分公司淀山湖广播电视站

江苏有线网络发展有限责任公司昆山分公司淀山湖广播电视站，是江苏有线昆山分公司下的一个站点。

前身为"昆山市信息港网络科技有限责任公司淀山湖分公司"，最早可以追溯到淀东广播站、放大站，设在西大街老乡政府内。1992年，淀东广播站入驻振淀路东侧、新乐路北侧的振淀路199号大楼，与派出所、党校同楼办公，拥有机房、办公室8间248平方米。不久，升格为淀山湖广播电视站。拥有有线广播机房，配备2 000W有线广播扩大机一套，另有播音室、有线电视监控系统和设备机房，肩负着全镇广播电视服务工作。

2002年1月，广电站与文化站合并，组建文化广播电视站，并成立昆山市信息港网络科技有限责任公司淀山湖分公司。2003年6月，建成苏州市有线电视镇。不久，广播电视站与文化广播电视站脱钩，搬迁到淀兴路。

2015年1月1日，正式启用"江苏有线"，全称"江苏有线网络发展有限责任公司昆山分公司淀山湖广播电视站"，简称"广电站"。

广电站一楼设昆山数字电视淀山湖营业厅，约50平方米；二楼设站长室、办公室、会议室、会客室、值班室等；三楼为智慧淀山湖信息中心、淀山湖镇社会综合治理联动中心，于2016年年底开始建设，2017年7月正式启用。

广电站品牌创建宗旨——"有线传递，无限服务"。经营范围：广播电视传输网络的建设、改造、经营、维护和管理；广播电视及信息网络技术开发、咨询、服务；广播电视设备及信息设备代理、销售及租赁；对广播、电影、电视、信息、传媒等产业进行投资管理。站内职工7人，合作公司人员6人。用户14 000多户。

16. 淀山湖镇拆迁办公室

淀山湖镇拆迁办公室，位于淀兴路香石路交叉口的东南侧，2007年7月，脱离淀山湖镇建设管理所，成为独立的职能部门。

拆迁办公室主要负责拆迁政策的制定和解释，动迁任务的编制和落实，依法进行行政裁决，申请及配合昆山市动迁办，组织实施强制拆迁，并做好安置房的督建等工作。昆山市淀山湖宏宇房屋拆迁有限公司与淀山湖镇拆迁办公室，为"两块牌子"一套班子。宏宇房屋拆迁有限公司，是房屋拆迁的具体实施机构，根据拆迁办下达的动迁任务，制订拆迁方案，组织实施；根据工作流程，开展摸底调查、动员、评估、上门核对、公示、签订动迁协议、回收相关证件、安置房屋、结算交房、拆迁档案管理及旧房拆除等工作。

17. 昆山市市场监督管理局淀山湖分局

昆山市市场监督管理局淀山湖分局，地处淀山湖镇振淀路247号，管辖淀山湖镇，辖区总面积56平方千米，辖10个行政村、7个社区居委会。

2015年前，分局隶属千灯工商所。2015年，三局合一后，从千灯工商所脱钩，单独成立昆山市市场监督管理局淀山湖所。分局于2016年成立党支部，由7名党员组成。2017年，正式更名为昆山市市场监督管理局淀山湖分局，为昆山市市场监督管理局的派出机构，挂"昆山市食品药品监督管理局淀山湖分局"牌子，负责辖区内的市场监督管理工作，副科级建制。

2017年，有工作人员27人，其中行政及事业编制8人，镇协管员19人。

主要职责：具体负责所辖区域内工商行政管理、质量技术监督、食品药品监管工作的行政指导、监督管理工作；负责上级局授权或委托的行政审批事项和其他具有审批、确认性质的权力事项的直接办理；具体负责对辖区内企业及其他法定对象的日常监管和案件查处工作；承担地方政府、昆山市市场监督管理局交办的其他事项。

根据上述职责，昆山市市场监督管理局淀山湖分局设分局长1名（副科职），副分局长2名（正股职），内设五股：

综合股　受市局授权或委托，负责对应做好市局党政办公室、组织人事教育、计划财务、政策法规、监察审计等科室布置的各项工作及其他综合事务；对投诉举报进行转办、跟踪和督促协调。

行政服务股　根据登记机关的委托，办理所辖区域内市场主体的登记注册工作；负责市局授权或委托的涉及质量技术监督、食品药品监督管理方面的行政审批事项和其他具有审批、确认性质的权力事项的直接办理。

监管一股　受市局授权或委托，具体负责所辖区域内的工商行政管理、质量技术监督的行政指导和日常监督管理。

监管二股　受市局授权或委托，具体负责所辖区域内的食品药品监管工作的行政指导和日常监督管理。

稽查股　受市局授权或委托，具体负责所辖区域内企业及其他法定对象违法案件的查处工作。

18. 昆山市第五动物防疫站淀山湖工作组

中华人民共和国建立初期，淀东区没有畜禽防治机构，畜禽疾病诊疗与阉割主要靠半行医、半务农的民间兽医和阉割手。

1957年，政府引导民间兽医正规从事兽医事业，把有实践经验的民间兽医和阉割手组织起来，成立兽医联合诊所，业务上由县畜牧兽医站领导。1958年10月，成立淀东公社畜牧兽医站，公社（乡镇）畜牧兽医站走上正轨。

60年代初经济困难时期，公社兽医人员解散回农村。1964年，整顿，归队。1975年，中共中央发文明确规定，公社畜牧兽医站是公社的一个事业单位，实行社办公助，每年由地

方财政向公社畜牧兽医站拨一定数量的补助款。

1983年6月，改名为淀东乡畜牧兽医站。1988年6月，更名为淀东镇畜牧兽医站。1989年，乡镇畜牧兽医列入国家技术人员系列评定职称。1991年，畜牧兽医站从镇老区中市桥南堍西侧，搬迁到淀兴路招商大楼。1993年10月25日，更名为"昆山市淀山湖镇畜牧兽医技术推广服务站"，为全民事业单位。2008年，更名为淀山湖动物防疫站。

2016年11月，经昆山市委、人事局批准，淀山湖动物防疫站与千灯动物防疫站合并，成立"昆山市第五动物防疫站"，并挂"昆山市第五动物监督分所"牌子，核定在编人员9名，办公地点在千灯镇，淀山湖镇挂"昆山市第五动物防疫站淀山湖工作组"牌子。

职能：动物和动物产品检疫，病死畜禽无害化处理监管，畜产品质量安全监管，兽药、饲料添加剂等投入品的生产、经营、使用管理，动物卫生监督；动物防疫，动物疫情调查，采样监测工作；畜牧新技术引进推广、指导，以及畜牧生产和统计等工作。

19. 淀山湖商城

淀山湖商城是全镇人民的购物中心，集农贸市场、小商品市场、个体商店为一体，繁荣兴旺。商城内，家用电器、手机数码、日用百货、服装鞋帽、粮油副食、烟酒杂货、餐饮小吃、鲜活水产、禽蛋肉类、各类水果、瓜果菜蔬等，应有尽有，琳琅满目。

淀山湖商城的前身是淀东公社农贸市场，创建于1962年，地址在老街中市桥堍。1980年，在中市路边开辟一个临时农贸市场，划出一块地盘，让自产户和专业户按贸易品类区设摊交易。1988年年初，由政府投资，在淀兴路南、双娄江边新建一个1 000平方米左右的农贸市场，同时用玻璃钢搭起简易栅。场内设100多个用水泥板搭成的摊位，相对正规的农贸市场在淀东镇诞生。

1995年，总投资1 600万元，占地2.06万平方米，建筑面积1.6万平方米的淀山湖商城落成，位于淀兴路南侧道褐浦桥堍。是年6月29日，淀山湖商城启用。

2007年，政府投入改造资金600万元，对农贸市场进行综合整治、内部改造，市场的环境整治取得了良好的社会效益。

2008年1月20日，综合整治、内部改造后的农贸市场正式投入营运。近6 000平方米超大容量的农贸大厅，由专业设计单位进行全面改造设计，从市场公共设施、通风采光装置、电子显示屏、监控设备到经营户电子秤、平板车、冷柜的统一配置等多方面，全面达到标准化市场要求，成为周边乡镇农贸市场中的佼佼者。与此同时，升级改造后的市场，由私人承包转变为政府集体经营，实行公益性管理，对一部分因病致贫、残疾、零就业、帮教对象家庭等弱势群体，实行优先、优惠准入经营。是年，被评为江苏省农副产品"百强市场"

2015年，荣获"江苏省文明诚信市场"荣誉称号。

2017年，商城通过逐年改造，各项工作、人员配备、市场硬件设施逐步完善。（详见第六章沿街门面第二节淀山湖商城）

三、金融机构

2012年，利民社区辖区内共有金融机构7家。2017年，辖区内共有金融机构6家，比2012年少了一家昆山市农信农村小额贷款有限公司。见表3-1-3。

表 3-1-3　　　　　　　　　　　2017 年利民社区辖区内金融机构一览表

序号	名称	序号	名称
1	中国建设银行淀山湖支行	4	农村商业银行淀山湖支行
2	中国工商银行淀山湖支行	5	中国人财保险淀山湖分公司
3	中国银行淀山湖支行	6	中国太平洋保险公司

四、部分金融机构简介

1. 昆山农村商业银行淀山湖支行

昆山农村商业银行淀山湖支行位于道褐浦大桥西块，淀兴路南侧，营业大楼于1996年建成，时称"淀山湖镇农村信用合作社"。大楼底层是车库，二层至三层是信用社营业大厅和办公室，四层至六层是套房式职工住房，大楼总建筑面积2 900平方米。

2005年1月8日，淀山湖镇农村信用合作社改称昆山农村商业银行淀山湖支行，是经中国银行业监督管理委员会批准成立的股份制金融机构。

昆山农村商业银行淀山湖支行的主营业务：吸收公众存款；发放短期、中期和长期贷款；办理国内结算；办理票据承兑与贴现；代理收付款项及代理保险业务；代理发行、代理兑付、承销政府债券；买卖政府债券、金融债券；从事同业拆借；提供保管箱服务；外汇存款；外汇贷款；外汇汇款；外汇兑换；国际结算；结汇、售汇；资信调查、咨询、见证业务以及经中国银行业监督管理机构和国家外汇管理局批准的其他业务。

2. 中国人财保险淀山湖分公司

中国人财保险淀山湖分公司是中国人民财产保险股份有限公司（简称"中国人保"）旗下的一家分公司。"中国人保"是经国务院同意、中国保监会批准，于2003年7月设立的，前身是中国人民保险公司。

中国人财保险淀山湖分公司位于淀兴路777号。营业大楼是一幢四层办公大楼，铺面是营业厅，二层至四层是办公楼，总建筑面积651.18平方米。

中国人财保险淀山湖分公司业务范围：家庭财产保险、汽车保险、财产保险、货运险、货物运输保险、汽车保险、企业财产保险、工伤责任保险、雇主责任保险、公众责任险、团体人身意外险、信用保证保险、商务旅行意外险、医疗责任保险、物流责任险。

3. 中国建设银行股份有限公司昆山淀山湖支行

中国建设银行股份有限公司昆山淀山湖支行成立于1994年3月8日。营业大楼于1996年建成，位于淀兴路南侧、双溇江东岸。大楼六层框架结构，总建筑面积3 063平方米。底层是中国建设银行淀山湖镇支行的营业大厅，淀山湖食品站租用东边三间铺面，二层是建行的办公楼，三层至六层是套房式住宅。

中国建设银行股份有限公司昆山淀山湖支行主要从事经营中国银行业监督管理委员会依照有关法律、行政法规和其他规定批准的业务，经营范围以批准文件所列的为准。

五、医疗机构

截至2017年年底，利民社区境内，入驻3家昆山卫生部门批准的医疗机构，沪昆综合门诊部设在曙光路西侧，李成通齿科诊所、友好门诊部设在商城周边。

第二节 家 庭

一、家庭结构

当地居民组建家庭，均以父辈为中心，父辈对家庭独具支配权，并对家庭人员和经济负有一定的责任，尤其对小辈成家立业负主要责任。女子在家庭中的地位日益提高，做到了男女平等。

一般家庭，从原来三代同堂的结构，变成夫妻带孩子的小家庭生活方式，家庭结构逐步变小。但当地老居民中，三代同堂甚至四代、五代同堂的也有一定数量。2002年10月，中央电视台焦点访谈节目组记者在利民社区采访"全面建设小康社会"节目时，遇到了五代同堂的顾学兴一家。顾学兴住在一幢三层小楼内，老人生日恰逢中秋，五代同堂的顾老伯合家团聚，共度中秋和他的68岁生日。

二、婚姻关系

男女婚嫁，通常由介绍人（媒人）牵线，经男女相亲，父母同意。双方注重家庭政治、经济因素，以及男女德行。20世纪90年代随着经济的发展，自由恋爱结婚的居多。女青年的择偶，取决于对方的形象、气质、言谈举止等个人素质，同时考虑经济条件、家庭背景等其他因素；绝大多数青年择偶时，希望有安全感，包括有一定的经济实力，为人稳重、成熟，负责任，处事果断有魄力。男人的择偶标准依然离不开温柔、体贴、美丽、大方、善良等传统条件，要求尊敬老人、孝顺父母等。90年代后期，改革开放力度加大，新昆山人大量涌入，男女择偶对象的范围不断扩大到外省市的青年男女。

三、文明和谐家庭

家庭是社会的细胞，和谐家庭是和谐社会的基础，利民社区妇联充分发挥自身优势，开展多项活动，助推构建和谐社区。2012年，评出文明和谐家庭60户；2013年，评出文明和谐家庭30户；2014年，评出文明和谐家庭42户；2015年，评出文明和谐家庭12户；2016年，评出文明和谐家庭13户。

第三节　居民生活

社区筹建时，由于居民移入、迁入、购房后常住转入等因素，社区居民生活水平参差不齐。1997年社区建制后，随着各项体制制度的完善、社区功能的健全，入住居民的生活水平逐年提高。进入21世纪，居民饮食更注重质量，豆奶制品、新鲜瓜果、蔬菜、水产品等消费增长，健康饮食习惯深入人心。

居民的文化生活相当丰富，手机、电脑、数字电视进入寻常百姓家。上网看新闻、听歌曲，网络购物，十分方便；居民收看数字电视公共频道，内容丰富多彩，有的还开通付费点播电视。晚上，很多居民看文娱演出，跳广场舞，十分活跃。

一、住房

1993年社区筹建后，农村先富裕起来的一部分人、外来经商务工人员、周边城市精明人开始涌向镇区，在镇上争相购买商品房、店面房和高层住宅房，为房屋开发商拓展业务提供了有利条件。辖区内出现了许多完整小区和零星住宅楼，大部分居民住进了整齐有序的商品房。21世纪，农村人口向城镇集中居住的趋向越加明显。随着人民收入的年年增加，生活水平的大幅提升，社会商品的日益丰富，人们的消费观念不断更新。老一代人的省吃俭用、注重储蓄、消费量力而行的传统观念，正逐渐被年青一代的力赶新潮、先贷后支、超前消费的享受、发展型观念所取代。人民的消费需求与社会购买力空前增长。

2016年，随着城乡一体化力度的加大、居民收入的不断提升、家居环境的改善，越来越多的农民舍得把钱用在装修上，对住房装潢的要求不断提升。在强大的经济基础支撑下，人民的生活也随之进入了水平提高最快、质量保障最好的历史时期。

二、家庭大型消费品

2016年，居民家庭大型消费品有轿车、摩托车、洗衣机、电冰箱、空调机、热水器、手机、彩电、电脑等。随着生活水平的快速提升，家庭大型消费品的配置紧跟潮流，电冰箱、热水器、洗衣机、高档液化气灶、大屏幕彩电、DVD放像机、数码照相机、电脑、多功能立体声音响、电话机、手机、席梦思大床、组合式现代家具、摩托车等成为必备用品。红木家具、摄像机、液晶式高级电视机、钢琴、轿车等进入寻常人家，手机几乎人手一部，有的年轻人、时髦人1人拥有2部，追求4G网络智能手机，外出手机不离手。上一代人的家具、电器丢弃可惜，留着拥挤，大多数由父辈或出租房使用。

三、饮食

2000年后，人们的饮食水平不断提高，平时无荤勿吃饭，逢时逢节，招待亲朋菜肴丰盛。人们开始讲营养，荤素搭配，直接消费粮食的比例逐年下降，水果长年不断，孩童牛奶

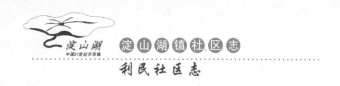

常饮，保健品进入家庭消费。婚丧喜庆大摆宴席，互相攀比，达20多道菜肴，再加点心，有的人家年夜饭定在饭店。

2016年后，食品消费更趋多样，饮食服务更重质量。一是随着健康饮食、养生观念深入人心，饮食消费支出发生较大变化，饮食结构更加均衡。糕点、奶及奶制品、干鲜瓜果、蔬菜、肉禽蛋、水产品等营养丰富的食品支出明显增长。二是外出饮食渐成风尚。随着生活水平的提高和生活节奏的加快，外出餐饮次数明显增多，消费支出增长较快。

四、衣着

随着改革开放的深入发展，居民常常到市场上挑选购买各式服装。2000年后，人们的衣着质地进一步提升，款式、色彩多样化，男性以西装、夹克衫、休闲衫为主，女性以两用衫、西服、中装、风衣为主。男、女穿着皮革制衣、羽绒衫也相当普遍，针织内衣、羊毛衫、绒线衫花式不断翻新，年年新潮年年添，家中衣衫"成灾"，衣柜、衣箱皆满。

2016年后，衣着打扮支出增多，时尚消费档次更高，居民衣着打扮更凸显个性、时尚、潮流，装饰消费支出和档次都大幅提高。

第四节　养老保险

2000年，社会养老保险只在市镇有业人员（机关企事业单位中的干部、职工）中展开。

随着社会保障体系的完善，社区居民参保人数大大提高，截至2012年年底，社区正规就业单位缴纳养老保险的人数为650人，灵活就业自费缴纳养老保险的人数为240人，市外就业缴纳养老保险的人数为20人，占全社区人口的60.7%。

第五节　医疗保险

1997年3月，职工医疗保险改革正式启动，分步实施，滚动推进。全市国家机关、企业事业单位、外商投资企业、部省属及外地驻昆单位、乡镇企业、私营企业单位职工和个体工商户均列入覆盖范围。参保单位普遍建立了个人账户和社会统筹医疗基金相结合的三段直通式管理模式，个人账户用完后，先用个人工资总额的5%，再由统筹账户支付。1999年12月，昆山市政府印发《昆山市城镇职工基本医疗保险制度改革实行办法》及8个配套文件，基本形成与国家医保改革制度接轨，以基本医疗保险为主体、大病社会救助为补充、单位适当照顾为辅助的三位一体的昆山医疗保险政策体系。筹资水平为用人单位按在职职工上年工资总额的8%缴纳基本医疗保险费，个人按2%缴纳。医疗保险基金的分配和使用，实行统筹基金和个人账户相结合的制度，对因患特殊疾病、在门诊频繁发生的医疗费用且数额较大的，经批准由统筹基金实行照顾报支。基金的收支管理在财政专户储存，收支两条线，确保基金安全运营。2000年，昆山市政府对"实行办法"和配套文件进行补充完善。2004年，城镇职工医疗保险覆盖面扩大。

随着社会医疗保障体制的逐步完善，人民生活水平日益提高，医保参保人数明显上升。截至2012年年底，社区缴纳职工医疗保险的人数为910人，缴纳居民医疗保险的人数为313人，退休人员医疗保险人数为250人，基本实现了医疗保险全覆盖。

第六节 景 观

一、忻康公园

忻康公园，又名文化公园。位于振淀路西侧、公园路北侧，北沿双娄江河道，占地面积11 350平方米，投资500万元，1993年修建而成。公园绿荫环抱、花团锦簇，以大片区草坪、大色块花坛为基调，以精美小品点缀，勾勒出风情万种的园林式公园。园内建有各式桥梁6座，亭榭3座，假山、石雕，名贵黑松、桂树成行。公园里，春秋有花，夏季有荫，冬季有青，曲桥流水，亭廊雕塑，

忻康公园

湖光水色，风光独特，是群众休憩的好去处。淀山湖镇老人活动中心、老干部活动室和淀山湖镇退教协会活动室都附设在这里。

建园初期，公园东、南筑有围墙，西、北以自然河道或开挖小河阻隔，西南由老年活动中心衔接围墙与小河，振淀路上设有东门，公园路上有两个侧门，方便进出。

正门入园，一尊男女孩童紧抱月兔的生命造型，引人注目；圆池假山、临亭亭榭、单孔石拱桥、三曲石板桥、三孔石拱桥、琉璃瓦水榭、露天舞台、紫藤长廊、月亮湾长条观众席，仪态万千，风情万种，百看不厌。

2002年，忻康公园改造成开放式公园，并安置"家和""童趣""恋爱"三组石雕。尔后，又在公园西南侧建造利民居委会一幢二层办公楼及辅助房，增建门球场，增设健身器材，增添高秆绿化，形成了生态环境与人文环境有机结合的绿色公园。

2017年，忻康公园内小品、桥梁、亭榭、假山、石雕等保护完好，内有香樟、雪松、广玉兰、盘槐、黑松、五针松、垂柳、桂花等35个品种花木和球类植物组成的绿化景观，绿化面积14 692平方米，其中常绿树种65%、落叶树种35%，呈现出生态与人文环境结合的绿色公园。

二、和馨园

淀山湖镇和馨人口文化园，简称和馨园，坐落在美丽的忻康公园南侧、振淀路西侧、新乐路北侧，1993年年初建成，占地面积63 750平方米，初建时名为绿化广场。

淀山湖镇致力于植物景观特色的发掘和应用，充分利用植物自身的生理特征，综合植物花、叶、形等方面的优点，塑造了一个地方植物景观特色鲜明的"新江南特色镇"。公园呈浅丘地形，园内各个区域充分体现空间的开合、收放，既能遮阴蔽日纳凉，又可追逐嬉戏。让人在不同的季节，都能享受到植物景观带来的诗情画意。

和馨园

园内人工开挖了一条水溪，贯穿其中，为公园增添了灵气。沿着水溪南端，建有半圆弧形亲水平台，下沉式设计，平台通过五层台阶进入造型灌木绿化区。绿化区内，矗立现代化的彩虹雕塑，又称五彩祥云，冉冉升起，象征着积极向上的正能量，满足游览者的亲水心理。

2010年5月，淀山湖镇人民政府以"和谐自然，呵护生命"为主题，在园内增设"人之初""童年""钟爱一生""和和美美""生生不息""LOVE"等雕塑小品以及"人口计生信息亭"。充分利用公园现有绿化水体环境，注重挖掘淀山湖镇深厚的文化底蕴，使雕塑小品与自然融合，相映成趣。注重亲切感和互动感，体现人与自然、社会和谐发展的美好愿望，寄托淀山湖人对未来的憧憬、对发展的祈盼和建设美好家园的豪情，象征淀山湖经济文化繁荣，人民和美安康，社会和谐文明。2015年，和馨园和忻康公园对外宣传，合称忻康公园。

2017年，和馨园内有香樟、女贞、广玉兰、榉树、雪松、水杉、银杏、桂花等40余种花木和球类植物组成的绿化景观，绿化面积42 956平方米，其中常绿树种71%、落叶树种29%，利用植物自身的生理特征，综合植物花、叶、形等方面的优点，生态与人文环境相结合，塑造了一个地方植物景观特色鲜明的"江南式公园"。

第七节　名　木

一、苦槠

苦槠位于淀山湖学苑。树高6.2米，胸围（地围）166厘米。传说树龄300年，估测树龄350年。

这棵苦槠树，2010年10月从浙江省新昌县购买搬迁至淀山湖学苑。由于该树的树冠较大，带来运输上的困难，无法迁运，故而只好把树的枝干锯掉。据当地老百姓说，这棵古树的树龄已近300年。传说："这棵苦槠树是地龙"（实际上树根部下口有两条蛇），能保护村民常年过上五谷丰登、六福兴旺的日子，是一棵财神树。搬迁时，镇里有关部门领导做了不少工作，使这棵庞大的古树落户在淀山湖学苑。经过绿化人员的精心栽培及养护，苦槠古树长势良好，几年后，古树的树冠非常旺盛，冠幅宏大。

二、栲树

栲树位于淀山湖学苑。树高7.5米，胸围（地围）205厘米。传说树龄300年，估测树龄350年。

这棵栲树，2010年10月从浙江省新昌县购买搬迁至淀山湖学苑。为便于迁运，锯掉树的枝干。搬迁时，镇里有关部门领导做了不少工作，使这棵庞大的古树落户在淀山湖学苑。经过绿化人员的精心栽培及养护，古树长势良好，树冠旺盛，姿态宏伟。

苦槠

第八节 人 物

一、博士后

顾荣荣，男，生于利民居委会。博士后；在日本科研机构从事科研工作。

二、当代军人录

表3-8-1　　　　　　　　　利民社区居委会当代军人录（不完全统计）

序号	姓名	性别	出生年月	文化程度	政治面貌	入伍时间	退伍时间	部队职务	专业名称	服兵役地址
1	张祥荣	男	1942.06	初中	党员	1965.03	1969.03	副排长		4652部队
2	殷建明	男	1943.01	初中	团员	1965.03	1969.02	战士	40火箭筒手	84804部队
3	钱俊荣	男	1944.04	初中	党员	1961.8	1977.08		炮兵	52852部队
4	张菊荣	男	1945.01	高小	党员	1965.03	1970.01	班长		1792部队
5	张俊泉	男	1947.01	初中	党员	1968.04	1973.02	班长		6066部队
6	钱永元	男	1953.12	高小	党员	1969.02	1974.02	班长		1401部队

续表

序号	姓名	性别	出生年月	文化程度	政治面貌	入伍时间	退伍时间	部队职务	专业名称	服兵役地址
7	翁福明	男	1950.01	初中	党员	1969.04	1973.02	文书	文书	1401部队
8	朱引根	男	1949.11	初中	党员	1970.01	1975.03	班长		6682部队
9	许全林	男	1950.03	小学	党员	1970.01	1976.03	副班长	汽车司机	32516部队
10	丁小弟	男	1950.11	初中	党员	1970.01	1976.03	班长	炮兵	32536部队
11	朱巧忠	男	1951.08	初中	党员	1972.12	1976.03	班长	有线电接线员	84804部队
12	冯岐新	男	1953.06	高小	党员	1972.12	1976.03	班长	40火箭筒手	84804部队
13	张炳荣	男	1953.02	初中	党员	1972.12	1976.03	战士		84804部队
14	顾桃兴	男	1944.04	高中	党员	1974.12	1986.12	连长	坦克兵	
15	朱楚明	男	1955.06	初中	党员	1975.01	1978.04	电话员	电话员	55365部队
16	吕善新	男	1955.05	高中	党员	1975.01	1980.01	班长		83560部队
17	张杏元	男	1955.02	高小	党员	1975.01	1980.01	班长	摩托侦察班	83569部队
18	顾炳荣	男	1955.10	文盲	团员	1975.01	1978.04	战士		55365部队
19	吴伟民	男	1954.05	初中	党员	1975.01	1981.01	副班长	汽车驾驶员	83569部队
20	朱昌林	男	1957.01	初中	党员	1976.02	1984.01	班长	汽车驾驶员	54575部队
21	王巧龙	男	1958.10	高中	团员	1976.03	1981.01	战士	汽车驾驶员	54575部队
22	许乃滨	男	1955.10	高小	团员	1977.01	1979.11	战士		56018部队
23	汤雪林	男	1957.08	初中	党员	1977.01	1983.01	班长		54575部队
24	朱建忠	男	1961.04	初中	党员	1978.04	1983.01	班长	步兵	83531部队
25	沈文荣	男	1958.01	初中	团员	1978.04	1982.01	班长	步兵	83531部队
26	沈菊祥	男	1958.03	高中	党员	1978.03	1984.01	战士	代保密员	第123部队
27	程永良	男	1960.02	初中	团员	1978.03	1982.11	战士	给养员	第123医院
28	陈道龙	男	1959.05	初中	团员	1978.04	1983.01	战士	汽车修理工	89767部队
29	叶金方	男	1960.11	初中	团员	1978.04	1982.01	副班长	电话员	83531部队
30	唐卫新	男	1959.11	高中	党员	1979.01	1982.01	副班长	气象观测员	89767部队
31	张文俊	男	1960.11	高中	党员	1979.12	1984.01	班长		84987部队
32	冯 新	男	1963.01	高中	党员	1980.11	1986.01	班长	地炮测地员	51021部队
33	陈永康	男	1961.12	初中	团员	1980.01	1983.01	战士		84987部队
34	张菊林	男	1962.09	高中	团员	1981.10	1983.01	战士	加农炮炮手	52854部队

续表

序号	姓名	性别	出生年月	文化程度	政治面貌	入伍时间	退伍时间	部队职务	专业名称	服兵役地址
35	徐永芳	男	1964.07	初中	党员	1983.10	1987.10	战士		浙江武警
36	金祥龙	男	1965.05	初中	团员	1983.10	1987.10	战士		浙江武警
37	程川忠	男	1964.04	高中	党员	1983.10	1987.10	班长		浙江武警
38	邱学	男	1964.12	初中	党员	1984.10	1988.01	战士		安徽武警
39	侯彩兴	男	1967.11	高中	党员	1985.11	1999.07	司务长	步兵	32417部队
40	韩其峰	男	1971.05	初中	党员	1989.03	1992.12	战士	锅炉兵	海军部队
41	周卫国	男	1970.01	初中	团员	1989.03	1992.12	战士	锅炉兵	海军部队
42	曹永刚	男	1976.09	初中	党员	1994.12	1998.12	班长		83123部队
43	周云弟	男	1977.12	初中	党员	1995.12	1998.12	战士	汽车驾驶员	武汉士官学校
44	蔡志彬	男	1979.09	初中	团员	1997.12	2000.12	班长		73322部队
45	许辉	男	1982.01	高中	团员	2000.12	2002.12	战士		江苏武警
46	程晨	男	1985.12	大专	团员	2005.12	2007.12	战士	迫击炮手	73336部队
47	顾志峰	男	1986.10	高中	党员	2005.12	2007.12	战士	计算机操作员	青海省军区司令部
48	王琪	男	1987.09	大专	团员	2006.12	2008.12	战士		浙江武警
49	王玮	男	1987.09	大专	团员	2006.12	2008.12	战士		浙江武警
50	徐顺凯	男	1987.11	中专	团员	2007.12	2009.12	战士	通信线路员	61491部队
51	杜亮亮	男	1988.06	中技	团员	2008.12	2010.12	战士		武警8714部队
52	沈联	男	1992.10	大专	团员	2011.12				广西武警
53	朱沈威	男	1993.08	大专	团员	2012.12				江苏武警
54	金徐立	男	1992.11	中专	团员	2012.12				天津65军85舟桥团
55	黄志浩	男	1993.01	大专	团员	2012.12				山东省军区
56	宋思燕	女	1994.12.26	大专	团员	2014.12				北京武警
57	张震东	男	1995.03.31	大专	团员	2015.09				
58	谈佳成	男	1995.12.03	中专	团员	2015.09				
59	朱陈凌鹏	男	1996.03.03	大专	团员	2015.09				
60	顾妙佑	男	1996.05.05	大专	团员	2016.09				

三、劳动模范

表 3-8-2　　　　　利民社区劳动模范名录（不完全统计）

序号	姓名	性别	文化程度	政治面貌	何年何种模范	工作单位或地址
1	张阿毛	男	中专	党员	1983年1月江苏省劳模	淀山湖镇民和村7组石墩78号
2	王小顺	女	高中	党员	1978年苏州市劳模	淀山湖镇公园新村（退休）
3	陆雪元	男	大专	党员	1993年10月昆山市劳模 1997年11月苏州市劳模	江苏新东湖集团有限公司（东湖绿苑18号）
4	许洪泉	男	高中	群众	2010年4月昆山市劳模	昆山市超声仪器有限公司

四、离休干部

贾乾三（1926—1992），男，1926年生于江苏省淮阴县，青年时就读于淮阴师范学校，思想进步，受中共地下党陈丕显影响，投身革命。后加入新四军，参加渡江战役。中华人民共和国建立后，贾乾三到昆山县粮食局工作。在反右派斗争中受到不公正对待。1964年，安家落户于淀东公社新星大队。1980年，贾乾三获得平反，被安排到淀东公社粮管所工作，后调任淀东公社法律服务所，负责民事调解工作。1987年离休，1992年6月9日去世。

五、在外工作人员

2012年，据不完全统计，利民社区在镇机关事业单位等在外工作人员有40人。见表3-8-3。

表 3-8-3　　　　　利民社区在镇机关事业单位等在外工作人员一览表

序号	姓名	性别	工作过的单位	入职时间
1	顾桃兴	男	昆山市工商行政管理局	1995.01.01
2	吴新兴	男	淀山湖镇党校、成人教育中心校	1996.08.01
3	周建珍	女	淀山湖镇妇联	1995.01.01
4	徐兴珍	女	淀山湖镇计划生育站	1997.07.01
5	曾文刚	男	淀山湖镇财政分局	1995.01.01
6	潘小燕	女	淀山湖镇便民服务中心	1996.08.01
7	郭献忠	男	淀山湖社区	2012.01.01
8	沈菊祥	男	昆山市淀山湖镇经济服务中心	1998.06.01
9	顾伟荣	男	昆山市淀山湖镇水利站	1991.08.01
10	朱建春	男	淀山湖镇统计站	2007.10.30
11	谢　勇	男	昆山市淀山湖镇农业技术推广站	1995.01.01
12	杜秀春	男	昆山市淀山湖镇农业技术推广站	1995.01.01

续表

序号	姓名	性别	工作过的单位	入职时间
13	顾幸福	男	昆山市淀山湖镇农业技术推广站	1999.09.01
14	汤文艳	女	淀山湖镇计划生育站	2013.03.01
15	朱惠英	女	昆山市淀山湖中心小学	1996.01.01
16	沈 伟	男	淀山湖镇预防保健所	1985.01.01
17	徐三兴	男	淀山湖镇成人教育中心校	1995.01.01
18	钟建峰	男	昆山市淀山湖中学	1995.01.01
19	徐咏梅	女	昆山市淀山湖中心小学	1995.01.01
20	朱正祥	男	昆山市淀山湖镇经济服务中心	1996.01.01
21	陈 萍	女	昆山市节约用水办公室	1991.08.01
22	冯 新	男	中国太平洋财产保险昆山支公司	1997.01.01
23	陆美康	男	淀山湖镇淀山湖社区	1995.01.01
24	张其荣	男	昆山市淀山湖镇农业技术推广站	2002.07.10
25	唐为新	男	淀山湖镇路灯所	1995.01.01
26	吴伟明	男	淀山湖镇后勤中心	2001.01.01
27	张文俊	男	淀山湖镇富民强村办	1996.01.01
28	朱建中	男	淀山湖镇统战办	2002.07.10
29	朱裕林	男	淀山湖镇纪检委	2013.05.01
30	凌 荣	男	淀山湖镇农技中心	1993.11.01
31	张 勇	男	淀山湖镇土地所	2004.01.01
32	徐林元	男	淀山湖镇文卫办	1996.01.01
33	姜爱国	男	淀山湖镇派出所	1997.12.01
34	周定兴	男	淀山湖镇劳动和社会保障所	1991.06.01
35	严林奎	男	昆山市淀山湖镇经济服务中心	1996.01.01
36	张利军	男	昆山市建设工程检测中心	2002.07.30
39	孙惠萍	女	昆山市淀山湖中心小学	1995.01.01
40	徐建龙	男	淀山湖镇民政办	1994.06.01

第九节 集体荣誉

2004~2016年，利民社区获得省级荣誉4项、苏州市级荣誉6项、昆山市级荣誉16项、淀山湖镇级荣誉6项。见表3-9-1。

表3-9-1　　　　　　　　　　2004~2016年利民社区荣誉一览表

序号	荣誉称号	颁奖单位	获奖时间
1	江苏省民主法治示范社区	江苏省依法治省领导小组	2008.11
2	江苏省妇女法制宣传教育示范点	江苏省妇女联合会	2009.05
3	首批"江苏省标准化居民学校"	江苏省社教办	2013.06
4	江苏省2012—2015"绿色社区"	江苏省环境保护委员办公室	2016
5	苏州市绿色社区	苏州市人民政府	2006.06
6	苏州市和谐示范社区	中共苏州市委 苏州市人民政府	2007.04
7	苏州市民主法治社区	苏州市依法治市领导小组 苏州市司法局 苏州市民政局	2007.04
8	苏州市教育现代化社区市民学校	苏州市社区教育办公室	2013.06
9	苏州市规范化村（社区）人民调解委员会	苏州市司法局	2013.12
10	苏州市示范妇女儿童之家	苏州市妇女联合会	2014.03
11	昆山市社区建设示范社区	中共昆山市委员会 昆山市人民政府	2004.03
12	昆山市文明社区	昆山市精神文明建设委员会	2006.02
13	昆山市民主法治示范社区	昆山市依法治市领导小组	2006.03
14	昆山市级学习型社区	昆山市社区教育办公室	2006.12
15	昆山市文明示范社区	中共昆山市委员会 昆山市人民政府	2007.03
16	昆山市社区活动中心建设先进单位	昆山市民政局	2007.03
17	昆山市社区建设先进单位	昆山市人民政府	2007.03
18	昆山市首批新农村（村级）文化设施标准化建设达标单位	中共昆山市委宣传部 昆山市文化广播电视管理局	2008
19	昆山市级学习型社区	昆山市社区教育办公室	2009
20	昆山市敬老爱老助老先进单位	昆山市老龄工作委员会	2011.09
21	2011年度昆山市社区教育先进单位	昆山市社区教育办公室	2011.12

续表

序号	荣誉称号	颁奖单位	获奖时间
22	昆山市社区教育示范社区	昆山市社区教育办公室	2011.12
23	昆山市首批"特色社区"	昆山市社区建设办公室	2012.08
24	2010—2012年度昆山市人民调解工作先进集体	昆山市司法局	2012.11
25	昆山市第三批数字化学习实验社区	昆山市社区教育办公室	2012.11
26	昆山市第二届和谐示范社区	昆山市人民政府	2013.03
27	2005年度社会治安综合治理先进单位	淀山湖镇人民政府	2005.12
28	"十五"期间人口和计划生育工作先进集体	中共淀山湖镇委员会 淀山湖镇人民政府	2006.09
29	2009年度综治（创安）信访工作先进单位	中共淀山湖镇委员会 淀山湖镇人民政府	2010.02
30	淀山湖镇人口与计划生育先进集体	中共淀山湖镇委员会 淀山湖镇人民政府	2010.03
31	2011年度社会治安综合治理（平安建设）先进集体	中共淀山湖镇委员会 淀山湖镇人民政府	2012.02
32	先进基层党组织	中共淀山湖镇委员会	2016.07

第四章 文体卫生

20世纪90年代，历届党政组织重视文化事业建设，建广播电视、老年活动室、图书室，开创"五位一体"多功能的文化阵地，充分发挥主阵地作用，传播文明健康的科学文化知识。

进入21世纪，群众文化工作蒸蒸日上，群众业余文化生活更加丰富多彩。

第一节 文体设施

2004年8月20日，第五次全国体育场地普查，利民社区有1个健身点600平方米、1个棋牌室48平方米、1个乒乓室48平方米、1个门球场500平方米。

2008年，先后投资7万余元，添置现代化多媒体投影仪设施1套。2009～2010年，市镇两级政府投资100多万元，对社区文体活动中心进行改建，面积442.53平方米，进一步完善社区文体活动服务中心的功能。

2016年，利民社区有11套健身路径备案。见表4-1-1。有办公、活动用房922.03平方米，有市民法制学校、社区服务中心、社区综治办、影视室、图书阅览室、排练厅、亲子活动室、图书阅览室、电子阅览室、残疾人康复室、斯诺克台球室、乒乓球室、棋牌室、老年人活动室、警务站、物业管理站及现代化办公设施等。设在各个小区的宣传栏有13个19.46平方米，图书室有各类图书2 500余册。有小公园露天广场一处、门球场一片、室外健身器材8套80多件。见表4-1-2。

表4-1-1　　　　　　　　　　2016年利民社区健身路径备案汇总表

序号	备案路径名称	活动地域
1	淀山湖利民社区东湖水岸健身路径	东湖水岸
2	淀山湖利民社区杨湘综合楼健身路径	杨湘综合楼
3	淀山湖利民社区东湖新村健身路径	东湖新村
4	淀山湖利民社区利民新村健身路径	利民新村

续表

序号	备案路径名称	活动地域
5	淀山湖利民社区曙光新城健身路径	曙光新城
6	淀山湖利民社区君悦花园健身路径	君悦花园
7	淀山湖利民社区福兴庄园一期健身路径	福兴庄园一期
8	淀山湖利民社区福侬庄园（福运马洛卡）健身路径	福侬庄园（福运马洛卡）
9	淀山湖利民社区福兴庄园三期健身路径	福兴庄园三期
10	淀山湖利民社区教师楼健身路径	教师楼
11	淀山湖利民社区石墩新村健身路径	石墩新村

表4-1-2　　2016年利民社区精神文明建设硬件设施统计表

名称		设置地点	面积（平方米）或件、套数等	投资金额（万元）	附属设施
市民、法制学校		利民社区办公大厅2楼	126	10	彩电、DVD等
社区服务中心		社区办公大厅1楼	126	5	办公服务设施齐全
社区综治办		社区文体中心	100	10	监控等设施完善
社区会议室等		社区办公楼附属房	50	2	设施齐全
宣传栏（46.14平方米）		1. 社区办公室旁	4.62	1	不锈钢玻璃橱窗
		2. 公园新村	2.64	0.5	不锈钢玻璃橱窗
		3. 利民新村	3.0	0.5	不锈钢玻璃橱窗
		4. 利民新村	3.8	0.75	不锈钢玻璃橱窗
		5. 东湖新村	3.12	0.68	不锈钢玻璃橱窗
		6. 石墩新村	3.12	0.68	不锈钢玻璃橱窗
		7. 警务站边	5.2	1	不锈钢玻璃橱窗
		8. 利民新村	4.0	0.1	墙报
		9. 社区办公室旁	4.0	0.8	不锈钢玻璃橱窗
		10. 东商城路口	2.88	0.5	不锈钢玻璃橱窗
		11. 多服公司楼西墙	2.88	0.5	不锈钢玻璃橱窗
		12. 沿江新村	2.88	0.5	不锈钢玻璃橱窗
		13. 君悦花园门口	4.0	0.3	不锈钢玻璃橱窗
文体活动场所	露天广场	小公园	550	10	文艺表演
	门球场	小公园	300	15	全套设施
	室外健身器材	利民新村门球场旁	500	20	各种室外健身器材
		曙光新城	一套12件	10	各种室外健身器材
		君悦花园	一套12件	10	各种室外健身器材
		福兴庄园一二三期	两套24件+8件	27	各种室外健身器材

续表

名称	设置地点	面积（平方米）或件、套数等	投资金额（万元）	附属设施
	东湖新村	4件	3	各种室外健身器材
	东湖水岸	一套12件	10	各种室外健身器材
乒乓球室	社区文体中心二楼	40	0.3	乒乓台1件套
棋牌室	社区老年活动室二楼	棋牌桌8套 100	2	棋牌桌等设施
老年电视室	社区老年活动室一楼	100	3	彩电等设施
影视厅	利民社区办公大厅2楼	126	5.5	彩电、DVD投影仪电脑等
亲子活动室	社区文体中心一楼	80	5	儿童游乐等设施
图书阅览室	社区文体中心二楼	报纸15种、杂志25种、图书2 500余册 40	4.5	图书柜、书桌
电子阅览室	社区文体中心二楼	40	6	电脑10台及电脑桌等
残疾人康复室	社区文体中心一楼	40	3	各种健身器材
排练厅	社区文体中心二楼	80	5	文艺、舞蹈排练设施齐全
物业中心	社区文体中心二楼	40	2	办公服务设施齐全
特色文化	文艺队、球操队等	骨干队员50人	3	
其他情况说明	社区办公服务及活动室面积922平方米			

一、市民法制学校

市民法制学校对居民开展社会主义民主与法制教育，使居民懂得什么是社会主义民主，怎样发展社会主义民主；懂得在行使自己的民主权利的时候，不得损害国家、社会和集体的利益以及人民的民主权利。

教育居民懂得宪法是国家的根本大法，是制定一切法律的依据，是保证建设现代化社会主义强国的强大武器，每个中华人民共和国的公民都享有宪法和法律规定的权利，同时又必须履行宪法和法律规定的义务。人人都要养成遵守宪法、维护宪法的观念和习惯，同违反和破坏宪法的行为进行斗争。

让居民了解社会主义民主与社会主义法制的辩证统一关系。懂得民主是法制的前提和基础，而法制是民主的体现和保障，目的在于保护人民群众的根本利益，调动全体人民的积极性、主动性和创造性，加快建设社会主义现代化。教育居民正确使用民主权利，运用社会主义法制这一武器，保护人民的民主权利，打击各种刑事犯罪分子的破坏活动，维护社会秩序。

对居民进行法律常识的教育，使居民懂得什么是法，法的阶级本质和作用，以及有关的政策法令。引导居民自觉遵守法律，并勇于同一切违法现象做斗争。

市民法制学校通过对居民的社会主义民主与法制教育，让居民增强当家做主人的政治责任感,正确运用民主权利。懂得社会主义民主是在中国共产党集中统一领导下的民主。在社会主义制度下,人民享有广泛的民主和自由,同时又必须遵守社会主义纪律和法制,不允许以任何借口搞极端民主化和无政府主义。通过民主与法制教育,使整个社会形成全民学法、知法、懂法、执法、遵纪守法的新局面。

二、社区服务中心

社区服务中心以"情系社区,服务万家"为宗旨,随时为居民提供优质服务。社区服务中心协调有关社会服务组织;承担政府委托的社会事务等方面的管理和服务项目,如卫生体育、教育科普、计划生育等工作;负责公益活动为主的志愿者服务;负责政府委托的社区服务项目的相关工作;开展便民利民、文化娱乐等服务;提供政务信息、便民服务信息等咨询服务;开展社区居民的自助互助服务;推进社区建设的窗口等职能服务,让居民感受到社区的关爱。

三、社区综治办

社区综治办分析社区的治安形势,及时向党支部、居委会提出社会治安综合治理工作和"平安社区"建设工作的建议;组织开展社会治安综合治理工作和"平安社区"建设工作;每月集中排查本社区的矛盾与纠纷,及时调处,努力把矛盾纠纷化解在基层、消灭在萌芽状态;认真接待居民来访,协调突发性事件;着力解决影响本社区的治安问题,落实防范、教育、管理等各项措施,提高治安防控力;深入开展无毒社区、无邪社区创建活动,加强国家安全人民防线建设;办理上级交办的有关社会治安综合治理工作的其他事项。

警务室及时受理群众报警,按照报警内容和现场情况,及时向派出所及有关部门报告,并做登记工作;做好群众求助服务,对职责范围内的求助事项及时处置;对职责范围外的求助事项积极帮助联系,提供必要援助;对群众上门咨询,做到热情接待,耐心答复;开展其他工作。按时完成综治工作室交办的任务;积极开展治安纠纷调解、民事纠纷调解、法制宣传教育、治保工作指导等相关工作。

利民社区综治办

治保委员会开展经常性的社会主义法制和社会公德的宣传教育,提高居民知法、懂法、守法的自觉性;开展防火、防盗宣传教育,组织开展治安值班、巡逻和安全检查,维护社会治安稳定;协助有关部门做好归正人员的帮教转化和管理工作,以及预防未成年人犯罪。

第二节 文体活动

群众文化娱乐体育活动丰富多彩，文化、宣传阵地质量不断提高，围绕经济建设和重点节庆活动，积极开展和参与镇举办的文艺表演、元宵灯谜、迎国庆书法、征文、演唱、黑板报等各类活动。

一、文体团队建设

组建各种文体队伍，坚持每天开展形式多样、内容丰富的各种文体活动，繁荣社区文化，提高居民文明意识。

文体团队遵循"立足社区，面向大众，办老百姓喜欢、参与的文化"的群众文化工作理念，运用各种形式，推进社区社会文化活动开展，搭建社区居民健身休闲、文化、学习交流平台，构建文明和谐社区，营造健康向上的社区文化氛围，增强居民群众对社区的归属感和认同感。

1. 舞蹈队

建立"舞回青春"（老年舞蹈队）和"靓丽舞蹈队"（中年舞蹈队），成立社区工作领导小组，抓好社区舞蹈队队伍建设。

小组长统筹规划，充分利用重要节日、纪念日以及空暇时间，根据居民群众的不同喜好，组织开展健康有益、丰富多彩的文化活动。12名队员组成的利民社区"舞回青春"（老年舞蹈队），活动地点以利民社区排练厅为主，活动时间为每周一、四下午，团队特色是腰鼓、广场舞、柔力球、秧歌舞，代表作品"广场舞"。2015年，利民社区重新登记的"舞回青春"老年舞蹈队成员见表4-2-1。

表4-2-1　　　　　　2015年利民社区"舞回青春"老年舞蹈队成员一览表

姓名	性别	年龄	特长	备注
张惠娥	女	68	腰鼓、广场舞、柔力球、秧歌舞	负责人
冯彩英	女	65	腰鼓、广场舞、柔力球、秧歌舞	
冯庆川	女	65	腰鼓、广场舞、柔力球、秧歌舞	
庞引娟	女	68	腰鼓、广场舞、柔力球、秧歌舞	
顾林秀	女	68	腰鼓、广场舞、柔力球、秧歌舞	
陈取娥	女	60	腰鼓、广场舞、柔力球、秧歌舞	
吴金娥	女	61	腰鼓、广场舞、柔力球、秧歌舞	
黄红英	女	61	腰鼓、广场舞、柔力球、秧歌舞	
周范芳	女	63	腰鼓、广场舞、柔力球、秧歌舞	

续表

姓名	性别	年龄	特长	备注
郭留英	女	65	腰鼓、广场舞、柔力球、秧歌舞	
阮阿九	女	63	腰鼓、广场舞、柔力球、秧歌舞	
周春娥	女	65	腰鼓、广场舞、柔力球、秧歌舞	

19名队员组成的利民社区"靓丽舞蹈队"（中年舞蹈队），活动地点以利民社区排练厅、富贵广场为主，活动时间为每周一、四下午，团队特色为广场舞，代表作品"今夜舞起来"。2015年，利民社区重新登记的"靓丽舞蹈队"（中年舞蹈队）成员见表4-2-2。

表4-2-2　　　　　2015年利民社区"靓丽舞蹈队"（中年舞蹈队）成员一览表

姓名	性别	年龄	特长	备注
何雅芳	女	53	广场舞	负责人
沈建芳	女	43	广场舞	
张彩虹	女	46	广场舞	
林　芳	女	47	广场舞	
张志芳	女	52	广场舞	
李伟红	女	45	广场舞	
印伟红	女	35	广场舞	
庄建珍	女	42	广场舞	
王胡英	女	48	广场舞	
张翠梅	女	40	广场舞	
朱　虹	女	42	广场舞	
冯国芳	女	40	广场舞	
张红珍	女	46	广场舞	
张瑞芳	女	43	广场舞	
顾芳英	女	45	广场舞	
朱建月	女	43	广场舞	
张雪红	女	46	广场舞	
王兴妹	女	43	广场舞	
张参娥	女	41	广场舞	

2. 门球队

淀山湖门球队，2001年，由淀山湖镇退休老干部张俊泉组建。淀山湖老年门球协会先后由张俊泉、刘汉田、林娟（兼）任门球协会会长。利民社区门球队员，在镇一队、镇二队、综合队居多。门球教练吴伟明，练就精湛球技，多次带领球员参加国际、国内大赛，并

多次获奖。

二、整合利用资源

社区文化活动室向居民群众开放，利用场地开展棋类、文艺类娱乐活动。加强社区图书室建设，为居民提供学习的条件和场所，改善群众学习交流的环境。创办社区科普活动，建立固定的宣传阵地，以丰富群众文化知识。建设文化宣传栏，利用宣传栏等宣传阵地，倡导科学文明健康的生活方式，定期向广大居民公布社区最新动态、相关知识等，以健康、积极的文化去感染、影响居民。

探索文化活动的新形式，以群众为主体，引导居民广泛参与社区文化活动，每星期安排健康服务、健身锻炼、学习交流、书法之家、戏曲平台等。配合镇文体站开展大型文娱活动。展示社区文体风采，使小区居民文化生活更加丰富多彩。开办"社区道德讲堂"。定期举办物业管理、生活常识、法律知识等多种形式的培训活动。

三、开展活动

社区开展文体活动，注意结合读书节、邻里节、学生寒暑假校外实践的机会，积极引导和提倡全社区居民开展形式多样、内容健康向上的各类文体活动。

为弘扬中华优秀传统文化，开展庆传统节日系列主题活动。在春节、七夕、中秋、重阳四个传统节日期间，开展主题系列文化活动，把弘扬中国优秀传统文化、创造和谐幸福社会这一宗旨贯穿活动始终。以2014年为例，利民社区业余演出队为群众演出46场次。见表4-2-3。

表4-2-3　　　　　　　　　　2014年利民社区业余演出队演出场次一览表

序号	演出时间	演出地点	演出节目	剧种
1	1月27日	文化中心广场	相约快乐	广场舞
2	1月27日	文化中心广场	采槟榔	广场舞
3	3月9日	文化中心广场	今夜舞起来	广场舞
4	3月9日	文化中心广场	最炫民族风	广场舞
5	4月17日	富贵广场	喜气洋洋	广场舞
6	4月17日	富贵广场	天下最美	广场舞
7	4月17日	富贵广场	你爱了吗	广场舞
8	4月17日	富贵广场	中国歌最美	广场舞
9	4月17日	富贵广场	探戈舞	广场舞
10	4月17日	富贵广场	最炫民族风	广场舞
11	4月17日	富贵广场	办喜事	沪剧
12	4月17日	富贵广场	红梅赞	沪剧

续表

序号	演出时间	演出地点	演出节目	剧种
13	4月17日	富贵广场	毛主席的话儿记心上	歌曲
14	4月17日	富贵广场	你爱了吗	广场舞
15	4月17日	富贵广场	采槟榔	歌曲
16	4月17日	富贵广场	丰收歌	歌曲
17	4月17日	富贵广场	混沌赋	沪剧
18	4月17日	富贵广场	紫竹调	江苏民歌
19	4月17日	富贵广场	最炫民族风	广场舞
20	4月17日	富贵广场	芦苇疗养院	沪剧
21	4月17日	富贵广场	昨夜情	沪剧
22	4月17日	富贵广场	燕燕做媒	沪剧
23	4月17日	富贵广场	快乐跳吧	广场舞
24	4月20日	敬老院	天下最美	广场舞
25	4月20日	敬老院	你爱了吗	广场舞
26	4月20日	敬老院	昨夜情	戏曲
27	4月20日	敬老院	乌苏里船歌	歌曲
28	4月20日	敬老院	快乐跳吧	广场舞
29	5月23日	淀山湖居委会	快乐跳吧	印度舞
30	5月23日	淀山湖居委会	独唱爱的路上千万里	歌曲
31	5月23日	淀山湖居委会	沙漠王子算命	越剧
32	5月23日	淀山湖居委会	柔力球	球操
33	5月23日	淀山湖居委会	"家"选段"请你千万莫误会"	沪剧
34	5月23日	淀山湖居委会	梅花三弄快乐	丝竹
35	5月23日	淀山湖居委会	快乐	丝竹
36	5月23日	淀山湖居委会	独唱苏北小调	戏曲
37	5月23日	淀山湖居委会	歌伴舞小城故事	歌曲
38	5月23日	淀山湖居委会	双人恰恰我们的歌谣	广场舞
39	6月2日	体育公园	全民健身月比赛	体育
40	6月27日	昆山艺体馆	第四套秧歌舞	广场舞
41	9月6日	昆山艺体馆	24式太极拳	太极拳
42	9月6日	昆山艺体馆	柔力球	球操舞

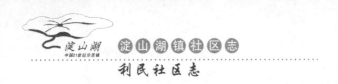

利民社区志

续表

序号	演出时间	演出地点	演出节目	剧种
43	10月29日	安上村戏台	中国歌最美	广场舞
44	10月29日	安上村戏台	梦里的姑娘	广场舞
45	10月30日	淀山湖小学	采槟榔	广场舞
46	10月30日	淀山湖小学	梦里的姑娘	广场舞

随着人民群众生活水平的提高,精神文明工作成为社区工作的又一重点。2015年,利民社区致力于加强文体队伍建设,带领广大社区居民大力开展丰富多彩、文明健康、群众喜闻乐见的文体娱乐活动,以达到不断丰富社区居民精神文化生活的目的。

2015年5月16日,淀山湖镇"全民健身日"体育节运动会在康乐园如期举行,在热烈激昂的乐声中,利民居委会代表队着装整齐,精神抖擞,以嘹亮的口号、自信的笑容,参加了双人跳、托球跑和拔河比赛,展示出运动员积极向上的精神风貌。

2016年,遵循"立足社区,面向大众,办老百姓喜欢、参与的文化"的群众文化工作理念,利用各种形式,推进社区文化活动的开展,开展好庆传统节日系列主题活动的同时,积极参与镇举办的各类文化比赛活动。11月,淀山湖镇举办第21届戏曲、歌曲演唱赛,利民社区有4名业余文艺骨干报名参加。见表4-2-4。11月12日,"昆山农商银行杯"首届文广广场舞大赛半决赛场在奥特莱斯举行,利民社区舞蹈队和淀山湖镇金凤凰舞蹈队、舞彩生活舞蹈队,作为淀山湖镇3支代表队参加了半决赛。

表4-2-4　　　　2016年11月淀山湖镇第21届戏曲、歌曲演唱赛利民社区报名表

序号	姓名	性别	参赛曲目	剧目种类
1	林淑萍	女	心中的玫瑰	歌曲
2	赵国芳	女	读信	沪剧
3	吴　佳	女	终于等到你	歌曲
4	李丹凤	女	嫁媳自叹	锡剧

第三节　文化名人

一、李宝云

李宝云,男,1934年1月生,文化程度高中,家住沿江路。

李宝云生于江苏吴江,1951年中学毕业后跟随父亲学习木工手艺,后到昆山通用机械厂当木模工和制图员。李宝云自幼酷爱写字、绘画,童年时代,每天坚持临帖柳公权《玄秘塔》《远游正草尺牍》和颜体。丰子恺大师的《芥子园画传》,成了他一生爱不释手的学

习范本。年轻时上班，午休时别人打扑克，李宝云就练毛笔字。1994年退休后，李宝云一腔心血扑在书画上，上午练书法，下午画画。为了拓宽视野，了解当代书画信息，自费订阅《中国书法》《美术报》《书画艺术》等刊物。后又参加无锡举办的进修学习班，书法师从吴鸿清、崔承顺等名师，花鸟、山水则受吴蓬老师悉心指点。

李宝云经过数十年积累和十多年潜心研学，厚积薄发，书画技艺大有长进，屡屡在国际、国内大赛中获得金奖、银奖，被大赛组织方授予"书画艺术家""中国当代书画名家""锐意进取书画家"等称号。

李宝云作品选（书法）

李宝云作品选（画）

李宝云作品获奖证书

燃烧岁月·全国书画作品北京邀请展

第六届"四方杯"国际书法美术摄影作品大奖赛

首届华程杯中韩美术作品交流展

首届华夏情全国书画艺术大赛

走进上海第五届"中华杯"共和国60华诞

为祖国骄傲·庆祝香港回归10周年全国书画大赛

二、王戒成

王戒成，笔名翰牛，男，1937年4月生，江苏省昆山市淀山湖镇利民社区人，家住公园新村5幢401室。大专学历，中学一级教师。自幼酷爱书法，擅长楷、行、隶、草书。1954年起，从事教育工作，历任书法教师，多次主持中小学生书法培训工作。2000年结业于中国书协书法培训中心高级班。经过不懈努力，成为中国中外名人文化研究会终身荣誉会员、文化艺术委员会学术委员、特级书画师、上海中华书画协会会员、世界文化艺术交流功勋金奖获奖者，曾获国际知名文艺家和中华杰出诗书画艺术家等荣誉称号，并在全国各类书法大赛中频频获奖，先后获得金奖八次、银奖十二次，书法作品多次入编各类大型书法作品集。2004年9月，一件书法作品在"昆山书法名家作品慈善义拍"中拍出，拍得69 800元，全部捐赠给昆山市慈善总会。2015年12月，被中国非物质文化学会、世界华人文艺家联合会授予"国家非物质文化艺术传承人"荣誉称号。

王戒成荣誉证书

王戒成获奖证书

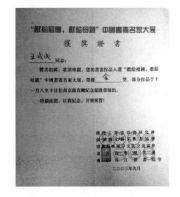

王戒成作品选

第四节 卫 生

一、卫生服务站

利民社区卫生服务站挂靠在淀辉社区医疗站，主要为病人在转诊到医院或专科前的初步医疗，提供整合的便利的医疗保健服务，并设立医保定点，为社区居民看病买药提供医保刷卡的便捷服务。淀辉社区医疗站共有社区医生2人，护士2人，实习生1人。

卫生服务站设输液室、健教室、换药室、处置室、治疗室、注射室、预防保健室、全科诊疗室、收费药房等，输液室内有观察床、观察椅，药房经常保持大约250种药品。站内工作全面实行联网电脑化程序，老年人和儿童的常见病、多发病，一般都在社区卫生服务站治疗，并做好慢性病随访工作。

二、民营医院（诊所）

1. 友好门诊部

昆山友好门诊部位于淀山湖镇淀兴路669号，法定代表人，王三华；等级，B。

昆山友好门诊部是一所经昆山卫生局正式批准的，集医疗、预防、保健、健康教育于一体，以中医为特色的中医综合性门诊部，开设急诊室、内科、外科、妇科、口腔科、医疗检验科、医学影像科（B超室、X光室、心电图室）诊疗服务。

昆山友好门诊部技术力量雄厚，医生大多来自周边二级、三级大医院中医科，具有丰富的临床经验和良好的医德修养。门诊部奉行"大医精诚，博爱为民"的医德，坚持"以病人为中心，以提高医疗服务"为宗旨，不断完善和优化方便群众就医的工作程序，为广大市民提供优质平价的医疗服务。

2. 李成通齿科诊所

李成通齿科诊所位于淀山湖镇淀兴路659-56号。法定代表人，李成通；等级，B。李成通齿科诊所，是一所经昆山卫生局正式批准的，以口腔科为特色的专科私人诊所，口腔科医师李成通，从事20多年口腔科临床工作，擅长口腔内科修复。服务理念是：病人第一，服务第一，质量第一；奉行"大医精诚，博爱为民"的医德，坚持"以病人为中心，以提高医疗服务"为宗旨，不断提高医疗水平，服务于社区及周边民众。

3. 沪昆综合门诊部

沪昆综合门诊部位于淀山湖镇曙光路18-2号。法定代表人，郭哲；等级，C。

沪昆综合门诊部是一所经昆山卫生局正式批准的，集医疗、预防、保健、健康教育于一体的综合性门诊部，是一所科室设置齐全、设备先进、技术力量雄厚，服务于社区，面向广大百姓的现代化医疗机构。沪昆综合门诊部技术力量雄厚，医护人员均来自昆山及周边地区各大医院，具有丰富的临床经验，副主任医师职称的医生占全院医技人员总数的一半以上。沪昆综合门诊部奉行"大医精诚，博爱为民"的医德，坚持"以病人为中心，以提高医疗服务"为主旨，不断完善和优化方便群众就医的工作程序，为广大昆山市民提供优质平价的医疗服务。

第五章 社区建设

20世纪80年代初，利民社区（居委会）还未成立，区域内仅是一片农田。

1988年，为了改善投资环境，增强淀东对外的吸引力，根据地区经济和社会事业发展的实际，着手落实杨湘新区建设规划。新区淀兴路继银行大楼落成使用之后，工业公司大楼、机关大楼、邮电大楼相继落成，先后交付使用。在此同时，中市路东侧开发了个体户居住与营业相结合的商品楼房4幢1 500平方米，一些个体户乔迁新居开始营业。

1992年，淀山湖镇按照昆山市委、昆山市政府"两湖、一镇、一区、一园"的规划，做出"改造老街，开辟新区，加快开发绿色旅游度假区"的决策，市镇建设走上快车道，镇区面貌年年变样。镇区开发向南发展，中市路东侧建成个体户一条街（后因不符合总体规划而拆迁）。

1993年，根据国家建设部园林设计院、上海城市设计院和同济大学的科学规划，开始向"镇区、工业区、旅游度假区"整体配套建设格局全面推进。是年8月，镇区建设步伐加快，利用初步形成的格局，由小城镇向一次规划逐步实施的以专业街组合式的现代化小城市转轨，淀兴路商业金融街初步形成。新镇区建成淀兴路、中市路一纵一横街道，利民居委会开始筹建。

1994年，淀山湖镇被列入"中国21世纪议程优先项目计划"第一批项目。1996年，"中国21世纪议程管理中心"重新确定淀山湖镇为"小城镇规划和建设示范工程优先项目"。1996年年底，利民居委会正式建立。20世纪末，淀山湖镇区建成二横（淀兴路、新乐路）三纵（香石路、中市路、振淀路）的格局。2005年，形成"三横四纵"加外环的道路格局，镇区面积1.313平方千米，基本建成具有时代气息、民族风貌、乡村格调的小城镇。2005~2007年，对镇区商业街主要建筑立面进行改造，呈现欧陆风格。2017年，利民社区形成11个完整小区和部分零星小区，社区基础设施比较完备，公共服务设施也较完善，成为淀山湖镇的商业中心。

第一节　小区建设

20世纪80年代后期，随着公园新村、利民新村的开发建设，1996年年底成立利民居委会，又逐步开发建设了东湖新村、石墩新村、东湖水岸等小区，逐步形成较完整的利民社区区域。2017年，利民社区形成11个完整小区、16个零星小区。见表5-1-1。

表5-1-1　　　　　　2017年利民社区完整小区、零星小区基本情况一览表

序号	小区名称	占地面积（平方米）	建筑面积（平方米）	幢数（幢）	小区建成年份（年）	小区规模
1	公园新村	7 170	6 232	9	1987	完整小区
2	利民新村	26 600	21 360	15	1989	完整小区
3	东湖新村	10 904	5 880	7	1993	完整小区
4	石墩新村	9 600	8 710	16	2000	完整小区
5	东湖水岸	52 685	24 570	84	2001	完整小区
6	福运庄园	40 653	20 942	35	2003	完整小区
7	曙光新城	73 000	43 000	28	2005	完整小区
8	福运庄园二期	28 007	18 183	78	2008	完整小区
9	福兴庄园	41 147	66 131	15	2010	完整小区
10	君悦花园	28 012	45 355	17	2011	完整小区
11	福侬庄园（福运马洛卡）	84 364	156 053	52	2014	完整小区
12	沿江新村	4 500	3 620	25	1988	零星小区
13	沿江路	7 532	7 100	15	1989	零星小区
14	建行楼	1 890	950	1		零星小区
15	曙光楼	4 136	1 500	2	1999	零星小区
16	杨湘综合楼	1 350	800	1	2000	零星小区
17	建筑公司楼			2		零星小区
18	多服公司楼			1		零星小区
19	商城			5		零星小区
20	教师楼			1		零星小区
21	粮管所楼			2		零星小区
22	商业楼住宅			1		零星小区

续表

序号	小区名称	占地面积（平方米）	建筑面积（平方米）	幢数（幢）	小区建成年份（年）	小区规模
23	朝南江小区			7		零星小区
24	新信用社楼			2		零星小区
25	老信用社楼			2		零星小区
26	汽车站楼					零星小区
27	房产公司楼					零星小区

2017年，利民社区11个完整住宅小区安保情况良好，都设有门卫，大部分小区配有保安人员，安装电子监控设备，加强出租房管理，并有物业管理，治安情况良好。见表5-1-2。

表5-1-2　　　　　　　　2017年利民社区住宅小区物业管理、安保情况一览表

序号	小区名称	出租房（户）	物业用房（户）	收费标准月/平方米（元）	物业管理单位	安保情况	
						监控	门卫
1	公园新村	31	14	10	淀山湖物业管理中心	√	有保安
2	利民新村	72	58	10	淀山湖物业管理中心	√	有保安
3	东湖新村	21			新东湖服装厂（自管）		有门卫
4	石墩新村	27	28	10	淀山湖物业管理中心		有门卫
5	东湖水岸		90	1.88	昆山金阳物业管理有限责任公司	√	有保安
6	曙光新城	128	200	0.8	昆山金阳物业管理有限责任公司	√	有保安
7	福运庄园			2.1	浙江绿城物业服务集团有限公司	√	有保安
8	福运庄园二期			2.8	浙江绿城物业服务集团有限公司	√	有保安
9	福兴庄园		192	2.8	浙江绿城物业服务集团有限公司	√	有保安
10	君悦花园		287	0.8	昆山金阳物业管理有限责任公司	√	有保安
11	福侬庄园（福运马洛卡）				农工商房产	√	有保安

2017年，据淀山湖镇物业管理中心实地调查，利民社区11个完整小区和16个零星小区（表5-1-3中，将福侬庄园完整小区分成一期、二期两个小区调查），住宅建筑面积456 978平方米（未含11个没有查到建筑面积资料的零星小区），共有住宅楼643幢3 374套，入住户2 546户，入住人口9 303人，其中户籍户467户，户籍人口1 185人，入住户中，常住户1 472户，常住人口4 902人，共有私家车1 012辆。完整小区中，设13个门卫室。住宅区中，物业用房1 307平方米、社区用房19 042平方米，有宣传栏19个、宣传电子屏9个。见表5-1-3。

表 5-1-3 2017 年利民社区住宅小区基本情况一览表

序号	小区	建筑面积(平方米)	住宅楼(幢)	总套数(套)	入住户(户)	入住人口(人)	户籍户数(户)	户籍人口(人)	常住户(户)	常住人口(人)	现有车辆(辆)	门岗(个)	宣传栏(个)	电子屏(个)	物业用房(幢)	社区用房(幢)
1	利民新村	21 360	15	328	328	746	126	332	256	580	100	1	1	1	30	992
2	公园新村	6 232	9	72	72	277	46	111	41	200	30	1	1	1	14	
3	东湖新村	5 880	7	88	88	202	48	127	67	170	28	1	1			
4	石墩新村	8 710	16	58	58	313	8	23	31	150	23	1	1			
5	东湖水岸	24 570	84	90	40	150	2	3	35	134	60	1			80	
6	福运庄园一期	20 900	100	100	30	120	1	3	20	90	28	1	1			400
7	福运庄园二期	18 000	78	78	30	105	1	3	22	80	25	1				
8	曙光新城	69 066	28	456	406	1 960	61	162	278	1 260	242	2	2		76	128
9	福兴庄园	66 000	151	399	160	405	12	36	120	320	45	1	1			800
10	君悦花园	45 356	17	396	396	1 300	28	66	306	1 100	176	1	1		287	519
11	福侬庄园一期	48 501	34	186	33	226			6	18	35	1	1	1	10	1
12	福侬庄园二期	122 403	18	724	510	2 410	14	38	252	640	220	1	1		10	1
13	沿江新村	3 620	25	48	48	202	21	48	38	160		1				4 307
14	沿江路小区	7 100	15	48	48	50	26	67								7 450
15	建行楼	950	1	17	17	40	11	27								1 046
16	曙光楼	1 500	1	32	32	112	2	5								1 716
17	杨湘综合楼	800	1	10	10	30	1	3								865
18	建筑公司楼		2	32	32	30	6	16								150
19	多服公司楼		1	12	12	88	1	1					1			128
20	商城		5	72	72	256	15	35					2			529
21	教师楼		1	9	9	53	7	11								99
22	粮管所楼		2	16	16	47										97
23	商业住宅楼		1	20	16	37	3	9					1			103
24	朝南江小区		25	25	25	54	5	14					1			174
25	新信用社楼		3	24	24	35	12	21								143
26	老信用社楼		1	20	20	21	6	13								101
27	汽车站楼		1	6	6	12	1	3								35
28	房产公司楼		1	8	8	22	3	8								58
	合计		643	3 374	2 546	9 303	467	1 185	1 472	4 902	1 012	13	19	3	1 307	19 042

第二节 基础设施

根据淀山湖镇总体规划及各功能区用地布局,镇区道路体系建设形成"二横三纵加外环"的主体道路骨架。基础设施、公建设施,在淀兴路、中市路、香石路、曙光路、新乐路等"二横三纵"主体道路两侧,房屋错落有序,初具规模。居民住宅小区和农民别墅区,在镇区东郊、西郊、淀兴路、新乐路两侧,雏形初见。机关、企事业单位职工的安居工程,都紧靠自己单位择地建造,公共绿化与配套服务设施同步到位。

一、道路

利民社区域内道路共14条,其中市级过境道路2条,镇级主干道过境道路6条,社区内部道路6条。

(一) 市级过境道路

1. 曙光路社区范围过境路段

北起淀兴路,南至新乐路,长490米,路基宽25米,其中机动车道宽15.2米,非机动车道总宽6米,两侧人行道总宽3米。

附:

曙光路工程,为昆山市2009年政府实事工程之一,是昆山市"六纵九横两环四连五高"网格状骨架公路网中,纵二与纵三之间的加密线位,也是淀山湖镇规划"四纵五横"主干道系统中的一纵。路线北起北苑路,利用原曙光路扩建2.3千米至南苑路。其中:北苑路至双马路南侧,长900米,路基宽16米,机动车道宽15.2米,无非机动车道,有285米路段单侧设人行道,宽2米,水泥路面;双马路南侧至南苑路,长1 320米,路基宽25米,机动车道宽15.2米,设非机动车道,宽6米,有490米路段单侧设人行道,宽3米,水泥路面。南苑路向南穿越杨湘泾村、永新村东侧,在东梅路与道褐浦之间穿行,南至苏沪交界上海市青浦区朱家角镇张家库自然村北树林,路线长3.56千米,一级公路兼城市道路,设计时速每小时80千米,路幅宽32米,其中机动车道宽21米,沥青路面,沿线桥梁8座,2009年竣工。曙光路全路段装路灯267盏。

2. 新乐路(锦淀公路淀山湖镇段)社区范围过境路段

东起东苑路,西至香石路,长2 200米,宽30米,汽车站至曙光路段,两边设人行道,各宽3米。

附:

新乐路(锦淀公路淀山湖镇段),东起昆沪交界,西至大自然游艇俱乐部,长7 690米,路基宽29米(镇范围外),路面机动车道宽16.8米,非机动车道宽9.6米。镇区560米路段,两边设人行道,各宽3米;新乐路段有桥梁7座,装路灯258盏,1992年建成,水泥路面。

(二) 镇级主干道过境道路

1. 东苑路

北起双马路，南至新华路，长1 050米，宽9米，2004年建成，水泥路面，三级道路。社区范围路段，北起淀兴路，南至新华路，长385米。

2. 振淀路

北起府前路，南至南苑路，长920米，宽15米，1994年建成，水泥路面，二级道路。社区范围路段，北起淀兴路，南至新乐路，长485米，宽15米。

3. 中市中路

中市路中段，北起淀兴路，南至新乐路。长350米，宽15米，1994年建成，水泥路面。

4. 香石路

北起北苑路，南至新乐路。长1 529米，宽15~28米，5个路段不等，1994~2009年建成，水泥路面。社区范围路段，北起淀兴路，南至新乐路，长470米，宽24米。

5. 淀兴路

东起机场路，西至黄浦江路。长6 150米，宽11~24米，6个路段不等，1994~2011年建成或改建成，水泥、沥青路面。

社区范围路段，东起东苑路，西至香石路。长2 100米，宽15~24米，4个路段不等。其中：东苑路至曙光路，长810米，宽15米，2003年建成，水泥路面，二级道路；曙光路至双娄江，长355米，宽24米，2011年改建成沥青路面，一级道路；双娄江至朝南江桥，长315米，宽21米，2011年改建成沥青路面，一级道路；朝南江桥至香石路，长620米，宽24米，2011年改建成沥青路面，一级道路。

6. 新华路

东起双和路，西至曙光路，长3 100米，宽9米，2001~2003年建成，水泥路面，三级道路。社区范围路段，东起东苑路，西至曙光路，长800米，宽9米。

(三) 社区内部道路

1. 公园路

东起振淀路，西至中市路。长320米，宽7米。1994年建成，水泥路面。

2. 东商城路

北起淀兴路，南至曙光新城花园27号楼店面。长70米，宽15米。

3. 西商城路

北起淀兴路，南至杀鸡店，直角转弯向东至东商城路。淀兴路，至杀鸡店路段，长100米，宽11.8米；杀鸡店至东商城路路段长170米，宽11.8米。

利民社区内部道路

4. 利民路

北起公园路,南至新乐路,长 255 米,宽 7 米,1994 年建成,水泥路面,四级道路。

5. 双娄南路

北起淀兴路,南至镇幼儿园,长 70 米,宽 8 米。

6. 东湖路

北起淀兴路,南至东湖新村,长 50 米,宽 7 米。

二、桥梁

利民社区域内共有桥梁 17 座,其中在新乐路上 3 座、在新华路上 1 座、在淀兴路上 5 座、在中市路上 1 座、在振淀路上 2 座、在曙光路上 2 座、小区内桥 3 座。

1. 潮三江河桥

在新乐路上,横跨潮三江河,三孔板梁水泥公路桥。桥长 36 米,宽 40 米,高 3 米,跨度 30 米。

2. 陆泥浦桥

在新乐路上,横跨陆泥浦,三孔板梁水泥公路桥。桥长 28.7 米,宽 40 米,高 3 米,跨度 27 米。

3. 新乐路桥

在新乐路上,横跨道褐浦,三孔板梁水泥公路桥。桥长 100 米,宽 40 米,跨度 28 米。

4. 新华路闸桥

在新华路上,横跨东泾江,位于新华排涝站南侧,单孔板梁水泥公路桥。桥长 5 米,宽 9.5 米,高 2 米,跨度 4.5 米。

5. 陆泥浦桥

在淀兴路上,横跨陆泥浦,三孔板梁水泥公路桥。桥长 35 米,宽 40 米,高 3 米,跨度 32 米。

6. 朝南江桥

在淀兴路上,横跨朝南江,三孔板梁水泥公路桥。桥长 34 米,宽 40 米,高 2 米,跨度 33 米。

7. 双娄江桥

在淀兴路上,位于淀东商厦西侧,东西走向,跨于双娄江上。单孔板梁水泥公路桥。桥长 28 米,宽 30 米,跨度 6.7 米。

8. 道褐浦桥

在淀兴路上,横跨道褐浦,三孔板梁水泥公路桥。桥长 100 米,宽 30 米,跨度 28 米。

9. 南浜南桥

在淀兴路上,位于南浜自然村东南侧,横跨东泾江,单孔板梁水泥公路桥。桥长 17 米,宽 40 米,高 1.6 米,跨度 5 米。

10. 镇南桥

在中市路上,位于淀山湖汽车站东南侧,南北走向,跨于分位河上。三孔板梁水泥公路桥。桥长 60 米,宽 40 米,跨度 27 米。

11. 分位河 4 号桥

在振淀路上,位于淀山湖派出所南侧,南北走向,跨于分位河上。三孔板梁水泥公路桥。桥长 60 米,宽 30 米,跨度 27 米。

12. 振淀桥

在振淀路上,位于淀山湖便民服务中心西南侧,南北走向,跨于双娄江上。单孔板梁水泥公路桥。桥长 28 米,宽 30 米,跨度 4.6 米。

13. 三家村桥

在曙光路上,位于三家村东侧,南北走向,跨于三家村河上。单孔板梁水泥公路桥。桥长 30 米,宽 30 米,跨度 4.5 米。

14. 曙光路 3 号桥

在曙光路上,位于与分位河平行的新乐路北侧,南北走向,跨于分位河上。三孔板梁水泥公路桥。桥长 50 米,宽 30 米,跨度 28 米。

15. 水仙桥

位于东湖水岸小区内,单孔板梁水泥桥。桥长 14.3 米,宽 10 米,高 3 米,跨度 13 米。

16. 福运马洛卡内桥

桥长 30 米,宽 3 米,高 3 米,跨度 20 米。

17. 淀山湖学苑内桥

横跨道褐浦,三孔板梁水泥公路桥。桥长 48 米,宽 7.5 米,高 3 米,跨度 38 米。

另有幼儿园便桥,位于幼儿园东北侧,2017 年年底建成,东西走向,跨于双娄江上,六孔水泥桩梁木板铺面便桥,两侧有木制栏杆。桥长 20 米,宽 3 米。

三、供电

利民社区 11 个完整小区和 16 个零星小区,共有电力变压器 32 台,总容量 19 355 千伏安。见表 5-2-1。

表 5-2-1　　　　　　　　　　利民社区各小区配备电力变压器一览表

序号	名称	配变容量(kVA)	所在小区名称
1	镇南变	315	建行楼
2	利民变	315	利民新村
3	利民西变	315	利民新村
4	杨湘南变	315	公园新村
5	新阳村变	400	朝南江小区、石墩新村
6	东湖新村变	315	东湖新村、商业住宅楼
7	沿江新村变	315	沿江新村、信用社楼
8	商城 2#变	315	建筑公司、多服公司

续表

序号	名称	配变容量（kVA）	所在小区名称
9	商城 1#变	315	商城
10	东湖水岸 1#变	630	东湖水岸
11	东湖水岸 2#变	630	东湖水岸
12	福运置业 1#变	1 000	福运庄园
13	福运置业 2#变	1 000	福运庄园
14	曙光新城小区 1#变	800	曙光新城
15	曙光新城小区 2#变	800	曙光新城
16	曙光新城小区 3#变	800	曙光新城
17	曙光新城小区 4#变	800	曙光新城
18	曙光新城小区 5#变	800	曙光新城
19	曙光新城小区 6#变	800	曙光新城
20	石墩新村南 1#变	315	石墩新村
21	石墩新村南 2#变	315	石墩新村
22	镇南 2#变	315	教师楼、粮管所楼
23	福运置业 3#变	630	福运庄园二期
24	福运置业 4#变	500	福运庄园二期
25	商城 3#变	400	商城
26	利民东变	400	利民新村
27	君悦花园 1#变	1 000	君悦花园
28	君悦花园 2#变	1 000	君悦花园
29	君悦花园 3#变	1 000	君悦花园
30	福兴庄园 T1－2 变	1 000	福兴庄园
31	福兴庄园 B1 箱变	500	福兴庄园
32	福兴庄园 T1－1 变	1 000	福兴庄园

四、供水

1994年6月30日，在淀山湖畔度城潭西南侧，建成6万吨级第一期工程3万吨级淀山湖镇自来水厂，总管网43千米；供水管道镇区铺设铸铁管，社区供水普及率100%；2006年9月，镇区连接昆山市自来水公司供水管道，是年12月底，全镇管道连接市供水管道，同时淀山湖镇自来水厂停止制水供应。淀山湖镇政府投资3 700万元，从镇区开始，对全镇供水管道进行全面改造。DN15-50管道，采用PP-R热熔管；DN75-100管道，采用PVC管；DNl00-400管道采用球墨铸铁管，过桥钢管全部换新钢管。2007年第4季度，外围主干道供水管网改造完毕，全镇自来水全部接轨昆山区域供水总网，普及率100%。

2016年，所有小区均使用昆山市自来水公司的直供水。

五、天然气

2013年，君悦花园、福运庄园（二期）、福兴庄园等小区开通管道天然气，利民新村、公园新村等，管道设施进小区。2016年，9个小区累计1 844户，开通使用管道天然气。见表5-2-2。

表5-2-2　　　　　　　　　　2016年利民社区天然气用户一览表　　　　　　　　　单位：户

小区名称	开通户数	小区名称	开通户数
东湖水岸	23	福兴庄园	165
东湖新村	30	福依庄园	599
曙光新城	184	福运庄园	53
利民新村	86	君悦花园	294
公园新村	19	合计	1 453

六、消防设施

利民社区地处镇中心繁华地段，各类消防设施比较齐全。2012年6月，经调查统计，共有消防栓98个，室内消防箱343个，各类灭火器670只。见表5-2-3。

表5-2-3　　　　　　　　　2012年利民社区重点区域消防设施分布表　　　　　　　　单位：个

序号	消防设施分布地点	消防栓	消防箱	灭火器
1	东湖水岸	8	6	
2	拆迁办西香石路口	1		
3	淀兴路999号淀兴路口	1		
4	网络公司	1		
5	大酒店		11	
6	淀兴路石墩店面燃气配件店		2	
7	便民超市			
8	工行	3	10	
9	皇嘉宾馆	2		
10	梅林阁	2	4	
11	珊瑚浴室	5		
12	小昆山奥面馆		1	
13	建行	4	16	

续表

序号	消防设施分布地点	消防栓	消防箱	灭火器
14	淀兴路799号		4	
15	新华宾馆		6	
16	南方酒家		6	
17	春风旅社		2	
18	财产保险		1	
19	淀兴路757号沙县小吃		1	
20	小可以食府		4	
21	便民中心北侧小路	2		
22	农商行		24	
23	中行		16	
24	商城市场	10	8	
25	商城小商品店	4		
26	商城外面	7		
27	淀兴路607号北	1		
28	曙光路60号东	1		
29	三家村桥南	1		
30	淀兴路705号蜀香酒楼			2
31	淀兴路697号鸿运饭店			2
32	淀兴路679号东北饭店			2
33	淀兴路669号阿方饭店			2
34	淀兴路635-18号东湖宾馆			6
35	淀兴路633号爱佳宾馆	8		20
36	淀兴路591号欣龙酒楼			3
37	淀兴路575号爱琴海咖啡			6
38	曙光路18-45号阿德宾馆			
39	曙光楼18-35、36号一品鲜			8
40	曙光楼59-2号联华超市			14
41	商城联华超市			10
42	福兴3-6贝克汉堡店	1		
43	福兴3-3百康药店	2		

续表

序号	消防设施分布地点	消防栓	消防箱	灭火器
44	福兴2-7君悦阁	1		
45	福兴2-5迷宗阁	1		
46	福兴2-4福茂龙虾馆	1		
47	福兴2-3豫湘阁	1		
48	福兴3-7海尔专卖店	1		
49	福兴3-8宜家鑫家常菜	1		
50	曙光路59-3-6苏美得鞋服城	6		
51	利民社区	1	4	3
52	曙光新城	5	115	
53	福运一期	7		
54	福运二期	7		
55	福运三期	5	95	
56	东湖水岸	8	6	
57	君悦花园	6	41	

2017年，住宅小区、重点防火单位、物业管理办公室、门卫、治安岗亭等场所，集中配备灭火器、消防箱、消防水带、消防水枪、消火栓扳手、救生绳、消防应急照明和消防通信器材等必要的消防器材装备，明确专人保管，确保完好有效。

七、污水处理

2004年5月，镇政府投入资金1 600万元，建立昆山新苑污水处理有限公司污水处理系统，尽量做到雨污分流。年底前第一期工程建成，日处理污水能力2 000吨，11月25日投入运行。该工程铺设新乐路、淀兴路、南苑路、中市路、威猛路，D600～D800管网10千米，改造镇区老管网4千米、镇区住宅小区管网5千米，新乐路建1号提升泵站1座。利民社区直接受益。

2005年，投入资金1 900万元，铺设东苑路、曙光路、淀兴路东段、双和路、万园路、永利路、新乐路西段，D600～D1 000管网16千米，万园路建2号提升泵站1座。利民社区污水处理能力得到增强。

2006年，投入资金2 000万元，污水厂第二期工程日处理污水能力扩容到6 000吨。铺设中旭路、旭宝路、永义路、复兴路、北苑路西段、民和路、新兴路、杨家角路、曙光北路及商城改造，D500～D600管网11千米，复兴路建3号提升泵站1座。利民社区商城污水处理能力进一步增强。

2007年，投入资金1 000万元，铺设北苑路东段、沈安路、双马路、香石路、淀兴路西段、钱湾路、中市北路管网，改造晟泰农民新村、石墩新村、东湖水岸小区管网，改造黄土泾农村居民污水管网，共铺设或改造成 D500~D600 管网 8.5 千米，沈安路建 4 号提升泵站 1 座。利民社区污水处理能力再次得到增强。

2008年，总投资8100万元，建设污水厂二期工程，日处理污水能力，按 A 标准建设，扩容到 1 万吨（第一期、第二期处理工艺同时提升到 A 标准），处理产生的污泥，经浓缩脱水后，送昆山靖丰集中焚烧处理，排放水质执行《城镇污水处理厂污染物排放标准》（GB18918-2002）一级标准的 A 标准。当年铺设管网 8 千米，其中北部工业区 3 千米、东部工业区 5 千米，改造淀兴小区、杨湘小区、黄泥泾小区（永义拆迁户）管网。是年年底，累计建管网 53.5 千米、提升泵站 4 座，日处理污水能力达 1 万吨，接管 50 家企业进行污水处理。

2011年2月，投资 2600 万元，启动第二期第一阶段日处理污水能力 1 万吨的扩建工程，使日处理污水能力达 2 万吨。

2017年，昆山新苑污水处理有限公司日处理污水能力达 2 万吨，利民社区污水处理能力得到全面提升。

八、雨水管网

2001~2017年，镇投资 4703 万元，在镇级道路铺设 D400~D600 排水管道 124.8 千米，设置窨井 4703 只，窨井覆盖率 100%。其中，利民社区（含域外延伸段）10 条（段）道路，铺设 D450~D600 毫米排水管道 21.1 千米，设置窨井 814 只，窨井覆盖率 100%。见表 5-2-4。

表 5-2-4　　　　　利民社区（含域外延伸段）雨水管网一览表

道路	路宽(米)	起点	终点	管径(毫米)	长度(米)	窨井数量(只)
振淀路	24	新乐路	政府	D600	1500	56
中市北路	15	新乐路	东大街	D450	1 400	50
香石路	15/24	新乐路	北苑路	D600/D450	2 400	102
淀兴路	15	香石路	曙光路	D600	2 260	90
淀兴路	15	曙光路	东苑路	D600	1 500	56
新华路	9	钱晟路	曙光路	D600	1 800	68
东苑路	9	双马路	新华路	D450	1 900	76
公园路	7	中市路	振淀路	D400	640	26
利民路	7	新乐路	公园路	D400	500	20
曙光路	32	南苑路	大华浦桥	D600	7 200	270

第三节　公共服务建设

利民社区地处淀山湖镇商业中心，经济繁荣，交通发达，基础设施比较完备，公共服务设施比较完善。城镇建设始终以建设"中国21世纪示范镇"为既定目标，城镇建设讲究大气、亮丽、海派，讲究风土文化与现代气魄相结合，先后兴建了建设银行、农村信用社（农村商业银行）、商城等一批现代化气息浓厚的标志性建筑，进驻了一批金融、商贸和机关事业单位。

一、公共交通

2016年，利民社区辖区内，共有1个汽车站、4个公交站点、6个社区境内公共自行车租借点，另有7个社区域外就近可方便租借的公共自行车租借点。

1. 淀山湖汽车客运站

1985年，昆杨公路建成通车后，在淀兴路北、中市路西建造了一幢二层三开间楼房，下层3间，其中2间打通布置成候车室，有简单设施，一排10只长靠椅，1间是票房。上层是职工宿舍。

1995年7月2日，位于新乐路北、中市路西新建的淀山湖汽车站正式启用，占地面积13.8亩，建筑面积3 717平方米，总投资近400万元。客运班车和客流量逐年增加。

淀山湖汽车客运站

淀山湖镇公交车

淀山湖汽车客运站有通往昆山客运南站（113路）、昆山客运北站（135路）、上海青浦客运站等3条出镇公交线路；有汽车站通往红亮（255路），汽车站通往金家庄（257路），小学至香馨佳园、晟泰新村（353路），小学途经镇区至马安新村（354路），小学（老）途经镇区南侧淀辉新村至荷塘月色（355路），汽车站通往镇区、安上、民和、欧维五金（356路），汽车站通往石墩（357路），汽车站通往双桥环线（358路），汽车站通往永新环线（359路）9条公交线路。

2017年年底，淀山湖汽车客运站仍在原地。在南苑路南、中市南路东落成新的汽车客运站，2018年4月28日正式使用。

2. 公交站点

2017年年底，淀山湖汽车客运站在利民社区内有4个上下车站（不含358路便民服务中心边上的学生早晚上下车站点）。

（1）游7上下车站。周庄至上海轨道交通11号线江苏延伸段花桥站的游7公交车，在镇内设有4个上下车站点，其中在利民社区境域内，设有淀山湖汽车站（新乐路中市路）上下车站点；利民社区境域外，另有官里、曙光路双马路、南沈安泾上下车站点

（2）文化中心上下车站。255路、354路、355路、356路、357路、358路公交车停靠，淀山湖镇至青浦区公交车停靠。

（3）小学（老）上下车站。255路、354路、355路、356路、358路公交车停靠，淀山湖镇至青浦区公交车停靠（358路环线回站时不经过此站）。

（4）淀山湖人民医院上下车站。357路、358路公交车停靠（358路环线出站时不经过此站）。

公交车游7标示牌

利民社区公交车

3. 公共自行车租借点

淀山湖镇围绕"生态立镇"，打造"蓝天、碧水、绿地、休闲"的生活空间，2012年完成旅游度假区内自行车道布局规划，永利路、盈湖路、双永路地段的自行车道建设完成。为倡导低碳出行，是年第4季度，淀山湖镇民生工程之一的公共自行车及智慧单车系统开通。2017年，利民社区域内设立公共自行车租借点6个，设置公共自行车租借桩204个。见表5-3-1。利民社区辖区边缘外就近为居民提供借还车租借点7个，设置公共自行车租借桩226个。见表5-3-2。

表5-3-1　　　　　　　2017年利民社区公共自行车租借点一览表　　　　　　　单位：个

序号	租借点名称	租借点地址	租借桩
1	淀山湖汽车客运站	公园路北侧利民社区办公室南面	40
2	淀山湖娱乐中心	淀兴路南侧娱乐中心南面	30
3	淀山湖利民社区	公园路北侧利民社区办公室南面	22
4	淀山湖便民服务中心	振淀路东侧便民服务中心西面	40
5	淀山湖商城西	淀兴路南侧淀山湖商城西段北面	40
6	曙光新城	曙光路西侧曙光新城东面	32
合计			204

表 5-3-2　　　　　2017 年利民社区域外就近公共自行车租借点一览表　　　　　单位：个

序号	租借点名称	租借点地址	租借桩
1	淀山湖体育公园	中市路西侧体育公园东北面	36
2	杨湘农贸市场	香石路东侧杨湘农贸市场西面	30
3	淀山湖人民医院	淀兴路北侧淀山湖人民医院南面	40
4	淀山湖镇政府	府前路南侧街心公园北面	30
5	淀新新村	淀兴路北侧淀新路东侧交汇处	32
6	富贵广场	淀兴路北侧与曙光路东侧交汇处	26
7	欧郡街	淀兴路北侧世纪酒楼南面	32
合计			226

二、加油站

中国石化淀山湖加油站位于新乐路北侧、陆虞浦西岸，在东湖水岸与老汽车站之间。主要提供下列汽油。

1. 车用汽油

A. 90 号车用汽油（Ⅱ）、93 号车用汽油（Ⅱ）、97 号车用汽油（Ⅱ）。

B. DB11/ 238 90 号车用汽油、DB11/238 93 号车用汽油、DB11/238 97 号车用汽油、DB31/427 90 号车用汽油、DB31/427 93 号车用汽油、DB31/427 97 号车用汽油、DB44/694 90 号车用汽油、DB44/694 93 号车用汽油、DB44/694 97 号车用汽油。

2. 轻柴油

10 号普通柴油、5 号普通柴油、0 号普通柴油。

中国石化运用信息化手段提升服务水平，为客户提供更优质的服务取得了突破性进展，"刷卡加油"引领成品油零售市场新潮流，得到了广大消费者的普遍认同。

三、停车场

2000 年后，小轿车逐渐进入家庭，当地、外地开车到镇办事的各类汽车越来越多，镇汽车保有量迅速增加。为解决进镇办事车辆停车难的问题，先后在农贸市场西侧、汽车站东北侧、招商中心南侧等地建了一批停车场。截至 2017 年年底，利民社区境域内有 6 片 4 480 平方米、280 个泊位停车场（见表 5-3-3）。利民社区周边（镇区范围）公共停车场有 11 片 7 010 平方米、438 个泊位停车场。

1. 利民社区公共停车场一览表

表 5-3-3　　　　　　　　　利民社区公共停车场一览表

停车场名称	停车场位置	停车场类别	面积（平方米）	泊位（个）
淀山湖公园停车场	振淀路派出所南侧	免费停车场	480	30
招商中心停车场	振淀路招商中心南侧	免费停车场	1 040	65

续表

停车场名称	停车场位置	停车场类别	面积（平方米）	泊位（个）
小可以停车场	沿江路	免费停车场	240	15
农贸市场停车场	淀兴路南侧	免费停车场	640	40
老幼儿园停车场	中市路东侧	免费停车场	320	20
淀山湖停车场	中市路西汽车站北侧	收费停车场	1 760	110

2. 淀山湖收费停车场简介

淀山湖停车场原名汽车站停车场，免费停车。2017年下半年，政府部门为维护停车秩序，投资改造成收费停车场，安排管理人员服务，实行政府指导价，计次收费，车辆连续停放24小时内按1次收费，停放时间15分钟内，免收停车费。小型车，每次收费4元；中型车，每次收费8元；大型车，每次收费12元；军、警车免费停车。

淀山湖收费停车场

淀山湖停车场为确保车主利益和安全，制定停车须知，要求场内车辆减速慢行，请车主将车辆停放在规定区域，不要将贵重物品留在车上，离开车前，确保车辆锁好，同时要求车主爱护停车场的一切设施，勿乱扔垃圾物品，自觉保持场内清洁。

3. 利民社区周边（镇区范围）公共停车场

表5-3-4　　　　　　利民社区周边（镇区范围）公共停车场一览表

停车场名称	停车场位置	面积（平方米）	泊位（个）
市民活动中心停车场	杨帆路西侧	800	50
新幼儿园北侧停车场	杨帆路东北侧	1 280	80
淀山湖中心小学停车场	南苑西路北侧	880	55
王土泾村停车场	南苑东路南侧	530	33
康乐园停车场	淀辉路东侧	480	30
大酒店停车场	淀兴路大酒店对面	480	30
医院停车场	健安路	320	20
香馨佳苑停车场	双马路西侧	640	40
好又多超市停车场	香石路	480	30
中市北路教堂东南侧停车场	中市北路	640	40
淀山湖老小学停车场	原小学内淀兴路	480	30

四、淀山湖镇生活垃圾资源化处理中心站

淀山湖镇生活垃圾资源化处理中心站位于淀山湖商城西南角、道褐浦东岸，是淀山湖镇2017年民生实事工程之一，按照农村生活垃圾分类就地处置全覆盖要求，根据镇村统筹、就地处置原则设置。生活垃圾资源化处理中心站土建工程，由镇强村公司于2017年3月1日开工建设，建筑面积288平方米，设计规模可安装两台5吨生活垃圾资源化处理机，土建工程于是年4月底竣工，5月下旬室内装修结束并进行设备安装。

一期工程通过政府采购一台5吨生活垃圾资源化处理机，生活垃圾分类就地处置范围为淀山湖农贸市场、安上村、杨湘泾村及镇区周边部分餐饮业的餐厨垃圾。是年6月底试运作，7月正式运行，日处理生活（有机）垃圾6吨左右。

淀山湖镇生活垃圾资源化处理中心站（1）　　淀山湖镇生活垃圾资源化处理中心站（2）

有机垃圾的成分主要是淀粉、纤维素、蛋白质等，有机物含量丰富，是天然的微生物培养基。根据有机垃圾的组成特点等，筛选出特定的微生物菌种，菌种以有机垃圾为养料，获得碳源、氮源及其他能源，以维持其生存与繁殖。在微生物代谢过程中，通过生物酶的作用，将有机垃圾分解成水蒸气、一氧化碳和无机离子，通过生化处理机提供适宜生长条件加快发酵速度，一般有机垃圾经过6～20小时，便能分解完毕。在24小时之内有机垃圾减量能达70%～90%，最终变成生物有机肥，用于小区绿化、土壤改良或作为有机肥厂的原料。

[链接]　生活垃圾资源化处理

生活垃圾中含有较多的新鲜有机物质，如动物残体、骨刺等废弃物以及菜叶、果皮等，对农业来说是很好的有机肥源。利用垃圾中的有机物较普遍的方法是堆肥化处理，即依靠自然界广泛存在的细菌、放线菌和真菌等微生物，在一定的人工条件下，有控制地促进可被生物降解的有机物向稳定的腐殖质转化的生物化学过程，其实质是一种发酵过程。这种腐殖质与黏土结合就形成了稳定的黏土腐殖质复合体，不仅能有效地解决生活垃圾的出路，解决环境污染和垃圾无害化问题，而且还为农业生产提供适用的腐殖土，从而维持自然界的良性物质循环。一般的堆肥操作能使其温度上升到70℃的高温，垃圾经过高温，其中的蛔虫卵、病原菌和孢子等基本被杀灭，有害物质基本上达到无害化，符合堆肥农用的卫生标准。经堆肥化处理后，生活垃圾变成卫生的、无味的腐殖物质，是很好的有机肥料。

五、公共垃圾桶

垃圾桶，又名废物箱或垃圾箱。垃圾桶是社会文化的一种折射，巧妙安放，环境协调，妙笔生花。利民社区公共垃圾桶，分为钢木环卫双分类垃圾桶和大号环卫塑料垃圾桶。垃圾桶有足够的机械强度和良好的冲击韧性，易清洁，能够与环境融合。

2018年2月15日（农历十二月三十）实地踏看，利民社区住宅小区，一般每幢楼放1～3只大号环卫塑料垃圾桶。而饭店、熟食点心店附近，一般都放大号环卫塑料垃圾桶，下面装有轮子，可移动。钢木环卫双分类垃圾桶都固定在路旁。

淀兴路南侧东苑路至曙光路，安放3只钢木环卫双分类垃圾桶、9只大号环卫塑料垃圾桶；淀兴路南侧曙光路至西商城路，安放7只钢木环卫双分类垃圾桶、13只大号环卫塑料垃圾桶；淀兴路南侧西商城路至中市路，安放11只钢木环卫双分类垃圾桶、18只大号环卫塑料垃圾桶；淀兴路南侧中市路至香石路，安放11只钢木环卫双分类垃圾桶、10只大号环卫塑料垃圾桶。

曙光路东侧淀兴路至分位河，安放11只钢木环卫双分类垃圾桶、8只大号环卫塑料垃圾桶；曙光路西侧淀兴路至分位河，安放10只钢木环卫双分类垃圾桶、9只大号环卫塑料垃圾桶；商城周围，安放16只大号环卫塑料垃圾桶；振淀路东侧淀兴路至新乐路，安放10只钢木环卫双分类垃圾桶、6只大号环卫塑料垃圾桶；振淀路西侧淀兴路至新乐路，安放11只钢木环卫双分类垃圾桶、6只大号环卫塑料垃圾桶；中市路两侧（淀兴路至新乐路），安放22只钢木环卫双分类垃圾桶、7只大号环卫塑料垃圾桶。

公园路两侧，安放2只钢木环卫双分类垃圾桶、2只大号环卫塑料垃圾桶。

汽车站南新乐路上，安放3只不锈钢环卫双分类垃圾桶、2只大号环卫塑料垃圾桶。

六、公共厕所

2017年，利民社区境内有公共厕所4座，都是槽式水冲式有化粪池的厕所，装有洗手盆。分布如下：

（1）汽车站候车大厅内西侧；（2）商城农产品展销大厅内东侧；（3）商城农产品展销大厅西南侧、小商品市场西侧；（4）利民社区办公室东北侧。

利民社区周边百米范围内，有公共厕所8座，都是槽式水冲式有化粪池的厕所，装有洗手盆。分布如下：

（1）淀兴路北侧、老小学西南侧，与商城相隔一条淀兴路，是一座大型新建的厕所；（2）文化中心西南角，门对淀兴路；（3）文化中心内影剧场南侧；（4）淀山湖医院门诊底层天井内；（5）街心公园东北侧；（6）中市路与市河交叉口的西南侧；（7）体育公园门球场东侧；（8）体育公园篮球场北侧。

利民社区入驻机构内部，都设有1～3座数量不等的卫生间，前往办事的人员可使用。

第四节 公共绿化

一、公园式绿地

2017年，利民社区有7个公园式绿化地块，分布在中市路、振淀路、新乐路、公园路边上，公园绿地总面积98 189平方米，绿地率在85.47%～97.34%之间，绿化覆盖率均相同。见表5-4-1。

表5-4-1　　　　　　　　淀山湖镇利民社区辖区内绿化分布明细表　　　　　　　　单位：平方米

序号	公园名称	公园绿地面积	公园绿地率（%）	公园绿化覆盖面积	公园绿化覆盖率（%）
1	绿化广场	45 956	93.98	45 956	93.98
2	忻康公园	17 692	97.34	17 692	97.34
3	湘溪绿地	1 800	93.26	1 800	93.26
4	汽车站广场	4 012	93.41	4 012	93.41
5	招商服务中心（南绿地）	3 829	85.47	3 829	85.47
6	中市绿地	16 000	95.10	16 000	95.10
7	派出所南侧绿地	8 900	96.10	8 900	96.10
	总计	98 189		98 189	

二、单位绿化

2017年，利民社区有9个较大单位，绿化总面积42 971平方米，绿地率在3.17%～54.67%之间，绿化覆盖率为4.08%～57.13%。见表5-4-2。

表5-4-2　　　　　　　　利民社区辖区内单位绿化分布明细表　　　　　　　　单位：平方米

序号	单位名称	单位面积	绿化面积	绿化覆盖面积	绿地率（%）	绿化覆盖率（%）
1	汽车站	9 050	4 225	4 953	46.69	54.73
2	政法大楼	3 006	500	740	16.63	24.62
3	工商所	3 565	1 949	2037	54.67	57.13
4	原富田服装有限公司	6 425	600	710	9.34	11.05
5	原三爱司服装有限公司	6 700	1 000	1 202	14.93	17.94
6	幼儿园	7 389	3 635	3 984	49.19	53.92
7	农业技术推广站	1 800	682	709	37.89	39.41

续表

序号	单位名称	单位面积	绿化面积	绿化覆盖面积	绿地率（%）	绿化覆盖率（%）
8	淀山湖商城	12 000	380	490	3.17	4.08
9	淀山湖学苑	65 000	30 000	35 000	46.15	53.84
	总计		42 971	49 825		

三、小区绿化

2017年，利民社区10个小区绿化总面积137 239平方米，绿化覆盖面积144 333平方米，绿地率在7.03%~68.66%之间，绿化覆盖率为8.03%~74.92%。见表5-4-3。

表5-4-3　　　　　利民社区辖区内小区绿化分布明细表　　　　单位：平方米

序号	小区名称	小区面积	绿化面积	覆盖面积	绿地率（%）	覆盖率（%）
1	公园新村	5 596	2 960	3 197	52.89	57.13
2	利民新村	13 870	6 590	7 273	47.51	52.44
3	石墩新村	9 057	2 400	3 108	26.50	34.32
4	东湖新村	14 652	1 030	1 176	7.03	8.03
5	东湖水岸	49 950	24 697	26 184	49.44	52.42
6	曙光新城	46 263	19 580	21 018	42.32	45.43
7	福运一期	42 017	26 021	27 031	61.93	64.33
8	福运二期	28 007	19 231	20 982	68.66	74.92
9	福运三期	41 147	20 300	21 564	49.34	52.41
10	君悦花园	28 012	11 000	12 800	39.27	45.69

四、道路绿化

2017年，利民社区10条道路绿化总面积105 924平方米，绿化覆盖面积153 441平方米。见表5-4-4。

表5-4-4　　　　　利民社区辖区内道路绿化分布明细表　　　　单位：平方米

序号	道路名称	绿化长×宽（米）	绿化面积	绿化覆盖面积
1	振淀路	755×2.5	1 888	1 888
2	利民路	285×5.2	1 482	6 880
3	公园路	235×3.8	893	5 508
4	淀兴路	2 621×16	20 968	25 102
5	新乐路	2 130×25	26 625	38 235

续表

序号	道路名称	绿化长×宽（米）	绿化面积	绿化覆盖面积
6	中市路	955×3.5	3 343	7 600
7	曙光路	1 116×9.2	10 267	18 870
8	香石路	1 236×34	21 012	25 110
9	新华路	602×9	5 418	7 140
10	东苑路	668×21	14 028	17 108
	总计		105 924	153 441

第六章 沿街门面

1988年，为了改善投资环境，增强淀东镇对外的吸引力，根据地区经济和社会事业发展的实际，着手落实杨湘泾自然镇新区建设规划。中市路东侧开发了个体户居住与营业相结合的商品楼房4幢1 500平方米，一些个体户开始营业。1992年，中市路东侧建成个体户一条街，后因不符合总体规划而拆迁。

20世纪90年代初，淀东镇外向型经济有了发展。通过"筑巢引凤""引凤筑巢""以外引外"等招商举措，在社区境内，与上海第二十五服装厂联营，扩建了上海第二十五服装厂淀东分厂；与上海国光口琴厂合作，开办了上海国光口琴厂淀东分厂，引进了富田服装有限公司等外资企业。

1993年，淀山湖镇根据国家建设部园林设计院、上海城市设计院和同济大学的科学规划，开始向"镇区、工业区、旅游度假区"整体配套建设格局推进。是年8月，淀兴路商业金融街初步形成，新镇区建成淀兴路、中市路一纵一横街道。

1994年，振奋制衣有限公司落户东湖服装厂。1995年"三爱司""沙托"等三资企业也在淀山湖镇利民区域内落户。

90年代后期，工业经济在结构调整中健康运行，集体企业全面完成了企业产权制度改革，全部转为私营（民营）企业。

2005～2007年，对镇区商业街主要建筑立面进行改造，呈现欧陆风格。

2017年，成为淀山湖镇商业中心的淀兴路、中市路、曙光路等，经济繁荣。根据社会发展需求，沿街店面包罗万象，应有尽有。

第一节 沿街店面

20世纪80年代末至90年代初，中市路东侧形成个体户一条街，40来户业主分别经营建筑装潢材料、日用杂货、饭店点心店等行业，后因不符合总体规划，店面房全部搬迁，个体户一条街消失。

1993年8月，淀兴路金融商业街初步形成，店面类型局限于当地人民的生活需求。

1995年，淀山湖商城建成，分设农贸大厅和小商品市场，围绕商城周边，纷纷开设各类商店。店面类型有了明显增加。

2012年，利民社区内，沿主要街道396个门牌号，有大小服务门面（摊）338家（不含住宅区大门），其中农贸市场1家、小商品市场1家、金融保险部门7家、企事业单位20家、学校驾校单位办公室4家，其余305家，均为各类商店和服务行业。见表6-1-1至表6-1-4（表中因加盟店或旗下公司有同名店号）。

是年，利民社区辖区内338家店面（门面）房，不规范分类有62类，其中同类店面（不含商城展销大厅、小商品市场店面）超过20家的有服饰店、日用杂货综合店、饭店、快餐点心熟食店，同类店面在10~20家之间的，有建材装饰店、车行、家电车辆维修店、房产中介服务部。

是年实地踏看，辖区内有建材装饰店16家、家具门窗店6家、彩钢钢材店3家、厨房器具店6家、家用电器店7家、五金交电店5家、玻璃店1家、防水材料店1家、机械电动工具店2家、白铁皮店1家、油漆店2家、劳保用品店1家、工具出租店1家、车行12家、皮匠1家、家电车辆维修店14家、服饰店23家、绣庄2家、鞋店6家、超市5家、日用杂货综合店20家、小商品市场1家、液化气供应站1家、饭店22家、快餐点心熟食烤禽店32家、咖啡店3家、酒店用具供应店2家、农贸市场1家、杀鸡服务店1家、烟酒茶叶店9家、水果店3家、炒货店2家、猪羊肉店3家、粮油店6家、调味品店1家、水产批发交易市场2家、冷饮批发部1家、旅馆3家、床上用品店4家、化妆品店4家、眼镜店1家、电脑办公用品文具店6家、珠宝店1家、手机店4家、渔具店1家、照相馆1家、花店7家、足浴室3家、医院3家、药店3家、护肤推拿生活馆3家、网吧茶庄休闲中心6家、理发店7家、干洗店2家、快运服务部1家、房产中介服务部14家、房产公司1家、各类服务中心（部）1家、彩票购买点3家、金融保险部门7家、企事业单位23家、驾校4家。

表6-1-1　　　　　　　2012年淀山湖镇利民社区辖区内店面情况调查表（1）

序号	名称或店号	序号	名称或店号	序号	名称或店号
1	顺帆机械（曙光路）	36	自来水厂门市部	71	老东北菜馆
2	云欣装潢	37	中国体育彩票	72	阿德菜馆
3	蒸凌五金	38	发艺形象设计	73	法拉蒂电动车
4	沪昆综合门诊部	39	诚信药店	74	秋华油漆总汇
5	东升网吧	40	建军五金销售点	75	万里车行
6	美意达橱柜	41	汽车补胎店（曙光路）	76	皖申电动车
7	美意达建材装饰总店	42	爱琴角咖啡	77	白老泉酒坊
8	好得来装潢建材超市	43	丹红杂货店	78	川辽食府
9	梦之家橱柜	44	兰州正宗牛肉拉面	79	建华水产批发
10	好美家房产	45	英姿鞋柜	80	车洁士汽车用品商行
11	老梅门窗	46	午姿色内衣	81	天天百货店

续表

序号	名称或店号	序号	名称或店号	序号	名称或店号
12	韵达快运	47	休闲茶座	82	淀山湖镇生利杂店
13	美饰家陶瓷建材总汇	48	欣龙酒楼	83	阿大百货修理店
14	百利来橱柜	49	女友化妆品总汇	84	铁皮阿三白铁店
15	喜乐便利店（超市）	50	百盛鞋城	85	林民玻璃店
16	小厨房家常菜	51	明亮眼镜	86	香烟店
17	鹏阳广告装潢	52	服饰店	87	淀山湖农贸市场
18	耀弘房屋中介	53	仙得来面菜馆	88	小商品市场
19	山河置业销售接待中心	54	红娇莹内衣	89	水产交易市场
20	张氏女子专业护肤	55	特价鞋店	90	杀鸡店
21	美凯龙装饰	56	鸿星尔克服饰	91	联华超市
22	湘西阁饭店	57	美味快餐	92	香满园家常菜
23	上海健娅橱柜	58	雅芳化妆品	93	农家土味馆
24	艾丽嘉妍女子生活馆	59	淀山湖镇农机服务中心	94	咸肉菜饭骨头汤
25	一品鲜酒楼	60	食味快餐	95	农夫烤鱼
26	百家居房产	61	雅酷牛仔店	96	陕西凉皮
27	温州港休闲中心	62	中国移动手机大卖场	97	上海康宏中医推拿治疗中心
28	云欣装潢	63	世纪联华	98	机油液压油兼营叉车修理
29	如意办公	64	二元店	99	东湖宾馆
30	MO名气厨房电器	65	小陈车行	100	丝路发艺
31	中国太平洋保险	66	万事通手机卖场	101	群益综合商店
32	豪门酒家	67	上海姿锐电动车	102	仙客来干洗店
33	阿德宾馆	68	黄山茶庄	103	依依不舍服装
34	阳光房产	69	湘菜	104	修理电动车
35	君子兰花店	70	上海伊科电动车	105	家电制冷维修

表 6-1-2　　　　　　　　2012 年淀山湖镇利民社区辖区内店面情况调查表（2）

序号	名称或店号	序号	名称或店号	序号	名称或店号
1	天艺珠宝金银加工	36	苏州藏书羊肉	71	友好门诊部
2	衣＋衣精品服饰	37	广州平价牛仔	72	阿方饭店
3	文广机动三轮车行	38	喜多多床上用品专卖	73	琴琴发屋
4	佳美门窗	39	苏州藏书羊肉店	74	周建华烟杂店

续表

序号	名称或店号	序号	名称或店号	序号	名称或店号
5	上海卡摩电动车	40	佳音家电综合经营部	75	东北饭店
6	永达房产中介	41	品客点心店	76	喜多多床上用品专卖店
7	老皮鞋摊	42	忠美皮鞋店	77	博园房产
8	小昆山饭店	43	南京特色小笼包	78	天天堂儿童天地
9	东北纯粮白酒	44	山东杂粮调味品批发部	79	佳美鲜花店
10	云雾茶庄	45	小眼睛麻辣烫	80	东升电脑
11	酒店一次性用具	46	基忠点心店	81	雪琴服饰
12	过桥米线	47	德林烟酒杂货店	82	好缘
13	佳惠油坊	48	玉兴肉店	83	正康批发部
14	丹阳皮鞋店	49	翠红杂货店	84	鸿运饭店
15	丹阳渔具店	50	骨里香杂货店	85	零食铺
16	换新定做羽绒服	51	园家麻辣烫	86	修理电动车 自行车
17	老单调味品商店	52	阿三水果店	87	好再来麻辣烫
18	厨具塑料制品	53	杂货店	88	蜀香酒楼
19	小上海专业染烫造型	54	现炒现卖	89	福明烟杂店
20	小陈电脑	55	大饼油条店	90	啤酒烤鸭
21	街尚咖啡奶茶	56	福林饮食店	91	天津特色包子
22	五金 灶具 床上用品	57	角里点心店	92	北京骨里香烤店
23	和平粮油食品门市部	58	阿二客饭店	93	商城办公室
24	胖子炒货专卖店	59	海英饮食店	94	辉煌商店 中国福利彩票
25	胖子水果店	60	建妹商店	95	中国银行
26	山东杂粮煎饼	61	李成通齿科诊所	96	农商行
27	并蒂莲羽绒服	62	理想电器专卖店	97	鸿云超市
28	恒旺日化	63	山东粮油批发	98	淀山湖镇动物防疫站
29	海尔专卖店	64	百元商店	99	招商服务中心
30	金玉百货	65	真香饮食店	100	芭比馒头
31	床上用品	66	金利大家庭粮店	101	麦香城蛋糕
32	菲凡之恋商店	67	赵初烟杂店	102	玉萍什货店
33	移动手机批发	68	淀山湖镇裕元商店	103	淀山湖镇统计站
34	缘来是你鞋店	69	照相馆	104	镇便民服务中心（振淀路↓）
35	青阳服装店	70	雅芳化妆品	105	镇劳动保障所

表 6-1-3　　2012年淀山湖镇利民社区辖区内店面情况调查表（3）

序号	名称或店号	序号	名称或店号	序号	名称或店号
1	淀山湖镇工商组	36	荷田绣庄	71	中国电信
2	淀山湖学苑	37	上海驾校报名处（中市路）	72	豪华窗帘
3	交警淀山湖中队	38	威尔休闲浴场	73	洪元建筑装潢材料经营部
4	淀山湖城管	39	汽车美容装潢一站式服务	74	伟业装潢
5	金龙调解室	40	汽车修理店1	75	新丰文体商行
6	淀山湖综治中心	41	汽车修理店2	76	百家惠大药房
7	淀山湖镇派出所	42	汽车修理店3	77	万兴花卉
8	淀山湖司法所	43	南阳校油漆增压器	78	盛达油漆涂料
9	淀山湖消防所	44	爱娣商店	79	洋河蓝色经典红亮批发部
10	玲珑酒家	45	海魂杂货店	80	申光房屋中介
11	小燕子足浴	46	昆山三爱司服装有限公司	81	晟泰村民委员会
12	盛榕房产中介	47	昆山星和汽车装饰有限公司	82	妈妈宝贝母婴用品专卖店
13	零点家常菜（振淀路）	48	昆山振本制衣有限公司	83	便民批发超市
14	红豆之家内衣	49	昆山富田服装有限公司	84	包装材料劳保用品专卖
15	经典家常菜馆	50	严氏快餐	85	中国体育彩票
16	海丰香烟店	51	喜客来水果大卖场	86	大运摩托
17	花花饰界	52	书香世家茶庄	87	铝合金装潢店
18	福建沙县特色小吃	53	昆山晨海物资有限公司	88	梦家园房产中介
19	361°服装	54	多美滋冷饮批发部	89	淀山湖老吴液化气供应站
20	广州牛仔	55	福建沙县小吃	90	日盛房产中介
21	阿呆闲品连锁	56	永星香烟店（中市路）	91	阿平车行
22	心怡坊	57	小昆山奥面馆	92	建峰房屋中介
23	西北正宗牛肉拉面	58	大金空调特约经销部	93	俊祥窗帘
24	昆山市放心粮店	59	杨湘老药店	94	林华房产中介
25	中国人民财产保险	60	珊瑚浴室	95	福隆装饰
26	春风旅馆	61	梅林阁美食城	96	海尔空调专卖
27	衣香情缘精品内衣	62	工商银行	97	飞跃印刷办公用品
28	春风美食	63	上海上达电动车	98	华丽玻璃门窗
29	淀山湖幼儿园	64	上海外贸服装淀山湖分店	99	西洋美发厅
30	南方酒家	65	电机制冷维修	100	电动工具、出租脚架

续表

序号	名称或店号	序号	名称或店号	序号	名称或店号
31	新华酒楼	66	伟伟干洗店	101	启川钢材批发
32	中国建设银行淀东分理处	67	永强电力电器	102	昆顺电动工具
33	秋风房产	68	英俊美发中心	103	艳欢足浴
34	十字绣专卖	69	宏家文具用品商店	104	鹏飞房产中介
35	卡娃尔外贸童装	70	星辉装潢服务部	105	兴达利五金

表6-1-4　　　　　2012年淀山湖镇利民社区辖区内店面情况调查表（4）

序号	名称或店号	序号	名称或店号	序号	名称或店号
1	淀山湖兴达装潢服务部	9	鑫鑫足浴	17	工兴摩托
2	小江电动工具经营维修部	10	有线电视服务中心	18	康达利钢板
3	铝亮门窗装潢部	11	农信村小额贷款公司	19	创意门窗装潢
4	滕鸿装潢服务部	12	大酒店	20	上海小灵通电动车
5	馨语足浴	13	富田商店	21	玛吉斯轮胎（修汽车）
6	心满意足浴	14	淀东装潢部	22	淀山湖镇拆迁办公室
7	空调销售	15	防水堵漏	23	金龙汽车烤化美容修理中心
8	正大彩钢	16	湖心美理发店		

2017年，利民社区内，沿街业主来自"五湖四海"，沿街店号五花八门。有的店号似乎不合逻辑，都是品牌。比如"插花正宗牛肉馆"，是安徽阜阳十大名吃之一，全国连锁。据调查，有大小服务门面（摊）438家（不含住宅区大门），五年内增加对外服务门面97家，内有农贸市场1家、小商品市场1家、金融保险部门6家、企事业单位25家、学校驾校单位办公室7家，其余398家，均为各类商店和服务行业，比2012年增加93家。

按路段分，淀兴路南侧（东苑路至东商城路）有店面（门面）房53家，淀兴路南侧（商城外围）店面（门面）房有146家，淀兴路南侧（道褐浦至香石路）店面（门面）房有120家，曙光路西侧店面（门面）房有50家，曙光路东侧店面（门面）房有34家，中市路西侧和振淀路东西侧店面（门面）房有35家。详见表6-1-5至表6-1-11和下一节淀山湖商城外围店面表6-2-1至表6-2-3（表中名称或店号均为门面显示）。

农贸大厅（门面房统计，只算1家）内常设摊位经营户136户、临时摊位经营户48户、超市1家；农贸大厅南侧小商品市场（门面房统计，只算1家）经营户55户，其中服饰38户、百货17户。

淀山湖停车场南侧的摊贩店（门面房统计，只算1家），有水果摊、点心摊24家。

辖区内门面房不规范分类有64类，其中快餐点心熟食店达69家，比2012年增加了37家，饭店14家，比2012年减少了8家。饭店减少的原因，主要是杜绝了公款吃喝，而私人喜事进饭店招待盛行起来。快餐点心熟食店的增多，顺应了大众化饮食消费的需求。快餐点心熟食店颇有特色。略举几例：

角里点心店有鲜肉生煎、鲜肉烧卖、阳春面、榨菜肉丝面、葱油拌面、馄饨、粥……特别是生煎馒头锅盖一掀，滚油沸腾，焦香油香混着葱香四溢。师傅搭住锅沿用力一抖，"微汤、脆底、松面、紧肉"的生煎，腾跃而散，个个分离。

阜阳特色牛羊肉汤店，有羊肉面、牛肉粉丝汤、羊肉粉丝汤、牛杂粉丝汤……牛（羊）肉汤选用上乘牛（羊）骨、牛（羊）肉，经过几十种滋补药材以及卤料久经熬制而成，清香可口。

巴比馒头品种丰富，有鲜汁肉包、紫薯包、粉丝包、香菇青菜包、烧卖……薄薄的皮，大大的肉馅，肉质细腻，口感纯正浑厚。

小昆山奥面馆，有奥灶面、鳝丝面、牛肉面、大排面、肉丝面、鸡蛋面……奥灶面白面红汤绿葱叶，汤头以猪骨、鸡架为主食材，搭配葱姜等调料，慢火熬制至汤清亮味香浓，浇头大部分是现点现做现吃，干净新鲜又味正。

各色点心

苏州汤包店，有苏州汤包、特色生煎、鸡丁烧卖、牛腩米粉、老鸭粉丝汤，还有面食系列、盖浇饭系列、炒菜系列……汤包皮薄，汤汁多，轻轻咬一个小洞，鲜美汤汁流出，让人回味无穷。

食味快餐，有爆鱼面、鸡腿面、鸭腿面、酱排面、素鸡面、榨菜面……爆鱼面，鱼味类似熏鱼，用大鱼炸得很酥，鱼刺易挑；面里漂着葱油，吃起来利索，还有一丝丝甜味。精熬红汤，五热一体，浓而不腻，食而不厌。

淀山湖停车场南侧的摊贩店，有杂粮煎饼、韭菜蛋饼、香辣饼、糯米饭团、茶叶蛋……鲜香的辣椒夹杂在松软的饼里，外面撒上芝麻，配上一杯豆浆，就是一顿丰盛的早餐。

制作点心

同类店面在10~20家的，有建材装饰店、家具门窗店、车行、服饰、日用杂货综合店、饭店、烟酒茶叶店、护肤推拿生活馆、网吧茶馆休闲中心、房产中介服务部、各类服务中心。比如，家具门窗店有12家，比2012年增加了6家（不含商城展销大厅、小商品市场店面）。

2017年年底实地踏看，辖区内有建材装饰店12家、家具门窗店21家、彩钢钢材店3家、厨房器具店5家、家用电器店9家、五金交电店9家、玻璃店1家、防水材料店2家、机械电动工具店3家、金属皮加工店3家、油漆店1家、劳保用品店1家、车行14家、家电车辆维修店7家、服饰店18家、绣庄1家、鞋店5家、超市7家、日用杂货综合店17家、小商品市场1家、液化气供应站1家、饭店14家、快餐点心熟食烤禽店69家、咖啡店3家、酒店用具供应店1家、农贸市场1家、活禽交易店1家、烟酒茶叶店15家、水果店6

家、炒货店 1 家、猪羊肉店 1 家、蔬菜供应店 2 家、粮油店 5 家、调味品店 1 家、水产批发交易市场 3 家、冷饮批发部 3 家、饮用水 1 家、旅馆 7 家、床上用品店 1 家、化妆品店 3 家、眼镜店 1 家、宠物饲料店 3 家、种子店 3 家、电脑办公用品文具店 9 家、珠宝金店 2 家、手机店 7 家、渔具店 4 家、照相馆 2 家、花店 4 家、足浴室 2 家、医院 3 家、药店 4 家、护肤推拿生活馆 13 家、网吧茶庄休闲中心 10 家、理发店 9 家、干洗店 1 家、快运服务部 3 家、房产中介服务部 21 家、房产公司 4 家、各类服务中心（部）13 家、彩票购买点 2 家、金融保险部门 6 家、企事业单位 25 家、驾校办公室 7 家、停车场南摊贩 1 家。

表 6-1-5　2017 年 10 月利民社区淀兴路南侧（东苑路至东商城路）门面房调查表

序号	名称或店号	序号	名称或店号
1	光明铂悦公馆（售楼）	28	苏杭时代手机连锁
2	爱康宠物	29	千色美妆
3	福美来不动产（房产）	30	兰州正宗牛肉拉面
4	美丽家（蛋糕）	31	德尔惠运动（衣鞋）
5	藏书羊肉	32	千姿色内衣
6	茶庄古韵茶缘店	33	休闲茶座
7	摩卡香城（蛋糕）	34	欣龙私房菜
8	捞汤达人	35	女友化妆品
9	卤煮牛肉馆	36	成人保健
10	澜哥诗（服装）	37	百盛鞋城
11	盱眙龙虾诸葛烤鱼	38	亮明眼镜
12	龙山酸菜鱼	39	理发店
13	辣客麻辣烫	40	品客成服饰店
14	福茂农家菜	41	仙得来面餐馆
15	乡村土菜馆	42	新佰伦鞋店
16	麦滋贝卡工匠烘焙店	43	特价鞋店
17	皖西贡鹅	44	乔丹体育用品（衣鞋）
18	悸动奶茶烧仙草	45	食味快餐
19	香辣蟹	46	百果汇
20	插花正宗牛肉馆	47	淀山湖镇农业服务中心
21	咸肉菜饭	48	淀山湖镇农产品质量监督站
22	全州拌饭	49	爱佳宾馆
23	百康大药房	50	小陈电脑
24	华丰果业	51	爱佳电脑
25	好孩子母婴用品生活馆	52	美容养生
26	昆山布施电器有限公司	53	中国移动手机大卖场
27	苏州汤包		

表 6-1-6　　　　　　　2017年10月利民社区淀兴路南侧门面房调查表（1）

序号	名称或店号	序号	名称或店号
1	农商行	28	小儿推拿护理
2	鸿云超市	29	无限及保健品
3	芭比馒头	30	成人保健
4	麦滋贝卡工匠烘焙店	31	乐钓渔具
5	淀山湖镇动物防疫站	32	交通驾校
6	招商工贸大楼	33	十字绣裱框
7	饭庄	34	卡娃依童装
8	梦里水乡馆	35	惜缘房产
9	海丰杂货店	36	小昆山奥面馆
10	花花饰界	37	纯音琴行
11	沙县小吃	38	赞欣空调电器商行
12	尚鼎	39	杨湘老药店
13	西安分号凉皮	40	老杨湘红汤面
14	苹果体验店	41	中国工商银行
15	贝贝多饰品	42	皇嘉宾馆
16	沈浅礼品	43	冰青汽修
17	兰州拉面	44	建东家具店
18	昆山市放心粮店	45	洪元建材店
19	中国人民保险	46	腾辉铝合金门窗
20	春风旅馆	47	华浩铝合金
21	五粮液形象店	48	安信房产
22	腾升房产	49	上海外贸服饰分店
23	淀山湖幼儿园	50	电机制冷维修
24	新华宾馆	51	炫亮造型（理发）
25	VIVO专卖店（手机）	52	陈氏电力电器
26	中国移动通信	53	鹏飞房产
27	建设银行淀东分理处	54	宏发文化用品商店

表6-1-7　　　　　2017年10月利民社区淀兴路南侧门面房调查表（2）

序号	名称或店号	序号	名称或店号
1	星辉门窗	28	海尔空调专卖
2	中国电信	29	万盛劳务
3	豪华窗帘	30	皇派高端门窗
4	好耐奇电动车	31	上海松林驾校
5	伟业装潢	32	小贺电动工具
6	新丰文体商行	33	启川钢材批发
7	百佳惠大药房	34	昆顺电动工具
8	万兴花卉	35	淀发文具
9	晨阳水漆	36	排骨米饭
10	泉荣烟杂店	37	俊祥窗帘
11	申光房产中介	38	明锐涂料五金
12	晟泰村民委员会	39	铭鑫装潢服务部
13	惠乐健母婴生活馆	40	逗趣宠物
14	洋河蓝色经典远航	41	钓鱼乐
15	小华理发	42	滕鸿装潢服务部
16	包装材料劳保用品	43	通风管道
17	飞达批发（杂货）	44	剪板折弯焊接
18	砧豹电动车	45	空调销售修理移机
19	铝合金门窗装潢店	46	正大彩钢
20	梦家园房产中介	47	蓝天驾校
21	九诚企业管理有限公司	48	淀山湖燃气配件
22	日盛房产中介	49	铝行者门窗
23	维斯卡洛门窗	50	有线电视淀山湖营业厅
24	照相馆	51	飞云龙货运
25	建峰房屋中介	52	秀秀家政
26	丽萱窗帘布艺	53	花香缘婚庆
27	诚信广告	54	醉麟阁大酒店

表6-1-8　　　　　　　2017年10月利民社区淀兴路南侧门面房调查表（3）

序号	名称或店号	序号	名称或店号
1	顺达驾校劳务	7	康达彩钢板剪折弯
2	金种子传天下	8	乙家书店
3	小上海美发	9	小刀电动车
4	屋面防水	10	玛吉斯轮胎（修汽车）
5	湖心美理发店	11	淀山湖镇拆迁办公室
6	老刘门窗	12	酷车访钣金喷漆店

表6-1-9　　　　　2017年10月利民社区辖区内曙光路（东侧）（南至北）门面房调查表

序号	名称或店号	序号	名称或店号
1	社区老年活动室	18	淀湖房产
2	易居布艺	19	金点窗帘
3	友信移门	20	万里香馄饨王
4	凯龙家具城	21	重庆烧烤
5	万家亮灯具	22	优雅窗帘
6	淀山湖窗帘	23	大元信贷
7	神韵瓷砖专卖店	24	林华房产
8	曙光村家具	25	淀杨水电五金卫浴
9	豪华五金电器	26	瑞连中式快餐
10	艺佳佰年装潢　空调	27	金色田园房产
11	可可快餐	28	日美五金机电
12	沙县小吃	29	邦威车行
13	万腾地产　房产	30	斯维登度假公寓
14	世纪华联	31	恒宇家政　恒宇搬家
15	悦达房产	32	联华超市
16	洛丽塔会所（美容）	33	小禾苗母婴生活馆
17	理想家园房产	34	布拉贝格（饮食店）

表 6-1-10　　2017 年 10 月利民社区辖区内曙光路（西侧）（南至北）门面房调查表

序号	名称或店号	序号	名称或店号
1	蔚蓝音乐清吧	26	健娅装饰
2	空调电器专卖	27	恒信地产
3	蒸凌五金	28	一品鲜酒楼
4	沪昆综合门诊部	29	吉臣房产
5	业城劳务	30	温州港休闲会所
6	东千网吧	31	云欣装饰
7	美意达橱柜	32	如意办公
8	美意达建材装饰家具	33	悟空找房
9	凝聚紧固件批发部	34	家缘房产中介
10	好得来灯具	35	左邻右里农家菜
11	梦之家橱柜	36	阿德宾馆
12	好美家房产	37	金阳光房产
13	美天乐家具城	38	上海正装装饰
14	老梅门窗	39	中国福利彩票
15	韵达快运	40	苏昆饮用水经营部
16	美饰家陶瓷建材总汇	41	中药养生馆
17	百利来橱柜	42	国际美容 SPA 会所
18	喜乐便利店（超市）	43	秋凤房产
19	小厨房农家菜	44	雀联麻将机
20	祥翔广告	45	自来水售水点
21	耀弘房产	46	中国体育彩票
22	369 农家乐	47	吸引力烫染造型
23	宫庭足浴	48	诚信药店
24	美凯龙装饰	49	建军五金
25	安徽家常菜	50	云龙车行

表 6-1-11　　　　2017 年 10 月利民社区中市路西侧、振淀路东西侧门面房调查表

序号	名称或店号	序号	名称或店号
1	加油沾	19	绿能电动车
2	汽车站	20	多美滋冷饮批发部
3	24 个水果点心摊	21	福建沙县小吃
4	停车场	22	永星香烟店
5	上海湾房产	23	便民服务中心
6	苏州华纺房地产公司	24	市场监督管理
7	昆山福斯特汽车维修	25	淀山湖学苑
8	新锦舜金属制品公司	26	淀山湖城管中队
9	农工商房地产昆山福侬置业	27	交警淀山湖中队
10	辰居建筑装饰公司	28	淀山湖派出所
11	建材超市	29	淀山湖专职消防队
12	顺丰快递	30	淀山湖应急救援队
13	欣中易购 789 免费洗车	31	淀山湖联防队
14	昆山惜缘汽车维修	32	数字城管淀山湖中队
15	业诚劳务	33	大厨美食
16	喜客来水果大卖场	34	小燕子足浴
17	咖啡吧、休闲	35	福太太中年服饰
18	书香禅御茶庄		

第二节　淀山湖商城

淀山湖商城是全镇人民的购物中心，集农贸市场、小商品市场、个体商店为一体，繁荣兴旺。商城内，家用电器、手机、数码产品、日用百货、服装鞋帽、粮油副食、烟酒杂货、餐饮小吃、鲜活水产、禽蛋肉类、瓜果菜蔬等，应有尽有，琳琅满目。

一、发展历程

淀山湖商城的前身是淀东公社农贸市场，创建于 1962 年，地址在老街中市桥堍。是年，四乡农民将自产的蔬菜、瓜果、禽、蛋，拿到镇中市桥摆地摊出售。随着时间的推移，摆地摊的由 10 多户发展到几十户，由农民自产户发展到专业户，副食品市场也逐年活跃起来。随着市场经济的进一步发展，居民副食品需求量不断增长，1980 年，在中市路边开辟了一个临时农贸市场，划出一块地盘，让自产户和专业户按贸易品类区设摊交易，摊位设备均由

摊主自理，但需交纳一定的摊位费。1988年年初，由政府投资，在淀兴路南、双娄江边新建一个1 000平方米左右的农贸市场，同时用玻璃钢搭起简易栅。场内设100多个用水泥板搭成的摊位，相对正规的农贸市场在淀东镇诞生。

1995年，总投资1 600万元，占地2.06万平方米，建筑面积1.6万平方米的淀山湖商城落成，位于淀兴路南侧道褐浦桥堍。农贸大厅东、西、北侧，各有一排商住楼，南有简易小商品市场。是年6月29日，淀山湖商城启用。

1998年，又投资20万元，紧靠道褐浦建成占地面积2 500平方米的水产交易市场。1999年12月，在水产交易市场北，建造一幢5层商贸大楼，铺面为5间，总建筑面积为800平方米。

2007年，政府投入改造资金600万元，对农贸市场进行综合整治、内部改造，市场的环境整治取得了良好的社会效益。

2008年1月20日，经综合整治、内部改造后的农贸市场正式投入运营。近6 000平方米超大容量的农贸大厅，由专业设计单位进行全面改造设计，从市场公共设施、通风采光装置、电子显示屏、监控设备到经营户电子秤、平板车、冷柜的统一配置等多方面，全面达到标准化市场要求，成为周边乡镇农贸市场中的佼佼者。与此同时，升级改造后的市场，由私人承包转为政府集体经营，实行公益性管理，对一部分因病致贫、残疾、零就业、帮教对象家庭等弱势群体，实行优先、优惠准入经营。是年，被评为江苏省农副产品"百强市场"。

2009年5月，政府又投入300万元，翻新建成3 000平方米小商品市场并投入使用，周边水产交易市场迁移，改造完成3 000平方的停车场。

2010年，市场被江苏省文明委评为2008—2010年度四星级"文明诚信市场"，荣获"苏州市平安市场示范点"荣誉称号。

2012年，荣获"江苏省农村文明集市创建示范点""苏州市农村文明集市""江苏省诚信计量示范集贸市场"荣誉称号。

2014~2015年，针对小商品市场走廊狭窄、摊位密度高，经营产品易燃物品多的状况，对消防设施进行改造，最大限度消除安全隐患。

2015年3月，商城实行城管行政执法为主，保持常态化管理与监督，对市场周边道路、农贸市场、小商品市场的环境及经营秩序进行综合整治。在市场外围，取缔了占道经营、堆物、违章搭建，清理了墙体乱张贴、违章广告灯箱等，整治了市场内的占道经营、堆物、占用空摊位、超高超范围摆放等。商城的综合环境得到明显改观，取得显著成效，得到群众认可。是年，荣获"江苏省文明诚信市场"荣誉称号。

2017年，商城通过逐年改造，各项工作、人员配备、市场硬件设施逐步完善。管理工作人员28名、卫生保洁人员12人。市场保洁设施，刷地机从原来的1台增加到2台，新增电动垃圾三轮车3辆，新增及更换垃圾桶112个等；监控设备增加到80路，有广播系统一套、LED电子显示屏2套。市场设有蔬菜农药残留检测室、公平核对、肉类追溯系统及肉禽类索票索证管理工作制度等，让人民群众有一个舒适、卫生、安全的经营和消费环境。

二、农贸大厅

农贸大厅是全镇人民购买副食品的重要菜场，品种齐全，花样繁多，呈现出繁荣兴旺的景象。

1995 年，初建农贸大厅，有各类摊位 120 户。

2016 年，商城通过逐年改造，市场硬件设施逐步完善。是年，农贸大厅内常设摊位经营户 136 户、临时摊位经营户 50 户、超市 1 家。其中：鲜肉摊 24 家，牛肉摊 2 家，羊肉摊 2 家，海鲜摊 7 家，水产摊 18 家，光鸡摊 4 家，毛鸡摊 2 家，蔬菜摊 21 家，配菜摊 4 家，豆制品摊 7 家，水果摊 2 家，茶叶摊 4 家，杂货摊 12 家，粮面摊 4 家，熟食摊 1 家，零食铺摊 1 家，小农户摊 21 家，临时瓜果菜蔬摊 40 家，临时水产摊 10 家，大厅内东北方有中型超市 1 家。

2017 年年底，农贸大厅内常设摊位经营户 136 户、临时摊位经营户 48 户、超市 1 家。其中：鲜肉摊 24 家，牛肉摊 2 家，羊肉摊 2 家，海鲜摊 4 家，水产摊 24 家，光鸡摊 4 家，冷冻摊 6 家，蔬菜摊 21 家，配菜摊 4 家，豆制品摊 7 家，水果摊 4 家，茶叶摊 4 家，杂货摊 12 家，粮面摊 4 家，熟食摊 1 家，商店 13 家，小农户摊、临时瓜果菜蔬摊、临时水产摊 48 家，大厅内东北方有中型超市 1 家，见下页示意图。

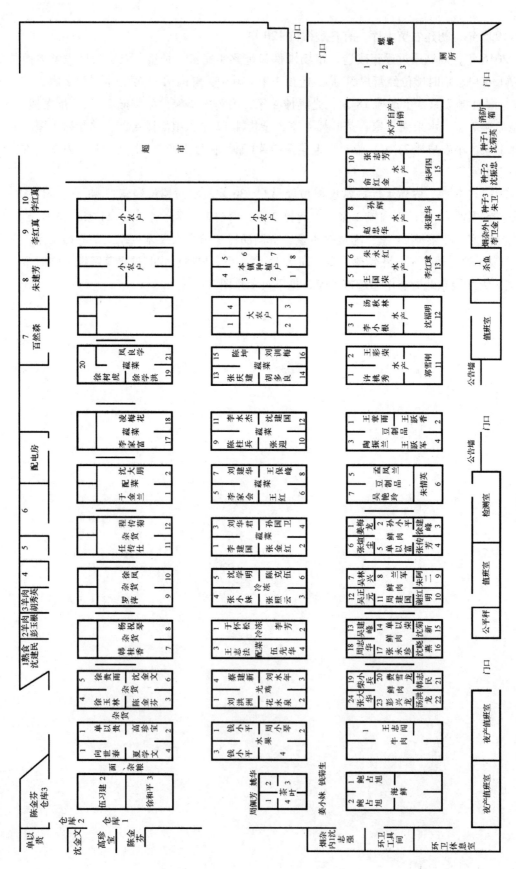

2017年年底农贸大厅摊位分布示意图

三、小商品市场

1995年，初建综合市场，有小商品摊位58户。2016年，农贸大厅南侧小商品市场经营户55户。2017年，农贸大厅南侧小商品市场经营户55户，其中服饰38户、百货17户，见示意图。

														↑北

百货	服饰	服饰	服饰	服饰	服饰	服饰	服饰	百货	百货	百货	百货	百货	百货
A1	A3	A5	A7	A9	A11	A13	A15	A17	A19	A21	A23	A25	A27
A2	A4	A6	A8	A10	A12	A14	A16	A18	A19	A22	A24	A26	A28
百货	服饰	服饰	服饰	服饰	服饰	服饰	服饰	百货	百货	百货	百货	百货	百货
值班室	服饰加工	服饰加工	服饰加工	服饰加工	服饰加工	服饰加工	服饰加工	服饰加工	服饰加工	服饰加工	服饰加工	服饰加工		百货
B1	B3	B5	B7	B9	B11	B13	B15	B17	B19	B21	B23	B25	B27
B2	B4	B6	B8	B10	B12	B14	B16	B18	B19	B22	B24	B26	B28
百货	服饰加工	服饰加工	服饰加工	服饰加工	服饰加工	服饰加工	服饰加工	服饰加工	服饰加工	服饰加工	服饰加工	服饰加工		百货

2017年淀山湖综合市场小商品市场摊位示意图

四、外围店面

2017年年底，农贸大厅外围店面经营户139户。其中：东商城路东侧12家，东商城路西侧12家，菜场东边路东侧13家，菜场南边路19家，见表6-2-1（56家）；商城西路12家，另有1家医院；淀兴路上，面对菜场，自东商城路由东向西36家，见表6-2-2（49家）；自东商城路向西至道褐浦依次排列，门面向北，面对淀兴路有店面35家，另有3家为医院、办公室、银行，见表6-2-3（38家）。

表6-2-1　2017年12月利民社区淀兴路南侧（商城外围）门面房调查表（1）

序号	名称或店号	序号	名称或店号
1	世纪华联（东商城路东侧，下同）	29	酒店一次性用品
2	二元店	30	小胡油坊
3	小陈车行	31	东北纯粮酒
4	手机专业维修中心	32	靓丝美发
5	雅玛星钥车行	33	丹丹渔具店
6	恒久源金融	34	老单冷冻品
7	如意馄饨	35	老单调味品
8	陕西老字号（饮食店）	36	中意厨具塑料制品
9	法拉蒂卡摩电动车	37	小上海美发

续表

序号	名称或店号	序号	名称或店号
10	淮南牛肉汤	38	黄焖鸡米饭（菜场南边路，下同）
11	老东北菜馆	39	油漆涂料防水辅料
12	雅迪电动车、阿平车行	40	万里车行
13	鑫源茶坊（东商城路西侧，下同）	41	冰之缘冷饮批发
14	农家土味馆	42	皖申油坊
15	咸肉菜饭骨头汤	43	百老泉酒坊
16	滋补烩面	44	阿根快餐
17	空调电器专卖	45	建华蟹行
18	蓝翔驾校	46	淀山湖水产站
19	山东手工水饺	47	天天百货店
20	阳光花卉	48	淀山湖镇生利杂货店
21	丝路发艺	49	诚信百货
22	群益综合商店	50	阿三钣金
23	非凡渔具	51	林民玻璃店
24	仙客来干洗店	52	活禽交易区
25	小昆山饭店（菜场东边路，下同）	53	香烟店
26	佳惠蔬菜批发	54	种子店1
27	棋牌活动中心	55	种子店2
28	云雾茶庄	56	种子店3

表6-2-2　　2017年10月利民社区淀兴路南侧（商城外围）门面房调查表（2）

序号	名称或店号	序号	名称或店号
1	福林饮食店（商城西路，下同）	26	移动手机批发连锁
2	小李蔬菜经营部	27	缘来是你鞋店
3	角里点心店	28	青阳服装店
4	海英饮食店	29	苏州藏书羊肉
5	重庆小面	30	手撕烤板鸭
6	李成通齿科诊所	31	精品鲜果汇
7	美的电器专卖店	32	阿发藏书羊肉店
8	山东粮油批发	33	佳音家电经营部
9	老侉馒头王	34	湄公烤鱼

续表

序号	名称或店号	序号	名称或店号
10	工厂直营熟食店	35	忠美皮鞋店
11	金利大家庭（粮油店）	36	特色牛羊肉汤
12	赵初烟杂店	37	鲁豫大馒头
13	淀山湖裕元商店	38	百味居熟食
14	满口福熟食（淀兴路上，面对菜场，自东商城路由东向西，下同）	39	基忠点心店
15	床上用品	40	德林烟酒杂货店
16	五金 灶具	41	玉兴肉店
17	天成百货	42	翠红杂货店
18	万泉手机配件	43	九里香卤菜
19	美肤心悦	44	隆丰熟食店
20	山东杂粮煎饼	45	胖妹水产
21	恒珍名妆	46	谢老大拌牛肉
22	布施电器	47	徐亚明烟酒杂货店
23	金玉百货	48	好味来烤鸭
24	南通天美家纺	49	绿色早点
25	非凡之恋精品内衣		

表6-2-3　　2017年10月利民社区淀兴路南侧（商城外围）门面房调查表（3）

序号	名称或店号	序号	名称或店号
1	德荣车行	20	咖啡馆
2	家电维修	21	佳美鲜花店
3	淀东金店	22	东升电脑
4	台茶1号	23	雪琴服饰
5	家乡面馆	24	好缘喜糖
6	文广车行	25	正康批发部
7	都市丽人	26	零食铺
8	小马车行	27	正大鸡排
9	智邦职业介绍	28	好再来麻辣烫
10	千里香馄饨王	29	无限及美容养生
11	友好门诊部	30	福明商店
12	业诚劳务、照相	31	啤酒烤鸭

续表

序号	名称或店号	序号	名称或店号
13	紫燕百味鸡	32	食香缘（鲜包）
14	皇茶	33	栗子王专卖
15	周建华烟杂店	34	商城办公室
16	东北饭店	35	辉煌商店　旦麓杂货店
17	精品鲜果汇	36	中国银行
18	重庆麻辣烫	37	康力袖饲料
19	照相馆	38	建民水产

注：该表序1~38门面，为淀兴路637号至719号，除康力袖饲料、建民水产在道褐浦边上门面向南外，其余自东商城路向西至道褐浦依次排列，门面向北，面对淀兴路。实有店面35家（除序11、34、36）。

第三节　入驻企业

20世纪90年代初，淀山湖镇外向型经济逐步发展。通过"筑巢引凤""引凤筑巢""以外引外"等招商举措，在社区境内与上海第二十五服装厂联营，扩建了上海第二十五服装厂淀东分厂；与上海国光口琴厂合作，开办了上海国光口琴厂淀东分厂。

1992年，区域内引进了富田服装有限公司等外资企业。

1994年，振奔制衣有限公司落户东湖服装厂。1995年"三爱司""沙托"等三资企业也在淀山湖镇利民社区内落户。

90年代后期，工业经济在结构调整中健康运行，全面完成了企业产权制度改革，完全转为私营（民营）企业。

2012年，利民社区辖区内有民营企业5家。见表6-3-1。

表6-3-1　　　　　　　　2012年利民社区辖区内民营企业一览表

序号	名称	地址	序号	名称	地址
1	昆山三爱司服装有限公司	中市路258号	4	昆山富田服装有限公司	中市路288号
2	昆山星和汽车装饰有限公司	中市路268号	5	昆山晨海物资有限公司	中市路300-1号
3	昆山振奔制衣有限公司	中市路278号			

2017年年底，利民社区辖区内，入驻民营企业9家。见表6-3-2。

表6-3-2　　　　　　　　　　　2017年利民社区辖区内民营企业一览表

序号	名称	地址	序号	名称	地址
1	上海湾房产公司	中市路	6	顺丰速运	中市路
2	苏州华纺房地产公司	中市路	7	辰居建筑装饰公司	中市路
3	昆山福斯特汽车维修	中市路	8	欣中易购789免费洗车	中市路
4	新锦舜金属制品公司	中市路	9	昆山惜缘汽车维修	中市路
5	农工商房地产昆山福侬置业	中市路			

附：

辖区内居民在区外注册各类企业42家。见表6-3-3。

表6-3-3　　　　　　　　利民社区居民在区外注册各类企业一览表　　　　　　　　单位：万元

序号	企业名称	企业地址	注册资本	法人代表	经营范围	开业时间
1	昆山新东湖服装有限公司	淀山湖镇区	200	陆雪元	服装服饰及皮革制造	1999.09.24
2	昆山市海宏医用敷料有限公司	民营区	680	董纹吉	医用手术器械等加工	1997.11.28
3	昆山市超声仪器有限公司	民营区	2 300	许洪泉	超声仪器、电子仪器等制造	1997.06.10
4	上海自动化仪表十一厂淀山湖分厂	新乐路南侧	150	钱彩新	电动执行机构加工	1998.04.10
5	昆山市淀山湖畅达化工物资经营部	新安区	50	朱建龙	工业溶剂、印染助剂销售	1996.05.09
6	昆山市淀山湖建筑工程有限公司	曙光路168号	700	张永明	土木工程建筑	1998.05.29
7	昆山市淀山湖箱包有限公司	堤闸站	128	许士元	箱包皮革制造	1996.11.28
8	昆山市淀山湖增白剂有限公司	东梅村	52.5	朱贵时	荧光增白剂制造，五金加工	1998.10.06
9	昆山市淀山湖卫生用品厂	红亮村	120	董海元	卫生纸，纸质口罩、帽子等	1998.01.06
10	昆山市淀山湖镇蜜饯厂	复光村	50	陆国荣	生产加工蜜饯、月饼等	1998.10.02
11	昆山市淀山湖彩印厂	马安村	50	周兴林	制造加工彩印	1996.11.08
12	昆山市康利家具有限公司	石灯区	50	杨振星	木制品家具加工、销售	2001.08.20
13	昆山市华皇家具涂料有限公司	金家庄村	50	何民权	工业溶剂、油漆销售	2002.06.14
14	昆山富民化轻有限公司	安上村	50	顾永明	印染助剂、工业溶剂销售	2002.09.20
15	昆山市精明模具粉末冶金厂	永新村	30	李善行	模具、粉末冶金制品加工	2002.09.06

续表

序号	企业名称	企业地址	注册资本	法人代表	经营范围	开业时间
16	昆山市淀山湖镇明辉粉末冶金厂	永新村	40	李明生	粉末冶金制品	2003.06.20
17	昆山市三宏塑料制品有限公司	石灯区	50	沈建龙	注塑等各种塑料制品加工	2003.03.10
18	昆山九州汽车电器有限公司	工业区	600	许洪泉	汽车电器、仪器制造	2004.05.26
19	昆山九州医疗社区有限公司	经济开发区	900	许洪泉	消毒设备、灭菌设备	2004.10.13
20	昆山市天叶印刷厂	香石路南侧	80	张国兴	纸制品印刷	2004.04.07
21	昆山雪明服装辅料有限公司	中市路258号	50	陆雪元	服装辅料制造	2004.04.13
22	昆山明惠合金材料	石灯区	50	印建明	铜丝、钢带制造加工	2004.01.12
23	昆山和城物业管理	淀兴路869号	50	冯岐新	物业管理、房屋中介	2005.05.16
24	昆山裕隆化工有限公司	度城村	50	叶裕龙	其他化工产品批发	2005.06.17
25	昆山东杰化工有限公司	金家庄村	50	顾庆丁	其他化工产品批发	2005.04.28
26	昆山市淀山湖东湖宾馆	淀兴路	10	周继荣	其他住宿服务	2005.03.16
27	昆山惠邦纸制品有限公司	淀信小区	50	张惠敏	纸制品、塑料制品销售	2005.09.01
28	昆山放豪印染助剂厂	双桥村	50	陈大平	肥皂制造	2005.06.20
29	昆山市海升塑料制品有限公司	香石路东侧	50	熊尚发	塑料包装制品加工制造	2005.07.12
30	昆山东银服装制衣厂	红星村	40	石向东	服装制造、加工	2005.11.01
31	昆山金纺印染助剂有限公司	民营区	50	黄金元	印染助剂、纺织品销售	2005.08.02
32	昆山康利达家具厂	民和村	50	彭建英	家具制造加工	2005.09.05
33	昆山金纺机械配件有限公司	民营区	50	黄金元	电子电气产品生产销售	2006.08.26
34	昆山盛氏化工有限公司	利民新村	80	盛荣元	工业纯碱、塑料包装制品	2006.08.09
35	昆山晶莹塑料制品有限公司	金家庄村	50	朱菊洪	塑料制品制造	2006.06.10
36	昆山市淀山湖度城富民合作社	度城村	65.8	朱桂明	为农服务	2006.05.10
37	昆山新统一涂料有限公司	新乐路南侧	50	蔡建新	涂料销售	2006.04.19
38	昆山宝丰晟新型材料装饰有限公司	钱华路	50	朱晓峰	室内装潢、地坪工程	2006.05.23

续表

序号	企业名称	企业地址	注册资本	法人代表	经营范围	开业时间
39	昆山华冲纺织有限公司	双马路北侧	50	潘建华	服装、针织品销售	2007.04.07
40	昆山方氏家具有限公司	马安村	50	方锦明	家具装饰印染制造	1996.05.07
41	昆山市华荣照明器材厂	新安村	20	林秀英	螺旋灯管加工销售	2001.07.23
42	昆山豪新一期阀门配套设备厂	石灯区	50	周惠新	仪器、仪表、阀门加工	2003.11.05

第七章 基层组织

1993年10月，利民居委会筹备委员会成立，顾学兴担任负责人。1996年11月，正式成立利民居委会。2002年5月换届选举，张惠娥任主任。2005年6月，张惠娥连任居委会主任。2006年4月，利民社区成立党支部，张惠娥任党支部书记。2008年7月，朱进荣任居委会主任，连任三届。2009年8月至2015年3月，朱进荣连任两届党支部书记。之后，柴彩根、张嘉炯先后任党支部书记兼居委会主任。2017年，利民社区党支部有3个党小组27名党员；利民居委会下辖利民新村小组、公园新村小组等7个居民小组。

第一节 基层党组织

利民社区党支部组织领导本社区贯彻执行上级指示精神，支持和保证行政组织（居委会）、经济组织和群众组织充分行使职权。

一、党支部组建

组建党支部，进一步加强基层组织建设，健全基层组织机构，正常进行组织生活，领导居委会开展各项工作，稳定社会秩序。

利民社区党支部成立于2006年4月25日，张惠娥为首任书记，黄红芳为支部委员。2009年8月11日，副书记朱进荣接任利民社区居委会党支部书记，连任两届至2015年3月25日，在此期间庄伟元为副书记。2015年3月，柴彩根接任党支部书记。2016年9月，沈建芳任副书记。2017年11月2日，张嘉炯任党支部书记。党支部与居委会两套班子，同心协力，争得了包括镇级、昆山市级、苏州市级和江苏省级等35项集体荣誉，为利民社区营造了优美的和谐氛围。

二、党员结构

2014年年末，利民社区27名共产党员中，男性党员10名，女性党员17名。见表7-1-1。按党龄分，1~10年有8名，11~20年有10名，21~30年有2名，31~40年有2名，

41~50年有2名,51年的有2名。见表7-1-2。

按年龄分,25~40岁的有10名,41~50岁的有6名,51~60岁的有5名,61~70岁的有2名,71~85岁的有4名。见表7-1-3。

按文化程度分,研究生1名,本科8名,大专6名,中专1名,高中3名,初中7名,小学1名。见表7-1-4。

1. 性别结构

表7-1-1　　　　　　　　　2017年利民社区共产党员性别一览表　　　　　　　　　单位:名

性别	第一小组	第二小组	第三小组	合计
男	3	4	3	10
女	6	5	6	17
合计	9	9	9	27

2. 党龄结构

表7-1-2　　　　　　　　　2017年利民社区共产党员党龄一览表　　　　　　　　　单位:名

党龄(年)	1组	2组	3组	合计	党龄(年)	1组	2组	3组	合计
1	0	0	1	1	15	1	2	0	3
2	0	0	0	0	16	0	0	0	0
3	1	0	1	2	17	1	1	0	2
4	0	0	0	0	18	0	0	0	0
5	0	0	0	0	20	1	2	0	3
6	1	1	0	2	21	0	1	0	1
7	0	0	1	1	22	0	1	0	1
8	1	0	0	1	36	0	1	0	1
9	0	0	1	1	39	0	0	1	1
10	0	0	0	0	41	0	0	1	1
11	1	0	0	1	42	0	0	1	1
12	0	0	0	0	50	1	0	0	1
13	0	0	0	0	51	1	0	1	2
14	0	0	1	1	总计	9	9	9	27

3. 年龄结构

表7-1-3　　　　　　　　　2017年利民社区共产党员年龄一览表　　　　　　　　　单位：名

年龄（岁）	1组	2组	3组	合计	年龄（岁）	1组	2组	3组	合计	年龄（岁）	1组	2组	3组	合计
25	0	0	1	1	46	0	1	0	1	67				
26	1	0	0	1	47	0	0	1	1	68	0	0	1	1
27	0	0	1	1	48	0	1	0	2	69				
28	0	0	0	0	49	0	0	0	1	70				
29	0	0	1	1	50					71				
30	1	0	0	1	51					72				
31					52	0	1	0	1	73				
32	1	0	0	1	53	0	1	0	1	74	0	0	1	1
33					54					75	1	0	0	1
34					55	0	1	0	1	76	1	0	0	1
35	0	0	1	1	56					77				
36	1	0	0	1	57					78				
39	0	1	0	1	58					79				
40	1	0	0	1	60	0	1	1	2	85	0	1	0	1
42	0	1	0	1	64	0	0	1	1	总计	9	9	9	27

4. 文化结构

表7-1-4　　　　　　　　　2017年利民社区共产党员文化程度一览表　　　　　　　　　单位：名

学历	1组	2组	3组	合计	学历	1组	2组	3组	合计	学历	1组	2组	3组	合计
研究生	0	0	1	1	大专	1	4	1	6	初中	1	2	4	7
本科	5	0	3	8	中专	0	1	0	1	小学	1	0	0	1
					高中	1	2	0	3	总计	9	9	9	27

第二节　居民委员会

社区居民委员会是居民自我管理、自我教育、自我服务的基层群众性自治组织，实行民主选举、民主决策、民主管理和民主监督。

1993年10月，利民居委会成立筹备小组，1996年11月居委会正式宣告成立，无办公地点，借地办公。顾学兴为首任主任，1999年11月换届选举，顾学兴连任居委会主任。张惠娥于 2002 年 5 月至 2008 年 7 月，连任两届主任；接着，朱进荣连任三届主任；2016 年 12 月，由柴彩根任居委会主任。2017 年 11 月 2 日，张嘉炯任居委会主任。居委会负责日常事务处理、户籍登记、邻里纠纷调解等工作。

利民居委会有 7 个居民小组。

利民社区居委会历届班子成员，见表 7-2-1。

表 7-2-1　　　　　　　　　　利民社区居委会历届班子成员一览表

序号	起始年月	主任	副主任	委　员
1	1993.10（筹）	顾学兴		陈兴锐（工作人员）
2	1996.11	顾学兴		陈兴锐、殷爱琴、顾新英
3	1999.11	顾学兴	张惠娥	陈兴锐
4	2002.05	张惠娥	黄红芳	陈兴锐、王小顺
5	2005.06	张惠娥	黄红芳	沈元龙
6	2008.07	朱进荣		沈元龙、郁洪芳
7	2011.03	朱进荣		沈元龙、沈建芳
8	2013.12	朱进荣		沈元龙、沈建芳、张斌华、潘　青
9	2015.03.25	柴彩根	蔡晓菲（助理）（2017.04 起）	蔡晓菲（至 2017.04）、沈建芳、沈元龙、柴晨洁
	2017.11.02	张嘉炯		

第三节　组织沿革

利民社区历届干部名录（1993～2017）

一、党支部（2006.04.25～2017.11.02）

1. 书记

张惠娥 2006.04.25～2009.08.11　　　　　柴彩根 2015.03.25～2017.11.02
朱进荣 2009.08.11～2010.08.25　　　　　张嘉炯 2017.11.02～
朱进荣 2010.08.25～2015.03.25

2. 副书记

朱进荣 2008.06.03～2009.08.11　　　　　蔡晓菲 2017.11～
沈建芳 2016.09.14～

3. 委员

黄红芳 2006.04.25～2010.08.25　　　　　庄伟元 2010.08.25～2013.05.03

二、居委会（1993～2017.11.02）

1. 主任
顾学兴 1993（筹）～1996.11.05
顾学兴 1996.11.05～1999.11.20
顾学兴 1999.11.20～2002.05.21
张惠娥 2002.05.21～2005.06.02
张惠娥 2005.06.02～2008.07.03
朱进荣 2008.07.03～2011.03.24
朱进荣 2011.03.24～2013.12
朱进荣 2013.12.19～2015.03.25
柴彩根 2016.12.25～2017.11.02
张嘉炯 2017.11.02～

2. 副主任
张惠娥 1999.11.20～2002.05.21
黄红芳 2002.05.21～2005.06.02
黄红芳 2005.06.02～2008.07

3. 主任助理
蔡晓菲 2017.04.01～2017.11

4. 委员
陈兴锐 1996.11.05～1999.11.20
殷爱琴 1996.11.05～1999.11.20
顾新英 1996.11.05～1999.11.20
陈兴锐 1999.11.20～2002.05.21
陆英英 1999.11.20～2002.05.21
陈兴锐 2002.05.21～2005.06.02
王小顺 2002.05.21～2005.06.02
郁洪芳 2005.06.02～2008.07.03
沈元龙 2005.06.02～2008.07.3
沈元龙 2008.07.03～2011.03.12
郁洪芳 2008.07.3～2011.03.24
郁洪芳 2011.03.24～2013.12
沈元龙 2011.03～2013.12.19
沈建芳 2011.03.24～2013.12.19
沈元龙 2013.12.19～2016.12.25
沈建芳 2013.12.19～2016.09.14
张斌华 2013.12.19～2016.12.25
潘　青 2013.12～2016.12
蔡晓菲 2016.12.25～2017.04.01
柴晨洁 2016.12.25～

4. 民兵连连长
张惠娥 2008.03～2009.05.03
朱进荣 2009.05.03～2015.03.25
柴彩根 2015.03.25～2017.11.02
张嘉炯 2017.11.02～

5. 团支部书记
潘青 2012.11～

6. 综治办主任
张惠娥 2004.06～2009.08

7. 应急委员会成员
朱进荣 2012.11～2016

8. 妇代会（妇联）主任
沈建芳 2012.11～

第四节 规章制度

一、利民社区"三会一课"工作制度

利民社区"三会一课"工作制度

认真坚持"三会一课"制度，对于加强支部建设，提高党的战斗力，健全党的生活，严格党员管理，充分发挥党员先锋模范作用，具有十分重要的作用。根据《中国共产党党章》和加强基层党组织建设的有关规定，结合本支部具体情况，制订如下"三会一课"活动计划。

一、指导思想

以党的十八大精神和习近平总书记关于加强党的建设一系列重要讲话精神为指导，深入贯彻落实党建工作制度，紧紧围绕发展大局，切实改进党员学习、工作和组织生活的方式方法，提高组织生活的质量，创建学习型党组织。

二、活动目标

扎实开展"三会一课"，不断提高党员的思想政治素质，引导全体党员立足本职工作，充分发挥先锋模范带头作用，充分体现出支部就是一个堡垒，党员就是一面旗帜。

三、活动内容

以学习为主，重点学习《中国共产党党章》、习近平总书记系列重要讲话精神、从严治党"八项要求""三严三实"要求，省委"八个务必从严"的决策部署，市委"三个带头""四个管好"要求。与此同时还要学习党的十八届三中、四中全会精神，学习党和国家的方针、政策，学习时事政治以及区委对党建工作的相关要求等。

四、具体安排

（一）支部党员大会每季度至少召开一次，因工作需要可随时召开。大会的主要内容如下：

1. 学习党的路线、方针、政策，传达学习上级党组织的有关文件、决议、批示；
2. 研究和讨论支部委员会的工作报告、决议或决定；
3. 讨论决定发展新党员、预备党员转正、表彰优秀党员，决定对犯错误的党员的处分；
4. 对单位的发展规划、年度工作计划、重要工作安排等问题进行讨论，提出意见或建议；
5. 开展民主评议党员活动；
6. 讨论需要由支部大会决定的其他重要事项。

（二）支部委员会每月召开一次，遇特殊情况及有必要时，支部书记可随时召集。会议内容如下：

1. 讨论研究贯彻上级党组织的指示和决议；
2. 分析党员的思想状况，研究支部工作计划、工作报告和党员教育、思想政治工作以及支部建设；

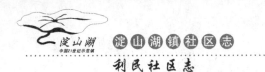

利民社区志

3. 讨论支部工作重要事项和工作措施；

4. 讨论通过年度支部工作计划和工作总结；

5. 开展批评与自我批评；

6. 组织发展新党员的培养教育、优秀党员奖励和其他需要支部委员会讨论的重要事项。

（三）党小组会一般每月召开1次（包括半年1次的党小组民主生活会），如支部有特殊任务，次数可以增加，也可推迟召开。会议内容如下：

1. 组织学习马列主义、毛泽东思想和邓小平理论，学习党的路线、方针、政策，学习党的基本知识；

2. 讨论如何贯彻执行支部的决议，团结带领群众完成各项任务；

3. 党员进行思想汇报和工作汇报，开展批评和自我批评；

4. 讨论有关党内事务，如评选优秀党员，讨论犯错误党员的处分；

5. 分析群众思想状态，研究如何做好群众思想政治工作。

（四）党课每月至少安排1次。主要内容如下：

党课要以党章和党的路线、方针、政策为基本教材，结合各个时期党的中心工作，对党员进行党的基本知识、党性修养、党风党纪及理想宗旨教育。

党课的主要内容是：马列主义基本理论、毛泽东思想、邓小平理论、"三个代表"重要思想、科学发展观理论；党的理想、宗旨、纪律、优良传统和党的基本知识教育；国际国内政治、经济形势教育等。

党支部要对党课教育活动做出计划安排，要系统地学习党的理论及党的基本知识，学习上级党组织有关方针、政策，提高党员素质。党支部要做好入党积极分子的培养、培训工作，及时了解和掌握他们的思想状态，定期（每季度）研究、讨论党员发展工作，确定重点培养发展对象，并认真填写每个入党积极分子的考察表。

五、有关要求

1. "三会一课"要坚持政治性、思想性、原则性，同时要积极探索灵活多样、丰富多彩的方式方法，注重特色，注重活动实效。

2. 要密切联系党员的思想实际和特点。切实针对支部党员的特点，创新组织生活形式，不断增强党性观念、组织观念和纪律观念。

3. 党支部在落实"三会一课"制度中要给党员充分发表意见的机会，允许党员对支部工作和领导提出批评意见与建议。"三会一课"必须发扬民主，维护党的集中和统一。党支部支委会成员要坚持集体领导与个人分工相结合的原则。支部成员要互相尊重，互相支持，团结一致；要积极学习党的理论知识，提高支部成员的理论水平、素质，以达到提高成员战斗力的目的。

4. 认真做好"三会一课"活动记录，注意保存和积累活动资料。

二、社区居民公约

社区居民公约

爱党爱国爱人民，公民义务要履行；言行举止有素养，明礼诚信扬正气；

邻里见面问声好，主动招呼微微笑；人来车往互谦让，按规停放路通畅；

298

猫狗宠物勤调教，垃圾入箱习惯好；杂物楼道勿堆放，公共空间不侵犯；
花草树木需呵护，公共设施要爱护；晾晒浇灌防抛物，楼上楼下多照顾；
小区环境要安静，文化娱乐不扰邻；邻里遇事互谦让，包容体谅好商量；
尊老爱幼助残困，守望相助情意真；志愿活动齐参与，民主自治共决策；
见贤思齐学先进，最美处处暖人心；美好蓝图共绘制，文明昆山携手建；
提高安防增意识，合法出租拒群租；疏解整治促提升，安全社区共同创。

三、社区居委会工作职责

社区居委会工作职责

1. 宣传宪法。积极宣传党和国家的路线、方针、政策，维护社区居民的合法权益，教育居民依法履行应尽的义务，经常开展法制教育和群众性文化教育、科普、全民健身活动，引导和组织社区居民共建文明社区，组织评选文明家庭和五好家庭等活动。

2. 强化管理。在镇政府和相关部门的领导下，组织社区居民进行自治管理，做好社区卫生、社区环境、社区治安、计划生育、民事调解、妇女儿童、民政优抚、社会救济、扶弱助残等工作，实现社区各项工作目标。

3. 优化服务。组织社区便民利民服务，组织志愿服务队伍。面向社区特殊群体，提供社区福利服务，管理社区服务组织，为社区居民提供优质服务等。

四、社区居委会工作人员职责

社区居委会工作人员职责

1. 宣传贯彻党的路线、方针、政策及国家法律、法规，教育居民依法履行应尽义务，开展多种形式的社会主义精神文明建设活动。

2. 向社区居民代表会议负责并报告工作，维护居民的合法权益。

3. 开展社区服务，推进服务事业，做好优抚救济工作。

4. 加强社区管理，调解民事纠纷，维护社会治安。

5. 根据居民代表大会确定的具体工作目标，办理社区公共事务和公益事业。

6. 协助政府部门做好计划生育、城市管理、公共卫生、优抚救济、青少年教育、刑释解教人员安置、帮教等工作。

7. 向政府和有关部门汇报反映居民意见、要求和提出建议。

第八章

文存辑录

一、淀山湖畔的一颗明珠

淀山湖畔的一颗明珠
——记新东湖集团有限公司

龚建华

新东湖集团有限公司犹如一颗璀璨的明珠，镶嵌在波光粼粼的淀山湖畔。短短五年时间，一个亏损60万元、资不抵债的镇办小厂发展成拥有5个外向型成员企业、年创汇1 000余万美元的服装集团公司。

（一）

1991年，新东湖集团的前身东湖服装厂像一头疲惫的老牛，濒临倒闭。建厂12年，年年亏损，职工年人均收入2 000多元，拿到手的还是白条，厂里面临断水断电的危机，300多人的厂走得剩下100来号人，干部职工情绪不稳，对企业丧失信心。

稳定人心是当务之急！

上任伊始的厂长陆雪源，内抓整改，外扩供销渠道。为调动职工的积极性，出台了劳动工资改革制度，实施计件工资，打破以往干多干少一个样、干好干坏一个样的局面。不久，东湖厂与上海某外资企业达成协议，为其加工西裤。职工发挥了工作积极性，生产任务完成后，资金到位，企业盘活，职工有了信心。

"人心齐、泰山移。"在艰苦奋斗的东湖精神鼓舞下，企业创造了高效率的产出、高质量的产品，东湖服装厂迅速扭亏为盈。1992年又成功地迈入外向型经济领域。目前，集团公司拥有职工1 400多人，人均年收入逾万元。职工人心稳定、爱厂如家，事业欣欣向荣。

（二）

一个企业的精神，很大程度上取决于干部队伍的素质。在把一个镇办服装厂发展到与国家接轨的外向型企业的过程中，新东湖公司造就了一批优秀的干部队伍。他们以身作则，努力提高自身素质，以实际行动带动企业整体素质的提高。

"企业领导者的素质非常重要，因为它决定了一个企业是否有凝聚力、吸引力。"总经理陆雪源侃侃而谈，从市场经济规律谈到乡镇企业发展前景。通过多年孜孜不倦的学习，这位昔日的"个体户"成长为一名优秀企业家,也造就了一个优秀企业集团。厂里定期举办各类培训班,选送员工赴上海或国外强化培训,每年还组织企业骨干外出考察学习。在新东湖,不论是电话用语还是待人接物,都体现出训练有素的现代气息,这群没有进过大学堂的"泥腿子",让严谨的日本客商都刮目相看。

(三)

把精神文明建设融于严格的管理制度,是新东湖精神文明建设的一大特点。步入新东湖厂区,干净的水泥路面,整洁的花坛草坪,摆放整齐的车棚,都体现了东湖人的素质。为了维护企业文明形象,公司制定了一系列严格的制度。比如,厂区禁骑自行车制度,员工统一着装、挂牌上岗制,办公室人员早晚值班制度等。

严格的制度要彻底执行才能行之有效。新东湖又落实了严格的岗位责任制,把执行情况直接与奖金挂钩,"文明奖"占奖金总数的25%,并以此作为评选文明员工、文明班组的依据。"教其不知,训其成性。"在严格制度下,这些文明规范潜移默化地融入员工的思想意识中,成了他们品性的一部分,不知不觉中提高了素质,塑造了良好的企业形象。

精神文明建设是企业文化的重要组成部分。新东湖集团专门设立了精神文明领导小组,对企业文化建设常抓不懈。

首先,在硬件上创造良好环境,修建职工歌舞厅,增修花坛草坪,建立广播站,添置空调、吊扇等;其次丰富社团活动,一年一度的新春大联欢,是联结企业与职工的情感纽带,全厂职工欢聚一堂,大大提高了员工的主人翁意识和参与精神。青、工、妇各组织充分发挥作用,成立"青年之家""妇女之家"。员工互助互爱,一方有难多方支援,曾有两位职工由于家庭突发事故而遇到困难,公司员工纷纷伸出温暖之手,一天就捐款一万多元。大家在努力工作之余,深深感受到企业的向心力和荣誉感。

高素质的员工创造高效率的工作、高质量的产品。新东湖集团的两个文明建设走上了相互促进、相得益彰的良性循环轨道。该企业连续四年被评为"昆山市文明单位",连续两年获得"苏州市文明单位""苏州市明星企业""江苏省明星企业"称号,并被评为"全国出口创汇先进乡镇企业"。佳誉如潮,但朴实的新东湖人并未满足,他们将继续进取。

(原载《昆山报》1997年2月18日)

二、全面建设小康社会

全面建设小康社会

央视国际消息(焦点访谈):小康曾经是中华民族祖祖辈辈的期待,走过1999年,经过全党和全国人民的努力,按照经济水平、物质生活、人口素质、精神生活和生活环境、社会保障等方面的标准衡量,我国人民的生活已达小康水平。回首从温饱到小康的巨大跨越,在农业人口占绝大多数的国度,9亿多农村人口消除贫困,走入现代化进程,是全社会达到小康水平的基础和保障。因此,农村城市化、现代化的必由之路——小城镇建设就格外引人注目。

江苏省昆山市的淀山湖间散布着一个个富裕的小城镇,近年来良好的环境吸引了大批台商来此投资,其中很多举家定居在昆山,据统计,定居人数有一万多。中秋节的傍晚,记者在昆山市附近的一家台资企业看到,众多投资办厂的台商携妻带子在这里欢度中秋。

现代化的农业生产

（采访台商）

台商：在这里住着的感觉就是这里进步很快，生活步调感觉很轻松，不会像一般的大都市那么拥挤。

记者：每逢佳节倍思亲，现在有没有乡愁的感觉？

台商：应该说客在他乡作故乡，我在这已经住了八年了。

在离台商聚会地点不远的昆山市淀山湖镇一幢三层小楼内，世代居住在这里的顾学兴老人生日恰逢中秋，五代同堂的顾老伯合家团聚，共度中秋和自己68岁的生日。

（采访江苏省昆山市淀山湖镇居民 顾学兴）

顾老伯至今还和岳母、儿子一家、孙子一家住在一起，住房面积近300平方米。说起现在的生活，顾老伯显得心满意足。

顾学兴：我们基本上是小康生活了，可能比小康要好一点。整个淀山湖镇，我的生活水平还是居中等。

小康城镇

顾老伯对淀山湖镇的自豪的确有他的理由。党的十三届四中全会以来的十三年间，淀山湖镇充分发挥毗邻上海的区域优势，着力打造生态环境优势和基础设施优势，已基本形成现代化城镇格局。

镇区内筑就了20千米长、40米宽的公路，中心区有两家涉外宾馆、上万平方米的商城、现代化的淀山湖小学，江苏省最大的乡镇卫生院，五个造型美观的居民住宅区和三个农民别墅区。镇区的环境优美，绿化覆盖率达40%以上，人均绿地面积达21平方米，良好的基础设施和优美的环境吸引了大量外资注入，有力地促进了经济的快速发展。

2001年，全镇GDP达6.7亿元，财政收入4 100万元，农村年均收入达5 850元。与此同时，社会各项事业协调发展。800个座位的影剧院、多功能中心使得淀山湖镇的居民具备了一般城镇所不及的文化娱乐生活。

晨练的老人，闲暇时走进健身房的小伙子，周末文化馆的排练，充分展示着富裕起来的小镇多彩的文化生活。

（采访《中国改革》杂志社社长、总编辑 温铁军）

主持人（敬一丹）：看到这个小镇我就觉得这是一种看得见的小康，您的感觉呢？

温铁军：应该说现在比较好的地区像这个小镇的情况是比较普遍的。

主持人（敬一丹）：人们面对今天这个现实，就马上想到，当时邓小平提出"三步走"，那个时候人们觉得有一种遥远的感觉。我们按照这个"三步走"一步一步地走到了今天。现在我们国家从整体上看，走到了哪一步？

温铁军：总体上看在大部分城市地区和沿海发达地区实现小康，现在开始朝中等发达程度在进步，这个现象应该是普遍的。而如果按照人口来算，我们大体应该有70%左右的人口，基本上生活水平可以用小康标准来衡量。

党的十一届三中全会以来的23年间，我国经济保持了高速度增长，经济总量从世界第10位跃增到第6位。中国人民充分享受到了国家综合国力极大增强带来的实惠。2001年，城镇居民平均可支配收入达6 860元,农村居民人均纯收入为2 366元,都比1999年有大幅度提高。目前,城乡居民文化教育、体育卫生等各项事业都取得了飞速发展,全国广播电视覆盖率达94.2%,人均绿地面积也大量增加,中国人近百年来的小康梦想已经实现。

这条保留下来的狭窄老街记录着淀山湖镇的过去,这里曾经是全镇的中心。一直到20世纪90年代初,淀山湖镇还是一个默默无闻、交通闭塞的江南小镇,而从根本上改变这一切的是一个"造镇计划"。1994年,淀山湖镇小城镇规划与建设项目被列入"中国21世纪议程"优先项目计划第一批项目。这项议程是国家计委同国家科技部根据可持续发展要求,结合我国国民经济发展的具体情况而设立的社会综合发展纲要。淀山湖镇作为首批项目,是中国农村探索在小城镇建设中注重环境保护,建设与自然和谐的环境发展之路。在这个总体项目的原则下,淀山湖镇的规划曾经四次修改,日臻完善。

(采访江苏省昆山市淀山湖镇党委书记　张振跃)

张振跃:自然和谐,示范未来,这是我们小镇的两句话、八个字。

在昆山市淀山湖镇小城镇的建设过程中,环境的保护被放在了重要的位置上。

(江苏省昆山市淀山湖镇副镇长　郁永明)

郁永明:我们提出的口号是既要金山银山,更要绿水青山。有了绿水青山,才有金山银山。

严格实施规划,坚持环境与经济协调发展,使得淀山湖镇在招商引资上抢得了先机。1991年以来,淀山湖镇累计合同利用外资3.53亿美元,外商投资项目60多个。

(采访香港养乐多及参控股有限公司主席　李道光)

李道光:这里环境好,投资的环境非常好,同时它周边的设施、道路的设施,各方面都达到了一定的水平。

淀山湖镇已经从一个落后狭小的古镇发展成为今天宽阔靓丽大气的现代化城镇。从一个几乎没有工业的纯农业乡镇逐渐成为开放型一、二、三产业共同发展的现代化的城镇。全城镇1.3万名农村劳动力已经有三分之二从农业进入二、三产业,大大提高了农村的收入。

(采访江苏省昆山市淀山湖镇党委书记　张振跃)

张振跃:现在的发展必须要有一个载体,我们的小城镇就是一个很好的载体。

主持人(敬一丹):现在中国老百姓中提到小城镇建设,人们都觉得特别耳熟。

温铁军:我们知道1978年的时候,小城镇的总量在2 000多个,现在已经超过2万个,它的发展速度非常之快,这是经济发展的自然规律,为什么呢?以前我们分割二元结构的社会,进大城市非常之难,所以在80年代中期,一旦大包干实现以后,首先第一步是解放农村劳动力。农村劳动力要就业,上哪儿就业呢?发展乡镇企业自然要形成规模,向小城镇集中。我们看到小康城镇在小城镇的实现,相对来讲,它就既能够使农民群众基本上享受到小康社会应该享受到的现代生活,又使它维持了自己传统乡土社会的这些基本的文化特征,应该说这是符合中国特色的社会主义要求的。

1998年,江泽民总书记赴江苏、浙江、上海,在昆山等地考察了多个小城镇后指出,积极推进小城镇建设是一个大战略,有计划、有步骤地把农业劳动力转移到新兴的小城镇和乡镇企业,是我国农业现代化的必由之路。在党的十五届四中全会上,他特别要求把发展小城镇作为独立的部分写入十五规划。在党中央、国务院的大力推动下,飞速发展的小城镇极

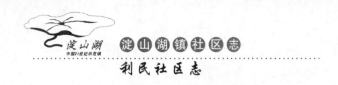

大地推动了我国城市化乃至整个现代化发展的进程，使得大量从土地上解放出来的农民开始享受富裕文化的现代化生活，这对于打破城乡分割的二元结构、使全国人民的生活总体上达到小康水平起到了巨大的推动作用。

（采访江苏省昆山市淀山湖镇居民　张志林）

这个小院就是张志林1989年到镇里创业的地方，但由于当时淀山湖镇的经济不发达，消费水平不高，他的第一次创业以失败告终。

张志林：当初的时候这个挫折来自方方面面，一个经济还不发达，一般就餐不像今天想花几百块钱就几百块钱，就是算着来的。

遭受挫折后的张志林没有灰心。1994年，随着淀山湖小城镇建设的发展，他又看到了再次创业的希望。1995年，张志林在镇上又开了一家餐馆，他的执着很快就得到了回报，生意蒸蒸日上。1999年11月，他在联华超市的二楼开了全镇最大的餐馆，并在自己和妻子的名字中各取一字给餐馆取名为"梅林阁"，店大了，生意也更红火了。

（采访江苏省昆山市淀山湖镇居民　张志林）

张志林：我们这里发展真的快得不得了，像我们这儿的高尔夫球场也挺可以的。上次比赛的时候，泰国、菲律宾的客人都来吃了，就是差一点不懂英语啊，怎么办，请了一个懂英语的老师过来跟他们聊了一下，他们感觉挺高兴的，OK，OK，VERY GOOD。

随着事业的发展，张志林在镇上购买了住宅，下一步的家庭计划是购买一辆自家的轿车，一家三口还花了4万块钱由农村户口办成了城镇户口，但如果早知道户籍变革，张志林就不会花这4万块钱。

张志林：没上幼儿园就给她买出来了，一个人一起买出来。现在我们乡下到城镇里面来，这个不用花钱。

据了解，在缴钱才能办农转非的时候，淀山湖镇曾经一年多就办理了1 000多人，而从近年来开始取消收费后，办理农转非的人数却逐年下降。今年全镇到目前为止，仅办了15人。

（采访中共江苏省昆山市委书记　张雷）

张雷：过去农民想进城，许多是为了户口进城，现在呢？农民是为了就业，他认为在哪儿能就业，他在哪儿就能发展，所以现在农村的农民已经由原来单向向城市转移，转为向小城市或小城镇转移。

在过去的十年里，亿万转移到非农产业的农民和城市居民一起实现了从温饱到小康的伟大跨越，堪称人类发展史上的奇迹。2000年，我国人均国内生产总值超过800美元，成为人民生活达到小康水平的重要标志。在农村和城市"恩格尔"系数分别下降了10个和15个百分点，居民消费中食品的支付比例越来越小，而文化教育、休闲娱乐、医疗保障、交通通信等方面的支付比例大幅度提高。小康在今天的中国已经是家喻户晓，是好生活的代名词。

在党的十五大会议上，江泽民总书记庄严宣告，21世纪我国的目标是第一个十年实现国民生产总值比2001年翻一番，使人民的小康生活更加富裕，形成比较完善的社会主义市场经济体制。再经过10年的努力，到建党100年时，使国民经济更加发展，各项制度更加完善，到世纪中叶建国100年时，基本实现现代化，建成富强、民主、文明的社会主义国家。

温铁军：江总书记提出的新的"三步走"，这是非常具有战略眼光的。我觉得江总书记继承了小平同志的思想，并且发扬了小平同志的思想。从2020年以后，到咱们新中国建国100周年，也就是在2049年前后，到这个时候，实现中华民族的伟大复兴，应该说我们全国人民甚至是世界人民都应该为中国人感到骄傲的一件事。那个时候中国将站在世界前列，我们将进入发达国家的行列。而这个目标对整个中国对整个世界来说，应该说是一个非常伟大的目标。我们坚定相信，这个伟大的目标肯定能够实现。

对美好生活的向往是人们共同的期盼，而人民的根本利益正是共产党人奋斗的出发点和归宿。在党的十六大召开前夕的"5·31"讲话中，江泽民总书记根据新阶段的新形势、特点和任务再次突出论述了小康社会建设问题，指出进入新世纪，我国进入了全面小康社会，加快推进社会主义现代化的新的发展阶段。实现了世代小康梦想的中国人，又满怀信心地走入了全面建设小康社会的新阶段。在中国共产党的领导下，中华民族正坚定、扎实、稳步地向伟大复兴迈进。

2002年11月6日央视国际消息（焦点访谈）播出

三、加强民主法治建设　倾心打造"法治利民"

加强民主法治建设　倾心打造"法治利民"
——记江苏省民主法治示范社区淀山湖镇利民社区

马　剑

淀山湖镇利民社区居委会成立于1997年3月，地处公园路8号，辖区范围地处镇中心。社区现有5个完整小区：利民新村、公园新村、东湖新村、石墩新村、曙光新城。利民社区自2006年开展民主法治社区创建活动以来，以"规范小区管理，完善小区服务，提高公民素质，创造良好法制环境，保障小区稳定"为工作目标，不断推进小区普法依法治理进程。历年来被评为"昆山市社区建设示范社区""昆山市精神文明社区""苏州市绿色社区""昆山市文明社区""昆山市级学习型社区""昆山市民主法治示范社区""昆山市文明示范社区""昆山市社区建设先进单位""苏州市和谐示范社区"。2008年11月被评为"江苏省民主法治示范社区"。

以法建制、以制治社区。社区成立了以社区主任为组长的法制宣传教育、依法治理领导小组，指定专人负责，落实责任制。社区还相继成立了市民法制学校、法律志愿者队伍、普法信息员队伍、人民调解委员会、治保会、帮教小组等机构，制定社区普法依法治理、普法宣传网络、帮教工作等十余项工作制度，保证社区普法依法治理工作扎实有效地开展。

以技维稳、设施完善。为了实现社区稳定，发挥第一道防线作用，社区积极将居民的矛盾纠纷解决在萌芽状态，争取调解成功率100%。社区门卫积极做好社区巡逻及四防工作，保证居民生活安定。社区将下岗失业人员、暂住人口、低保困难户列为重点管理服务对象，以解决他们的生活问题来稳定民心。积极落实"四个一"工程，利用宣传栏作为宣传阵地，投资添置了法制宣传教育专栏橱窗。利用市民法制学校，由镇司法办、社区居委会宣讲组送法进社区。在图书阅览室开辟法律知识学习园地，长年为居民开放，使居民逐步养成遇事学法、依法解决问题的良好习惯。

寓法于乐，以乐普法。社区成立女子健身队、秧歌队、腰鼓队、门球队等，通过开展健康向上、寓教于乐的文体活动，来丰富居民的生活。普法教育从娃娃抓起，每年充分利用青少年放寒暑假和节假日之机，开展青少年法制教育活动。在暑假，社区举办家长学校和小学生道德教育培训班，社区法制宣传志愿者为青少年举办法制专题座谈会，以事例说法的形式对青少年进行法制宣传教育。邀请镇党校、司法所、计生办等单位进社区开展多媒体法制宣传讲座。同时不定期召集居民代表小组长、社会管理信息员对本社区民主法治工作献计献策，找出工作中存在的问题，排查影响社会稳定的苗头性问题，使矛盾纠纷真正化解在基层。

在基层社区推进民主法治建设，是一项长期而又艰巨的工作，在构建社会主义和谐社会的新的历史时期，利民社区着眼于关注群众的现实需求，倡导民主与民生并重，注重基层民主实践与法制宣传教育的有机结合，通过不断丰富民主法治内涵，求真务实，实践民主法治的有机统一。

原载《昆山日报》2011 年 10 月 12 日 B3 版

四、社区服务管理、社区教育

(2012 年 5 月 29 日，昆山电视台播出)

五、忻康公园——繁华镇中心的一抹宁静

忻康公园
——繁华镇中心的一抹宁静

（见习记者　张　田）

公园简介

忻康公园位于淀山湖镇镇中心，南北向公园路、利民路贯穿其中。公园总面积 7.51 公顷，园内布置了亲水平台、集散休闲广场、晨练区、花木科普区等，已成为该镇一道靓丽的

风景线，同时也为周围百姓提供了休闲娱乐的好去处。

3月5日，天空飘着柔密的细雨。在振淀路和淀兴路上，行人、车辆络绎不绝，而位于街边的忻康公园，却坚守着闹市中的一片宁静，成为人们忙碌之余修身养性的好去处。

乐享四季　美景如画

柳树已抽出嫩芽，迎春花含苞待放……近日，走进忻康公园，初春气息扑面而来。结合公园浅丘地形，园内各个区域充分体现空间的开合、收放，既能遮阴蔽日纳凉，又可追逐嬉戏。让人们在不同的季节，都能享受到植物景观带来的诗情画意。

每年有7个多月，这里都呈现出芳草萋萋、野花遍野的场景。在忻康公园的东、南、西部分，种植自衍花卉5 800余平方米。淀山湖镇绿化管理所副所长田航军告诉记者，淀山湖镇致力于植物景观特色的发掘和应用，充分利用植物自身的生理特征，综合植物花、叶、形等方面的优点，塑造一个地方植物景观特色鲜明的"新江南特色镇"。

园内一条水溪贯穿其中，为整个公园增添了灵气。沿着水溪而建的亲水平台，采用下沉式设计，通过一层层的台阶，满足游览者天生的亲水心理；与亲水平台遥相呼应的是一个现代化的彩虹雕塑，冉冉升起，象征着积极向上的正能量。位于公园路北侧的曲桥连亭，由假山、曲桥、休憩亭等组成，波光粼粼的水面，加上岸边迎风摇曳的垂柳，赏心悦目、美不胜收。

自然生活　幸福人生

在园内欣赏美景的同时，人们还可以静下心来，体味幸福人生的真谛。小径边一座座造型别致的"LOVE"雕塑小品，吸引了不少游人驻足合影，别有一番韵味。

在忻康公园内，还坐落着以"和谐自然、呵护生命"为主题的淀山湖镇"和馨"人口文化园。园内设有"钟爱一生""和和美美""生生不息""LOVE"等雕塑小品。这些雕塑小品既传递了人生的意义，又与周围的景致自然融合、相映成趣。

田航军介绍，"和馨"人口文化园的设计，充分利用公园现状绿化水体环境，注重挖掘淀山湖镇深厚的文化底蕴，注重亲切感和互动感，体现人与自然、社会和谐发展的美好愿景，寄托淀山湖人对未来的憧憬。

走出家门　看景触绿

到了下午，园内更呈现出一派欣欣向荣的景象，不少居民在公园的健身器材上锻炼，很多老年人围坐在石桌旁聊家常，一些小朋友在草坪上跑跑跳跳嬉闹，这里俨然成了附近居民的"乐园"。

晨练场所位于公园路北侧，布置有各种晨练器材，成为老百姓茶余饭后跳舞、集会的好去处，人们可以一边闻着树木、花草散发的味道，听着鸟鸣，一边挥洒着激情和汗水。而位于公园南端最大的一块集散区，主要采用的是草坪设计形式，这里不仅可以放风筝、休憩，还被作为防灾避难的室外开敞空间。

田航军表示，忻康公园闹中取静，让市民走出家门就能看景触绿，又与"和馨"人口文化园相辅相成，充分体现出人与自然的和谐统一。

原载《昆山日报》2015年3月16日 B4版

六、淀山湖"微孝"行动聚大爱

"郁奶奶，我们来看你了！"3月16日中午，昆山市淀山湖镇利民社区民生综合服务中

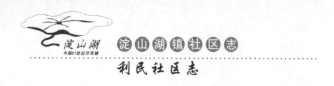

心工作人员及"微孝"志愿者赶在午休时间来到空巢老人郁奎英家里,一边询问郁奶奶的身体情况,一边陪她聊天。

去年,"微孝"志愿团队在该镇利民社区民生综合服务中心诞生,20名"红马甲"成为社区高龄空巢老人们的"儿女"。同时,服务中心通过开展以"微孝"为主题的系列活动,让老人的子女、社区其他群体参与其中。

"每天一点微小的关心,每次一个微小的举动,给长辈一份舒适、一份温暖,这便是'微孝'的意义。"利民社区"微孝"项目组负责人蔡晓菲介绍,随着社会老龄化程度的加深,空巢老人越来越多,已成为一个不容忽视的社会问题,因此,利民社区启动"微孝"公益系列活动,包括"微孝演讲比赛""微孝影片展播""微孝多彩陪伴""微孝生活助手""微孝感恩墙"等,进一步弘扬孝道美德,激发全社会共同关注、关爱老年人。

"大多数人认为,孝敬父母就是为他们提供舒适的住处、可口的食物等,实际上陪伴才是最好的孝敬。"3月初,淀山湖镇举办首届"微孝杯"青少年演讲比赛,来自淀山湖中学、小学的选手畅谈自己对孝文化主题的理解,博得在场观众的阵阵掌声,也再一次加深了青少年对孝道文化的理解与感悟。

"如今,每月一次的'微孝'影片展播吸引了越来越多的居民前来观看。"利民社区相关工作人员介绍,上周在社区播放了视频《你会怎么做》。视频中,母亲想请女儿教她使用微信,女儿却频频以"老人记性差""这是年轻人的玩意儿"为由,拒绝教母亲使用微信。面对此景,一名年轻妈妈轻轻地安抚这位母亲,耐心地教她使用微信,同时也为自己的子女做了榜样,这也让不少现场观众深受教育和启发。

在利民社区民生综合服务中心,有一面由志愿者们精心布置的"微孝感恩墙",一张张以漫画为形式的图画,诠释了"二十四孝"的深刻道理和全过程,生动有趣,容易接受。据"微孝"志愿者介绍,孝敬父母、尊敬老人是中华民族的传统美德,百善孝为先,"二十四孝"便是其中的楷模。感恩墙以文字配以图画的形式,展现出中国古代二十四个孝子的故事,对当今世人行孝积德具有很强的教育意义。据悉,下一步,他们的"微孝"行动还将会在现有活动的基础上,增设与居民生活息息相关、不同主题的宣传内容,以真实的身边孝星故事,助推社区文明创建,提升居民的孝亲意识。(张田 蔡晓菲)

来源:昆山市文明办;原载2016.3.21 江苏文明网

《利民社区志》修编人员名录

《利民社区志》征编小组

（2013 年 3 月）

组　　长　朱进荣

副 组 长　沈元龙

成　　员　沈建芳　张斌华　郁洪芳　张惠娥　潘　青　王定廉
　　　　　朱家学　李善行　郭其春

（2015 年 3 月调整）

组　　长　柴彩根

副 组 长　沈元龙

成　　员　沈建芳　张斌华　侯燕婷　潘　青　张品荣　陈海萍

（2017 年 11 月调整）

组　　长　张嘉炯

副 组 长　沈元龙

成　　员　沈建芳　蔡晓菲　陈佳侃　金　峰　朱洁莲　张品荣
　　　　　陈海萍

编　辑

执行编辑　张品荣

编　　辑　陈海萍　沈元龙　李善行　郭其春

采　　编　朱进荣　柴彩根　张嘉炯　沈建芳　沈元龙　张斌华
　　　　　张惠娥　潘　青　侯燕婷　蔡晓菲　陈佳侃　金　峰
　　　　　朱洁莲　张品荣　陈海萍　董根金　李善行　郭其春

《利民社区志》审核人员

钱　建　罗　敏　许顺娟　张晓东　王　强　吕善新　张品荣
夏小棣　陈海萍　朱进荣　柴彩根　张嘉炯

淀辉社区志

序

《淀辉社区志》在深入学习贯彻党的十九大精神和习近平新时代中国特色社会主义思想之际得以问世，这是淀辉社区全体居民的一件大事，可喜可贺。

淀辉社区是淀山湖镇首个新型农民动迁小区，包括淀辉锦园、淀辉新村、香馨佳园、东湖绿苑和荷塘月色花园五个小区。

淀辉社区虽然成立只有十多年，但在社区广大干部群众群策群力的努力下，在农村城镇化的完善、建设、管理、服务和融合功能的过程中，为建设"尚美淀山湖"做出了贡献。

《淀辉社区志》本着对历史负责、为现实服务、为未来着想的态度，用辩证唯物主义观点，客观真实地反映了社区内社会、政治、经济、人文等史实，较好地起到了"前有所稽，后有所鉴"的积极作用。相信今后经过社区干部群众继续团结一致，共同奋斗，一定能把淀辉社区建设得更加文明昌盛。社区志的编纂在镇党委、政府的关心指导下及有关部门密切配合下，社区组织力量，数易其稿，得以编成。但由于淀辉社区建制年限较短，资料较少，同时参加编写工作的人员水平有限，难免有不当之处，敬请读者给予指正。

淀辉社区党支部书记　顾春花

淀辉社区居委会主任　张春龙

2017 年 12 月 28 日

概　述

　　随着淀山湖镇经济社会的不断发展，农村动迁、城乡一体化建设得到快速推进。2003年由部分农村动迁户组建的别墅小区，取名淀辉新村；2004年东湖集团公司开发建设的职工福利房，取名东湖绿苑；2005年山河置业集团有限公司开发建设的动迁小区，取名淀辉锦园；2006年3月，淀山湖镇政府会同昆山市民政局设立了淀辉社区居民委员会，与此同时，君泰集团有限公司开发建设的香馨佳园动迁小区，也归入淀辉社区居委会服务管理范围。

　　淀辉社区辖区总面积0.55平方千米，建筑面积42万平方米，由淀辉锦园、荷塘月色花园、淀辉新村、香馨佳园、东湖绿苑五个小区组成，共179栋楼，居住3 300户、13 479人，社区工作人员13名，居民小组32个，社会管理信息员11名，计生协管员4名，社区活动中心管理员3名，志愿者队伍200人，并相应配套社区服务窗口、居民服务中心、医疗服务站、社区警务站、老年人日间照料中心、健身室等服务设施。社区居民主要以动迁安置户为主，涉及淀山湖镇的一些自然村。淀辉社区是一个农村动迁户组成的新型社区。

　　2006年，淀辉社区被昆山市社区教育办公室评为"昆山市级学习型社区"。

　　2007年，淀辉社区被昆山市精神文明委员会评为"昆山市文明社区"。

　　2008年，淀辉社区被苏州市人民政府评为苏州市"绿色社区"。

　　2009年，淀辉社区设立医疗服务站，约150平方米配套用房，共配备两名医生、两名护士，并配套了相应的诊疗室、配药室、输液室等。

　　2012年年底，淀辉社区创建并获得了江苏省和谐社区建设示范社区与江苏省示范妇女儿童之家两项品牌荣誉，为社区发展提供了强有力的政治思想保障与精神动力。

　　2012年，淀辉社区成立日间照料中心，共5间约200平方米，有棋牌室、休息室、阅览室、健身室、厨房及餐厅，其中餐厅的送餐服务较有特色，服务于社区85岁以上老人，并在2013年8月将服务区域拓宽到镇北侧，现服务对象总计130余人。

　　"金拐杖"助老服务团队于2013年6月在社区内成立，有6位核心成员，有中级社工1名、初级社工1名，并拥有一支助老志愿者队伍。

　　2013年8月，在镇综治办的指导下，淀辉社区设立"出租房超市"，并成立淀辉社区"出租房房东议事会"，紧密联系居民群众，合理统筹好社区出租房资源，为出租、求租双方提供免费、全方位、"一站式"服务，实现对出租房屋和流动人员的精细化管理。

　　2014年、2015年连续两年，淀辉社区被评为"淀山湖镇机关效能建设先进集体"。

　　2015年12月，香馨佳园北区民生服务中心建成。

2016年1月，香馨佳园北区会所正式投入使用。

2016年2月，香馨日间照料中心成立，配备10个工作人员，并把送餐对象的年龄降低至83岁。共有150位老人长期在日间照料中心就餐。

2016年5月，香馨佳园北区老人活动室投入使用。

淀辉社区成立至今，不断加强社区文化建设，已成立各种群众性文艺团队，为社区的文化建设增添新活力，如腰鼓队、舞蹈队、太极拳队、编织队等。同时，在社区定期开展社区广播"淀辉之声"、社区报刊"淀辉人家"宣传，利用电子显示屏宣传社区文明与信息。通过三大宣传载体，进一步深化和谐文明创建内涵，拓展畅通惠民渠道。

一个服务设施基本配套、服务规范的淀辉社区必将成为广大社区居民宜居的幸福家园。

大事记

2001 年

淀辉锦园由山河置业有限公司启建，2006 年建成，共 42 栋，1 076 户。

2003 年

淀辉新村由淀山湖镇规划，居民自建，2004 年建成，共 59 栋，59 户。

2004 年

东湖绿苑由东湖集团公司启建，2006 年建成，共 17 栋，251 户。

2006 年

6 月，香馨佳园由君泰集团有限公司启建，2009 年建成，共 53 栋，1 800 户。

12 月，淀辉社区被昆山市社区教育办公室评为"昆山市级学习型社区"。

2007 年

3 月，淀辉社区被昆山市精神文明委员会评为"昆山市文明社区"。

12 月，淀辉社区被昆山市社区教育办公室评为"昆山市级学习型社区"。

2008 年

5 月，淀辉社区被江苏省计生委评为"江苏省'新农村新家庭计划'示范村（居）"。

7 月，淀辉社区被苏州市人民政府评为"绿色社区"。

9 月，淀辉社区在淀山湖镇人民政府组织的老年节健身活动中获得球操团体优秀奖。

2009 年

10 月，淀辉社区在淀山湖镇老年人"一村一品"拳、功、操舞团体赛中获优秀奖。

12 月，淀辉社区计生协会被江苏省计生协会评为"先进会员小组"。

12 月，淀辉社区设立医疗服务站，150 平方米配套用房，配备两名医生、两名护士。有诊疗室、配药室和输液室。

2010 年

10月13日，淀辉社区在2010年淀山湖镇老年人"一村一品"第八套健身操团体赛中获桂花杯奖。

11月1日，昆山美术家进百家活动走进淀山湖镇淀辉社区。苏州市文联党组书记、副主席朱建华，副主席胡韵荪，昆山市文联主席、党组书记郁建中，市文联副主席、侯北人美术馆馆长、市美术家协会主席霍国强，淀山湖镇党委宣传委员顾剑等领导和15位画家参加了活动。

12月，淀辉社区被昆山市社区教育办公室评为"昆山市数字化学习实验社区"。

12月，淀辉社区被昆山市综治办、关工委评为"2008—2010年度昆山市零犯罪社区（村）"。

2011 年

2月，淀辉社区被淀山湖镇人民政府评为"2010年度综治（平安）建设先进集体"。

3月，淀辉社区获淀山湖镇妇联举办的纪念"三八"国际劳动妇女节101周年系列活动女子拔河比赛第一名。

9月，淀辉社区获2011年淀山湖镇老年人"一村一品"二十四式太极拳团体赛银杏杯。

9月，淀辉社区获淀山湖镇科协、人民医院、预防保健所举办的淀山湖镇科普日活动全民健康素质有奖知识竞赛三等奖。

12月，淀辉社区被昆山市社区教育办公室评为"昆山市数字化学习实验社区"。

12月，淀辉社区被苏州市依法治市小组、司法局、民政局评为"民主法治社区"。

2012 年

1月，淀辉社区获淀山湖镇老年人"一村一品"柔力球赛组织奖。

3月20日，淀山湖镇"交通法规"知识讲座在淀辉社区开讲。

4月6日，淀辉社区召开环境综合整治暨基层党组织考评工作会议。

4月12日，淀辉社区举办"市民课堂"系列培训活动。

4月15日，昆山市人大常委会副主任张伟刚到淀辉社区检查工作，并听取信息员汇报。

4月，淀辉社区被中共昆山市委、昆山市人民政府评为"2006—2010年度人口和计划生育工作先进集体"。

4月，淀辉社区被昆山市消防安全委员会评为"社区消防安全管理先进单位"。

5月2日，淀辉老年人日间照料中心开张。

5月12日，淀辉社区召开香馨佳园环境综合整治推进会议。

5月13日，淀山湖镇党委书记徐敏中、镇长李晖到淀辉社区老年人日间照料中心督查工作。

5月15日，昆山市民政局姚建华副局长检查指导淀辉社区老年人日间照料中心工作。

5月19日，淀辉社区开展文化反哺与文明和谐家庭建设知识讲座。

5月24日上午，江苏省民政厅有关领导在昆山市民政局姚建华副局长、淀山湖镇党委委员张晓东和镇民政办沈林荣副主任的陪同下莅临淀辉社区指导老年人日间照料中心工作。

5月28日，昆山市民政局局长张大妹到淀辉社区视察老年人日间照料中心。

6月1日，"淀辉之声"社区广播开播。

6月4日上午，昆山市副市长沈晓明、市委副秘书长朱维元、民政局相关领导、各区（镇）分管领导及民政助理40多人，在镇领导潘勇副书记、张晓东委员的陪同下，来到淀辉社区召开全市养老服务工作现场会。

6月14日，中共昆山市委组织部领导荣毅龙来淀辉社区老年人日间照料中心视察。

6月28日，淀山湖镇农电站在淀辉社区宣传安全用电和节约用电知识。

7月10日，淀山湖镇党校来淀辉社区进行"幸福淀山湖"大讨论。

7月11日，淀辉社区居委会召开淀辉、香馨两个小区门口安装卡车限高听证会。

7月19日上午，江苏省委巡视组有关领导在昆山市相关领导、淀山湖镇有关领导的陪同下，莅临淀辉社区督查指导淀辉老年人日间照料中心工作。

8月3日，苏州市妇联领导，昆山市妇联高以平主席、吴锦芳副主席在淀山湖镇镇长李晖、党委副书记潘勇陪同下来社区对"妇女儿童之家"创省级示范点预检。

9月1日，淀辉新村老年人书场开书。

9月11日，昆山市首个社区居委慈善工作站在淀山湖镇淀辉社区正式挂牌成立。市民政局副局长、市慈善基金会秘书长严雪林、市民政局科长钱瑛等出席。

9月13日，昆山市老干部局老同志冯祥元、杨志明等在淀山湖镇综治办徐建平主任的陪同下对老年人日间照料中心进行调研。

9月16日，淀辉社区开展"福满淀山湖，巾帼添温馨""姐妹心语室"活动。

9月27日，淀辉社区举行慈善积分卡发放仪式。

9月，淀辉社区计生协会被苏州市计生委评为"苏州市人口计划生育示范协会"。

10月23日，重阳节淀辉社区居委会组织包粽子送温暖活动。

11月5日，淀辉社区召开香馨佳园南门便道问题听证会。

11月14日，原全国妇联办公厅主任、《中国妇运》杂志社领导和省、市妇联领导一行在淀山湖镇党委政府领导的陪同下，指导淀辉社区妇女儿童之家，并听取了社区妇女儿童之家汇报。

11月18日，开发商在未通知居民的情况下，在香馨佳园南门开挖便道，造成矛盾后报110处置。

11月26日，千灯镇炎武社区马雪芳书记率社区干部来淀辉社区参观交流。

12月10日，昆山市团市委副书记郁新检查淀辉社区团支部工作。

12月11日，香馨佳园三、四期动迁户入住。

12月12日，昆山市委"解读十八大 民意大走访"活动第三组，共20多个职能部门、社区在淀辉香馨佳园举行。

12月18日，周市镇党委委员姚生龙率周市各村书记，在彭建明副书记陪同下，来淀辉社区检查指导工作。

12月，淀辉社区被江苏省民政厅评为"江苏省和谐社区建设示范社区"。

12月，淀辉社区被江苏省妇女联合会评为"江苏省妇女儿童之家示范社区"。

12月，淀辉社区老年人日间照料中心配置棋牌室、休息室、阅读室、健身室等设施以及厨房和餐厅200平方米，为社区83岁以上老人共120人提供服务。

2013年

1月，淀辉社区调解委被苏州市司法局评为"苏州市规范化村（社区）人民调解委员会"。

2月，淀辉社区获中共淀山湖镇委员会、淀山湖镇人民政府颁发的"2012年度淀山湖镇机关效能建设创新奖"。

2月，淀辉社区被中共淀山湖镇委员会、淀山湖镇人民政府评为"2012年度社会管理综合治理（平安建设）、信访工作先进集体"。

3月，淀辉社区妇联被昆山市巾帼建功活动协调小组评为"昆山市巾帼文明岗"。

8月12日，昆山市委书记管爱国等市领导到淀辉社区走访基层、慰问老人。

2015年

3月，淀辉社区被中共淀山湖镇委员会、淀山湖镇人民政府评为"2014年度淀山湖镇机关效能建设先进集体"。

5月，淀辉社区被共青团昆山市委员会评为"昆山市五四红旗团支部（总支）"。

9月17日，淀辉社区获昆山市人民政府颁发的"优秀公益慈善项目奖"。

12月8日，淀辉社区获昆山阅读节组委会颁发的"书香社区"称号。

2016年

2月，淀辉社区被中共淀山湖镇委员会、淀山湖镇人民政府评为"2015年度淀山湖镇机关效能建设先进集体"。

3月，淀辉社区被中共淀山湖镇委员会、淀山湖镇人民政府评为"2015年度综治（平安）建设、信访工作先进集体"。

7月，淀辉社区党支部被中共淀山湖镇委员会评为"先进基层党组织"。

12月，淀辉社区被国家减灾委员会、民政部评为"全国综合减灾示范社区"。

第一章 自然环境

第一节 地　理

淀辉社区位于淀山湖镇镇南北两侧，四周有道褐浦、石杨河、陆虞浦、分位河等河流。南区东临振淀路，西靠兴复村，南至南苑路，北至分位河；北区由香馨佳园动迁住宅区独立形成。南北两区边缘最近直线距离近1千米。

淀辉社区地理位置非常优越，离昆山市区、312国道、京沪高速公路、沪宁铁路仅23千米左右，苏沪机场路在镇东穿越而过，到上海虹桥国际机场仅半个小时的车程，陆路交通十分方便，水运也四通八达。

淀辉社区地势平坦，自然坡度小。总面积为0.55平方千米。

第二节 气候物候

一、气候

淀辉社区属北亚热带海洋性气候，四季分明，日照充足，雨量充沛，无霜期长。近30年（1980~2009年）气象资料统计，年平均降雨量为1 133.3毫米，年平均气温为16.1℃。但冬夏季风进退有早有迟，强度变化不一，降水和气温年差异较大，旱涝风雪灾害时有发生。

淀辉社区大气环境质量达到国家二级标准，从附近的远达废金属加工公司环保监测看，SO_2、NO_2 和 PM_{10} 都符合《环境空气质量标准》（GB3095-1996）二级标准限值，地面水符合《地表水环境质量标准》（GB3838-2002）的Ⅳ类水质标准；声环境符合《声环境质量标准》（GB3096-2008）的Ⅰ类标准。

二、物候

淀辉社区绿化植物种类有泡桐、榉树、杨树、朴树、刺槐、楝树、枫杨、垂柳、红叶李、香樟、杜英、桂花、冬青、女贞、大叶黄杨、黄杨、石楠、罗汉松、雪松、南洋杉、刺柏、侧柏、水杉、夹竹桃、广玉兰、白玉兰、丁香、木槿、郁李、桃花、海棠、紫薇、石榴、樱花、蜡梅、紫荆、绣球、栀子花、金丝桃、六月雪、茶梅、月季、玫瑰等。

野生杂草种类有稗、双穗雀稗、蓼、灰黎、一年蓬、芥菜、马兰头、马齿苋、枸杞等。

水生植物有芦苇、水花生、水浮莲、水葫芦、绿萍、浮萍、金鱼藻等。

第三节 过境河流

淀辉社区过境河流有：道褐浦、陆虞浦、分位河、朝南港、石杨河。

第四节 环境治理

随着城乡一体化步伐的不断加快，城镇建设规模迅速扩张，大批村民变成居民、农民变成市民。为了切实改善社区环境"脏、乱、差"的现象，维护社区居民日常生活质量，扎实有效地推进和谐社区建设工作。根据上级领导的安排，淀辉社区积极开展环境综合整治工作，改善社区居住环境，获得了群众广泛好评。但是由于旧习难改、思想保守、部分人员消极怠工等因素的制约，导致整治工作仍然存在需要改进的地方。

一、淀辉社区环境综合整治存在的问题

（1）在公共区域内乱堆放、乱搭造、烧水炉、毁绿种植、张贴黑色广告、私拉晾衣绳等不文明的现象。

（2）对车库进行改造，违章搭建增加使用面积。

（3）淀辉路上多处占道经营临时摊点，形成小规模的菜市场。

（4）破坏河道围墙用于洗衣洗拖把。

（5）争抢停车位，车辆停放不规范。

（6）香馨佳园环湖水发臭。

这些问题的产生，究其根本是由社区居民根深蒂固的旧观念、旧习俗导致的。基于淀辉社区是动迁安置小区的特殊性，大部分居民都是从乡下拆迁过来，沿袭了几千年的农民旧意识，使得他们非常"节省"、贪图方便，不愿浪费任何一点可利用的东西和地方，可他们并不知晓，这样的生活方式非但不能提高自身的生活质量，而且还降低了社区的整体形象。

针对这些现象，淀辉社区积极采取相关措施进行环境综合整治工作。

二、淀辉社区环境综合整治工作的成效

（1）通过清理楼道中的黑色广告，还给居民一片洁净的生活空间。

（2）规范社区公共区域中广告设置及横幅拉放审批，让居民生活在一片文明和谐的蓝天下。

（3）在不影响包子铺正常经营及方便居民的前提下，通过整治与规范，让消费者买的称心，吃得放心。

（4）在不影响人身及车辆行驶安全的前提下，通过劝说及引导，淀辉路上随意设位摆摊问题得到一定程度改善。

（5）通过各方协调工作，及时修造香馨佳园儿童活动场所，给社区儿童创造一块属于他们的乐园。

（6）通过协调绿化办等相关部门，对香馨佳园部分区域的绿化进行补种以及退菜地还绿化工程，使社区更为绿色清新。

（7）通过对香馨佳园外围墙的修复，让生活在河道周围的居民更安全。

（8）通过禁止违章搭建，在保证建筑结构牢固的基础上，保障居民生活安全。

（9）针对私拉晾衣绳、私设晾衣架问题，社区居委会进行统一规范安装。

（10）通过及时协调水利站、污水处理等相关部门，逐步解决香馨佳园环河水发臭问题，保障居民正常生活。

（11）为满足丰富老年人日常休闲娱乐生活，修建了淀辉新村老年人活动室。

（12）随着城乡一体化建设的进行，越来越多的家庭选择在居民会所中操办红白喜事，会所餐厅的各项硬件设施也在逐步增设。针对香馨佳园会所制冷制热系统还不完善的问题，社区居委会增加了餐厅空调。

（13）根据"三仿三解三促"的要求以及淀辉社区的实际情况，针对居民反映的社区路灯较暗及照明时间短，社区居委会向上级部门申请改造路灯并延长路灯照明时间。

（14）随着居民生活水平的不断提高，购置私家车成为一股热潮。淀辉锦园内位置靠南的3条横向道路，由于当初规划设计得比较狭窄，不能满足车辆行驶与停放的需要。社区居委会报告上级部门，将道路进行拓宽并增设停车位100多个。

（15）针对小区内车辆乱停放，特别是卡车杂乱停放，影响其他车辆正常行驶及停靠，在门卫处设置灵活限高。

第二章 建置区域

第一节 建置沿革

淀辉社区居委会于 2006 年 3 月成立。

2017 年,淀辉社区共分 5 个小区,分别是:淀辉锦园、荷塘月色花园、淀辉新村、东湖绿苑、香馨佳园。

表 2-1-1　　　　　　　　　　　2017 年淀辉社区小区一览表

序号	小区名称	建设单位	启建年份	建成年份
1	淀辉锦园	山河置业	2004	2006
2	淀辉新村	居民自建	2003	2004
3	东湖绿苑	东湖集团	2001	2006
4	香馨佳园	君泰集团	2006	2009
5	荷塘月色花园	山河置业	2006	2008

第二节 社区四至

淀辉社区位于淀山湖镇镇区,分为南北两区。南区四至为:东近振淀路,南至南苑路,西至兴复村,北至分位河;北区(香馨佳园)四至为:东至香石路,南至俞家溇,西至北石塘河,北至石杨河。

第三节　社区名称由来

淀辉社区是由几个农村动迁小区合并组成的社区，标志着淀山湖镇城镇化建设业绩辉煌，所以取名为淀辉社区。

第四节　居民小组

淀辉社区有5个小区32个居民小组，居民小组长一人兼管两个居民小组。居民小组及小组长见表2-4-1。

表2-4-1　　　　　　　　　　淀辉社区居民小组及小组长一览表

小区名称	小组（个）	居民小组长
东湖绿苑	4	朱密宝、庄卫青
淀辉新村	2	郭素琴
淀辉锦园	10	沈卫芳、许　梅、苏爱琴、冯引根、顾元林
荷塘月色	4	沈永珍、朱介英
香馨佳园	12	张小林、姚菊芳、陈小宝、张惠兴、沈雪英、庄元泉

第三章 人 口

第一节 人口总量

2010年第六次人口普查，淀辉社区户籍人口为63人，其中男性为29人，女性为34人，劳动力为46人。2012年年底，淀辉社区户籍人口为184人，其中男性为98人，女性为86人，劳动力为131人。2010—2012年户籍人口增加121人，其中男性增加69人，女性增加52人，劳动力增加85人。截至2016年年底，户籍人口为475人，其中男性为240人，女性为235人，劳动力为332人。2017年6月户籍人口201户，525人；2017年常住人口4 600户，13 520人。

第二节 人口变动

一、人口出生

2007年2人。2008年3人。2009年6人。2010年4人。2011年4人。2012年3人。2013年8人。2014年7人。2015年10人。2016年4人。

二、人口变动

2007年迁入9户，22人；2008年迁入9户，26人；2009年迁入7户，18人；2010年迁入9户，25人；2011年迁入8户，20人；2012年迁入25户，73人；2013年迁入16户，43人；2014年迁入33户，79人；2015年迁入34户，66人；2016年迁入49户，108人。

第三节 高龄老人名录

2012年,淀辉社区有80岁以上高龄老人120名,见表3-3-1。

表3-3-1　　　　　　　　　　2012年淀辉社区高龄老人名录

序号	姓名	性别	年龄	住址	序号	姓名	性别	年龄	住址
1	蔡菊宝	女	88	东湖绿苑9号楼	27	邵阿道	男	81	淀辉锦园16-203
2	冯根宝	女	85	东湖绿苑4号楼	28	朱金宝	女	86	淀辉锦园9-503
3	吴丽英	女	89	东湖绿苑小别墅	29	彭安宝	女	81	淀辉锦园25-303
4	冯阿金	女	90	东湖绿苑8-401	30	苏阿菊	女	86	淀辉锦园28
5	顾小妹	女	83	淀辉新村35号楼	31	苏云林	男	84	淀辉锦园28
6	王全英	女	82	淀辉新村7号楼	32	徐红英	女	85	淀辉锦园29
7	顾阿八	女	81	淀辉新村14号楼	33	冯阿妹	女	92	淀辉锦园25-302
8	蔡夫生	男	81	淀辉新村20号楼	34	杨林宝	女	83	淀辉锦园28-203
9	黄阿妹	女	94	淀辉新村23号楼	35	姚金英	女	87	淀辉锦园23-302
10	蔡妹至	女	86	淀辉新村40号楼	36	张小妹	女	81	淀辉锦园29
11	蔡道根	男	83	淀辉新村30号楼	37	冯凤娥	女	85	淀辉锦园28
12	柴三宝	女	84	淀辉新村32号楼	38	李姑娘	女	88	淀辉锦园38-303
13	陈林生	男	81	淀辉锦园6-204	39	郁泉根	男	84	淀辉锦园41-502
14	朱泉荣	男	81	淀辉锦园5-201	40	计士才	男	81	淀辉锦园42-303
15	柴星宝	女	81	淀辉锦园4	41	吴阿三	女	90	淀辉锦园42-202
16	周阿宝	女	84	淀辉锦园3-601	42	徐云珍	女	81	淀辉锦园43-301
17	吴阿宝	女	84	淀辉锦园1-301	43	孙彩仙	女	89	淀辉锦园19-201
18	邱连英	女	83	淀辉锦园1-302	44	陆美芳	女	81	淀辉锦园10-201
19	郭大妹	女	83	淀辉锦园5-403	45	杨全德	男	82	淀辉锦园10-301
20	钱惠芳	女	83	淀辉锦园5-305	46	王会英	女	85	淀辉锦园19-406
21	林祥英	女	94	淀辉锦园5-205	47	周美英	女	86	淀辉锦园20-201
22	徐六宝	女	91	淀辉锦园18-401	48	徐藕林	男	84	淀辉锦园20-205
23	苏积宝	女	83	淀辉锦园17-302	49	徐香珍	女	83	淀辉锦园20-205
24	邵炳道	男	81	淀辉锦园14-204	50	陈昌年	男	86	淀辉锦园20-401
25	俞小妹	女	81	淀辉锦园1-401-16	51	张阿考	男	81	淀辉锦园8-405
26	杨阿宝	女	84	淀辉锦园16-503	52	赵金珍	女	83	淀辉锦园34号楼

续表

序号	姓名	性别	年龄	住址	序号	姓名	性别	年龄	住址
53	朱林妹	女	83	淀辉锦园35号楼3号	84	朱小苟	男	82	香馨佳园21-204室
54	赵阿宁	女	85	香馨佳园12-012	85	朱阿德	男	82	香馨佳园18-14
55	赵菊宝	女	81	香馨佳园12-009	86	邓仲根	男	85	香馨佳园19-5
56	沈永贤	男	82	香馨佳园17-005	87	吴月珍	女	88	香馨佳园1-14
57	沈根宝	女	81	香馨佳园17	88	曹海金	男	86	香馨佳园1-12
58	张大妹	女	86	香馨佳园17-017	89	王爱生	男	83	香馨佳园1-3
59	顾阿妹	女	89	香馨佳园12-013	90	王阿大	女	83	香馨佳园1-3
60	陆仁龙	男	90	香馨佳园13-006	91	许齐妹	女	81	香馨佳园2-10
61	张雪龙	男	81	香馨佳园24-10	92	陈岳良	男	84	香馨佳园2-14
62	张杏宝	女	81	香馨佳园24-10	93	陈阿四	女	81	香馨佳园2-4
63	张阿大	女	85	香馨佳园24-15	94	夏阿娥	女	86	香馨佳园3-20
64	朱泉根	男	82	香馨佳园24-24	95	朱小妹	女	82	香馨佳园3-19
65	朱大妹	女	82	香馨佳园24-24	96	王阿五	男	85	香馨佳园3-13
66	周阿大	女	84	香馨佳园23-302室	97	郁银宝	女	87	香馨佳园3-13
67	周宝祥	男	85	香馨佳园23-302室	98	王菊生	男	86	香馨佳园3-4
68	唐木生	男	81	香馨佳园25-12	99	张阿宝	女	86	香馨佳园3-5
69	吴阿妹	女	81	香馨佳园25-1	100	苏美凤	女	89	香馨佳园3-16
70	陈林宝	女	87	香馨佳园20-12	101	张阿火	男	88	香馨佳园4-14
71	周百泉	男	82	香馨佳园25-604室	102	张阿宝	女	83	香馨佳园4-14
72	吴阿三	男	82	香馨佳园5-10	103	郭查妹	女	86	香馨佳园4-20
73	朱再元	男	83	香馨佳园5-12	104	周阿妹	女	91	香馨佳园10-206室
74	陈菊英	女	81	香馨佳园5-205室	105	王小妹	女	85	香馨佳园26-13
75	沈阿妹	女	87	香馨佳园5-408室	106	袁德洪	男	81	香馨佳园27-202室
76	何阿大	男	81	香馨佳园7-402室	107	周宝英	女	83	香馨佳园28-11
77	汤木英	女	83	香馨佳园8-401室	108	张 宝	女	92	香馨佳园28-306室
78	汤阿宝	女	82	香馨佳园8-32	109	唐瑞英	女	83	香馨佳园29-14
79	汤仁法	男	84	香馨佳园8-32	110	张祥生	男	81	香馨佳园29-17
80	陈小宝	女	93	香馨佳园10-11	111	朱阿二	女	81	香馨佳园29-17
81	吴泉根	男	82	香馨佳园10-1	112	苏阿苟	男	81	香馨佳园26-201室
82	李阿大	女	88	香馨佳园10-308室	113	苏阿娥	女	83	香馨佳园26-201室
83	吕梅宝	女	81	香馨佳园7-205室	114	金小宝	男	81	香馨佳园28-1

续表

序号	姓名	性别	年龄	住址	序号	姓名	性别	年龄	住址
115	黄小苟	男	82	香馨佳园9-3	118	姚凤娥	女	82	香馨佳园9-10
116	徐引弟	女	81	香馨佳园9-3	119	蒋阿五	女	82	香馨佳园16-301室
117	王阿小	男	82	香馨佳园9-10	120	蒋阿大	女	82	香馨佳园15-4

第四节　计划生育

表3-4-1　　　　2006年度淀辉社区独生子女父母奖金发放清单　　　　单位：元

序号	姓名	户籍地址	工作单位	子女姓名	子女出生年月	金额
1	朱建福	东湖绿苑	个体	朱晓婷	1995.07.24	30.00
2	蔡玉芳	东湖绿苑	个体	朱晓婷	1995.07.24	30.00
3	李红光	东湖绿苑	梅林阁	李宋然	1993.07.07	30.00

表3-4-2　　　　2007年度淀辉社区独生子女父母奖金发放清单　　　　单位：元

序号	姓名	户籍地址	工作单位	子女姓名	子女出生年月	金额
1	朱建福	东湖绿苑	个体	朱晓婷	1995.07.24	30.00
2	蔡玉芳	东湖绿苑	个体	朱晓婷	1995.07.24	30.00
3	李红光	东湖绿苑	梅林阁	李宋然	1993.07.07	30.00

表3-4-3　　　　2008年度淀辉社区独生子女父母奖金发放清单　　　　单位：元

序号	姓名	户籍地址	工作单位	子女姓名	子女出生年月	金额
1	朱建福	东湖绿苑	个体	朱晓婷	1995.07.24	30.00
2	蔡玉芳	东湖绿苑	个体	朱晓婷	1995.07.24	30.00
3	徐建平	东湖绿苑		徐怡文	1999.11.25	30.00
4	于杨	淀辉锦园	大自然花园	于小轩	2008.10.15	30.00
5	范冬艳	淀辉锦园		于小轩	2008.10.15	30.00

表3-4-4　　　　　　　　　　2009年度淀辉社区独生子女父母奖金发放清单　　　　　　　　　　单位：元

序号	姓名	户籍地址	工作单位	子女姓名	子女出生年月	金额
1	朱建福	东湖绿苑	个体	朱晓婷	1995.07.24	30.00
2	蔡玉芳	东湖绿苑	个体	朱晓婷	1995.07.24	30.00
3	徐建平	东湖绿苑		徐怡文	1999.11.25	30.00
4	于杨	淀辉锦园	大自然花园	于小轩	2008.10.15	30.00
5	范冬艳	淀辉锦园		于小轩	2008.10.15	30.00
6	庄敏辉	淀辉锦园		庄靖	2006.05.08	30.00
7	田换强	荷塘月色花园	乔福塑胶（昆山）有限公司	田宇浩	2008.10.23	30.00
8	曹丽霞	荷塘月色花园	骏辉企业纺织成衣（昆山）有限公司	田宇浩	2008.10.23	30.00
9	华勇	淀辉锦园	个体	华亦涵	2000.05.17	30.00
10	苏伦	淀辉锦园		帅点	2009.05.12	30.00
11	帅小锋	淀辉锦园	个体	帅点	2009.05.12	30.00

表3-4-5　　　　　　　　　　2010年度淀辉社区独生子女父母奖金发放清单　　　　　　　　　　单位：元

序号	姓名	户籍地址	工作单位	子女姓名	子女出生年月	金额
1	徐建平	东湖绿苑		徐怡文	1999.11.25	30.00
2	于杨	淀辉锦园	大自然花园	于小轩	2008.10.15	30.00
3	范冬艳	淀辉锦园		于小轩	2008.10.15	30.00
4	庄敏辉	淀辉锦园		庄靖宇	2006.05.08	30.00
5	王婧	淀辉锦园	昆山沅亨管阀件有限公司	庄靖宇	2006.05.08	30.00
6	田换强	荷塘月色花园	乔福塑胶（昆山）有限公司	田宇浩	2008.10.23	30.00
7	曹丽霞	荷塘月色花园	骏辉企业纺织成衣（昆山）有限公司	田宇浩	2008.10.23	30.00
8	华勇	淀辉锦园	个体	华亦涵	2000.05.17	30.00
9	苏伦	淀辉锦园		帅点	2009.05.12	30.00
10	帅小锋	淀辉锦园	个体	帅点	2009.05.12	30.00
11	汪松飞	荷塘月色花园	台资企业	汪熙纯	2009.09.29	30.00
12	张岭	东湖绿苑		顾怡辉	2009.09.20	30.00
13	顾吉	东湖绿苑		顾怡辉	2009.09.20	30.00
14	周云	淀辉锦园		苏子皓	2008.09.10	30.00
15	朱月巧	淀辉锦园		冯朱瑜	2000.11.20	30.00
16	姜丽	淀辉锦园		姜智涵	2010.07.03	30.00

表3-4-6　　　　　　　　　　2011年度淀辉社区独生子女父母奖金发放清单　　　　　　　　　　单位：元

序号	姓名	户籍地址	工作单位	子女姓名	子女出生年月	金额
1	徐建平	东湖绿苑		徐怡文	1999.11.25	30.00
2	于　杨	淀辉锦园	大自然花园	于小轩	2008.10.15	30.00
3	范冬艳	淀辉锦园		于小轩	2008.10.15	30.00
4	庄敏辉	淀辉锦园		庄靖宇	2006.05.08	30.00
5	王　婧	淀辉锦园	昆山沅亨管阀件有限公司	庄靖宇	2006.05.08	30.00
6	田换强	荷塘月色花园	乔福塑胶（昆山）有限公司	田宇浩	2008.10.23	30.00
7	曹丽霞	荷塘月色花园	骏辉企业纺织成衣（昆山）有限公司	田宇浩	2008.10.23	30.00
8	华　勇	淀辉锦园	个体	华亦涵	2000.05.17	30.00
9	苏　伦	淀辉锦园		帅　点	2009.05.12	30.00
10	帅小锋	淀辉锦园	个体	帅　点	2009.05.12	30.00
11	汪松飞	荷塘月色花园	台资企业	汪熙纯	2009.09.29	30.00
12	张　岭	东湖绿苑		顾怡辉	2009.09.20	30.00
13	顾　吉	东湖绿苑		顾怡辉	2009.09.20	30.00
14	周　云	淀辉锦园		苏子皓	2008.09.10	30.00
15	朱月巧	淀辉锦园		冯朱瑜	2000.11.20	30.00
16	姜　丽	淀辉锦园		姜智涵	2010.07.03	30.00
17	何建明	荷塘月色花园		何佳瑞	2010.11.24	30.00
18	周　春	荷塘月色花园		何佳瑞	2010.11.24	30.00
19	张　丹	淀辉锦园		吴俐娴	2010.04.08	30.00

表3-4-7　　　　　　　　　　2012年度淀辉社区独生子女父母奖金发放清单　　　　　　　　　　单位：元

序号	姓名	户籍地址	工作单位	子女姓名	子女出生年月	金额
1	徐建平	东湖绿苑		徐怡文	1999.11.25	30.00
2	于　杨	淀辉锦园	大自然花园	于小轩	2008.10.15	30.00
3	范冬艳	淀辉锦园		于小轩	2008.10.15	30.00
4	庄敏辉	淀辉锦园		庄靖宇	2006.05.08	30.00
5	王　婧	淀辉锦园	昆山沅亨管阀件有限公司	庄靖宇	2006.05.08	30.00
6	田换强	荷塘月色花园	乔福塑胶（昆山）有限公司	田宇浩	2008.10.23	30.00
7	曹丽霞	荷塘月色花园	骏辉企业纺织成衣（昆山）有限公司	田宇浩	2008.10.23	30.00

续表

序号	姓名	户籍地址	工作单位	子女姓名	子女出生年月	金额
8	华勇	淀辉锦园	个体	华亦涵	2000.05.17	30.00
9	苏伦	淀辉锦园		帅点	2009.05.12	30.00
10	帅小锋	淀辉锦园	个体	帅点	2009.05.12	30.00
11	汪松飞	荷塘月色花园	台资企业	汪熙纯	2009.09.29	30.00
12	张岭	东湖绿苑		顾怡辉	2009.09.20	30.00
13	顾吉	东湖绿苑		顾怡辉	2009.09.20	30.00
14	周云	淀辉锦园		苏子皓	2008.09.10	30.00
15	朱月巧	淀辉锦园		冯朱瑜	2000.11.20	30.00
16	姜丽	淀辉锦园		姜智涵	2010.07.03	30.00
19	张丹	淀辉锦园		吴俐娴	2010.04.08	30.00
20	苏静	淀辉锦园		王易新	2011.11.23	30.00
21	王海利	淀辉锦园		王易新	2011.11.23	30.00
22	顾燕	淀辉锦园		朱顾星	2012.02.21	30.00
23	朱晓峰	淀辉锦园		朱顾星	2012.02.21	30.00
24	黄德华	荷塘月色花园		吴杰	1998.02.14	30.00
25	吴旭升	荷塘月色花园		吴杰	1998.02.14	30.00

第五节 大学生名录

表3-5-1　　　　　　　　　　2012年淀辉社区部分大学生名录

姓名	性别	家庭地址	录取大学校名	入学年月	毕业年月
孙莉	女	香馨佳园15#604	苏州大学	2009.09	2012.06
张宇	男	香馨佳园	大连海事大学	2009.09	2012.06
范冬艳	女	淀辉锦园35#403	江苏南通纺织学院	2001.09	2004.06
于扬	男	淀辉锦园35#403	南京财经大学		
吴海艳	女	淀辉锦园30#205	南阳理工学院	2002.09	2006.06
张丹	女	淀辉锦园40#402	苏州大学	2000.09	2005.06
张亿贯	男	荷塘月色花园51#305	淮阴工学院	1991.09	1994.06
杨培勇	男	荷塘月色花园52#503	成都航空技术学院	1995.09	2000.06

续表

姓名	性别	家庭地址	录取大学校名	入学年月	毕业年月
万利	男	荷塘月色花园 52#508	沈阳科技大学	1999.09	2003.06
何建明	男	荷塘月色花园 58#403	河海大学	2003.09	2007.06
周春	女	荷塘月色花园 58#403	河海大学	2003.09	2007.06
田换强	男	荷塘月色花园 55-201	河南科技大学	1999.09	2003.06
曹丽霞	女	荷塘月色花园 55-201	河南科技大学	2001.09	2004.06
葛建军	男	荷塘月色花园 52-308	合肥大学	1987.09	1990.06
崔文莱	女	荷塘月色花园 50-306	南京大学	2000.09	2003.06
吴琼	女	荷塘月色花园 56-501	吉林农业大学		
薛峙	男	荷塘月色花园 56-501	中央广播电视大学		
史蕊	女	荷塘月色花园 57-204	苏州科技大学		
吴红日	男	荷塘月色花园 50-601	上海大学	1999.09	2011.06
陈逸超	男	东湖绿苑 3-304	宁夏理工学院	2009.09	2013.06
刘志玮	男	东湖绿苑 3-403	南京财经大学	2012.09	2016.06
王晓华	男	东湖绿苑 3-603	淮阴师范学院	2006.09	2010.06
顾艳红	女	东湖绿苑 3-306	南京大学	2010.09	2014.06
李宋然	女	东湖绿苑 10-502	南京晓庄学院	2011.09	2015.06
张剑	男	淀辉锦园 6-605	中国地质大学	1999.09	2003.06
曾昊	男	淀辉锦园 6-602	郑州大学	1999.09	2003.06
周玮	女	淀辉锦园 9-203	常熟高等师范专科学校	2010.09	2013.06
帅小锋	男	淀辉锦园 11-601	武汉理工大学	2000.09	2004.07
苏伦	女	淀辉锦园 11-601	江汉石油学院	2003.09	2007.06
周华	男	淀辉锦园 6-504	江苏科技大学	2005.09	2009.09

第四章 人民生活

第一节 农民生活

随着淀山湖镇农村城镇化步伐的不断推进，农村动迁的力度不断强化，乡村的农民逐渐转为城镇居民，其职业也随之有所转变，居民素质与生活综合水平也在不断提高。

第二节 动迁安置房

至2012年，淀辉社区动迁安置入住1 163户。

一、淀辉新村

永新村：沈家埭35户；兴复村：潭西22户。2004年入住。自建房：民和村：塘泾2户，共59户。

二、淀辉锦园

2004年第一批入住：

永新村：新开泾37户，神童泾8户，金家港1户，马家港1户，共47户。

新杨村：围网41户，百家塘2户，其他13户，共56户。

石杨河社区：健安路1户，石杨河2户，共3户。

2005年第二批入住：

杨湘泾村：园厅1户，12/13组18户，东大街3户，周家泾4户，三家村1户，黄泥泾10户，共37户。

2006年第三批入住：

双护村：沙浜1户，钱家库35户，北榭麓5户，升罗潭19户，南小石浦27户，叶家湾1户，共88户。

度城村：西港5户，南巷3户，南南库13户，共21户。

2008年第四批入住：

淀山湖居委会1户。

民和村：马家库5户，牛长泾1户，塘泾16户，棚户6户，官里33户，百家塘6户，唐家库1户，杨家角40户，北石塘1户，共109户。

安上村：南庵20户，南浜3户，罗家枉4户，西库1户，南沈安泾15户，共43户。

红星村：榭麓1户，夏段村2户，北榭麓6户，其他9户，共18户。

晟泰村：张家湾5户，沈安泾1户，其他2户，共8户。

金家庄：6户。

兴复村：潭西17户，其他4户，共21户。

三、香馨佳园

2010年年底第一批入住：

安上村：棚户23户，顾家库36户，浜里57户，罗家枉64户，上洪桥25户，高家桥30户，陶湛桥34户，西庙泾3户，北沈安泾27户，共299户。

民和村：塘泾77户，马家库104户，石墩35户，丁家浜38户，共254户。

2011年2月第二批入住：

兴复村：潭西69户。

2012年第三批入住：

晟泰村：张家湾1户。

杨湘泾村：周家泾21户，双娄2户，共23户。

第三节　养老保险

随着社会保障体系的不断完善，社区居民的参保观念逐步增强。2016年，除个别人员外都参加了养老保险。户籍人口中，其中社区内在正规就业单位缴纳养老保险金的人数为185人，灵活就业自费缴纳养老保险金的人数为11人。

第四节　医疗保险

社区居民除个别外都参加了医疗保险，2016年户籍人口中社区参加医疗保险的人数为215人。

第五章 文体卫生

第一节 文体设施

淀辉社区秉承"以人为本、服务为重"的工作理念,积极完善社区文体设施建设,广泛动员居民参与文体活动,提升居民社区生活的幸福感。社区文体设施有室内健身室、亲子活动室、电子阅览室、电影放映室、户外健身区、人口健康园、棋牌室、图书室等。

第二节 医疗站

淀辉社区医疗站主要为病人接诊转诊,提供整合的便利的医疗保健服务,并设立医保定点,为社区居民看病买药提供医保刷卡的便捷服务。淀辉锦园医疗站共有社区医生2人,护士2人,实习生1人。香馨佳园医疗站共有社区医生2人,护士3人,负责人王依妮。

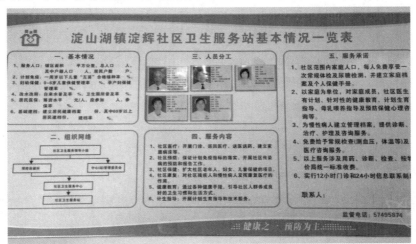

淀山湖镇淀辉社区卫生服务站基本情况一览表

第三节　文化活动

淀辉社区文化宣传系列有：宣传栏目淀辉锦园4个、香馨佳园3个、淀辉新村1个，定期广播"淀辉之声"（2012年创办）；出版刊物《淀辉人家》（2013年创办）；放映电子屏宣传。通过四大宣传方式，充分发挥社区宣传载体的功能。

淀辉社区歌舞、拳、功、操、团队系列：社区成立的文艺团队有舞蹈队、腰鼓队、柔力球队、绣花队、广场舞团队、太极拳队等文体团队，演出了一系列文艺节目，不仅丰富了居民的精神文化生活，同时也提升了社区的总体形象。

第四节　社区体育

1. 淀辉锦园室外健身场

2006年建设，占地400平方米，共20件健身器材。

2. 淀辉锦园室内健身场

2010年建设，占地200平方米，共10件健身器材。

3. 香馨佳园室外健身场

2007年建设，占地300平方米，共10件健身器材。

4. 淀辉新村室外健身场

2003年建设，占地120平方米，共10件健身器材。

第五节　其　他

（1）淀辉社区香石路上有公交站点，方便居民出行。

（2）淀辉锦园、香馨佳园共有4处公共自行车停放点，用市民卡刷卡即可使用，方便快捷。

第六节 区域公园

1. 淀山湖镇体育公园(康乐园)

淀山湖镇体育公园改造是淀山湖镇2013年实施的重点项目,项目位于中市路西侧、淀辉路南侧,景观总面积约21 000平方米,总投资约2 500万元。项目在方案设计之初将市民文艺、市民体育、市民休闲渗透其中,最大化利用现有的场地。结合文艺娱乐与休闲健身,为公园设计了体育运动、休闲活动、水上舞台与水上游乐活动区域,以满足各年龄层人群的使用需要,将体育公园打造成面向各年龄层的娱乐休闲公园。体育公园内包含篮球场、轮滑跑道、步道、门球场以及水上舞台等设施,可以极大地满足人民群众体育、娱乐活动的需求。

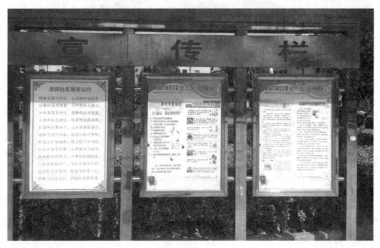

体育公园宣传栏

2. 淀山湖镇香馨公园

淀山湖镇香馨公园是香馨佳园的辅助设施,园内花草茂盛,绿树成荫,是居民闲暇休息的好去处。

第七节 文明风尚

一、新风尚

在昆山市创建全国文明城市和优秀管理城市的引领下,淀辉社区积极对照工作要求和目标定位,紧扣民生和谐、管理务实、服务创新的社区建设主线,着力从生态环保、和谐文明等方面强化社区综合管理。

二、社会公益

2012年以来，淀辉社区多次积极申报并成功获得市级公益创投项目，"金拐杖助老公益服务"主要为社区老人提供服务。

2014年，淀辉社区推出的"益家园"社区自治倡导服务项目是淀山湖镇首届公益"微创投"入选项目，旨在通过搭建居民自治平台，建立居民议事小组，挖掘居民互助资源，倡导居民自治，提高居民对社区公共事务的参与度，提升居民参与社区自治的意识，同时增强居民对社区的归属感与认同感。

淀山湖镇首届公益"微创投"活动"益家园"社区自治倡导服务项目

2016年10月，"五彩益家"项目基地入驻淀辉社区香馨佳园北区服务中心，由上海菠萝园社会服务组织主要负责，具体开展社区公益活动以及培育社区社会组织，提高居民受益性以及社区自治能力建设。

第六章 社区建设

第一节 社区构成

淀辉社区由5个小区组成，见表6-1-1。

表6-1-1　　　　　　　　　　2012年淀辉社区小区构成表　　　　　　　　　单位：平方米

小区名称	建设商	启建年份	占地面积	建筑面积	绿化率（%）
淀辉锦园	山河置业	2004	144 000	130 000	40.7
淀辉新村	居民自建	2003	14 400	14 000	40.5
东湖绿苑	东湖集团	2001	28 000	39 000	40.3
香馨佳园	君泰集团	2006	177 000	220 000	40.1
荷塘月色花园	山河置业	2006	25 000	30 000	40

第二节 基础设施建设

一、社区内的道路

淀辉路、中市路、南苑路、香石路。

二、社区内的桥梁

朝南江桥位于新乐路（淀山湖汽车站以西）。
镇南桥位于中市路与淀辉路交界处。
淀辉桥位于淀辉路（淀辉新村以东）。

俞家楼桥位于香石路。

第三节 公共服务建设

淀辉社区是一个新型农村动迁综合社区，基础设施建设相对完备，但由于建成时间较短，周边配套的生产生活服务硬件还没全部到位。

一、综合服务中心

1. 淀辉锦园综合服务中心

建成于2008年，建筑总面积为4 000平方米（地上三层、地下一层）。2009年3月，淀山湖镇人民政府投入大量资金对居委会大楼实施全面装潢，装潢面积2 750平方米，总投资170万元，文化设施总投资55万元，人口计生设施总投资60万元。

淀辉社区民生综合服务中心

2. 香馨佳园服务中心

在2011年建成并经过全面装潢后投入使用，建筑总面积2 800平方米。

淀辉社区香馨佳园

二、生活服务设施

2017年,辖区内生活服务设施有日间照料中心、喜事中心、超市、饭店、汽车养护、生活会馆等。

1. 日间照料中心

2012年,淀辉社区成立淀辉日间照料中心,为淀山湖镇新东路以南的淀山湖镇83岁以上户籍居民提供送餐服务。照料中心共配备10个工作人员。

2016年,淀辉社区新增香馨佳园北区日间照料中心,为淀山湖镇新乐路以北的淀山湖镇83岁以上户籍居民提供送餐服务。照料中心共配备10个工作人员。

2. 喜事中心

淀辉锦园喜事中心于2007年正式投入使用,可容纳20桌;于2014年改造完成,可容纳400人进行用餐及活动。

香馨佳园南区喜事中心于2012年正式投入使用,共可容纳500人进行用餐及活动。

香馨佳园北区喜事中心于2016年正式投入使用,共可容纳600人进行用餐及活动。

淀辉社区生活服务设施(一)

淀辉社区生活服务设施(二)

淀辉社区生活服务设施(三)

第四节 环境保护建设

淀辉社区在加强社区建设管理的同时,紧密联系社区居民,以物业管理人员、社区信息员、居民小组长、楼道长等人员为发现问题的主体,再与相关部门形成联动机制,搞好环境保护。

表6-4-1　　2012年淀辉社区与有关管理部门形成环保联动管理机制一览表

序号	名称	有关管理单位	序号	名称	有关管理单位
1	供水	自来水公司	4	打捞漂浮物	清洁所
2	绿化	绿化所	5	禽畜管理	社区居委会
3	河道清淤	水利站			

第五节 商 业

表6-5-1　　2012年淀辉社区个体私营企业一览表

序号	企业名称	法人代表	经营地址	主营业务
1	昆山崇国装潢有限公司	杨丛国	香馨佳园55#15	建筑装潢
2	昆山精艺制衣厂	陈永杰	香馨佳园19#车库	针织物
3	昆山康福房产咨询有限公司	顾文荣	香馨佳园9#车库	房产中介服务
4	昆山恒齐磨料有限公司	李强	南苑路158#7	抛光材料、胶制品
5	昆山聚仲纺织有限公司	蒋洪弟	淀辉锦园38#401	化学品批发
6	昆山威盛装饰有限公司	周宁	淀兴路651号	装潢类包装材料
7	昆山卓然贸易有限公司	蒋丽东	淀辉路137号	包装材料销售
8	昆山隆昌燃料油有限公司	凌海元	淀辉路125号	燃料油、润滑油等
9	昆山青峰化工物资有限公司	盛建国	淀兴路631号	化工类产品批发
10	昆山吴氏化工有限公司	吴毅超	新兴路北侧	化工类产品批发
11	昆山金威特五金工具有限公司	徐虹	民和开发区	五金产品生产及销售
12	昆山裕元化工有限公司	徐裕林	新华路5号	化工类产品批发

表6-5-2　　　　　　　　　　2012年淀辉社区个体工商户一览表

序号	个体经营户名称	个体经营户主姓名	经营地址（街、村、门牌号）
1	铝合金装潢店	徐胜利	香馨佳园22#－1
2	铝合金装潢店	曹华	香馨佳园17#－4
3	铝合金装潢店	陈华	香馨佳园12#－16
4	铝合金装潢店	胡健华	香馨佳园28#－4
5	铝合金装潢店	丁淑华	香馨佳园29#－1
6	铝合金装潢店	肖仲根	香馨佳园27#－1
7	摩托车修理店	张书友	香馨佳园8#－4
8	早餐店	张怀	香馨佳园8#－7
9	临时服装加工点	周瑞军	香馨佳园20#－9－11－12
10	临时服装加工点	郭彩红	香馨佳园10#－3
11	临时服装加工点	冯芳	香馨佳园9#－15
12	临时服装加工点	徐小萍	香馨佳园12#－17
13	临时服装加工点	朱全英	香馨佳园13#－10
14	临时服装加工点	朱小红	香馨佳园9#－10
15	临时服装加工点	宋安徽	香馨佳园7#－8
16	水果商店	王喜梅	香馨佳园8#－17
17	蛋糕店	周卫星	香馨佳园8#－15
18	商店	顾永根	香馨佳园10#－22
19	商店	张健	香馨佳园10#－6
20	商店	刘爱霞	香馨佳园9#－18
21	商店网吧	彭家法	香馨佳园18#－3
22	商店	顾回春	香馨佳园29#－2
23	商店	郭官苗	香馨佳园4#－17
24	商店废品	李家文	香馨佳园4#－3
25	商店	吕友志	香馨佳园12#－1
26	商店	张培各	香馨佳园22#－24
27	批发商店	赵国召	香馨佳园22#－3
28	商店麻将室	顾海元	香馨佳园26#－42
29	商店	吴云根	香馨佳园26#－22
30	房产咨询有限公司	金荣泰	香馨佳园3#－1

续表

序号	个体经营户名称	个体经营户主姓名	经营地址（街、村、门牌号）
31	房产咨询有限公司	陈俭灵	香馨佳园8#-1
32	货车营运	黄志刚	香馨佳园1#-503
33	轿车营运	王全生	香馨佳园1#-502
34	小型货车营运	朱　健	香馨佳园1#-205
35	轿车营运	赵　峰	香馨佳园1#-401
36	轿车营运	徐振华	香馨佳园2#-504
37	轿车营运	李振岗	香馨佳园3#-402
38	轿车营运	朱　财	香馨佳园3#-301
39	轿车营运	连丙平	香馨佳园4#-202
40	面包车营运	陈卫东	香馨佳园5#-501
41	轿车营运	王中山	香馨佳园6#-503
42	轿车营运	陈永康	香馨佳园6#-301
43	轿车营运	张乃波	香馨佳园7#-303
44	轿车营运	李雪明	香馨佳园8#-402
45	轿车营运	潘永明	香馨佳园10#-302
46	轿车营运	徐鑫莲	香馨佳园11#-607
47	面包车营运	徐少敏	香馨佳园12#-504
48	轿车营运	朱　雯	香馨佳园12#-202
49	货车营运	姜　剑	香馨佳园12#-305
50	轿车营运	彭　伟	香馨佳园13#-404
51	轿车营运	杨文涛	香馨佳园14#-603
52	轿车营运	孙进强	香馨佳园22#-606
53	轿车营运	顾德忠	香馨佳园23#-403
54	轿车营运	杨付平	香馨佳园25#-205
55	轿车营运	赵雪荣	香馨佳园27#-204
56	轿车营运	冯　斌	香馨佳园28#-401
57	轿车营运	顾　洁	香馨佳园28#-406
58	个体运输	陈品元	香馨佳园30#-201
59	木地板安装店	张玉昌	香馨佳园34#-12
60	维修电脑店	郁惠荣	香馨佳园30#-6
61	房地产咨询公司	李国平	香馨佳园33#-11

续表

序号	个体经营户名称	个体经营户主姓名	经营地址（街、村、门牌号）
62	房地产咨询公司	陈卫东	香馨佳园34#-2
63	水果店	杨传洪	淀辉锦园1#-403
64	理发店	严雪军	淀辉锦园5#-604
65	理发店	薛 珍	淀辉锦园14#东面车库
66	理发店	陈士荣	淀辉锦园22#西面车库
67	理发店	黄学军	淀辉锦园51#-6
68	点心店	范文浩	淀辉锦园19#-18
69	蔬菜店	张庆楼	淀辉锦园20#-17
70	修车店	范道伟	淀辉锦园1#西面车库
71	修车店	孙明锋	淀辉锦园1#西面车库
72	五金店	崔兵兵	淀辉锦园17#-6
73	饭店	王艳华	淀辉锦园50#-14
74	五金店	胡瑞兵	淀辉锦园50#-130
75	杂货店	段大春	淀辉锦园5#西车库
76	杂货店	冯建新	淀辉锦园22#东车库
77	超市	江习彪	淀辉锦园50#-1-2
78	杂货店	苏爱琴	淀辉锦园11#东车库
79	美容店	李齐元	淀辉锦园50#-14
80	货车运营	姚 祖	淀辉锦园1#-502
81	小型超市	叶志元	淀辉锦园51#-2
82	早餐店	项东明	淀辉锦园50#-4
83	蔬菜店	何 琴	淀辉锦园50#-9

表6-5-3　　　　　　　　　　　　　淀辉锦园商铺一览表

序号	楼栋号	业主姓名	店主姓名	经营项目
1	50#1	盛春娥	江文彪	华联超市
2	50#2	周 华		
3	50#3	吴彩民		
4	50#4	徐海英	赖冬明	沙县小吃
5	50#5	许林员	王老板	电瓶车修理
6	50#6	陆妙珍	刘学元	住房

续表

序号	楼栋号	业主姓名	店主姓名	经营项目
7	50#7	凌根元	凌根元	物流
8	50#8	陆培华	徐志明	推拿店
9	50#9	章炳轩	何 芹	蔬菜店
10	50#10	霍小宁	邱永根	五金店
11	50#11	乐建平	何 芹	蔬菜店
12	50#12	朱沈威	沈先生	洗车店
13	50#13	王勇杰	蔡国军	渔具店
14	50#14	李金云	李小姐	美容院
15	50#15	曹林生	彭 鸣	饭店
16	50#16	曹林生	彭 鸣	饭店
17	50#17	周士敏	王艳华	饭店
18	50#18	蒋丽东	崔国帅	五金店
19	51#2	陈月林	叶建章	商店
20	51#3	邱伟刚	叶建章	商店
21	51#4	林菊悌	张先生	饭店
22	51#5	童琦	张先生	二手家具店
23	51#6	王雪明	冯先生	办事处
24	51#7	霍小敏	柴正新	饭店
25	51#8	霍小敏	柴正新	饭店
26	51#9	蔡伟峰	徐海生	汽修
27	51#10	蔡琳杰	张 敏	汽修
28	51#11	戚春娟	赵川川	劳务用品
29	51#12	朱永忠	朱永忠	五金店
30	51#14	黄有武	朱永忠	五金店
31	51#15	谢晖	谢 晖	办公室
32	19-18	王云初	王 俊	包子店
33	19-17	赵川川	赵川川	劳务中介

表 6-5-4　　　　　　　　　　　　香馨佳园商铺一览表

序号	楼栋号	姓名	经营项目
1	56#-1	雷 友	伊点理发店
2	56#-2	陆 华	香车坊汽车美容中心
3	56#-3	陆 华	香车坊汽车美容中心
4	56#-4	李华明	圣惠宾馆
5	56#-5	张 蛟	食全酒美
6	56#-6	姜承宝	沙县小吃
7	56#-7	胡正标	香馨浴室
8	56#-8	杨希峰	饭店
9	56#-9	陈斌斌	顺车堂汽车服务
10	56#-10	李剑明	中国福利彩票
11	56#-11	胡道亮	微山湖渔馆
12	56#-12	戴福来	农家小菜
13	56#-13	朱士岩	全友劳务
14	56#-14	冶国强	兰州拉面
15	56#-15	高金星	大城小厨
16	56#-16	周 亮	发舞台理发店
17	56#-17	胡桂萍	湘色满堂饭店
18	56#-18	杨镇坤	好再来饭店
19	56#-19	张 荣	传统牛肉汤
20	56#-20	徐 荣	大眼包子
21	56#-21	吴甘霖	亿家福超市
22	56#-22	吴甘霖	亿家福超市
23	56#-23	吴甘霖	亿家福超市
24	56#-24	吴甘霖	亿家福超市
25	56#-25	吴甘霖	亿家福超市
26	56#-26	李党伟	高普人力资源中介
27	56#-27	郁嘉川	菜铺
28	56#-28	邓宗好	金陵早点
29	56#-31	李华明	圣惠宾馆
30	56#-32	李华明	圣惠宾馆

续表

序号	楼栋号	姓名	经营项目
31	56#-35	李华明	圣惠宾馆
32	56#-36	李华明	圣惠宾馆
33	56#-1	丁 顺	健身房
34	56#-2	丁 顺	健身房
35	56#-3	张春红	超市
36	56#-4	张春红	超市
37	56#-5	王建培	维修部
38	56#-6	王建培	维修部
39	56#-7	陆敏洁	网吧
40	56#-8	陆敏洁	网吧
41	56#-9	郭小娥	小饭店
42	56#-10	庄建荣	彩票店
43	56#-11	王井海	杂货店
44	56#-12	周学峰	杂货店
45	56#-13	王井海	杂货店
46	56#-14	徐进祥	杂货店
47	56#-15	王井海	杂货店
48	56#-17	朱 磊	药店
49	56#-18	朱 磊	药店
50	56#-19	柴亚峰	餐饮
51	56#-20	钱海林	餐饮
52	56#-21	吴甘霖	超市
53	56#-22	吴甘霖	超市
54	56#-23	吴甘霖	超市
55	56#-24	吴甘霖	超市

第七章 基层组织

第一节 基层党组织

淀辉社区党支部于2012年2月成立，中共淀山湖镇党委淀委发〔2012〕9号批文，林娟任党支部书记。2015年3月，顾宇峰任党支部书记。2016年7月，顾春花任党支部书记。

第二节 居民委员会

2006年3月，淀辉社区根据昆政复〔2006〕3号成立社区居委会。

2006年，根据淀委人字〔2006〕第8号文件，沈兴珍任淀辉社区居委会主任。

2007年，庄伟元任淀辉社区居委会主任。

2011年3月，根据淀政发〔2011〕10号文件，淀辉社区第八届换届选举，祝耿龙任淀辉社区居委会主任。

2016年2月，张春龙任居委会主任。

第三节 组织沿革

淀辉社区历届干部名录（2006~2016）

1. 党支部

（1）书记

林娟 2012.2.23~2015.3.25　　　　　　　顾宇峰 2015.3.25~2016.7.28

顾春花 2016.7.28~

（2）副书记

顾春花 2015.3.25~2016.7.28　　　张春龙 2016.7.28~

2. 居委会

（1）主任

沈兴珍 2006.5.20~2007.3.3　　　祝耿龙 2013.12.18~2016.12
庄伟元 2007.3.3~2011.3.24　　　张春龙 2016.12~
祝耿龙 2011.3.24~2013.12.18

（2）委员

许玉娥 2007.3~2011.12　　　张春龙 2013.12~2016.12
姜　星 2007.3~2011.12　　　许琴梅 2013.12~2016.12
凌金林 2007.3~2011.12　　　李瑞星 2016.12~
许玉娥 2011.12~2013.12　　　许琴梅 2016.12~
庄伟元 2011.12~2013.12　　　吴怡晓 2016.12~
李瑞星 2011.12~2013.12　　　吴魏明 2016.12~
李瑞星 2013.12~2016.12　　　周　铃 2016.12~
郭美德 2013.12~2016.12　　　汪　琳 2016.12
顾春花 2013.2~2016.12

（3）主任助理

张春龙 2013.7.19~2016.7.12

3. 民兵连连长

祝耿龙 2011.4.7~2016.6　　　张春龙 2016.6~

4. 团支部书记

王俊杰 2012.11.14~2013.12　　　吴怡晓 2015.12~
顾春花 2013.12.10~2015.12

5. 应急委员会成员

林　娟 2012.11~2015.3　　　顾春花 2016.7~
顾宇峰 2015.3~2016.7

6. 妇代会（妇联）主任

郭美德 2012.11.14~2016.12　　　汪　琳 2016.12~

第八章 杂 记

第一节 集体荣誉

表 8-1-1　　　　　　　　　　　淀辉社区集体荣誉一览表

序号	荣誉名称	颁发单位	获得时间
1	昆山市级学习型社区	昆山市社区教育办公室	2006.12
3	昆山市文明社区	昆山市精神文明建设委员会	2007.03
2	昆山市级学习型社区	昆山市社区教育办公室	2007.12
4	江苏省"新农村新家庭计划"示范村（居）	江苏省人口和计划生育委员会	2008.05
5	绿色社区	苏州市人民政府	2008.07
6	先进会员小组	江苏省计划生育协会	2009.12
7	昆山市数字化学习实验社区	昆山市社区教育办公室	2010.12
8	昆山市数字化学习实验社区	昆山市社区教育办公室	2011.12
9	2008—2010年度昆山市零犯罪社区（村）	昆山市社会治安综合治理委员会办公室 昆山市综治委预防青少年违法犯罪工作领导小组办公室 昆山市关心下一代工作委员会	2010.12
10	苏州市公共文化服务示范社区	苏州市文化广电新闻出版局	2010—2011
11	2010年度综治（平安）建设先进集体	淀山湖镇人民政府	2011.02
12	民主法治社区	苏州市依法治市领导小组办公室 苏州市司法局 苏州市民政局	2011.12
13	农村社区消防安全管理先进单位	昆山市消防安全委员会	2012.04

续表

序号	荣誉名称	颁发单位	获得时间
14	2006—2010年度人口和计划生育工作先进集体	中共昆山市委员会 昆山市人民政府	2012.04
15	社区慈善工作站	昆山市慈善总会（基金会）	2012.09
16	苏州市人口计划生育示范协会	苏州市计划生育协会	2012.09
17	江苏省示范妇女儿童之家	江苏省妇女联合会	2012.11
18	江苏省和谐社区建设示范社区	江苏省民政厅	2012.12
19	苏州市规范化村（社区）人民调解委员会	苏州市司法局	2013.01
20	2012年度淀山湖镇机关效能建设创新奖	中共淀山湖镇委员会 淀山湖镇人民政府	2013.02
21	2012年度社会管理综合治理（平安建设）、信访工作先进集体	中共淀山湖镇委员会 淀山湖镇人民政府	2013.02
22	昆山市巾帼文明岗	昆山市巾帼建功活动协调小组	2013.03
23	江苏省民主法治示范社区	江苏省依法治省领导小组	2013.05
24	老龄工作先进集体	昆山市老龄工作委员会 昆山市人力资源和社会保障局	2013.10
25	2015年度综治（平安）建设、信访工作先进集体	中共淀山湖镇委员会 淀山湖镇人民政府	2016.03
26	昆山市五四红旗团支部（总支）	共青团昆山市委员会	2015.05
27	昆山市淀山湖镇淀辉社区书香社区	昆山阅读节组委会	2015.12.08
28	优秀公益慈善项目奖	昆山市人民政府	2015.9.17
29	2014年度淀山湖镇机关效能建设先进集体	中共淀山湖镇委员会 淀山湖镇人民政府	2015.03
30	2015年度淀山湖镇机关效能建设先进集体	中共淀山湖镇委员会 淀山湖镇人民政府	2016.02
31	2016年度淀山湖镇机关效能建设先进集体	中共淀山湖镇委员会 淀山湖镇人民政府	2017.02
32	先进基层党组织	中共淀山湖镇委员会	2016.07
33	档案工作二级单位	江苏省档案局	
34	2012年度人口和计划生育工作先进单位	淀山湖镇人口和计划生育办公室	2013.01
35	全国综合减灾示范社区	国家减灾委员会 民政部	2016.12
36	2015—2016年度民兵工作先进单位	中共昆山市委员会 昆山市人民政府 昆山市人民武装部	2017.01

第八章 杂 记

淀辉社区历年荣誉墙（一）

淀辉社区历年荣誉墙（二）

第二节 实事实录

2012年5月，淀辉社区在淀山湖镇党委、政府的支持和帮助下，在社区全体工作人员的共同努力下，建成了日间照料中心并投入使用，取得了良好的社会效益。昆山电视台多次到淀辉社区采访拍摄日间照料中心的服务和运营情况，并在昆山电视台做了多次新闻报道。

淀辉社区日间照料中心

2013年8月，在淀山湖镇综治办的指导下，淀辉社区设立"出租房超市"，为社区居民及外来务工人员提供便捷、免费、优质的房屋租赁服务，也受到外界的好评并给予报道。

淀辉社区出租房超市

353

《淀辉社区志》修编人员名录

《淀辉社区志》编撰工作小组

(2013年3月)

组　　长　林　娟

副 组 长　祝耿龙

成　　员　许玉娥　张春龙　顾春花　姜　丽

　　　　　郭美德　许琴梅　朱　英

(2017年12月调整)

组　　长　顾春花

副 组 长　张春龙

成　　员　汪庆明　吴怡晓　李瑞星　汪　琳

　　　　　郭美德　许琴梅

《淀辉社区志》编辑

编　　辑　张春龙　汪庆明

《淀辉社区志》审稿人员

钱　建　罗　敏　许顺娟　张晓东　王　强
吕善新　张品荣　夏小棣　陈海萍　林　娟
顾春花　张春龙

淀湖社区志

序

  淀湖社区成立于2013年，相对于其他社区而言成立时间较短。淀湖社区由淀山湖花园尚苑、美苑、乐苑、仁苑四个住宅小区组成，是淀山湖镇最大规模的农民动迁小区。淀山湖花园可容纳1.5万余人居住。社区范围北至南苑路，南至永利路，东至中市路，西至潮三江河，占地面积0.57平方千米。社区规模大，人口多，复杂的事情也多。如何在新时代新环境下，让社区居民住得舒适，过得开心，是摆在社区党支部委员会和居民委员会领导同志面前的头等民生大事。

  在习近平新时代中国特色社会主义思想指引下，社区"两委会"领导工作不断创新，在便民服务的基础上，推出"12365"工作法，即一个核心引领，两大平台支撑，三支队伍联动，六项服务并举，五大机制推进（详见第七章基层组织第二节居民委员会　三、具体工作）。通过社区"一站式"服务、"社区第一课""淀湖之声"广播、编印《淀湖人家》《市民报》刊物等举措，宣传社会主义核心价值观，传递社会正能量，有效提升了社区居民的精神文明素质，为淀湖社区建成文明示范社区、绿色环保社区奠定了坚实的基础，为盛世修志创造了良好的条件。

  《淀湖社区志》涉及淀湖社区的沿革、人文、党建特色、管理制度、精神文明建设等内容，体现了时代风貌和社区特点。《淀湖社区志》是一本在新时代中起着激励人们向上向善、凝聚向心力的良志。

淀湖社区党支部书记　顾宇峰
淀湖社区居委会主任　郭献忠
2018年5月26日

概 述

淀湖社区为淀山湖镇域内成立较晚的社区。淀湖社区内设施完善新颖，环境优美舒适。2013年起，淀山湖全镇最大规模的农民动迁入住该社区。2013年5月3日，由淀山湖镇党委、政府发文，成立淀湖社区"筹建办"。设"筹建办"主任一人、副主任一人，工作人员若干人。同年5月，淀山湖镇政府向昆山市政府请示组建成立淀湖社区居民委员会（淀政呈〔2013〕14号），2013年6月27日收到昆山市人民政府"昆政复〔2013〕26号文"《市政府关于同意淀山湖镇设立淀湖社区居民委员会的批复》后，成立淀湖社区居民委员会。

淀湖社区居民委员会行政区划，东起中市路，西至潮三江河，南起永利路，北至南苑路，区域面积0.57平方千米。社区居民委员会办公地点设在淀山湖镇市民活动中心内（扬帆路58号）。

淀湖社区建立党支部，设党支部书记一人、副书记一至两人。成立居民委员会，设居委会主任一人、委员若干人。

淀湖社区内建立信息员队伍，设便民服务窗口，建有淀湖社区康乐寿日间照料中心、喜事中心（会所）、社区医疗卫生服务站、居民健身房、图书室、电视放映室、电子阅览室、多功能会议大厅等。

淀山湖花园由淀山湖镇强村联合发展有限公司代管代建，总建筑面积78.5万平方米，分为尚苑、美苑、乐苑、仁苑（即A区、B区、C区、D区）四个住宅小区，共计4660套住房，可安置动迁居民超过1.5万人。2014年10月，尚苑、美苑、乐苑（即A区、B区、C区）三个小区入住动迁居民3810户，共计入住人口13638人。2017年，淀湖社区正式户籍人口50户114人；是年底，仁苑（D区）建成交房。

淀湖社区居民委员会，是一个制度健全、管理规范、服务周到的社区居民委员会。淀湖社区居民委员会设"一站式"服务平台，让小区内居民不出小区就能享受到各种各类便民服务。

淀湖社区还开播"淀湖之声"广播，编印月刊《市民报》（后更名为《爱尚淀湖》）。推出"12365"社区为民服务工作制度，即倡导1年12月365天，时时处处为社区居民提供快速便捷、精细化服务等，受到广大居民的好评与称赞。

大 事 记

2013 年

5月3日，沈晓峰聘任为淀湖社区居民委员会筹建办主任，郭献忠聘任为淀湖社区居民委员会筹建办副主任。

6月27日，昆山市人民政府"昆政复〔2013〕26号"文件批准，淀山湖镇设立淀湖社区居民委员会。淀湖社区居民委员会行政区划，东起中市路，西至潮三江河，南起永利路，北至南苑路，区域面积0.57平方千米。社区居民委员会办公地点设在淀山湖镇市民活动中心内。

9月，淀湖社区信息员队伍成立。

10月，淀山湖花园尚苑（A区）、美苑（B区）交房，尚苑（A区）1 110套、36栋，美苑（B区）1 430套、45栋。

12月20日，淀湖社区康乐寿日间照料中心投入使用，建筑面积782平方米。日间照料中心分为阅览室、文体活动室、休息室、厨房、餐厅、康复训练室等区域，其中厨房面积95平方米，餐厅面积230平方米，能照料50位老人。室内配有取暖降温设施，地面进行防滑处理，消防和消毒设施齐全；活动场所配备电视机、健身器材、图书报刊、沙发、轮椅等；室外种植绿化以美化环境。

2014 年

3月17日，淀湖社区党支部成立，沈晓峰任党支部书记，郭献忠任党支部副书记。

3月，淀湖社区房屋租赁站建立。

5月，淀山湖花园尚苑（A区）、美苑（B区）会所投入使用。

10月，淀山湖花园乐苑（C区）交房1 270套、38栋。

12月，淀湖社区医疗服务站投入使用。

是年，制定淀湖社区"12365"工作机制。

2015 年

1月，昆山淀湖扬帆公益服务中心成立。

5月，淀山湖花园乐苑（C区）会所投入使用。

6月，淀湖社区慈善工作组建立。

2016 年

3月，淀湖社区爱心发屋建立。

9月，中共淀山湖镇淀湖社区支部委员会召开支部换届选举大会。

12月，淀山湖镇淀湖社区居委会第十届换届选举。

2017 年

3月，淀湖社区监督委员会选举通过成立。

4月，淀湖社区劳务中介建立。

5月，淀湖社区同心议事会成立。

12月，淀山湖花园仁苑（D区）建成交房，有27幢楼。

第一章 建置区域

第一节 社区成立时间

淀湖社区成立于2013年6月27日（见昆山市政府批复"昆政复〔2013〕26号文"）。

昆政复〔2013〕26号

市政府关于同意淀山湖镇设立淀湖社区居民委员会的批复

淀山湖镇人民政府：

你镇《关于组建成立昆山市淀山湖镇淀湖社区居民委员会的请示》（淀政呈〔2013〕14号）收悉。为进一步强化社区自治，更好地发挥社区服务管理功能，根据《中华人民共和国居民委员会组织法》规定，经研究，同意设立淀湖社区居民委员会。淀湖社区居委会行政区划，东起中市路，西至潮三江河，南起永利路，北至南苑路，区域面积0.57平方公里，社区居委会办公地点设在淀山湖镇市民活动中心内。

希望你镇在设立社区居委会的过程中，加强组织领导，建立工作班子，认真做好以下三项工作：一要符合昆发〔2008〕2号文件所规定的社区用房面积和"六大功能"的要求，完善社区基础设施；二要组建好社区两委会工作班子，确保"一居一支"目标的实现；三要确保社区工作人员、办公经费足额到位，并列入镇财政预算。

第二节　社区区名由来

社区区名，取淀山湖第一、第三两个字，故命名为淀湖社区。

第三节　地域位置

淀湖社区居委会位于淀山湖镇扬帆路58号。辖区范围北至南苑路，南至永利路，东至中市路，西至潮三江河，社区占地面积0.57平方千米，建筑面积78.5万平方米，下辖尚苑、美苑、乐苑、仁苑四个小区。

第四节　居民小组管辖范围

淀湖社区内有四个居民小组，16位信息管理员。

第一组：尚苑（A区）1-36号（幢），有1110户，入住居民3560人。居民小组长陆红珍，信息管理员4人。

第二组：美苑（B区）1-45号（幢），有1430户，入住居民5277人。居民小组长顾跃田，信息管理员5人。

第三组：乐苑（C区）1-38号（幢），有1270户，入住居民4801人。居民小组长顾玲珍，信息管理员4人。

第四组：仁苑（D区）1-27号（幢），有850户，入住居民1720人。居民小组长庄惠琴，信息管理员3人。

第二章 人 口

第一节 人口总量

2013年尚苑、美苑两小区交房后,淀湖社区户籍人口有59人,其中男性为29人,女性为30人;2014年乐苑小区交房后,淀湖社区户籍人口为68人,男性为31人,女性为37人;2015年,淀湖社区户籍人口为101人;2016年,淀湖社区户籍人口为103人;2017年,淀湖社区户籍人口为114人。

第二节 人口变动

2013年成立淀湖社区后出生与迁入人口信息:
2014年出生的户籍人数有3人,迁入2户,6人,净增9人。
2015年出生的户籍人数有1人,迁入10户,32人,净增33人。
2016年出生的户籍人数有1人,迁入9户,21人,净增22人。
2017年迁入6户,净增11人。

第三章 居民生活保障

第一节 养老保险

随着社会保障体系的不断完善，淀湖社区居民的参保观念逐步提升。截至2017年，社区在正规就业单位缴纳养老保险的人数为30人，灵活就业自费缴纳养老保险的人数为5人（拆迁入住居民归原所在农村统计）。

第二节 医疗保险

在社会医疗保障体系全面加强的时代背景下，随着人民群众生活水平的日益提高，淀湖社区居民的医保参保人数明显上升。截至2017年，参加社区医疗保险的人数为35人，缴纳居民医疗保险的人数为13人（拆迁入住居民归原所在农村统计）。

第四章 文体卫生宣传

淀湖社区域内有一所新颖的"花园幼儿园",方便区域内居民家庭的小朋友入园。

淀湖社区内建有电子阅览室、乒乓室、台球室、老年阅览室、少儿阅览室、鹿城棋院、戏曲排练室、瑜伽室、篮球场等,为社区居民提供了休闲娱乐的场所。

淀湖社区有极好的文化宣传设施,如社区宣传橱窗26块、电子屏4块,宣传党的方针政策,并报道社区每阶段的活动内容及社区内的好人好事、先进事迹,宣传新时代新风尚。同时,通过宣传社区内身边人身边事来教育大家,不断提高社区居民的思想觉悟、道德水准、文明素养,为推进绿色发展,打造绿色社区、文明社区,为进一步推进社会公德、职业道德、家庭美德、个人品德建设,激励人们向上向善、孝老爱亲,弘扬社会新风尚,发挥极其重要的作用。

淀湖社区医疗卫生服务站,聘请淀山湖人民医院退休医生来站坐诊。由于医生和工作人员服务态度好,每天前来问诊、配药的居民络绎不绝。

淀湖社区结合社区实际,整合社区资源,积极引导组建、培育的群众文艺团体有"尚美"青年舞蹈队、"乐仁"老年舞蹈队、"阳光"老年舞蹈队、"沪花苑"戏曲队、"太极拳"团队等文体团队。社区鼓励有爱好和特长的居民积极参与活动,共同分享文体娱乐带来的乐趣,也为社区精神文明建设,打造和谐社区,起到了一定的积极作用。

第五章 社区建设

淀湖社区自成立之日起，就建有为民服务的便民服务中心，设施完善、管理服务周到的日间照料中心，群众欢迎的喜事中心，为方便民众医疗配药设有卫生服务站。社区内道路整洁，供电与给排水系统安全畅通，具有一系列比较完备的公共设施。

第一节 便民服务中心

淀湖社区综合便民服务中心面积310平方米，其职能是承接办理各类公共服务。以"服务零距离，温馨在淀湖"为宗旨，提供党建服务、社会救助、人口计生、劳动就业、便民服务、人民调解等10余类与居民日常生活息息相关的"一站式"服务。便民服务中心，执行首问责任制、限时办结制、一次性告知制以及责任追究制等制度，以确保提高为民服务质量，防止遇事推诿、扯皮。同时推行周末、节假日值班制，提供365天时时处处为民服务，极大地满足了社区居民的需求。

第二节 日间照料中心

一、日间照料中心简介

淀山湖镇淀湖社区康乐寿日间照料中心，成立于2013年12月20日，建筑面积为782平方米。日间照料中心分为阅览室、文体活动室、休息室、厨房、餐厅、康复训练室等区域，其中厨房建筑面积为95平方米，餐厅面积为230平方米，有照料50位老人的能力。日间照料中心自成立以来，认真贯彻落实上级有关养老机构安全工作的具体要求，以《养老机构安全管理》所规定为依据，坚持以提高老年人的生活品质为出发点，以专业化服务为标准，为部分有生活自理能力的老年人提供膳食、娱乐、康复、健身等一体化服务。室内配有取暖、降温设施，地面设有防滑标记；厨房、餐厅内的消防和消毒设施齐全；活动场所配备电视机、健身器材、图书报纸、沙发、轮椅等；室外种植绿色植物，为老年人提供了清新幽雅的生活环境。

二、服务内容

1. 基本情况

2017年，日间照料中心共有124名老人用餐，其中83周岁以上104人，83周岁以下19人。工作人员6名，其中厨师2名、送餐员4名。配送区域为淀山湖花园的尚苑、美苑、乐苑3个居民小区。工作时间：早上7:30－11:00，下午2:00－5:00，送餐时间：早上9:45，下午3:45。

2. 收费标准

83周岁以上按3元/顿、83周岁以下按5.5元/顿收取费用。

3. 日常工作流程

（1）用餐前办理报名手续。提供以下资料：A. 体检并提供相应报告。B. 由所属村委会出具相关证明。C. 提供身份证。D. 签订三方合同。E. 缴纳餐费。

（2）登记资料，做好信息传递工作。社区登记用餐老人的各项资料，分配给送餐员，对餐具进行统一编号，专人专用，并在第一时间把相关信息传递给厨房工作人员。

（3）厨房工作要求及送餐工作流程。厨师按照4.5元/顿的伙食标准制定食谱，以易咀嚼、易消化、清淡的食物为主，食材由供应商统一配送。厨房工作人员负责食物的烹饪、膳食的分装、餐具的清洗及消毒、厨房间的清洁卫生工作，还需负责尚苑、美苑、乐苑小区的送餐工作。厨房工作人员按名单分配好餐桶后，由送餐员发放到老人手中，并询问老人第二天是否用餐，做好用餐情况记录，并把信息反馈给厨师。厨师按照报餐人数调配好第二日所需食材。

（4）财务记账及成本核算控制。送餐员每月将用餐情况表上报给社区会计，由其负责统计实际用餐情况，做好退款表，将退款及表格发放给送餐员，老人收到退款签字确认后，送餐员将退款表返还给会计。月底，会计将下月收费表发放给送餐员，送餐员收取餐费后上交出纳，由出纳开具收据单，发放到每个老人手中。每月底，厨师盘点库存，并将盘点表报给会计，由会计核算当月成本，根据核算结果对厨师提出建议及要求。

（5）淀湖社区日间照料中心建立"日清""周清""月清"三清工作。"日清"是指每日清验食材配送情况，由社区专人对食材分量、新鲜程度进行检测，签收"送货单"，由财务入账；并由专人负责对午、晚两餐进行不定时抽查，清楚每日的送餐情况。"周清"是指清理每周反应的问题。社区每周对老人用餐情况进行调查并收集反馈意见，及时改正。每周召集日间照料中心工作人员开会，了解本周情况。"月清"是指每月清算收支明细，包括"清"工作人员的待遇、"清"配送人员的资金，做好一个月工作台账，并张榜公布每月的收支明细，接受群众监督。

4. 文体活动

日间照料中心内设有棋牌室、电视室、康复室、阅览室。活动室开放时间为10:30－15:30，老人可以在活动室打牌、下棋、看电视、健身、阅读等。社区老人每天到这里享受

淀湖社区志

日间照料服务。社区在提高老人生活质量的同时，还注重他们精神文化方面的需求，真正做到"托老服务在社区，老有所乐得其所"。

三、管理制度

日间照料中心工作人员分工明确、职责清楚，做到公开公平。工作人员持证上岗，有服务记录档案、入托老年人信息，并将服务流程、服务项目、服务承诺公开。确保服务台账记录准确、及时、清晰；定期在社区老年人中进行服务满意度抽样调查，不断提高服务质量。

日间照料中心是为社区老人提供服务的一个平台，通过全体工作人员的共同努力，运作良好，但也存在着诸多不足。有待在今后的工作中继续努力，克服困难，更好地为社区老人办好事、办实事，提高老人的生活质量。

第三节　喜事中心（俗称会所）

为了方便居民家庭办理婚嫁喜事或丧事等，淀湖社区内已入住居民的尚苑（A区）、美苑（B区）、乐苑（C区）、仁苑（D区）小区，都建造了"喜事中心"（俗称会所）。

淀湖社区内的四处喜事中心（会所）分别为：尚苑（A区）喜事中心，在26号楼东侧处，喜事中心面积为85平方米左右；美苑（B区）喜事中心，在32号楼西侧处，喜事中心面积为95平方米左右；乐苑（C区）喜事中心，在27号楼西侧处，喜事中心面积为120平方米左右；仁苑（D区）喜事中心，在23号楼北侧，喜事中心面积为120平方米左右。

每处喜事中心内配备桌子50多张，椅子500多把，烧水器，蒸箱，冰箱冰柜，餐梯及大小餐锅若干只，另外配有音响设备，男女卫生间等设施。喜事中心（会所）受到广大民众的一致称赞。

第四节　其他建设

一、道路

淀湖社区域内的道路，有扬帆路和淀湖路，两路纵横交错，是清一色的黑色路面，干净整洁，路边种植绿树花草，社区环境优美宜人。

二、供电与给排水系统

淀湖社区域内所有的供电与给排水系统，安装规范，所用材料都符合质量标准，确保供电与给排水系统安全畅通。

三、卫生服务站

淀湖社区在综合便民服务中心北边，建有淀湖社区卫生服务站，面积为195平方米，方便群众治病、配药。

四、淀山湖镇档案馆

淀湖社区域内有一所设施现代化的"淀山湖镇档案馆"，面积为224平方米。

五、公共自行车点和停车场

在淀湖路口与扬帆路口设有公共自行车点；在南苑路和扬帆路交界处建有一片停车场，在市民活动中心背面也建有一片停车场。

六、公交站点与商业网点

2018年4月28日，淀山湖镇汽车客运新站启用，淀山湖区域公交257路，在社区设有3个公交站点，分别为南苑路扬帆路、扬帆路淀湖路、淀山湖花园公交站点，方便居民出行。淀湖社区内建有商业网点，方便居民日常购物。

第六章 基层组织

淀湖社区始建于2013年5月3日,由淀山湖镇党委、政府发文,成立筹建办。由沈晓峰任筹建办主任,郭献忠为副主任。2014年3月17日,镇党委经研究决定,成立淀湖社区党支部,也由沈晓峰和郭献忠分别任书记、副书记。2016年7月起,顾宇峰被任命为淀湖社区党支部书记,郭献忠任副书记,盛月珍为党支部委员。同年12月,选举郭献忠为居委会主任。2017年,任命吴静娥、朱茜为党支部副书记。

第一节 基层党组织

一、概况

淀湖社区党支部成立于2014年3月17日,并于2014年3月17日成立支部委员会,沈晓峰为首任书记,郭献忠为副书记。2016年,沈晓峰因工作调动,由顾宇峰聘任党支部书记,郭献忠任副书记,吴静娥任书记助理,盛月珍为支部委员。2017年,郭献忠因工作调动,任命吴静娥、朱茜为党支部副书记,开展社区全面工作。2018年5月,淀湖社区党支部共有12名党员（男5人、女7人）。

二、党支部主要职责

（一）领导社区全面工作。

（二）贯彻执行党的路线、方针、政策和上级党组织的指示,提请、审议本社区党员大会决议。

（三）抓好党支部自身的思想、组织和作风建设,建立健全党建工作各项制度,不断规范党组织工作。

（四）负责研究和落实社区发展规划,研究部署社区社会管理工作,检查督促落实各项工作措施和任务。

（五）领导居民委员会和共青团、妇代会等群众组织,支持和保证这些组织依照国家法律法规及各自章程充分行使职权，支持和保障居民依法开展居民自治活动。

（六）按照管理权限，负责社区组织干部的教育、管理、考核和监督，协助做好后备干部的培养教育工作。

（七）搞好本社区的精神文明和社会治安、计划生育等工作。

（八）负责召集党员大会，向党员大会负责并报告工作。

（九）组织和完成上级党委和政府交办的其他任务。

三、党支部班子主要成员工作分工情况

表 7-1-1　　　　　　　　　　党支部班子主要成员工作分工一览表

序号	姓名	职务	分工与时间
1	顾宇峰	书记	主持社区全面工作（2016年后）
2	郭献忠	副书记	协助书记工作（2014—2017年）
3	盛月珍	委员	宣传、计生、妇联工作（2014年至今）
4	吴静娥	副书记	协助书记工作（2017年至今）
5	朱茜	副书记	协助书记工作（2017年至今）

四、党建工作特色

1. 健全社区党建网格化管理模式

按照辖区的三个小区划分区域党小组、区域网格党小组，把全体党员纳入网格服务区内。根据本地实际，充分利用社区人员的配置，通过"以条为主，块区结合"的"条块"工作机制，合理分配，发挥每位工作人员的能力和特长，满足居民合理诉求，提高社区办事效率，提升群众满意度。

2. 扎实推进"党员代表接待日"工作

结合淀山湖镇党代表工作室，淀湖社区进一步拓展延伸，建立淀湖社区党群工作站，并实行"每日一代表"制度，通过社区各类代表接待，在政策宣传、咨询服务、收集民情、规范社区管理等方面发挥了重要作用。"每日一代表"做到及时、集中收集问题、反馈民声，充分发挥党员"传话筒"的作用。

3. 深化党员"双向管理，积分考核"机制

"分类管理，积分考核"的党员考核制度引导党员参与志愿服务、社区治理。"双向管理，积分考核"主要通过提供服务获得积分，所获积分兑换服务方式，形成"服务累积分，积分享服务"的良性循环。为将党员积分考核进一步深化，同步推出"爱心接力银行"志愿服务平台，居民可以在"爱心接力银行"开户，通过参与一系列志愿者服务积攒自己的爱心储值，所获积分与储值可用作捐赠，也可到社区换取服务或在慈善超市兑换实物等。

4. 创新推出"十分钟微党课"党员教育新模式

"十分钟微党课"以社区党支部党员人人参与、人人讲课为原则，以党支部为单位，每周开展一次，每次安排一名党员，支部成员轮流讲课，围绕工作感悟、"冬训"学习心得、

党史故事等方面，在十分钟内联系自身实际进行演讲。"十分钟微党课"模式把支部每一名党员从"倾听者"变为"授课者"，提高了每一名党员参加党组织活动的热情和学习的主动性；同时，通过结合自身工作、生活实际，交流工作经验，分享学习心得，增强了党课的趣味性和实用性，使党课变得更加生动，真正达到了党员自我教育、不断提高党性的目的。

五、淀湖社区党建"网格化管理"工作方案

为扎实开展社区党建工作，淀湖社区严格按照镇党委的党建工作要求，同时结合社区实际，制订"网格化管理"党建工作方案。

1. 工作目标

坚持党的群众路线，遵守党的群众路线教育实践活动要求，坚持实现党组织社区工作核心化、社区服务优质化、社区管理科学化、社区居民自治化的原则，探索党组织设置网格化，着力构建"组织全覆盖、管理精细化、服务全方位"的社区区域网格化党建格局。

2. 主要内容

推进淀湖社区"12365"工作机制建设，结合社区实际，建立健全社区党建"网格化管理"模式，细化社区网格单元，完善社区党组织设置，落实社区党员干部、联系服务队员工作责任，整合社区各类服务资源，建立起"覆盖全面、活动开放"的社区党组织管理服务体系，为居民群众提供多元化、精细化、个性化的服务。

3. 工作任务

（1）信息采集

社区根据所辖范围、楼栋种类（小高层、多层房）、分布特点、人口数量，将所辖的尚苑、美苑、乐苑三个小区合理划分成15个综治网格责任区，同时将责任区分给15名综治信息员，每名信息员在各自的综治网格责任区逐户对党员基础信息进行采集，社区将信息员采集到的信息进行汇总，以建立淀湖社区党员信息数据库。

（2）队伍建设

① 组织构成

在社区党支部的基础上，按照尚苑、美苑、乐苑三个小区划分"区域党小组"，再将三个小区划分为15个网格区，将同一网格责任区内的党员编入"网格党小组"，网格内由一名有威信、有号召力并且热心帮助居民的党员担任"网格党小组长"，最终形成以"社区党支部—区域党小组—网格党小组"为基本框架的组织体系，将生活、工作在社区网格内的各类党员全部"网"进党组织管理，实现社区党组织全覆盖。同时，配备辖区民警、综治信息员、社区志愿者等各方面的辅助力量，以满足网格内居民群众的多方需求。

② 队伍管理

一是以社区党建为共同目标，改变单纯由党组织管理党员的单一模式，把居住在社区的"隐形党员""口袋党员"全部纳入社区网格党组织管理，实行支部党员"直管"、居民党员"接管"、流动党员"参管"的"三管合一"模式，逐步实现网格党建社区全覆盖。二是将人、组织等社会管理各类要素整合起来，组建党员网格志愿者服务队。通过全面整合单元网格内的专业技术人员、片区民警、入党积极分子、楼栋长以及社区志愿者等人力资源，组建成立党员网格志愿者服务队，明确职责和任务，做好网格内的政策宣传、信息收集、服

务群众等各类工作，形成"支部党员干部—网格党小组长—格内党员"为主要架构的网格党员管理服务队伍。

4. 制度建设

（1）"卡式"管理制度

探索推行以党员活动积分卡（包含党员信息、党员承诺事项、党员服务内容、党员活动积分、志愿服务）为主要内容的"卡式"管理制度，以此及时掌握了解党员基础信息、参加组织生活情况、志愿服务状态等方面的情况，为社区今后网格内党组织开展各项活动提供依据，便于参与配合、协调解决、研究处理社区管理工作中的事务和问题，形成"网格事务党员管，社区事务大家办"的浓厚氛围。

（2）"双向"积分考核机制

为提升党建服务管理水平、加强党建组织活动、完善党员表现评价制度、发挥党组织先进性及凝聚党员战斗力，在镇组织部门的指导下，社区积极联合全镇各行政村党组织探索推行"服务累积分，积分享服务"的党建"双向"积分考核新机制。通过将居民党员参与组织活动和社区服务情况量化为积分，党员积分由党员本人持卡申报、服务对象确认签字、网格党小组长审核生效，并在每个季度将党员积分卡申报给各自的区域党小组，由区域党小组进行评议审定，并由社区党支部在每季度的社区党支部大会上将积分较高、贡献突出的党员进行公布表彰，对所获积分或未达基本标准的居民党员，则按照党员管理细则采取相应的措施。每年年底，辖区内流动居民党员需要回到所在党组织，参加年度党员会议，参加党员评议，享受党员福利。

5. 奖惩激励

为激发社区党员的责任感，激励他们更好地发挥模范带头作用，社区党支部将联合全镇各行政村党支部实行服务反馈等级制，即将党员积分划分为A、B、C、D四个分数等级，每个等级对应相应的荣誉表彰和奖惩措施。

（1）荣誉表彰

对于荣登A等级的党员可参加当年度各类评优、评先活动，结合开展先锋网格党小组、优质服务网格、社区服务先锋等评选活动，授予相关人员和网格组相应称号、精神鼓励及适当物质奖励，激发党员参与社区服务的热情。

（2）惩戒措施

对于D等级的党员，取消相应的福利，并报送所在党组织，由所在党组织书记对其进行诫勉谈话，帮其分析原因，进一步认识所承担责任，吸取教训。此外，还将在年终党员大会上对其进行通报批评，并责令其在党员大会上重新做出党员承诺。

6. 实施步骤

方案实施工作，分4个阶段进行。

（1）党员基础信息采集阶段

社区每名综治信息员在各自的网格责任区逐户对党员基础信息进行采集，社区将信息员采集到的信息进行汇总，及时掌握了解党员基本状况、思想动态、兴趣特长等方面的情况，为社区网格内党组织开展各项活动提供依据，同时，以此确定尚苑、美苑、乐苑三个小区的党员居住分布情况。

(2) 宣传发动阶段

社区对照实施意见要求，加强思想动员，统一工作认识，进行宣传发动，在网格管理团队中广泛宣传对接社区党建"网格化"的有关内容和工作要求，营造良好氛围。

(3) 组织实施阶段

结合社区党组织，将辖区各类党员编入网格党小组，健全网格党小组各项工作制度，开展一系列党建活动。

(4) 深化提升阶段

深化社区党建网格化管理成果，丰富管理内容，提高管理水平，排查网格管理中出现的问题和不足，总结工作经验，形成规范制度，建立长效机制，使社区党建工作逐步走上制度化、规范化、科学化轨道。

第二节 居民委员会

一、概况

2013年5月3日，淀山湖镇党委、政府聘任沈晓峰为淀湖社区居委会筹建办主任，郭献忠任筹建办副主任。办公地点设在淀山湖花园尚苑32号楼。2014年3月17日起组建党支部后，社区居委会相应正式成立（撤销筹建办）。

淀湖社区居民委员会位于淀山湖镇扬帆路58号，社区范围北至南苑路，南至永利路，东至中市路，西至潮三江河，占地面积0.57平方千米，建筑面积78.5万平方米，下辖尚苑、美苑、乐苑、仁苑四个小区。2016年仁苑还在建造中，当时社区共有119幢住宅楼，入住4345户、14000余人，常住人口为6200余人。其中淀湖社区居民委员会户籍人口为114人。社区内设调解委员会、监督委员会、乐安居房屋租赁站机构等。

2016年12月，郭献忠被选举为淀湖社区居委会主任，不设副主任，吴静娥、盛月珍、王鑫、袁晓雯、龚君和侯敏捷为委员。

二、主要职责

人民调解、综合治理、民政、民兵、老龄工作；安全生产、公共卫生和社会事务等；文体、宣传、计生、妇联、服务窗口等；（财务、档案、群团、统计等）会计和出纳等工作。

三、具体工作

（一）社区居民委员会在党支部的领导下，推进社区民主选举、民主决策、民主管理、民主监督。

（二）在法律、政策的范围内，办理本社区的公共事务和公益事业，调解民间纠纷。协助维护社会治安，向人民政府反映居民的意见和要求，并提出建议。

（三）宣传宪法、法律、法规和国家的政策，教育居民学法、用法、守法，发展文化教育，普及科技知识，并开展多种形式的社会主义精神文明建设活动。

（四）定期召集居民会议和居民代表会议，报告本居民委员会的工作，并执行居民会议的决议。

（五）完成上级党委、政府交办的各项行政工作和社区党组织下达的有关工作任务。

（六）淀湖社区居委会"12365"为民服务工作制度：

为全面贯彻落实新时代习近平系列讲话精神，按照镇党委的部署和要求，淀湖社区居委会在为民服务工作中，认真组织开展群众路线教育实践活动，不断探索社区工作新思路、新方法，在创新中提升社区管理服务水平。

淀湖社区居委会倡导，1年12个月365天时时处处为社区居民提供快速、便捷、精细化服务，即一个核心引领，两大平台支撑，三支队伍联动，六项服务并举，五大机制推进，简称为"12365"工作制度。促使社区管理服务的脉络更加清晰，措施更加完善，成效更加显著，全力构建和谐、文明、宜居现代化社区。

1. 坚持一个核心引领

以党建工作为引领，强化党组织的核心堡垒作用。充分发挥淀湖社区党组织在小区管理服务、协调各方参与中的核心领导作用。以党代表工作室为阵地，组织辖区内"两代表一委员"定点定时接待群众来访，收集社情民意。创新推出党建联席会议制度，建立辖区党员"网格化管理"模式，加强党员的"双向"管理，不断扩大党的工作覆盖面，为党员发挥作用搭设好"舞台"，让所有党员都行动起来，真正将淀湖社区党组织领导核心作用的出发点和落脚点放到服务居民上来，提高群众满意度。

2. 坚持两大平台支撑

（1）创新"2+×"社区共建平台

通过确立以社区居委会和各行政村为两个管理主体，物业公司、公安、城管、工商、建设、控违等相关职能部门共同组成的"2+×"社区共建机制，具体形成"社区居委会+行政村+相关职能部门"的"三方联动"管理模式，每周召开"2+×"工作例会，对现场查摆的问题，对不能当场办结的进行整合梳理，责任分工到人，并推出限时办结、回访100%等制度，做到矛盾问题日日清、周周结。

（2）加强社区服务平台建设

进一步整合资源，完善"一站式"便民服务平台建设。加速信息完善，进一步拓展建设期网格化信息服务平台，将劳动保障服务、社会救济、最低生活保障、优待抚恤、外来人口服务管理等项目统一纳入其中，将社区内实有居住人员的基本情况和低保户、空巢老人等特殊人群的情况全部录入并分类管理，使社区服务工作逐渐精细化，群众办事更加高效、便捷。

3. 坚持三支队伍联动

（1）社区干部联勤

实行"分组、包片、联户"机制，"分组"即根据淀山湖花园的区域设计以及社区工作人员的实际情况，划分4个小组；"包片"即以935户左右为标准划分网格化片区，落实管理责任区；"联户"即要求每周至少走访20户左右，全年访遍全区3 810套房屋。在教育实践活动中,坚持以"问题清单"为抓手,全民参与为关键,群众满意为目标,推行"一提二改三坚持"集中力量解决"最后一公里"问题,切实构架党群"连心桥",使社区成为安居乐业的幸福家园。

(2) 居民自治联动

结合社区治理的实际要求,成立一个搜集民意、反映民情、解决民生问题、沟通党委政府和普通群众的信息员队伍。在辖区内积极推行"联巡、联调、联创"工作机制。一是"联巡"。以信息员为巡访主体,每天例行对小区内社会治安、邻里纠纷、社会矛盾实行联巡、联排、联查。二是"联调"。矛盾纠纷联合调处,建立一线反应机制,一旦发现问题及时介入,及时调处,及时化解,从源头和苗头上堵截不稳定因素。三是"联创"。通过联巡、联调,共创"平安社区"。

(3) 志愿者联盟

倡导有时间做志愿者、有困难找志愿者,鼓励居民自愿加入志愿者队伍,自觉参加志愿服务。根据居民需求及志愿者特长,以"七彩人生"为主题,组建红色助老帮扶、橙色青春助跑、黄色治安巡查、绿色生态环保、青色法律维权、蓝色家电维修、紫色卫生保健7大类志愿服务团队,每月确定志愿服务日,通过"便民大篷车"形式,送服务进千家万户。

4. 坚持六项服务并举

(1) 综合便民服务

依托社区综合服务中心这一平台,承接办理各类公共服务职能,以"服务零距离,温馨在淀湖"为宗旨,提供党建服务、社会救助、人口计生、劳动就业、便民服务、人民调解等10余类与居民日常生活息息相关的"一站式"服务。执行首问责任制、限时办结制、一次性告知制以及责任追究制等制度,以确保为民服务质量,防止遇事推诿、扯皮,同时推行周末、节假日值班制,提供365天时时处处为民服务。

(2) 区域网格服务

健全和完善党员网格化社会服务管理模式,科学整合社会服务管理力量,把人、地、物、房、情、事、组织全部纳入网格进行管理的基础上,深化"小网格、大服务"格局。以"网格"为依托,整合网格内的党员干部,了解、收集网格内的人、地、物、事、组织信息,对群众的诉求、社区中的不和谐因素进行"格内"处理,努力形成"社区有网、网中有格、格中定人、人负其责"的良好局面。

(3) 智慧社区服务

建立"一库一线一系统"的智慧服务平台:"一库",即建立服务需求信息库,分类采集社区居民数据;"一线",即开通服务专线,实现服务对象的定制话机与智慧服务平台实时互通;"一系统",即服务需求收集处置智能系统。通过政府购买、服务外包、社会运作、居民参与等方式,整合市场、公共、自助服务资源,形成居民电话点单、服务平台自动派单、服务团队高效跟单、服务对象即时评价的信息化服务流程。

(4) 社会公益服务

以建立"公益坊"为契机,策划服务项目,引导居民根据兴趣爱好参与到各类公益服务中去。依托公益坊开展公益创投活动,利用政府扶持资金和企业爱心资金,由引进的"壹方"专业社会组织实施孝老文化节、志愿者服务等公益项目。

（5）特色精细服务

着眼于满足居民多元化需求，对老年人群体、失业群体、贫困群体、残疾人群体、青少年群体、外来务工群体、矫正归正群体等开展特色精细服务。开设"最美夕阳红""四点半学堂""新淀山湖人之家""老娘舅"调解室等特色服务内容。

（6）公众文化服务

在市民中心内开展共建共享的草根文化服务。引导本小区居民成立草根戏曲队、尚美舞蹈队，以自编、自导、自演的形式，展示身边的文明人、文明事。围绕邻里和谐，举办特色"睦邻文化节"，倡导"邻里学、邻里情、邻里帮、邻里和、邻里乐、邻里颂"。在小区内开展"八心九情"进千家活动，"八心"即爱心扶助老弱，热心守望邻里，诚心献给他人，信心留给自己，尽心服务居民，专心开创事业，美心优化环境，同心建设社区；"九情"即父母养育情，儿女孝顺情，长辈关爱情，晚辈敬老情，兄弟手足情，夫妻连理情，姑嫂姐妹情，妯娌和睦情，亲属同根情，逐步提升居民素质，弘扬社区新风，发展社区文明，共建和谐社区。

5. 坚持五大机制推进

（1）民情收集机制

以"践行党的群众路线，构建和谐幸福社区"为主题，实行"五访五问"工作机制，"五访"，即新迁入家庭必访，重大变故家庭必访，上访群众家庭必访，新近失业居民必访，生病住院居民必访；"五问"，即困难居民必问生活情况，独居老人必问身体情况，失业人员必问再就业情况，退休人员必问适应情况，矫正人员必问思想情况。结合辖区内"两代表一委员"到党代表工作室收集民情，镇挂钩领导、社区干部、信息员"三级"走访收集民情，以形成"问题清单"。

（2）民情分析机制

针对居民提出的意见、建议和排查出的矛盾、纠纷，实行镇级、社区、网格三级责任制，及时反馈，分级处理。面对各类亟待解决的民生问题，根据分类、分析、分解的"三分"原则逐条进行梳理，予以解决。

（3）民情处置机制

建立日碰头、周例会、动态听证、适时恳谈等工作机制，每日讨论分析巡访中发现的问题，对于不能当场处理的问题及时列入"2+×"例会讨论，视情况邀请镇领导以及相关部门讨论难点问题。

（4）民情反馈机制

运用动态反馈、专项反馈、跟踪反馈、预约反馈、网络反馈五种形式，在居务公开栏实时公示办理时限、进度和结果；对需延期办理的事项，向居民报告延期原因和进展情况，并持续跟踪了解，及时反馈；对行动不便的当事人，进行上门告知，并通过微信、QQ群、宣传大屏幕等媒介，及时回应居民关切的事项。

（5）民情评议机制

每年年底召开社区居民代表大会，对社区整体工作进行述职，并对"德、能、勤、绩、廉"表现进行测评，作为社区改进工作的重要依据。

第三节　民兵及群众团体负责人

淀湖社区居委会民兵组织由吴静娥副书记兼任负责人。

淀湖社区居委会妇联组织由盛月珍负责。

淀湖社区居委会共青团支部书记由王鑫担任。

淀湖社区居委会老龄委工作由袁晓雯兼任负责人。

淀湖社区居委会关工委工作由陈菲菲兼任负责人。

第四节　组织沿革

表 7-4-1　　　　　　　2013~2018 年淀湖社区历届干部任职情况一览表

时间（年）	书记	副书记	支部委员	主任	副主任	居委会委员
2013~2014				沈晓峰（筹建办）	郭献忠（筹建办）	
2014~2016	沈晓峰	郭献忠		沈晓峰	郭献忠	
2016~2017	顾宇峰	郭献忠	盛月珍	郭献忠		吴静娥　盛月珍 王　鑫　袁晓雯 龚　君　侯敏捷
2017~2018	顾宇峰	吴静娥 朱　茜				

第七章 荣誉

一、2014—2017 年淀湖社区所获荣誉

2014 年获苏州市精神文明建设委员会颁发的"文明社区"奖。

2014 年获昆山市社教办颁发的"学习型社区"奖。

2014 年获淀山湖镇党委颁发的"机关效能建设创新"奖。

2015 年获江苏省民政厅颁发的"江苏省和谐社区建设示范社区"奖。

2015 年获苏州市委颁发的"先锋基层党组织"奖。

2015 年获苏州市司法局颁发的"苏州市规范化村(社区)人民调解委员会"奖。

2015 年获淀山湖镇党委颁发的"先进党组织"奖、"先进集体"奖。

2016 年获江苏省精神文明建设指导委员会颁发的"江苏省文明社区"奖。

2016 年获昆山市政府颁发的"第十一届苏州阅读节书香社区"奖。

2016 年获昆山市妇联颁发的"巾帼文明"奖。

2016 年获淀山湖镇党委、政府颁发的"先进集体"奖。

2016 年获淀山湖镇党委、政府颁发的"机关效能建设创新"奖。

2016 年获淀山湖镇党委、政府颁发的"机关效能建设先进集体"奖。

2016 年获淀山湖镇政府颁发的"信访工作先进集体"奖。

2017 年获淀山湖镇党委、政府颁发的"机关效能建设先进集体"奖。

2017 年获淀山湖镇共青团委颁发的"先进单位标兵"奖。

二、2014—2017年淀湖社区所获荣誉奖牌

第八章

媒体报道

一、昆山淀湖社区：百姓事"一站式"搞定

下楼就能缴纳水电费、手机费；不出小区就能买到新鲜又便宜的蔬菜瓜果；人不在家，便民服务中心可以代收邮包；身体不适，一个电话就能享受送医送药服务……近年来，位于昆山淀山湖镇的淀湖社区整合资源，完善"一站式"服务平台，让小区居民不出小区就能享受各类便民服务。

"小王啊，今天青菜便宜又新鲜，给我来一斤。"在淀湖社区的北侧，有一排简洁大方的建筑，走近一看，才发现居然是个便民菜场。因为淀湖社区的商业中心还未完善，为了方便小区居民买菜，便临时开设了这个便民菜场。"以前，每天我都要步行半个小时去镇上的菜场买菜，很是不便。"家住淀山湖花园美苑（B区）的75岁朱大妈告诉记者，自从有了这个便民菜场，下楼走两三分钟就可以买到又新鲜又实惠的蔬菜。"这里的服务很贴心，看我们老人腿脚不便，买大米之类的重物，老板都会帮我们送货上门。"中午刚下班回来的新淀山湖人于家生，在便民菜场买了十个鸡蛋和一些蔬菜，花了12块钱。"大白菜只要7毛一斤，青菜1块2，这里买菜真心实惠！"

"便民菜场是根据居民需求开设的，我们对菜场的物价、蔬果质量都有严格的要求，以保障市民放心安全食用，现在每天这里的蔬菜就要消费掉好几百斤。"淀湖社区党支部书记沈晓峰告诉记者。除了便民菜场外，在淀湖社区的便民服务中心内，市民还可以办理水费、电费、固话费及手机通信费的交费服务。"目前，我们借助'苏邮惠民'连锁公共服务平台，在社区设立'苏邮惠民'交费服务站点，除了一些基本交费功能外，根据居民的需求，我们还将开通购买飞机票、火车票、汽车票等多项服务。"沈晓峰说道。

而在便民服务中心的一侧，则是12月1日新开业的淀湖社区卫生服务站。466平方米的服务站内，整洁明亮，家庭医生工作室、诊疗室、输液室等一应俱全。据医务人员介绍，卫生服务站内各类服务众多，比如：社区范围内的家庭人口，每年可享受一次常规体检和尿糖检测并建立家庭档案及个人保健手册；为慢性病人建立档案管理，提供诊断、治疗、护理及咨询服务；免费给予常规检查；并实行12小时门诊和24小时信息联系制度。

据悉，"一站式"服务平台是淀山湖镇"社区第一课"服务品牌的一个实践项目。"第一课"的内涵并非第一堂课，而是突出社区管理与服务的重要位置及作用，打造双向互动模式。"社区第一课"一方面是社区居民更新观念融入新型社区的一堂必修"课"；另一方面又是政府、社区及其他社会组织通过各种实际行动、探索各种方法与路径来充实社区服务，使更多的社区居民参与到社区管理中来，共享社区发展成果的一堂综合实践"课"。（乐居昆山网　潘嘉琳）

（来源：昆山市文明办　2014-12-04　编辑：苏州文明办）

二、昆山市淀山湖镇"社区第一课"让农民轻松"上楼"

"一个社区不仅要有物质文明建设，还要有精神文明建设。"一位淀湖社区的居民这样说。随着城镇化进程的加快，越来越多的农民住进了新型社区，怎样让农民尽快适应居民的身份？昆山市淀山湖镇创新推出的"社区第一课"有效解决了这个问题。该项目以宣讲、送戏、志愿服务、公益活动等多种形式，使更多的社区居民参与到文明素质提升工程中来，让农民真正融入城市居民的生活中，实现轻松"上楼"。

突破"课"的范围让居民参与社区管理

"我们居住的小区设备完善,环境优美,如果今天这里有垃圾倾倒,那里有毁绿种菜,到处有脏乱差,我们的生活还有幸福可言吗?"自2013年淀山湖镇推出"社区第一课"后,凡是拿到钥匙的居民,都将参加一堂专题课,看一段视频,听一场主题演讲,讲讲自身的感悟,还要学习安全、礼仪等方面的课程。如今,居民们都已意识到要自觉维护小区环境卫生,提升文明意识,不断转变观念,做社区的主人,形成"社区建设,人人参与"的良好氛围。淀湖社区居民于家生在听了专题课后表示:"这是政府为我们融入社区新生活所做的努力,让我们获益良多。只有靠共同努力,才能共建社区家园。"

所谓"第一课",其内涵并非第一堂课,而是突破"课"的范围,紧扣创新全镇社区管理服务模式、提升社区服务水平、提高社区居民文明素质这一主题,突出社区管理与服务的重要位置及作用,打造双向互动模式,突出其重要性。"社区第一课"一方面是社区居民更新观念融入新型社区的"第一课";另一方面又是政府、社区及其他社会组织通过各种实际行动、探索各种方法路径来充实社区服务,使更多的社区居民参与到社区管理中来,共享社区发展成果的"第一课"。

典型引路潜移默化中规范行为

上半年,洪海霞、顾春花、朱卫明、陆国荣、方玉英等好人的典型事迹宣讲在淀湖社区举行,他们的个人事迹深深地感染了听讲的每位居民,让居民们感受了一场正能量的洗礼。用身边的事教育身边的人,用身边的事激励身边的人,这是"社区第一课"的重要内容之一。

由党校教师、大学生村官、草根名嘴等组成的"尚德尚美"社区文明宣讲团承担了为淀山湖镇广大居民宣讲文明的责任,他们围绕"中国梦""社会主义核心价值观""公民道德""生态文明""便民服务政策""社区文明知识""淀山湖好人故事"等主题,深入各村、社区巡回宣讲,让"第一课"入脑。

在示范课、宣讲员宣讲的基础上,还将贴在墙上的规章制度融入文艺表演中,以群众喜闻乐见的戏曲、小品、歌舞形式潜移默化地教育社区居民。在举办的"尚美人家·邻里秀"

淀湖社区志

暨寻找"淀山湖好邻里"活动中,通过发现宣传社区里好邻居的典型人物,让居民了解新时期好邻居的基本标准,为新型社区和谐邻里关系的重塑搭建平台;打造"淀湖风帆"榜样力量品牌,以"昆山好人"沈金龙、洪海霞、苏尚海为素材,以"社区居民流动讲坛"为平台,在社区中广泛开展学习活动,把"淀山湖好人"推上讲坛,宣传好人故事,发挥典型示范引领作用,让"第一课"入心。

载体丰富打造特色服务

下楼就能缴纳水电费、手机费;不出小区就能买到新鲜又便宜的蔬菜瓜果!人不在家,便民服务中心可以代收邮包……淀湖社区整合资源打造的完善"一站式"服务平台,让小区居民不出小区就能享受各类便民服务。这是淀山湖镇"社区第一课"服务品牌的实践项目之一。

开播"淀湖之声"广播、编印《淀湖人家》社区教育报季刊及《市民报》月刊。推出"12365"社区为民服务工作制度,倡导1年12个月365天时时处处为社区居民提供快速便捷、精细化服务…"社区第一课"以社区为基础、以网格为本质,不断探索使"社会人"变成"社区人"的方法与路径,重点打造六大服务项目,分别为综合便民服务、区域网格服务、智慧社区服务、社会公益服务、特色精细服务及公众文化服务。在整合特色服务活动的基础上,逐步放大"惠民服务月"行动、社区"金龙调解点""康乐寿"社区助老服务、"银燕"老年护理队等品牌效应,让不同人群享受个性化的定制服务,让居民在潜移默化中接受社区管理的新模式,在共建共享中实现社区更好的发展。

(江苏文明网 2015-08-18 来源:昆山市文明办 编辑:苏州文明办)

三、小事不出楼道 大事不出社区

"不出小区我就能买到新鲜便宜的菜;下楼就能交水电费;身体不适,一个电话就能享受送医送药服务……"家住淀山湖花园小区的陆海珍说。自从住进淀湖社区淀山湖花园,优美的小区环境、便利的生活服务,让她备感舒适。记者了解到,淀湖社区通过"12365"工作法整合资源,完善"一站式"服务平台,倡导1年12个月365天时时处处为社区居民提供快速、便捷、精细化服务。

淀山湖花园是淀山湖镇最大的动迁小区,全部建成后可容纳1.5万人居住。淀湖社区党支部书记沈晓峰表示,如何在新环境下积极发挥党员干部的主动性,充分协调各方资源,让居民住得舒适、过得开心是社区面临的新课题。对此,成立于2013年的淀湖社区以积极创新社会管理体制为出发点,探索归纳出"12365"工作法,即一个核心引领,两大平台支撑,三支队伍联动,六项服务并举,五大机制推进,促使社区管理服务的脉络更加清晰,措施更加完善,成效更加显著。

小区规模大、人口多、管理难,靠什么整合服务资源?沈晓峰想到,社区管理可以结合党建工作,尤其是村里有威信的老党员、老干部们。社区党支部依托党代表工作室实行开门大接访,每天由1名党代表在工作室接待居民群众前来反映社区服务、物业管理、民生困难等问题;开展社区党员干部"乡村家话"活动,通过错时走访、问题走访和零遗漏走访,推行"住社区夜访"制度,构建"晚上听事、白天办事"的为民服务新机制;对居住在小区内的193名党员划分10大网格,通过网格化管理模式,做到问题不出格、事事有人管。

随着生活水平的不断提高，居民的需求也在变化。除了发挥党员带头作用外，社区还积极搭建"两大平台"，实现"小事不出楼栋，大事不出社区"。创新"2＋×"社区共建平台，通过确立以社区居委会和各行政村为两个管理主体，物业公司、公安、城管、工商、建设、控违等相关职能部门共同组成的"2＋×"社区共建机制，具体形成"社区居委会＋行政村＋相关职能部门"的"三方联动"管理模式。完善"一站式"服务平台建设，利用江苏邮政"苏邮惠民"平台，为辖区内居民提供水、电、天然气等生活性开支的代收交服务；依托日间照料中心，为辖区内老人提供白天照料服务，同时中心内的餐厅还为113名老人提供配送中餐、晚餐的服务；成立房屋租赁服务超市，旨在进一步掌握辖区内新淀山湖人的基本信息，防止群租房等问题的发生。

淀湖社区积极引导居民参与社区事务管理，结合社区治理的实际要求，成立一支由15人组成的，以搜集民意、反映民情、解决民生问题，沟通党委、政府和普通群众的信息员队伍，一旦发现问题及时化解。鼓励居民自愿加入志愿者队伍，自觉参加志愿服务，通过"便民大篷车"，为居民提供理发、修伞、磨刀等服务。

以前，社区服务往往是"看菜吃饭"，有什么就向居民提供什么。对此，淀湖社区从服务转变入手，坚持综合便民服务、区域网格服务、智慧社区服务、社会公益服务、特色精细服务、草根文化服务等六项服务并举。坚持民情收集机制、民情分析机制、民情处置机制、民情反馈机制、民情评议机制等五大机制，打造便民服务新模式。同时，迅速转变动迁居民的思想意识，使淀湖社区呈现出景美、人和、幸福、和谐的景象。

（江苏文明网　2015－09－11　来源：昆山市文明办　编辑：苏州文明办）

四、昆山市淀山湖镇举办第二十八届科普宣传周暨淀湖社区第二届睦邻文化节

5月19日晚，昆山市淀山湖镇第二十八届科普宣传周暨淀湖社区第二届睦邻文化节在镇市民活动广场隆重举行。本次活动包括淀湖科普站授牌仪式、睦邻文化节系列活动发布、文艺表演、科普问答等环节，活动现场吸引了数百位居民朋友热情参与。

活动开始由淀山湖镇科技办为淀湖社区进行了科普站的授牌，届时淀湖社区科普站今年将开展一系列科普活动。活动由一曲《明天会更好》拉开序幕，丰富的节目安排一次次将气氛推向高潮，舞蹈《妈妈恰恰》的热情似火，表演唱《北国之春》的深情，戏曲《挑山女人》的催人泪下，科普问答的娱乐欢快，都受到了居民朋友的热烈欢迎。居民朋友纷纷表示，希望社区以后能多举办类似的活动，丰富居民的精神文化生活。

邻里和睦是中华民族的传统美德，通过举办睦邻文化节活动，进一步增强了社区居民的凝聚力，展示了居民蓬勃向上的精神风貌，使其成为淀湖社区传播科普文明、丰富社区居民文化生活、推动美好家园建设的有效举措。（昆山市淀山湖镇宣传办）

（江苏文明网　2016-06-01　来源：昆山市文明办　编辑：苏州文明办）

五、昆山市淀山湖镇：打造七色志愿者队伍　绘就社区"七彩生活"

2016年元旦期间，在昆山市淀山湖镇淀湖社区，身穿蓝马甲的志愿者刚就位，居民们便陆陆续续从家中拿来不能正常使用的台灯、电饭锅、电水壶等小家电让志愿者们"会诊"。"自从社区有了'七彩生活'志愿服务团队，我们什么难事都有人帮忙，不仅办事方便，而且各类娱乐活动接连不断，生活真的是多姿多彩。"居民陆海珍笑着说。

淀湖社区党支部书记沈晓峰告诉记者，2014年年初，社区根据居民的不同需求以及志愿者的不同兴趣和特长，分门别类重新组合，打造了"七彩生活"志愿服务品牌。建立红、橙、黄、绿、青、蓝、紫七支志愿服务团队，形成"志愿者服务联盟"，进一步促进社区和谐发展，全方位满足社区居民多元复杂的生活需求。

"社区服务，关键就是抓好'一老一小'，解决居民的后顾之忧。"沈晓峰介绍。淀湖社区60岁以上老年人有400多人，老年人是社区服务的重点人群，因此，社区用红色来代表老年服务项目。服务内容包括占地900平方米的老年人日间照料中心，以及与之配套的老年人休闲、娱乐、健身、就餐等一系列场所和设施。同时，开展"四季相伴"特色慰老活动，志愿者与老人形成长期的"一对一"帮扶，并以元宵节、端午节、中秋节、重阳节为契点，开展主题活动，让老人们的晚年生活更幸福。

"儿童天性活泼，因此用橙色代表青少年服务。"沈晓峰说。社区建立了青少年活动中心，7月份，推出了"教子有方"青少年暑期班，项目涉及国学阅读、趣味体育、烘焙体验、故事分享会、亲子瑜伽、手工坊等活动，为孩子们搭建了休闲娱乐、学习提升的平台。

青色代表安静和乐观，与矛盾调解相对应再合适不过。沈晓峰表示，淀湖社区人口近1万，居民间发生小矛盾、小摩擦在所难免，关键要积极化解，把问题解决在基层，解决在萌芽状态。社区组成了一支以退休老干部志愿者为主体，以社区"坐诊"的形式，每周一在市民活动中心为社区居民排忧解难，调解矛盾，解答法律疑难。截至目前，已成功化解各类矛盾纠纷52起，为社区营造了和谐氛围，受到群众的一致好评。

另外，淀湖社区用黄色定为治安维护，绿色为环境美化，蓝色为邻里互助，紫色为文体活动。淀湖社区不仅通过"七彩生活"实现了社区事务的互补互助，社区服务居民方式更贴心到位，也带动更多人加入志愿者队伍。根据最新的调查统计，社区居民对社区生活综合服务满意度达90%以上，全民志愿参与率上升了10%。

如今，有事找"七彩"，已在居民心中形成共识。沈晓峰表示，在"七彩生活"志愿服务品牌良好的基础上，下一步，社区将推进志愿者服务信息化管理，将志愿者的每一次志愿服务都记录在册。通过"志愿者服务银行"，把志愿服务时间折为"爱心资产"，可在"爱心超市"进行等积分兑换，以此推动社区志愿服务形成长效机制，让居民的热情不断。（昆

山日报社记者　张田）

（江苏文明网　2016-01-07　来源：昆山市文明办　编辑：苏州文明办）

六、昆山市淀山湖镇创新"社区第一课"服务品牌助推共建共享

近年来，昆山市淀山湖镇通过推出"社区第一课"服务品牌，积极整合服务资源，提升服务水平，不断探索新型城镇化推进过程中的各项服务举措。"社区第一课"，一方面是社区居民更新观念融入新型社区的一堂必修课；另一方面又是政府、社区及其他社会组织通过各种实际行动、探索各种方法与路径来充实社区服务，使更多的社区居民参与到社区管理中来，共享社区发展成果的一堂综合实践课。

"推动地方发展，不应该只关注物质文明建设，精神文明建设同样至关重要。"淀山湖镇党委副书记罗鸣表示。随着城镇化进程的加快，越来越多的农民住进了社区，怎样让农民尽快适应居民身份？淀山湖镇通过创新推出的"社区第一课"有效解决了这个问题。

该项目以宣讲、送戏、志愿服务、公益活动等多种形式，使更多的社区居民参与到文明素质提升工程中来，让农民真正融入城市居民的生活中，实现轻松"上楼"。

以"文"化人　上好"文明课"

"小区绿化提高了居住空间质量，毁绿种菜是很自私的行为。""瓶瓶罐罐乱扔楼下，一旦有人被砸，后果很严重。"在近期的一次"文明课"上，动迁村民们通过看一段视频，听一场主题演讲，讲自身的感悟，还要学习安全、礼仪等方面的课程。这仅仅是"社区第一课"的开端。

"'农民上楼'之后，旧习惯与新环境往往不'匹配'，对于维护小区卫生环境、绿化环境以及公共秩序方面，缺乏相应的文明知识和意识，亟须以'文'化人、以'文'促服，更新服务理念。"淀山湖镇党校专职副校长吴新兴说。

倾情守护生命和"孤岛"的电力哥龚卫初，为艾滋病病人撑起一片天的"90后"暖男张维道，用爱撑起一个家的好媳妇洪海霞……今年以来，通过对好人事迹的宣讲，深深地感染了全镇居民，让他们感受了一场正能量的洗礼。用身边事教育身边人，用身边事激励身边人，这是"社区第一课"的另一个重要内容。

由淀山湖镇党校教师、大学生村官、草根名嘴等组成的"尚德尚美"社区文明宣讲团，围绕便民服务政策、社区文明知识、淀山湖好人故事等主题进行宣传，协助社区提升居民的文化素质、社区归属感，让"第一课"入脑。在宣讲的基础上，该镇还将规章制度融入文艺表演中，寓教于乐，寓理于情。如沪剧小戏《18号楼》、歌舞快板《农民·居民·新市民》等，潜移默化地教育社区居民，让"第一课"入心。

以"理"育人　上好"服务课"

在淀山湖镇，有一项"创举"不得不提，那就是淀山湖花园短短7天集中交房1 600多套。"原以为新房交房，村民一哄而上，现场会很混乱。没想到，从家里出门到拿到两套房的钥匙，总共花了不到两小时。"回忆起当天交房的情景，陆海珍至今还觉得有点不可思议。

短时间集中交房却能做到井然有序，背后是淀山湖镇的管理创新。在交房前一个月，淀

淀湖社区志

山湖镇就以淀湖社区、物业公司为管理主体，派出所、建管所、控违办等相关部门和各行政村共同组成"2+×"社区共建理事会，研究制定了交房"三步走"步骤，这些举措的有效实施使集中交房忙而不乱。

结合淀山湖镇实际，"社区第一课"加入服务机制建设，将融入群众参与作为社区管理服务的关键点，整合部门单位职能作为社区管理服务的切入点，解决民生问题作为社区管理服务的根本点，创新推出"12365"工作制度、"2+×"社区共建理事会机制和"二三二"社区管理服务工作模式。

以"1年12个月365天时时处处为社区居民提供快速、便捷、精细化服务"为理念，淀山湖镇推出"12365"工作制度。淀湖社区党支部书记沈晓峰介绍，该制度发挥社区干部联勤、居民自治联动、社区志愿联盟三支队伍的作用，建立民情收集机制、民情分析机制、民情处置机制、民情反馈机制和民情评议机制。

为理顺社区工作关系，淀山湖镇还推出"二三二"社区管理服务工作制度，通过社区党建联席会、社区共建理事会"二会"对社区重要事项及问题进行共同商议、落实措施；社区与各职能部门和物业公司形成"三联"，共同协商、处理社区事务，提升社区总体管理水平；对社区管理人员实行"一月一考，一年一评"的"二评"综合考评制，进一步抓好各项制度的落实。

以"情"动人　上好"互助课"

自从住进淀山湖花园，不出小区就能买到新鲜又便宜的菜；下楼就能缴纳水电费、手机费；身体不适，一个电话就能享受送医送药服务。近年来，淀山湖镇不断完善"一站式"服务平台，让居民不出小区就能享受各类便民服务。

这也是"社区第一课"服务品牌的实践项目之一。"社区第一课"的最大特色，就是突破"课"的范围，通过各种实际行动来充实社区服务。

淀山湖镇秉持"人本服务"理念，打造特色服务活动。重点打造六大服务项目，即综合便民服务、区域网格服务、智慧社区服务、社会公益服务、特色精细服务及公众文化服务。在整合特色服务活动的基础上，逐步放大"惠民服务月"行动、社区"金龙调解点""康乐寿"社区助老服务、"银燕"老年护理队等品牌效应，让不同人群享受个性化的定制服务，让居民在潜移默化中接受社区管理的新模式，在共建共享中实现社区更好的发展。

在淀山湖镇，活跃着红、橙、黄、绿、青、蓝、紫七支志愿服务团队，形成"志愿者服务联盟"，进一步促进社区和谐发展，全方位满足社区居民多元复杂的生活需求。如今，有事找"七彩"，已在居民心中形成共识。在此基础上，社区还通过"志愿者服务银行"，把志愿服务时间折为"爱心资产"，可在"爱心超市"进行积分兑换，以此推动社区志愿服务形成长效机制。

"以'七彩生活'志愿服务为例，社区管理的创新根本上是要激发社会的活力，实现社会的自我管理。"罗鸣说。"'社区第一课'品牌一方面强调了社区服务必须针对不同人群来量身定制服务内容，凸显个性化；另一方面通过打造各项特色服务活动，让社区居民在潜移默化中接受社区管理的新模式、新理念，提升素质，达到共建共享社区发展的目的。"（昆山市淀山湖镇宣传办）

（江苏文明网　2016-09-13　来源：昆山市文明办　编辑：苏州文明办）

七、送上党和政府的关心关爱

送上党和政府的关心关爱
——杜小刚赴淀山湖镇走访慰问困难党员和群众

金 晶

本报讯 （记者 金晶）"七一"前夕，带着对基层党员群众的深切关怀，6月24日下午，市委副书记、市长杜小刚率有关单位负责人前往淀山湖镇，走访慰问困难党员和群众，向他们送上党和政府的关心关爱和慰问金。

在淀山湖花园罗菊娥家中，杜小刚了解到因为患病罗菊娥失去劳动能力，又早年离异，只能与已出嫁的女儿相依为命。他关切地询问她们全家的生活情况及遇到的困难，向她们送上党委、政府和社会各界的关心关爱。他说，虽然患病在女儿家休养，但把女儿的小家料理得干净整洁，证明她有着积极向上、乐观开朗的精神状态。希望她继续树立信心，保重身体，克服困难，争取早日康复。杜小刚还询问了罗菊娥目前的收入以及医疗费用报销情况，叮嘱随行人员要多关心这些特殊困难家庭，平日要多帮扶、多照顾，帮助他们尽快走出困境，营造幸福生活。

"谢谢领导在下雨天还来看我们，我们家的生活一定会越来越好。"朱祥娥今年78岁，是淀山湖镇金家庄村的老党员，因为身体原因瘫痪在床，由丈夫和儿子照料。儿媳在2004年病故，全家主要收入来自儿子，家庭比较困难。走访中，杜小刚拉着老人的手话家常，询问他家的生活、收入情况。他指出，老党员为新中国的建设事业做出过贡献，是昆山人民的有功之臣和宝贵财富。各级党委、政府要多关心老党员的生活，及时主动帮助他们解决生活上的实际困难，让老党员切实感受到党和政府的关怀和温暖，让他们安享晚年。（全媒体见习记者 张田）

（江苏文明网 2017-06-24 来源：昆山市文明办）

八、乐做贴心邻居社区"保姆"

乐做贴心邻居社区"保姆"
——淀山湖镇淀湖社区陆海珍

张 田

提起陆海珍，淀山湖镇淀湖社区的工作人员以及淀山湖花园的居民，无不连连称赞。有人说她是最贴心的邻居，还有人说她是社区的"保姆"。面对这些赞誉，陆海珍总是笑着摆手说道："年纪大了，我乐意利用空闲时间为邻居们做点力所能及的事。"

71岁的陆海珍，头发花白，说话的声音不大，但总能说到别人的心窝里。陆海珍退休前曾是一名社区工作人员，2013年，淀山湖镇建立社会管理信息员队伍，需从基层选拔一批有威信、有奉献精神、有一定组织能力和法律知识的人员，深入社区家庭，了解居民需求。得知这一情况的陆海珍率先报了名，并将自己的大部分时间都花在社区服务上。

1月5日一大早，在淀山湖花园尚苑（A区），陆海珍在自己的包干区域走访巡查。小

到花草树木，大到设施建设，她都要一一仔细查看。"作为一名信息员，一定要学会'耳听四处、眼观八方'，把从居民那里收集到的信息第一时间反馈到社区。"陆海珍告诉记者。去年11月，有居民向她反映，按照当地风俗，银杏树不应该栽种在小区里，陆海珍立即将这一信息反馈给社区领导。很快，小区内的二十多棵银杏树均换成其他树种；还有居民向她反映淀山湖花园小区美苑（B区）路灯光线较暗，且间距较远，给居民夜晚出行带来不便。在陆海珍的联系下，这个问题不到一个月就得到彻底解决。

陆海珍还是淀山湖镇七彩生活志愿者中的一员，时常带着红袖标出现在社区的角角落落，进行治安巡逻，并宣传交通安全知识、消防安全知识等。社区工作人员介绍，前段时间，小区楼道内不少居民私拉电线给电动车充电，既影响美观又存在极大的安全隐患。陆海珍给这些住户反复做工作，如今，这一问题已有了很大改善。

去年10月，社区里开展垃圾分类试点，陆海珍又多了一份工作。作为垃圾分类宣传员，陆海珍每个月都挨家挨户给淀山湖花园的居民发垃圾袋。"家庭垃圾的种类较多，分类也很复杂，难度会更大，除了分发分类垃圾袋外，最重要的是进行入户宣传垃圾分类理念和方法。"陆海珍说。

今年，陆海珍已超出社区管理信息员的规定年龄，但鉴于她出色的表现，"破格"留在信息员的岗位上。陆海珍说："做一件事就要尽一份责，何况社会管理信息员是方便大家的好事，只要身体吃得消，我就会一直做下去。"

（江苏文明网　2017-04-10　来源：昆山市文明办）

《淀湖社区志》修编人员名录

《淀湖社区志》征编小组

(2013年3月)

组　　长　沈晓峰

副 组 长　郭献忠

成　　员　盛月珍　王　鑫　袁晓雯　龚　君　吴静娥

(2017年11月后调整)

组　　长　顾宇峰

副 组 长　吴静娥　朱　茜

成　　员　盛月珍　王　鑫　袁晓雯　龚　君　陈菲菲　侯敏捷
　　　　　郁梦亭　沈凝予　汤　怡　梅天虹　张品荣　陈海萍
　　　　　王忠林　柳根龙

《淀湖社区志》编辑

执行编辑　王忠林

编　　辑　张品荣　陈海萍　柳根龙　朱　茜

《淀湖社区志》审稿人员

钱　建　罗　敏　许顺娟　张晓东　王　强　吕善新　张品荣
夏小棣　陈海萍　王忠林　柳根龙　顾宇峰　朱　茜　盛月珍
王　鑫　袁晓雯　龚　君　吴静娥　侯敏捷　陈菲菲　郁梦亭
沈凝予　汤　怡　梅天虹

度假区社区志

序

  度假区社区，东起曙光路，西至赵田路，南起淀山湖，北至石杨河，区域面积15.57平方千米。道路体系布局合理，交通十分方便，公共绿化与配套服务设施同步到位。

  社区文化底蕴深厚，有黄巢农民起义军筑城垣的度城遗址，有福严禅寺遗址，有江苏树王——碛碨古银杏。旅游度假区游乐项目规模化、品位高；别墅开发，各有千秋，风格各异。淀山湖生态旅游区，休闲运动、观光度假、酒店会展、农事体验、民宿美食，一应俱全，具有一定的知名度和美誉度。

  随着改革开放力度的加大，房地产开发速度的加快，淀山湖生态旅游区的知名度和美誉度逐步提升，小城镇建设日新月异，度假区社区居委会应运而生。2013年6月，昆山市人民政府批准设立淀山湖镇度假区社区居民委员会。

  度假区社区，依托昆山旅游度假区淀山湖旅游度假中心地理位置稍有扩大而建，截至志书编撰期间，严格地说，仍为筹建阶段，但社区发展速度之快、效果之好，令人瞩目，为编撰《度假区社区志》创造了良好条件。

  《度假区社区志》是淀山湖镇社区志的组成部分。编写社区志，在淀山湖镇是一项没有前例的工作，由于编写知识有限、经验不足，疏漏和差错在所难免，望有识之士阅后不吝指正。

  在此，向关心和支持编纂社区志的所有人士表示衷心感谢，向参与编写的同志表示敬意。殷切希望《度假区社区志》能起到"前有所稽，后有所鉴"的借鉴作用。让我们高举习近平新时代中国特色社会主义思想伟大旗帜，在实现中国梦的伟大感召下，充分发挥人民群众的聪明才智，共同把度假区社区建设好、服务好、管理好，为淀山湖镇的文明、和谐社会建设，共同努力。

度假区社区居委会主任（筹） 曹林生

2018年5月28日

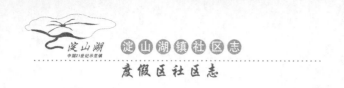

概　述

一

　　度假区社区，依托昆山旅游度假区淀山湖旅游度假中心范围稍有扩大而建，2013年6月9日，度假区社区居民委员会正式批准设立，区名用"昆山旅游度假区淀山湖旅游度假中心"中的"度假区"三字取名。度假区社区辖区包括淀山湖镇西南绝大部分地区，东起曙光路，西至赵田路，南起淀山湖，北至石杨河，区域面积15.57平方千米。

　　度假区社区有15个居民点，以外来人口购房临时入住为主，极少数人将户口迁入度假区社区。2017年5月统计，在籍户28户，在籍人口58人。

　　度假区道路体系形成横、纵加外环的主体道路骨架，公共绿化与配套服务设施同步到位。房地产开发商看中坐北朝南淀山湖的湖岸线优势，纷纷入驻旅游度假区。2017年年底，度假区社区15家开发商建成15个住宅区，建筑面积1 815 744.26平方米。

　　2018年5月，度假区社区辖区内，有一个汽车站、13条公交线路，其中，出镇公交线路3条，进村公交线路6条，学生专线3条，过境公交线路1条；小区附近设有公交站点、公共自行车租借点。辖区内建有生活垃圾资源化处理中心站，旅游度假区交通主干道上，建有4座AAA级旅游厕所、1座高标准水冲式厕所。

　　淀山湖镇旅游度假区利用自然生态、区位交通、项目集聚等优势，成立淀山湖镇旅游公司，开设淀山湖生态旅游区，发展休闲运动、观光度假、酒店会展、农事体验、民宿美食等旅游产业。

　　生态旅游区文化底蕴深厚，有唐乾符六年（879年）黄巢农民起义军筑城垣的度城遗址，有三国时期吴国太出资兴建的福严禅寺（碛磲寺）遗址，有1 700年的江苏树王碛磲古银杏，还有旭宝高尔夫球场、梦莱茵帆船俱乐部、大自然游艇俱乐部、富力湾游艇俱乐部、乐营淀山湖国际营地等游乐场所。别墅开发各有千秋，风格各异。

二

　　旅游度假区在开发建设实践中，以招商引资为着力点，拓宽旅游度假产业链，加大旅游项目招商力度，为度假区开发多层次旅游项目和旅游业可持续发展奠定了坚实的基础。

　　以基础建设投入为基本点，提升区域旅游实力。不断加强基础道路改善，曙光路南延工程的实施、环湖观光大道的加快建设，双永路、永利路和中旭路扩建延伸工程的推进，进一步优化了区域投资环境，改善了与外界交通的便利度，形成了更为良好的交通优势和区位优势。不断加强沿路、沿景、沿村的绿化建设，美化度假区的绿化环境，进一步提升区域的品位和形象，提高区域项目和地块的升值潜力。

淀山湖旅游公司以功能性项目建设为切入点，形成良好的产出效应。度假区内相继开发建设了大自然游艇会、旭宝高尔夫36洞扩建工程、梦莱茵帆船俱乐部、世纪大酒店、富贵广场、体育公园等功能性项目，并以此为切入点，相继推进了大自然花园、富力湾、纳帕尔湾、淀湖桃源、福运庄园、云湖御墅、湖庭、绅园、淀山湖壹号、梦莱茵别墅、东淀湖庄园等十几个湖景别墅项目

以配套服务为根本点，形成区域发展的有机合力。在项目报批上，主动服务；在房产促销上，为房地产企业铺平道路；为企业提供满腔热忱的服务，为企业的生存排忧解难，为企业的发展锦上添花，优化度假区的投资软环境，增强企业做大做强的发展信心。

以整合资源为出发点，迅速形成滨水国际社区品牌效应，打破各自为政、零散推介、资源浪费的格局，有效开展形式多样，内涵丰富的"活动推介、电视推介、平面推介、网络推介、户外广告推介"五大系列的整体推介工作，迅速形成品牌效应，大大提升了旅游度假区的知名度和美誉度。

大事记

1992 年

3月8日，香港民信投资有限公司和淀东镇签约合作兴办"昆山淀山湖体育游乐有限公司"。

7月1日，淀东镇开始将原昆杨公路、青杨公路镇域路段，改建为40米宽的高等级公路路面。

10月10日，淀东镇与香港兆源投资有限公司正式签约，由淀东镇有偿出让土地335.5亩，港商准备独资建设以公寓别墅为主的乡村俱乐部，实现了淀东土地有偿出让使用权零的突破，是当时昆山市建制镇中有偿出让面积最大的一宗土地。

10月25日，淀东镇在上海商城波特曼大酒店召开经济技术开发区、淀山湖旅游开发区开发建设联谊恳谈会，上海、苏州、昆山有关党政领导，上海交通大学国际经济研究所副所长及中外客商、新闻界、淀东镇代表200多人参加了恳谈会。通过会议，淀东镇知名度得到了提高。

1993 年

2月9日，淀山湖开发区3 120亩土地有偿出让给北京、上海等客商，签字仪式在昆山举行。

2月12日，国家旅游局局长刘毅视察淀山湖旅游度假区，观看了正在动工兴建的高尔夫球场、淀山湖山庄等土地以及上万民工拓宽道路的场面，引起浓郁兴趣，回到镇政府欣然挥毫题词："发挥淀东优势，加快旅游开发。"

3月3日，昆山市委、市府等四套班子领导及20个镇党委书记到淀东镇参观淀山湖开发区和经济技术开发区。

3月14日，国家旅游局副局长孙刚在省、市有关领导陪同下，考察淀山湖旅游度假区外资项目建设工地，并题词："沪西有淀东，豪气贯长虹，引资兴旅业，水乡腾巨龙。"

3月26日，经江苏省人民政府批准，昆山市淀东镇更名为昆山市淀山湖镇。

4月24日，淀山湖旅游度假区论证会在昆山鹿都宾馆召开，有关领导和专家共40多人出席了会议，对完善度假区规划提出了意见和建议。

6月11～12日，江苏省委副书记孙家正视察昆山经济技术开发区和淀山湖、阳澄湖两个旅游度假区。

11月5日，淀山湖镇旅游服务发展总公司成立。

1994 年

6月30日，6万吨级淀山湖自来水厂第一期工程3万吨级新厂建成，并与老厂接轨启用。从此，全镇人民开始饮用淀山湖水源的自来水。

7月10日，江苏省政府苏政复〔1994〕50号文件批准，昆山旅游度假区淀山湖旅游度假中心享受江苏省省级开发区的同等政策。明确四至东起永义、复明村，南临淀山湖，西至锦溪镇，北至石杨河，规划面积12.38平方千米。

8月8日，江苏省副省长王荣炳一行10人，在昆山市领导陪同下考察淀山湖旅游度假区。

8月26日，苏州市人民政府、苏府复〔1994〕20号文批复：经市政府研究并报省政府批准，同意设立昆山旅游度假区淀山湖旅游度假中心，享受江苏省省级开发区的同等政策，规划面积12.38平方千米。

11月22~23日，中共中央原副主席李德胜上将在昆山市委书记李全林的陪同下，考察了淀山湖镇和锦溪镇。

12月1日，淀山湖镇投资建设的淀山湖商城和汽车客运中心同时落成。

12月17日，原沈阳军区副司令员吕正操将军一行到淀山湖镇视察。

12月18日，淀山湖镇举行"中国21世纪优先示范工程新闻发布会暨招商会"。国务院、全国政协、国家计委、国家科委、建设部、交通部等有关领导以及100多名外商代表出席会议，全国人大常委会委员、联合国环境高级顾问曲格平到会并讲了话。

1995 年

3月16日，苏州六县（市）分管城镇建设的副县（市）长及建委主任、规划科长等一行参观了淀山湖镇的镇村公路、汽车站、娱乐中心、农贸市场、高尔夫球场等设施。

3月21日，全国旅游度假产品促销工作会议代表——国家、省、市旅游局及其旅游度假区的100多位领导同志，视察了淀山湖国际旅游度假区，国家旅游局副局长孙钢做了重要讲话。他肯定了淀山湖镇的规划和基础设施工作，希望区内有牵头项目，要求干好启动项目。

4月2日，江苏省委书记陈焕友等省领导视察了淀山湖镇高尔夫球场和淀山湖湖面，他指示旅游兴镇，要"靠湖吃湖"。

4月6日，由香港立辉国际有限公司批租土地，在淀山湖旅游度假区兴建的"世界名人城"正式开工兴建。

5月28日，"中华环保世纪行在江苏"活动一行20多人，考察了淀山湖镇自来水厂、高尔夫球场和小城镇建设，镇领导做了"经济发展与环境保护"的工作汇报。

7月2日，新建的淀山湖汽车站正式启用，该站占地13.8亩，建筑面积3 717平方米，总投资近400万元。

7月28日，淀山湖镇向上海市10多家新闻单位20多位记者发布了新项目信息，介绍了中国21世纪议程淀山湖镇小城镇规划与建设示范工程优先项目的来历，预告了淀山湖（东

方）国际游乐园即将开业。

8月8日，淀山湖（东方）游乐园试营业，不搞庆典仪式，迎来首批游客。首期工程占地39万多平方米，水域面积33.35万平方米，其中湖滨泳场15万平方米，可供2.5万人共泳。

9月2日，江苏省旅游局局长冯惠群带队，由省旅游委员会委员、省旅游局领导、省政府办公厅财贸处领导以及中央、省、上海市有关新闻记者组成考察采访团一行42人，考察采访了淀山湖旅游度假区。

1996年

4月14日，国家旅游局副局长孙钢第三次视察淀山湖旅游度假区，并题词："绿树红楼春色新，小镇英姿迷故人，大路已通前景灿，旅游花开百业兴。"

5月28日，"淀山湖镇小城镇规划和建设示范工程"修改文本在北京"中国21世纪议程管理中心"2406会议室通过论证，与前两年的文本有了较大的修改。国家计委顾问钱皓，中国21世纪议程管理中心项目官员彭斯震，中国科学院地理研究所旅游规划研究中心主任郭来喜，昆山市科委主任潘大成和淀山湖镇党政经领导沈黎明、朱楚明等参加了论证会。

6月28日，淀山湖东方游乐园通过上年8月8日试营业，是年又配套拓展，增添了水上滑槽、跑马场等项目，是日正式开业对外迎客。

10月13日，中国中小企业国际合作协会副会长、原国家科委顾问钱皓考察淀山湖镇，带来可靠消息，"淀山湖镇小城镇规划和建设示范工程"修改文本已列入中国21世纪议程优先项目计划。

1997年

3月22日，淀山湖镇通过了江苏省卫生镇考核鉴定，成为江苏省第30个省级卫生镇。

3月31日，国务委员彭珮云、卫生部部长陈敏章等领导考察淀山湖自来水厂，给予高度评价。

8月27~31日，由国家体委主办、昆山市政府协办、格兰特游艇俱乐部承办的"97全国摩托艇锦标赛"在淀山湖镇格兰特游艇俱乐部湖面举行，有11个省级代表74名运动员参加。

1998年

3月28日，"南巷战斗纪念碑"落成并举行揭幕仪式，成为淀山湖镇爱国主义教育基地。参加过南巷战斗的离休老干部陈杰在北京发来贺电，原新四军淞沪支队黄山部队一班副班长离休干部李振华在会上讲了话。

1999年

4月12日，全国人大常委会原副委员长、全国著名经济学家费孝通视察淀山湖镇小城镇建设，并题词"淀山湖镇"。

4月20日，广东省南海市台展集团董事长、南海市台商协会会长廖汉明，带领亚太（大阪、汉城、台北）青年商会访问团考察淀山湖镇投资环境。

5月20~23日，富豪高尔夫中国高尔夫球公开赛在淀山湖镇旭宝高尔夫俱乐部举行。来自缅甸的选手卡拉汉以4天比赛低于标准杆15杆的成绩夺取冠军，美国选手坎那为亚军，江苏省体委主任孙晋芳、苏州市副市长朱永新及亚洲高尔夫协会和VOLVO汽车公司的代表参加了颁奖仪式。

5月23日，淀山湖镇在旭宝高尔夫俱乐部举行投资说明会，张振跃向国内外客商做了投资说明，与会人员观看了《今日淀山湖》电视专题片。

6月10日，昆山市退休教育工作者协会淀山湖镇分会成立。

10月8日，淀山湖镇被江苏省环境保护委员会命名为首批"江苏省环境与经济协调发展示范镇"，并授予了奖牌。

10月20日，由大阪、汉城、台北、南海等地客商组成的亚太企业经贸参访团参加淀山湖镇招商投资说明会。昆山世铭金属塑料制品有限公司与国土局签订了批租淀山湖镇50亩土地的合同。

2000年

5月18~21日，2000年富豪中国高尔夫球公开赛在淀山湖镇的上海旭宝高尔夫俱乐部举行。应中国高尔夫球协会邀请，美国、英国、澳大利亚、瑞典、南非以及亚洲各国和地区的144名职业高尔夫球员参加了公开赛。英格兰的西蒙·戴森以负13杆的总成绩夺冠，印度选手吉奥蒂·艾德哈瓦获亚军，美国选手艾哈迈德·巴特名列第三，中国选手张连伟与另两名选手并列第四名。

2001年

10月18~21日，富豪中国高尔夫球公开赛在旭宝高尔夫球场举行，129名选手参加比赛，韩国选手韦昌秀夺冠。亚洲职业高尔夫球协会主管、中国高尔夫球协会秘书长、江苏省体育局副局长周旭，昆山市代市长王竹鸣等领导参加了颁奖典礼。

11月16日，昆山新延房地产开发有限公司落户淀山湖镇。

2002年

7月9日，昆山国银置业有限公司落户淀山湖镇；两家公司倾力打造位于度城潭北侧的富力湾楼盘。与此同时，具有雄厚开发实力的大自然（昆山）置业有限公司落户淀山湖镇原东方游乐园板块，开发大自然花园和大自然游艇俱乐部。

8月20日，民营企业昆山金杰房地产开发有限公司在原东方游乐园板块入驻，开发湖庭楼盘。

8月21日，由江苏省爱卫办组成的专家组对淀山湖镇创建国家卫生镇进行考核验收并顺利通过。

9月12~15日，VOLVO中国高尔夫球公开赛在旭宝高尔夫球场举行，150名选手参加比赛，总杆冠军黄清龙，净杆冠军李健强，亚军彭泷德，季军陈文寅。

9月26日，全国人大常委会原副委员长费孝通，在江苏省、苏州市、昆山市人大有关领导陪同下，视察淀山湖镇小城镇发展情况，感到十分满意，并欣然题词"淀山湖镇人杰地灵"。

11月21日，全国爱国运动委员会颁布淀山湖镇为"国家卫生镇"。

12月20日，昆山银海投资发展有限公司落户淀山湖镇，呈现出投资方向多元化的趋势。

2003年

3月4日，昆山尊宝置业有限公司在旅游度假区落户，开发房地产。

4月4日，淀山湖镇机关、企事业单位干部及农民、中小学生近500人冒雨参观昆南淀山湖抗日游击根据地史迹陈列室，瞻仰西南巷战斗纪念碑，沉痛哀悼革命先烈，缅怀革命先烈的丰功伟绩。

7月22日，江苏省爱卫办主任谢龄庆和苏州市爱卫办有关领导受全国爱卫办委托，专程来淀山湖镇，授予淀山湖镇"国家卫生镇"牌匾。

9月8日，昆山山河置业开发有限公司在淀兴路北侧落户，注册资本2 000万元，开发房地产。

10月25日，昆山中浙置业有限公司在旅游度假区落户，注册资本1 000万元，开发云湖楼盘。

11月13~16日，由中国高尔夫球协会、亚洲职业高尔夫球会（APGA）主办的2003年富豪中国高尔夫球公开赛，在淀山湖镇旭宝高尔夫球俱乐部举行，来自世界各地的108名选手参加了比赛。经过4轮角逐，中国名将张连伟以负11杆、两杆优势夺冠，泰国的威拉沧以两杆之差获亚军，澳大利亚的朴安河获第3名。本次高尔夫球公开赛，首次接纳普通民众参观，数千人次群众得以一饱眼福。

2004年

3月12日，江苏省建设厅在《新华日报》C3版公布，淀山湖镇永益村一棵古银杏，经江苏省建设厅组织园林绿化行政主管部门普查核实，树龄达1 700年，为江苏省树龄之最的一级古树名木。

10月18日，2004年淀山湖镇金秋经贸招商会在高尔夫球场举行，400多名海内外宾客出席会议。会上，有12个投资项目签约，61家内外资企业开工、开业。

11月25~28日，富豪高尔夫球中国公开赛在淀山湖镇旭宝高尔夫球场举行，来自30多个国家和地区的102名选手参加本届大赛。

12月17~18日，淀山湖镇创建"全国环境优美乡镇"通过江苏省专家组的考核验收。

是年，东湖水岸、东方港湾、信义置业、曙光新城、福运置业、恒海花园等一批商业房地产项目紧锣密鼓地施工。

2005 年

1月25日，昆山建兴置业有限公司落户淀山湖镇西端锦淀公路北侧，注册资本800万元，开发纳帕尔湾楼盘。

是年，充分发挥省级旅游度假区的资源环境优势，加大旅游服务业、现代农业招商力度，同时实施"走出去，请进来"战略，宣传推介淀山湖旅游度假区的特色优势，吸引外资参与开发淀山湖。

2006 年

是年，服务业招商力度不断加大，中国台湾世纪大酒店项目报批；世界名人城一期、大自然会所进入装修阶段；富贵广场商业街基本竣工；吉祥置业、东湖房产、淀山湖山庄等房产项目成为营造良好人居环境的生力军。

2007 年

是年，富贵广场商业街投入运营，世纪大酒店主体工程竣工，大自然花园、淀湖桃源等项目开发进展顺利。

2008 年

是年，淀山湖滨水生态国际社区参展上海秋季房产交易会，全力打造淀山湖滨水生态商务社区。

2009 年

是年，淀山湖镇政府提出，大力发展休闲度假产业。立足大上海、服务长三角，围绕"绿色、文化、健康"三大理念，重点引进休闲度假、运动疗养、会议培训、文化旅游等项目，积极开发适合市场需求的特色旅游产品，努力推动淀山湖省级旅游度假区朝着国际大都市的卫星度假城目标阔步前进。瞄准休闲度假旅游、会议旅游和养生康体等方向，招引实力雄厚、创意领先、前景广阔的龙头型、功能性项目。

2012 年

10月26日，淀山湖镇举办"百企游淀山湖"滨水生态商务社区推荐暨镇公共自行车启用仪式。

是年，淀山湖镇又制定旅游度假单元控制性详细规划。规划范围，北至南苑路、盈湖路，东至双永路，南临淀山湖，总面积890.65公顷。功能定位，滨湖休闲度假胜地和滨水生态商务社区。发展目标是功能多元化、服务高端化、发展低碳化。

2013 年

6月9日，昆山市人民政府根据《中华人民共和国居民委员会组织法》规定，以昆政复

度假区社区志

〔2013〕25号文件批准，原则同意设立淀山湖镇度假区社区居民委员会。度假区社区居委会行政区划，东起曙光路，西至赵田路，南起淀山湖，北至石杨河，区域面积15.57平方千米，社区居委会办公地点设在淀山湖镇旅游发展有限公司办公楼内。

是年，凌军芳聘任为度假区社区居民委员会筹建办主任。

2015年

3月25日，解聘凌军芳度假区社区居民委员会筹建办主任职务，聘任潘志华为度假区社区居民委员会筹建办主任。

2016年

1月26日，解聘潘志华度假区社区居民委员会筹建办主任职务，聘任徐昌东为度假区社区居民委员会筹建办主任。

10月15日，"2016淀山湖追日半程马拉松赛·550乡村马拉松系列赛第八站"在淀山湖镇鸣枪起跑。来自全国32个省、直辖市、自治区等90多个城市以及海外2 000名马拉松爱好者，相聚淀山湖，共逐落日，圆梦"淀马"。

11月12日，淀山湖镇第一届稻香节在黄浦江路与石墩路路口举办。

2017年

4月1日，解聘徐昌东度假区社区居民委员会筹建办主任职务，聘任曹林生为度假区社区居民委员会筹建办主任。

8月19～20日，中国皮划艇巡回赛淀山湖站在度城潭富力湾舟际皮划艇俱乐部举行。来自北京、上海、江苏、浙江、广东、福建、贵州、四川等地的400多名皮划艇爱好者齐聚淀山湖畔。

10月15日，"2017淀山湖追日半程马拉松赛·550乡村马拉松第八站第二届"赛事在淀山湖镇顺利举行，来自全国24个省、65个城市以及美国、澳大利亚、德国等1 645名选手参赛。

11月11日，淀山湖镇第二届稻香节在盈湖路永新村农业中心举行。稻香节系列活动项目有"观农民农耕展示、赏稻草雕塑景观、玩趣味农事运动、品原生稻香风情、忆悠悠乡愁"。

2018年

5月20日，"2018淀山湖追日半程马拉松赛"在淀山湖畔开跑，共吸引近2 000名选手报名参赛。

6月2日，"尚美淀山湖"征文举行颁奖活动。上午，获奖作者及其学生组获奖者家长，参观淀山湖生态旅游区；下午举行颁奖仪式。活动4个月，收到来自全国各地征文稿300多篇，其中111篇入围作品发布在"玉峰文苑"公众平台，作品从多角度展示了淀山湖的美。

第一章 建置区域

第一节 地域地貌

度假区社区辖区包括淀山湖镇西南绝大部分地区，东起曙光路，西至赵田路，南起淀山湖，北至石杨河，区域面积15.57平方千米；社区居委会办公地点，设在淀山湖镇旅游发展有限公司办公楼内。

社区区域与金家庄、度城、永新、兴复、杨湘泾、民和村等重叠，有关资料参见淀山湖镇相关村的村志。境内有淀山湖、赵田湖、度城潭，是极好的天然蓄水库；有千墩浦、小千墩浦、潮三江河、陆虞浦、道褐浦、朝南江、分位河等过境河流。这些河流是域内灌溉、泄洪与运输的主要河道。

度假区社区地理位置优越，离昆山市区、312国道、京沪高速公路、京沪高速铁路、沪宁城际铁路、沪宁铁路23千米左右，沪常高速公路在镇区边缘而过，离318国道、沪渝高速公路在6千米之内，到上海虹桥机场仅半小时车程，陆路交通极为便利，水运四通八达，成为房地产开发商的必争之地。

社区土质结构大部分是黄泥土，属亚热带海洋性气候，四季分明，日照充足，雨量充沛，无霜期长，但冬夏季风进退有早有迟，强度变化不一，降水和气温的年际差异较大。

第二节 社区形成

度假区社区依托昆山旅游度假区淀山湖旅游度假中心而建。

昆山旅游度假区淀山湖旅游度假中心位于昆山市南部的淀山湖畔，拥有坐北朝南15千米湖岸线。1992年，邀请中国风景园林学会对旅游度假区作总体规划，分成度假区、游乐运动区、综合服务区三个功能区，规划起点高、功能全、特色浓，既有时代气息，又有民族

特色。

1992年，邓小平南方谈话后，淀山湖镇党委、政府根据建设现代化小城镇的要求，按照"开发淀山湖旅游区、工业小区，发展商业网点"的总体思路，大力发展金融保险、邮电、房地产、旅游等产业，积极鼓励技术、信息、咨询等智力型的第三产业发展，加大对第三产业投入力度，在改造老区、开辟新街的同时，迅速发展餐饮服务、交通运输、房地产开发、邮电通信、金融保险等支柱行业，推动旅游业的发展。是年3月8日，昆山淀山湖体育游乐有限公司在淀山湖镇注册；8月15日，昆山淀山湖山庄开发有限公司在淀山湖镇注册，后开发东淀湖庄园。1993年，淀山湖山庄、高尔夫球场破土动工，以供销社的淀东商厦和商业公司的湘城酒家为特色的一批商业网点形成；投资1 200万元的淀山湖娱乐中心，具有较高水准的歌舞厅、影剧厅、录像厅、餐厅、自选商场等多功能、组合型的特点，先后对外开放；以东湖房产开发公司为龙头的经营建筑材料和房产集团形成，房产公司兴建的14 000多平方米的各类商品房开始销售。

1994年7月10日，经江苏省人民政府"苏政复〔1994〕50号文件"批准，淀山湖旅游度假中心成立，享受江苏省级开发区同等政策。文件明确中心四至：东起永义（今永新村西部）、复明村（今兴复村东部），南临淀山湖，西至锦溪镇，北至石杨河（镇区北1千米），规划面积12.38平方千米。省级昆山旅游度假区淀山湖旅游度假中心凭借得天独厚的区位优势、超前规划的基础优势和内涵丰富的人文优势，高起点、高规格进行有序开发，发展休闲度假产业。通过外抓服务业招商引资，内抓项目开发建设，实现全区发展新开端。

是年，投资300余万元建造了宾馆，为集饮食、住宿、美容、娱乐为一体的现代派综合型二星级涉外饭店，年接待宾客1.5万人次以上；新建专业市场2个，新批各类公司、经营部25家，新建和改建了一批专业商场和特色商店，搞活了流通，繁荣了市场。与此同时，房地产业蓬勃发展，市场建设、房地产业和旅游资源开发为新的生长点，新成立各类房产开发公司2家。第三产业在国民生产总值中的比重由上年的11.8%上升到30.7%。由外商投资的高尔夫球场、淀山湖山庄、花园别墅等设施在淀山湖旅游度假区内报批兴建，尽管有的项目最后换了投资方，却在当时为三产发展带了个好头。

1995年，镇区商业设施规模档次有了提高，淀山湖商城和客运中心全面启用，商业、交通、通信、保险业拓宽了服务领域。旅游业的发展迈出了实质性步伐。淀山湖东方游乐园首期工程在当年8月8日试营业。1996年，东方游乐园改变了单一游泳格调，增添水上滑槽、跑马场等项目，配套拓展，吸引游客，并与美国格兰特公司洽谈成功，投资兴建游艇俱乐部。1997年，格兰特游艇俱乐部承办"97全国摩托艇锦标赛"。1998年，东方游乐园引进卡丁车、狩猎场、俱乐部等项目，旺季接待游客3万多人次。两年后，因游乐园经济效益不佳，处于亏本经营状态，20世纪末关闭。这块园地后转为房地产业开发，成为大自然（昆山）置业有限公司开发大自然花园项目的用地。

1999年5月，富豪中国高尔夫球公开赛在淀山湖镇旭宝高尔夫俱乐部举行。以后连续多年，高尔夫球场在该季节举行富豪中国高尔夫球公开赛，大大提高了淀山湖镇的知名度。

2001年11月16日，昆山新延房地产开发有限公司落户淀山湖镇；2002年7月9日，昆山国银置业有限公司落户淀山湖镇；两家公司倾力打造位于度城潭北侧的富力湾楼盘。与此同时，具有雄厚开发实力的大自然（昆山）置业有限公司落户淀山湖镇原东方游乐园板块，开发大自然花园和大自然游艇俱乐部。

2002年，充分利用淀山湖的自然特色和地理优势，狠抓三产旅游业的招商引资工作。8月20日，民营企业昆山金杰房地产开发有限公司在原东方游乐园板块入驻，开发湖庭楼盘；12月20日，昆山银海投资发展有限公司落户淀山湖镇，呈现出投资方向多元化的趋势。

2003年3月4日，昆山尊宝置业有限公司在旅游度假区落户，开发房地产；9月8日，昆山山河置业开发有限公司在淀兴路北侧落户，注册资本2 000万元，开发房地产；10月25日，昆山中浙置业有限公司在旅游度假区落户，注册资本1 000万元，开发云湖楼盘。

2004年，充分利用沿湖资源和省级旅游度假区的品牌，利用自身的湖光水色资源优势和周边独特旅游区域的环境优势，积极发展旅游经济，培育特色产业优势，引进休闲、娱乐、科教、运动等对全镇经济有长期拉动、对财政有长期贡献的项目，以休闲观光、田园野趣、美食度假、水上游乐、生态农业为特色，打造高品位的生态旅游产业。是年，东湖水岸、东方港湾、信义置业、曙光新城、福运置业、恒海花园等一批商业房地产项目紧锣密鼓地施工。

2005年，发挥省级旅游度假区的资源环境优势，加大旅游服务业、现代农业的招商力度，实施"走出去，请进来"战略，宣传推介淀山湖旅游度假区的特色优势，吸引外资参与开发淀山湖。1月25日，昆山建兴置业有限公司落户淀山湖镇西端锦淀公路北侧，注册资本800万元，开发纳帕尔湾楼盘。

2006年，服务业招商力度不断加大，中国台湾世纪大酒店项目报批；世界名人城一期、大自然会所进入装修阶段；富贵广场商业街基本竣工；吉祥置业、东湖房产、淀山湖山庄等房产项目成为营造良好人居环境的生力军。

2007年，富贵广场商业街投入运营，世纪大酒店主体工程竣工，大自然花园、淀湖桃源等项目开发进展顺利。

2008年，淀山湖滨水生态国际社区参展上海秋季房产交易会，全力打造淀山湖滨水生态商务社区。

2009年，淀山湖镇政府提出，大力发展休闲度假产业。立足大上海、服务长三角，围绕"绿色、文化、健康"三大理念，重点引进休闲度假、运动疗养、会议培训、文化旅游等项目，积极开发适合市场需求的特色旅游产品，努力推动淀山湖省级旅游度假区朝着国际大都市的卫星度假城目标阔步前进。瞄准休闲度假旅游、会议旅游和养生康体等方向，招引实力雄厚、创意领先、前景阔广的龙头型、功能性项目。此后三年中，昆山福运置业有限公司、江苏东恒海鑫置业有限公司、昆山月兔房地产开发有限公司、苏州华纺房地产开发有限公司、昆山福兴置业发展有限公司、昆山吉祥置业有限公司、昆山宜欣房产开发有限公司、昆山福侬置业有限公司等先后落户旅游度假区，开发楼盘。

2012年，淀山湖镇又制定了旅游度假单元控制性详细规划。规划明确了功能定位、规划理念，设计形成"一带三廊、三片三点"的结构，还对综合交通方面的路网体系、公共交通、慢行交通、水上交通和绿地水系等方面进行了规划。对给水、污水、雨水、供电、通信、燃气工程等公用设施，以及环境保护、环卫工程，对抗震、防洪、消防、人防综合防灾方面，做出了控制性详细规划。

淀山湖镇政府围绕"优化经济结构、提升发展质量"主题，充分发挥沿沪、沿湖两大

独特优势,在旅游度假区重点打造淀山湖滨水生态商务社区。

淀山湖镇为进一步强化社区自治,更好地发挥社区服务管理功能,向昆山市政府申请筹建淀山湖镇度假区社区居民委员会。

2013年6月9日,昆山市人民政府根据《中华人民共和国居民委员会组织法》的规定,以昆政复〔2013〕25号文件批准,原则同意设立淀山湖镇度假区社区居民委员会。度假区社区居委会行政区划,东起曙光路,西至赵田路,南起淀山湖,北至石杨河,区域面积15.57平方千米,社区居委会办公地点设在淀山湖镇旅游发展有限公司办公楼内,凌军芳聘任为度假区社区居民委员会筹建办主任。

2015年3月25日,潘志华聘任为度假区社区居民委员会筹建办主任,解聘前任的社区居民委员会筹建办主任。

2016年1月26日,徐昌东聘任为度假区社区居民委员会筹建办主任,解聘前任的社区居民委员会筹建办主任。

2017年4月1日,曹林生聘任为度假区社区居民委员会筹建办主任,解聘前任的社区居民委员会筹建办主任。

第三节 社区区名由来

度假区社区,依托昆山旅游度假区淀山湖旅游度假中心地理位置稍有扩大而建,区名用"昆山旅游度假区淀山湖旅游度假中心"中的"度假区"三字取名。

第四节 居民点简介

一、富力湾庄园

富力湾庄园位于淀山湖北岸板块万园路88号,昆山国银置业有限公司开发建设,内设6 000平方米湖岸五星级私家会所、豪华游艇俱乐部、商业街和其他生活配套设施,会所有篮球场、羽毛球场、室内外游泳池等运动场馆,及红酒吧、茶室、西餐厅等休闲场所。规划面积921 157平方米,建筑面积400 000平方米,建房919幢2 229套,绿化面积382 280平方米;设地面停车位2 650个,地下停车位263个。2017年5月,交房1 849户,入住415户,其中自住411户、出租4户;入住150人,其中户籍户16户、户籍人口33人;入住户中,常住户34户、常住人口34人;民用车辆220辆;小区设门岗3个,宣传栏2个;物业用房40平方米,社区用房1 238.16平方米。物业负责人朱克飞。

二、荷玛诗湾

荷玛诗湾位于淀山湖镇双永路南侧999号,昆山研祥智能科技有限公司开发建设,一面临湖,三面环水,拥有最佳水景资源,自带商业为万豪旗下五星级酒店。规划面积222 384.7平方米,建筑面积277 184平方米,建房128幢337户,绿化面积66 715.4平方米;设地面停车位678个,地下停车位1 861个。2017年5月,交房88户,入住3户,其中自住3户、出租0户;入住6人,其中户籍户3户、户籍人口8人;入住户中,常住户1户、常住人口2人;民用车辆1辆;小区设门岗1个,宣传栏1个;物业用房1 556平方米,社区用房926.74平方米。物业负责人朱维新。

三、恒海国际花园

恒海国际花园位于淀山湖镇旭宝路99号,江苏东恒海鑫置业有限公司开发建设。花园有联排、独栋、类独栋、合院等多样别墅,各具特色,建筑立面丰富精致,西班牙式建筑风格。建筑面积45 294.9平方米,建房466幢466户,绿化面积98 000平方米;设地面停车位281个。2017年5月,交房461户,入住125户,其中自住125户、出租0户;入住500人,其中户籍户2户、户籍人口3人;入住户中,常住户43户、常住人口129人;民用车辆389辆;小区设门岗2个,宣传电子屏2个;物业用房不详,社区用房不详。物业负责人金翀。

四、云湖

云湖位于淀山湖镇万园路新乐路路口,昆山市中浙置业发展有限公司开发建设,由71幢独栋别墅和1幢会所组成的高档游艇别墅区,容积率0.29,沿岸设有水岸餐厅等。规划面积149 214.3平方米,建筑面积55 175.25平方米,建房71幢71户,绿化面积86 000平方米;设地面停车位80个。2017年5月,交房60户,入住10户,其中自住10户、出租0户;入住12人,其中户籍户0户、户籍人口0人;入住户中,常住户4户、常住人口12人;民用车辆8辆;小区设门岗1个,宣传栏1个;物业用房350平方米,社区用房1 624.15平方米。物业负责人杨磊。

五、宝镇湖滨别墅

宝镇湖滨别墅位于淀山湖镇双永路,宝镇房地产公司开发建设,独栋、双拼别墅,容积率0.32。规划面积28 000平方米,建筑面积17 000平方米,建房43幢43户,绿化面积7 000平方米;设地面停车位43个,地下停车位0个。2017年5月,交房43户,入住20户,其中自住20户、出租0户;入住60人,其中户籍户0户、户籍人口0人;入住户中,常住户10户、常住人口30人;民用车辆15辆;小区设门岗1个,宣传栏2个,宣传电子屏2个;物业用房130平方米,社区用房1 255平方米。物业负责人周剑春。

六、湖庭

湖庭位于上海市朱家角镇绿湖路999弄(历史上土地使用权属淀山湖镇),昆山湖庭实

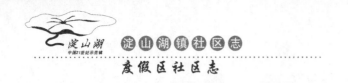

业投资有限公司开发建设,地理位置非常特殊,南面为上海国际乡村高尔夫俱乐部,北面是风景旖旎的淀山湖,东北部是游艇俱乐部,湖庭别墅充分利用"借景",四周绿化同周围的景色无缝连接,高空俯视,整体形状既像展翅的蝴蝶,又似栖息的金蟾。规划面积47 865.23平方米,建筑面积47 865.23平方米,建房63幢63户,绿化面积47 837平方米;设地面停车位10个。2017年5月,交房31户尚无人口入住;民用车辆0辆;小区设门岗1个;物业用房30平方米,社区用房2 128平方米。物业负责人冯月春。

七、淀山湖壹号

淀山湖壹号位于淀山湖镇环湖大道,中旭房地产发展有限公司开发建设,区内有超大的绿化和景观面积,整个别墅区由水相连,自然分割成9个生态岛屿。规划面积130 000平方米,建筑面积53 012.45平方米,建房27幢179户,绿化面积21 204平方米;设地面停车位398个,地下停车位0个。2017年5月,交房166户,入住9户,其中自住9户、出租0户;入住25人,其中户籍户0户、户籍人口0人;入住户中,常住户2户、常住人口6人;民用车辆10辆;小区设门岗3个;物业用房0平方米,社区用房800平方米。物业负责人彭光灿。

八、淀湖桃源

淀湖桃源位于淀山湖镇望金路1号,昆山世界名人城房产开发有限公司开发建设,绿化及水系占77%,容积率0.3。小区内部建有大型会所,设有游泳池、网球场、乒乓球室、斯诺克台球室、棋牌室、多功能娱乐厅等。规划面积597 691.2平方米,建筑面积179 662平方米,建房574幢894户,绿化面积245 053.4平方米;设地面停车位1 030个。2017年5月,交房731户,入住378户,其中自住376户、出租2户;入住500人,其中户籍户1户、户籍人口3人;入住户中,常住户27户、常住人口56人;民用车辆40辆;小区设门岗2个,宣传栏1个;物业用房532平方米,社区用房7 870平方米。物业负责人于翱。

九、淀山湖岸别墅

淀山湖岸别墅位于淀山湖镇新乐路555号淀山花城,昆山月兔房产开发有限公司开发建设,由独栋花园别墅、庭院住宅、合院住宅、双拼别墅等颇具特色的物业类型组成,建筑风格融汇古典欧式风情的法式、意式、英式等。规划面积390 641平方米,建筑面积168 303.3平方米,建房1 074户,绿化面积179 694.8平方米;设地面停车位2 158个。截至2017年5月,尚未交房,亦无人员入住。小区设门岗2个,宣传栏1个;物业用房6平方米,社区用房0平方米。物业负责人陈益敏。

十、纳帕尔湾

纳帕尔湾位于淀山湖镇新乐路1666号,昆山建兴置业有限公司开发建设。整个园区呈现纯正的精致米兰风格,300余种名贵植物花草、丰富的建筑外立面细腻雅致。内有6种户型,每种户型有3种不同立面风格,每种风格下设6种配色方案,108种建筑表情,配以

2~3层建筑。规划面积146 200平方米，建筑面积73 081.69平方米，建房58幢278户，绿化面积65 988.95平方米；设地面停车位不详。2017年5月，交房277户，入住143户，其中自住143户、出租0户；入住429人，其中户籍户2户、户籍人口2人；入住户中，常住户30户、常住人口90人；民用车辆50辆；小区设门岗1个，宣传栏1个，宣传电子屏1个；物业用房528.94平方米，社区用房500.87平方米。物业负责人不详。

十一、大自然花园

大自然花园位于淀山湖镇新乐路，大自然（昆山）置业有限公司开发建设，配有一个五星级的游艇会所和"大自然国际游艇会"。拥有豪华客房和套房、健身中心、室外游泳池、红酒雪茄吧、棋牌室等休闲设施。规划面积538 000平方米，建筑面积175 000平方米，建房172幢172户，绿化面积380 000平方米；设地面停车位40个。2017年5月，交房39户，入住3户，其中自住3户、出租0户；入住10人，无户籍人口和常住人口；民用车辆3辆；小区设门岗2个，宣传栏2个，宣传电子屏1个；物业用房不详，社区用房不详。物业负责人金学超。

十二、鹿鸣九里

鹿鸣九里位于淀山湖镇万园路66号，昆山鹿鸣置业有限公司开发建设。社区集阔景叠墅、宽景公寓、精装soho、滨湖商业、星级酒店、商务办公于一体。星级酒店、滨湖商街、运动会所、九里食街、便利店、邮局等生活配套设施一应俱全。规划面积322 800平方米，建筑面积194 000平方米，建房38幢315户，绿化面积7 387.6平方米；设地面停车位43个，地下停车位116个。2017年5月，交房283户，入住23户，其中自住18户、出租5户；入住39人，其中户籍户2户、户籍人口4人；入住户中，常住户28户、常住人口16人；民用车辆13辆；小区设门岗8个，宣传电子屏1个；物业用房262平方米，社区用房920平方米。物业负责人茆经理。

十三、绅园别墅

绅园别墅位于淀山湖镇湖滨路118号，昆山豪威房地产发展有限公司开发建设。小区分为三大区域，南区是独栋别墅，中区是类独栋（小独栋）别墅，北区是联排别墅。规划面积68 071平方米，建筑面积54 821平方米，建房191幢191户，绿化面积27 228.4平方米；设地面停车位9个。2017年5月，交房191户，入住60户，其中自住60户、出租0户；入住120人，其中户籍户2户、户籍人口3人；入住户中，常住户20户、常住人口40人；民用车辆40辆；小区设门岗2个，宣传栏1个，宣传电子屏1个；物业用房399平方米，社区用房500平方米。物业负责人周建平。

十四、华纺上海湾易墅

华纺上海湾易墅位于淀山湖镇环湖大道，苏州华纺房地产有限公司开发建设，有托斯卡纳风情别墅和一栋酒店式公寓。规划面积10万平方米，建筑面积49 578.6平方米，建房20

幢465户，绿化面积49 578.6平方米；设地下停车位500个。2017年5月，交房452户，入住113户，其中自住103户、出租10户；入住230人，其中户籍户不详、户籍人口不详；入住户中，常住户55户、常住人口110人；民用车辆50辆；小区设门岗2个，宣传栏1个；物业用房170平方米，社区用房546.79平方米。物业负责人张保英。

十五、东淀湖庄园

东淀湖庄园位于淀山湖镇湖滨路99号，淀山湖山庄发展有限公司开发建设，独栋别墅。规划面积89 030.3平方米，建筑面积29 765.75平方米，建房76幢76户，绿化面积56 522.33平方米；设地面停车位80个。2017年5月，交房76户，入住26户，其中自住26户、出租0户；入住35人，其中户籍户1户、户籍人口2人；入住户中，常住户12户、常住人口30人；民用车辆20辆；小区设门岗1个，宣传栏1个；物业用房760平方米，社区用房0平方米。物业负责人余红成。

第二章 人口

第一节 人口总量

2013年6月9日,度假区社区居民委员会正式批准设立,区域范围住宅区,以外来人口购房临时入住为主,极少数将户口迁入度假区社区居民委员会。2017年5月统计,在籍户28户、在籍人口58人。见表2-1-1。

表2-1-1　　　　　　　　淀山湖镇度假区社区户籍人口(按地址排序)汇总表

序号	姓名	性别	出生年月	迁入地址
1	李群	女	1989.09.01	淀山湖镇纳帕尔湾水庄
2	卢新强	男	1993.01.24	淀山湖镇纳帕尔湾水庄
3	王敏	男	1978.04.10	淀山湖镇富力湾澜山
4	王金红	男	1951.05.01	淀山湖镇富力湾澜山
5	何叶	女	1986.01.06	淀山湖镇富力湾四季半岛
6	陈彬	男	1976.09.30	淀山湖镇富力湾四季半岛
7	杜彦	女	1982.06.30	淀山湖镇富力湾四季半岛
8	陈彦铭	男	2011.12.24	淀山湖镇富力湾四季半岛
9	顾祝伟	男	1981.05.27	淀山湖镇富力湾四季半岛
10	顾正阳	男	2010.07.22	淀山湖镇富力湾四季半岛
11	封甜甜	女	1984.09.20	淀山湖镇富力湾四季半岛
12	申敏虎	男	1982.08.17	淀山湖镇富力湾四季半岛
13	姜丽花	女	1982.01.24	淀山湖镇富力湾四季半岛
14	申智宇	男	2010.12.29	淀山湖镇富力湾四季半岛

续表

序号	姓名	性别	出生年月	迁入地址
15	申智诚	男	2014.07.03	淀山湖镇富力湾四季半岛
16	刘忠红	男	1981.11.02	淀山湖镇富力湾四季半岛
17	刘家齐	男	2011.12.23	淀山湖镇富力湾四季半岛
18	吴东升	男	1981.04.24	淀山湖镇富力湾四季半岛
19	吴璟文	女	2010.09.28	淀山湖镇富力湾四季半岛
20	施采彤	女	2012.11.01	淀山湖镇富力湾庄园
21	施　磊	男	1984.11.26	淀山湖镇富力湾庄园
22	孙士茹	女	1984.01.05	淀山湖镇富力湾庄园
23	吴政阳	男	1978.11.02	淀山湖镇富力湾庄园
24	钱贞珍	女	1982.09.10	淀山湖镇富力湾庄园
25	桂安鹭	男	1993.05.24	淀山湖镇富力湾庄园丹麦区
26	桂安琪	女	2009.07.01	淀山湖镇富力湾庄园丹麦区
27	朱先菊	女	1972.09.15	淀山湖镇富力湾庄园丹麦区
28	黄晓燕	女	1997.01.10	淀山湖镇富力湾庄园丹麦三区
29	肖嘉睿	男	2009.01.30	淀山湖镇富力湾庄园丹麦三区
30	李红艳	女	1983.08.27	淀山湖镇富力湾庄园丹麦三区
31	吴艳丽	女	1977.06.07	淀山湖镇富力湾四季半岛
32	任邦珍	女	1980.07.07	淀山湖镇富力湾四季半岛
33	谌　僖	女	2002.11.02	淀山湖镇富力湾四季半岛
34	谌　欢	女	2008.10.26	淀山湖镇富力湾四季半岛
35	梁晓雪	女	1984.12.16	淀山湖镇富力湾庄园丹麦区
36	吴加斌	男	1973.08.16	淀山湖镇鹿鸣九里
37	郭　靖	女	1985.04.02	淀山湖镇鹿鸣九里
38	梁国珍	女	1983.01.30	淀山湖镇鹿鸣九里
39	王家伊	女	2012.09.11	淀山湖镇鹿鸣九里
40	罗彩霞	女	1974.12.21	淀山湖镇耀江淀湖桃源观澜居
41	江　楠	女	2008.11.20	淀山湖镇耀江淀湖桃源观澜居
42	江民华	男	1963.01.17	淀山湖镇耀江淀湖桃源观澜居
43	张艺瑾	女	1989.06.17	淀山湖镇绅园
44	江　泽	男	1988.06.27	淀山湖镇绅园

续表

序号	姓名	性别	出生年月	迁入地址
45	江昊子墨	男	2012.08.21	淀山湖镇绅园
46	李 静	女	1977.10.24	淀山湖镇湖滨路99号东淀湖庄园
47	李彦辉	男	1999.09.18	淀山湖镇湖滨路99号东淀湖庄园
48	朱 毅	男	1977.04.26	淀山湖镇荷玛诗湾国际花园
49	钱云霞	女	1978.08.25	淀山湖镇荷玛诗湾国际花园
50	朱 悦	女	2001.11.18	淀山湖镇荷玛诗湾国际花园
51	朱 克	男	2003.10.28	淀山湖镇荷玛诗湾国际花园
52	潘满江	男	1987.07.28	淀山湖镇荷玛诗湾国际花园
53	唐 琴	女	1988.05.24	淀山湖镇荷玛诗湾国际花园
54	彭建武	男	1977.12.02	淀山湖镇荷玛诗湾国际花园
55	彭子烨	男	2004.08.28	淀山湖镇荷玛诗湾国际花园
56	汪 刚	男	1985.12.10	淀山湖镇恒海国际花园
57	沈璐璐	女	1993.08.22	淀山湖镇恒海国际花园
58	陈思菡	女	2016.04.16	淀山湖镇恒海国际花园

第二节 外来人口

1993年，淀山湖镇根据国家建设部园林设计院、上海城市设计院和同济大学的科学规划，开始向"镇区、工业区、旅游度假区"整体配套建设格局推进。1994年7月10日，经江苏省人民政府"苏政复〔1994〕50号文件"批准，淀山湖旅游度假中心成立，享受江苏省级开发区同等政策。省级昆山旅游度假区淀山湖旅游度假中心，凭借得天独厚的区位优势、超前规划的基础优势和内涵丰富的人文优势，高起点、高规格进行有序开发，发展休闲度假产业，房地产开发商纷至沓来，在度假区社区范围内，开发中高端房地产项目。

上海开发大虹桥，17号轨道交通线和崧泽高架的西延，有力地带动了青浦区经济的发展，青浦区房价攀升，外溢到昆山淀山湖镇。淀山湖镇新乐路与青浦区对接，辐射到直接的受益地淀山湖镇，对淀山湖镇发展提供了强大动力。以上海人为主的一大批精明人，凭借房产价与毗邻的上海市存在较大地区差价的优势，纷纷进镇购买公寓、别墅新房产，形成了一大批外来人口入住区。

2017年5月统计，度假区社区15个住宅小区，入住户1318户，入住人口2116人，其中户籍户29户、户籍人口58人；入住户中，常住人口仅555人。度假区社区成为典型的外来人口集中居住区。见表2-2-1。

表 2-2-1　　　　　　　2017 年 5 月淀山湖镇度假区社区外来人口一览表

小区名称	入住户（户）	入住人口（人）	户籍户（户）	户籍人口（人）	常住户（户）	常住人口（人）
纳帕尔湾	143	429	2	2	30	90
富力湾	415	150	16	33	53	34
恒海国际	125	500	2	3	43	129
淀山湖壹号	9	25			2	6
上海湾	113	230			55	110
东淀湖	26	35	1	2	12	30
淀湖桃源	378	500	1	3	27	56
绅园	60	120	2	3	20	40
云湖	10	12			4	12
大自然花园	3	10				
淀山湖岸别墅（淀山花城）						
宝镇	20	60			10	30
荷玛诗湾	3	6	3	8	1	2
鹿鸣九里	23	39	2	4	28	16
湖庭						
合计	1318	2116	29	58	285	555

第三节　人口构成

一、民族

2017 年 5 月，度假区社区户籍人口中，有朝鲜族 4 人、蒙古族 2 人，其余 52 人均为汉族。社区少数民族人员见表 2-3-1。

表 2-3-1　　　　　　　淀山湖镇度假区社区少数民族一览表

序号	姓名	性别	民族	家庭住址
1	申敏虎	男	朝鲜族	淀山湖镇富力湾四季半岛
2	姜丽花	女	朝鲜族	淀山湖镇富力湾四季半岛
3	申智宇	男	朝鲜族	淀山湖镇富力湾四季半岛

续表

序号	姓 名	性别	民族	家庭住址
4	申智诚	男	朝鲜族	淀山湖镇富力湾四季半岛
5	梁国珍	女	蒙古族	淀山湖镇鹿鸣九里花园
6	王家伊	女	蒙古族	淀山湖镇鹿鸣九里花园

二、籍贯

2017年5月，度假区社区户籍人口58人中，有江苏籍18人、吉林籍7人、安徽籍6人、江西籍6人、湖南籍4人、新疆籍3人、陕西籍2人、河南籍2人、四川籍2人、湖北籍2人、内蒙古籍2人、浙江籍2人、广西籍1人、重庆籍1人。

三、性别

2017年5月，度假区社区户籍人口有58人，其中男28人、女30人，男性占总人口的48.28%，女性占51.72%，性别比例为107.14（女性为100）。

四、姓氏

2017年5月，度假区社区户籍人口58人，有姓氏31个。姓氏中，吴姓5个，居首位；江姓、李姓、朱姓各为4个，并列第二位；陈姓、申姓、王姓各为3个，并列第三位。见表2-3-2。

表2-3-2　　　　　　　　2017年8月20日度假区社区姓氏一览表

姓	人	姓	人	姓	人	姓	人	姓	人	姓	人	姓	人
陈	3	桂	2	姜	1	罗	1	申	3	汪	1	朱	4
谌	2	郭	1	李	4	潘	1	沈	1	王	3		
杜	1	何	1	梁	2	彭	2	施	2	吴	5		
封	1	黄	1	刘	2	钱	2	孙	1	肖	1		
顾	2	江	4	卢	1	任	1	唐	1	张	1		

五、年龄

2017年5月统计，度假区社区户籍总人口58人。其中18周岁以下有19人，18~35周岁21人，35~60周岁17人，60周岁以上有1人。

六、文化

文化结构未统计。一般来说，成年人都具有一定的文化程度。

第三章

社区建设

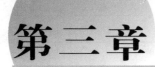

改革开放后,度假区道路体系形成横、纵加外环的主体道路骨架,公共绿化与配套服务设施同步到位。房地产开发商看中了淀山湖镇坐北朝南的湖岸线优势,纷纷入驻旅游度假区。2017年年底,度假区社区(含跨湖"飞田"楼盘)15家开发商建成15个住宅区,建筑面积1 815 744.26平方米。辖区内建有生活垃圾资源化处理中心站,社区村庄、镇区、住宅区外的交通主干道上,建成1座高标准水冲式厕所、4座AAA级旅游厕所。

2018年5月,度假区社区辖区内,有一个汽车站、13条公交线路,其中,出镇公交线路3条,进村公交线路6条,学生专线3条,过境公交线路1条;小区附近设有公交站点、公共自行车租借点。

第一节 房地产开发

改革开放后,房地产开发商看中了淀山湖镇的湖岸线优势,纷纷入驻旅游度假区。2000年后,旅游度假区先后入驻宝镇房地产发展有限公司、东恒海鑫房地产发展有限公司、中旭房地产发展有限公司等,开发梦莱茵、恒海国际花园、淀山湖壹号等楼盘。截至2011年,21家企业开发24个楼盘(含镇区开发楼盘),开发率达68.83%。见表3-1-1。

表3-1-1 2011年度假区社区房地产企业建设一览表

序号	企业名称	楼盘名称	用地面积(亩)	已开发面积(亩)	开发率(%)	规划总建筑面积(平方米)
1	昆山国银置业有限公司	富力湾	1 383	1 123	81.2	430 000
2	大自然(昆山)置业有限公司	大自然花园	781	781	100	178 463
3	昆山建兴置业有限公司	纳帕尔湾	219	219	100	73 101
4	昆山世界名人城房产开发有限公司	淀湖桃源	898	718	79.96	179 600
5	昆山福运置业有限公司	福运·马洛卡	103	103	100	41 380
6	昆山中浙置业发展有限公司	云湖	223	113	50.67	62 000

续表

序号	企业名称	楼盘名称	用地面积（亩）	已开发面积（亩）	开发率（%）	规划总建筑面积（平方米）
7	昆山豪威房地产发展有限公司	绅园	102	102	100	54 790
		豪威酒店	57	0	0	100 000
8	昆山宝镇房地产发展有限公司	梦莱茵	80.6	80.6	100	17 973
9	昆山淀山湖山庄开发有限公司	东淀湖庄园	133	133	100	30 000
10	昆山中旭房地产发展有限公司	淀山湖壹号	667	267	40.03	197 000
11	昆山市湖庭实业投资公司	湖庭	208	208	100	48 128
12	江苏东恒海鑫置业有限公司	东恒国际花园	1 003	360	35.89	227 000
13	昆山月兔房地产开发有限公司	淀山湖岸别墅（淀山花城）	586	180	30.72	220 000
14	苏州华纺房地产有限公司	华纺上海湾易墅	161	51	31.68	151 158
15	昆山新延房地产开发有限公司	富力湾	158	158	100	36 512
16	昆山福兴置业发展有限公司	福兴庄园	62	62	100	66 197
17	昆山吉祥置业有限公司	河滨花园	13.5	13.5	100	13 228.6
18	昆山宜欣房产开发有限公司	富贵广场	47	47	100	61 411
19	江苏山河置业有限公司	君悦花园 曙光新城	176	176	100	153 306
20	昆山东湖房屋开发责任有限公司	东湖佳苑 东湖花园	111	111	100	62 617
21	昆山福侬置业有限公司	福侬庄园	195	65	33.33	234 119
总计			7 367.1	5 071.1	68.83	2 637 983.6

2012年后，又有一些房地产企业进驻度假区社区进行房地产开发。昆山研祥智能科技有限公司拍得土地，在双永路南侧、神童泾西南侧开发荷玛诗湾楼盘，规划面积222 384.66平方米，建筑面积277 184平方米；昆山鹿鸣置业有限公司拍得土地，在万园路西侧、东村北侧开发鹿鸣九里楼盘，规划面积322 800平方米，建筑面积194 000平方米。

2017年年底，度假区社区（含跨湖"飞田"楼盘）15家开发商建成15个住宅区，建筑面积1 815 744.26平方米。见表3-1-2。

表3-1-2　　　　　　　　　2017年年底度假区社区房屋开发一览表　　　　　　　　单位：平方米

小区	开发商名称	规划面积	建筑面积	绿化面积
纳帕尔湾	昆山建兴置业有限公司	146 200	73 081.69	65 988.95
富力湾	昆山国银置业有限公司	921 157	400 000	382 280
恒海国际	江苏东恒海鑫置业有限公司		45 294.95	98 000
淀山湖壹号	中旭房地产发展有限公司	130 000	53 012.45	21 204.8

续表

小区	开发商名称	规划面积	建筑面积	绿化面积
华纺上海湾易墅	苏州华纺房地产有限公司	100 000	49 578.64	40 000
东淀湖庄园	淀山湖山庄开发有限公司	89 030.3	29 765.75	56 522.33
淀湖桃源	昆山世界名人城房产开发有限公司	597 691.2	179 662	245 053.4
绅园	昆山豪威房地产发展有限公司	68 071	54 821	27 228.4
云湖	昆山市中浙置业发展有限公司	149 214.3	55 175.25	86 000
大自然花园	大自然（昆山）置业有限公司	538 000	175 000	380 000
淀山花城	昆山月兔房地产开发有限公司	390 641	168 303.3	179 694.8
宝镇湖滨别墅	宝镇房地产公司	28 000	13 000	6 800
荷玛诗湾	昆山研祥智能科技有限公司	222 384.66	277 184	66 715.4
鹿鸣九里	昆山鹿鸣置业有限公司	322 800	194 000	7 387.6
湖庭	昆山市湖庭实业投资有限公司	47 865.23	47 865.23	47 837
合计		3 751 054.69	1 815 744.26	1 710 712.68

第二节　基础设施

根据淀山湖镇总体规划及各功能区用地布局，度假区道路体系形成横、纵加外环的主体道路骨架，公共绿化与配套服务设施同步到位。

一、骨架道路

区域内有骨架道路11条。（数据来自淀山湖镇建设管理所2017年9月"淀山湖镇市政道路汇总表"）

1. 淀山湖环湖公路

由淀山湖大堤结合苏州市水利工程修筑成带有景观的环湖公路，全长12.5千米。其中，曙光路至环湖大道东端新开泾江（环湖公路向东延伸段），原名双永路，长1.35千米，宽15米，1984年建成沙石路面，1994年改为沥青路面，2010年改造拓宽成15米沥青路面；双永路至沏泾江的环湖大道段，长3.6千米，宽9米，2010年建成沥青路面；沏泾江至盈湖路的环湖大道段，长3.7千米，宽7米，2008年建成沥青路面，金家庄南侧地段，湖

侧路面有防护墙；盈湖路至清水路（庙前江）的环湖大道段，长 0.7 千米，宽 5 米，2007年建成沥青路面；庙前江往北至大自然花园，单车道水泥路面，长 3.15 千米，宽 3~4 米。

2. 淀兴路

东起机场路，西至黄浦江南路，长 6.15 千米，宽 11~24 米，7 个路段不等，1994~2011 年建成或改建成水泥、沥青路面。其中（由东向西）：机场路至钱华路（淀兴路向东延伸段），长 540 米，宽 15 米，2011 年建成，沥青路面，二级道路；钱华路至东苑路（淀兴路东段），长 1.63 千米，宽 15 米，2003 年建成，水泥路面，二级道路；东苑路至曙光路，长 810 米，宽 15 米，2003 年建成，水泥路面，二级道路；曙光路至双娄江，长 355 米，宽 24 米，2011 年改建成沥青路面，一级道路；双娄江至朝南江桥，长 315 米，宽 21 米，2011 年改建成沥青路面，一级道路；朝南江桥至香石路，长 620 米，宽 24 米，2011 年改建成沥青路面，一级道路；香石路至黄浦江南路，长 1.88 千米，宽 11 米，1994~2004 年建成水泥路面，二级道路。

3. 盈湖路

原名中旭路，位于淀山湖镇南部，东西向道路，东起曙光路，西至环湖大道，全长 3.8 千米，宽 34 米。1992 年建成土路基，仅永字路到旭宝路。2003 年、2004 年、2006 年、2010 年四次进行路面建造、路段延伸建设，最后从路宽 7 米的水泥路面改建拓宽到 34 米的沥青路面，路长从 1.9 千米延伸到 3.8 千米，新建桥梁 7 座。2010 年 12 月 23 日，昆地办〔2010〕9 号文件批准，更名为盈湖路。

4. 新乐路（锦淀公路淀山湖镇段）

东起昆沪交界（石浦江），西至大自然游艇俱乐部（官里村），长 7.69 千米，路基宽 29 米（镇区范围外），路面机动车道宽 16.8 米、非机动车道宽 9.6 米，镇区 560 米路段，两边设人行道，各宽 3 米；新乐路段有桥梁 7 座，装路灯 258 盏，1992 年建成，水泥路面。

5. 永利路

东起曙光路，西至万园路。路宽 28.5 米，全长 3.5 千米。1994 年，新建水泥路面，东起中市路，西至复兴路（黄浦江南路），路宽 28.5 米，长 1.5 千米。2010 年，延伸永利路东段，东起曙光路，西至中市路，新建沥青路面，路宽 28.5 米，长 1.12 千米；延伸永利路西段，东起黄浦江南路，西至万园路，新建沥青路面，路宽 28.5 米，长 0.88 千米。永利路两侧有绿化带，装有路灯。

6. 南苑路

东起钱晟路，西至黄浦江南路，全长 3.63 千米。2004 年，建南苑东路，东起钱晟路，西至中市路，路长 2.93 千米，路宽 9 米；2013 年，建南苑西路，东起中市路，西至黄浦江南路，路长 1.7 千米，路宽 15 米。

7. 曙光路

北起北苑路，南至苏沪交界，全长 5.78 千米，路宽不等。

北苑路至南苑路，长 2.22 千米，利用原曙光路扩建。其中：北苑路至双马路南侧，长 900 米，路基宽 16 米，机动车道宽 15.2 米，无非机动车道，有 285 米路段单侧设人行道，宽 2 米，水泥路面；双马路南侧至南苑路，长 1.32 千米，路基宽 25 米，机动车道宽 15.2 米，设非机动车道，宽 6 米，有 490 米路段单侧设人行道，宽 3 米，水泥路面。

南苑路至苏沪交界上海市青浦区朱家角镇张家库自然村北树林，路线长3.56千米，一级公路兼城市道路，设计时速每小时80千米，路幅宽32米，其中机动车道宽21米，沥青路面，沿线桥梁8座，2009年竣工。两侧有绿化带，曙光路全路段装路灯267盏。

8. 黄浦江南路

淀山湖镇地段，南起中旭路（盈湖路），北至千灯镇交界处，全长4.32千米，宽30米。原名复兴路。1994年3月施工，1996年8月竣工，水泥路面；21世纪初，改造成沥青路面。2010年7月12日，昆地办〔2010〕2号文件批准，更名为黄浦江南路。两侧有绿化带，装有路灯。

9. 万园路

位于淀山湖镇西南部，南北向道路。南起湖滨路，北至新乐路，全长4.193千米，宽30米，沥青路面。1993年，由淀山湖镇市政工程公司建造，水泥路面，长3.7千米，宽40米。1996年6月3日，因路边建花园别墅，故命名为万园路。2008～2011年，改建成沥青路面。

10. 中市路

北起东大街，南至永利路，水泥路面，全长1.74千米（未含东大街向北延伸路段）。其中，中市南路，北起新乐路，南至永利路，1994年新建，路基宽28.5米，路长1.05千米，路宽16.5米；中市中路，北起淀兴路，南至新乐路，路长0.35千米，宽15米；中市北路，北起东大街，南至淀兴路，路长0.34千米，宽11米。2010年后，东大街向北延伸至教堂东侧。

11. 永字路

北起永利路，南至双永路，全长3.1千米，路宽6.4米。1986年建成通车，砂石路面；1994年改为沥青路面，2004年改建成水泥路面。

二、桥梁

据淀山湖镇建管所2015年8月统计，1980年至2015年期间，度假区社区范围内，共建造大小桥梁（涵洞）97座。详见相关村的村志。

三、供电

1985年，淀山湖镇建了35千伏变电所一座，容量16 000千伏安。1998年，为改善供用电设施，提高供电质量，进行"二改一同价"工程。家用电能表，由原来的机械电能表全部更换成电子电能表、智能化电度表，执行峰谷电量分时价格。

2017年，淀山湖镇拥有110千伏变电站1座、35千伏变电站2座，企业专变压器497台204 475千伏安、农村配变压器284台114 255千伏安，总容量318 730千伏安，高压输电线路26条，总长度292.67千米。

四、供水

1994年6月30日，在淀山湖畔度城潭西南侧，建成6万吨级淀山湖自来水厂，第一期工程3万吨级，总管网43千米；2006年年底，全镇管道连接市供水管道，同时淀山湖镇自来水厂停止制水供应。2007年第4季度，外围主干道供水管网改造完毕，全镇自来水全部接轨昆山区域供水总网。

2017年，所有小区均使用昆山自来水公司的直供水，普及率达100%。

五、天然气

2013年，君悦花园、福运庄园（二期）、福兴庄园等小区率先开通管道天然气。2017年9月，21个小区，累计6 983户开通使用管道天然气。见表3-2-1。

表3-2-1　　　　　　　　　　2017年9月度假区社区天然气开通一览表　　　　　　　　单位：户

小区名称	开通户数	小区名称	开通户数
淀湖桃源	435	淀山湖岸	25
富力湾	1 198	恒海国际	204
东淀湖庄园	26	绅园	58
福兴庄园	165	鹿鸣九里	148
福侬庄园	599	华纺上海湾易墅	189
福运庄园	53	宝镇湖滨别墅	189
韵湖国际花园	787	淀山湖花园	2 066
东湖佳苑	163	君悦花园	294
紫荆庄园	37	云湖	22
大自然花园	9	荷玛诗湾	36
纳帕尔湾	280	合计	6 983

六、污水处理

2004年5月，建立昆山新苑污水处理有限公司污水处理系统，年底前第一期工程建成，日处理污水能力2 000吨。

2006年，污水厂第二期工程日处理污水能力扩容到6 000吨。

2008年，污水厂第二期工程日处理污水能力，按A标准建设，扩容到1万吨，处理产生的污泥，经浓缩脱水后，送昆山靖丰集中焚烧处理，排放水质执行《城镇污水处理厂污染物排放标准》（GB18918-2002）一级标准的A标准。

2011年2月，启动第二期第一阶段日处理污水能力1万吨的扩建工程，使日处理污水能力达2万吨。

2017年，昆山新苑污水处理有限公司日处理污水能力达2万吨，社区污水处理能力得到全面提升。

七、雨水管网

2001年至2017年，在镇级道路铺设D400~D600排水管道124.8千米，设置窨井4 703只，窨井覆盖率100%。

第三节 公共服务建设

一、公共交通

2017年，度假区社区辖区内，有一个汽车站、13条公交线路，其中，出镇公交线路3条，进村公交线路6条，学生专线3条，过境公交线路1条；小区附近设有公交站点、公共自行车租借点。

1. 淀山湖汽车客运站

1995年7月2日，位于新乐路北、中市路西新建的淀山湖汽车站正式启用，客运班车和客流量逐年增加。

淀山湖汽车客运站有通往昆山客运南站（113路）、昆山客运北站（135路）、上海青浦客运站出镇公交线路3条；有汽车站通往红亮（255路），汽车站通往金家庄（257路），小学至香馨佳园、晟泰新村（353路学生专车），小学途经镇区至马安新村（354路学生专车），小学（老）途经镇区南侧淀辉新村至荷塘月色（355路学生专车），汽车站通往镇区、安上、民和、欧维五金（356路），汽车站通往石墩（357路），汽车站通往双桥环线（358路），汽车站通往永新环线（359路）9条公交线路。

2017年年底，淀山湖汽车客运站仍在原址。

2018年4月28日，昆山市交通运输局决定，在南苑路南、中市南路东落成的淀山湖汽车站新站启用，部分线路调整。公交113路、135路、255路、257路、356路、357路、358路、359路至淀山湖汽车站新站始发，同步关闭淀山湖汽车站老站。

2. 公交线路

2018年4月28日起，淀山湖汽车客运站通往度假区社区，主要有257路、359路2条公交线路。周庄至上海轨道交通11号线江苏延伸段花桥站的游7线路在社区过境；淀山湖汽车客运站通往昆山的113路和135路、通往青浦17号轨道交通线的直达公交车、镇内255路、356路、357路、358路，都因启用新汽车客运站后，在社区内行走一段路程（详见以下线路走向示意图）。3条学生专线通行线路不变。

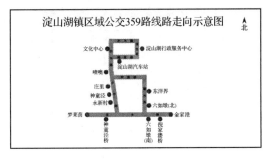
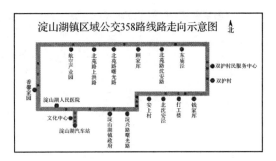
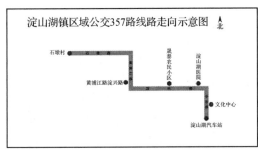
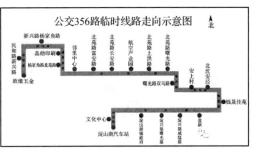

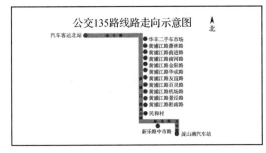
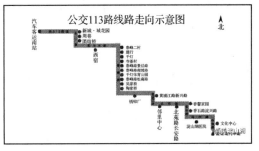

淀山湖镇度假区社区公交线路图

3. 公共自行车租借点

淀山湖镇围绕"生态立镇",打造"蓝天、碧水、绿地、休闲"的生活空间,2012年完成旅游度假区内自行车道布局规划。是年第4季度,淀山湖镇民生工程之一的公共自行车及智慧单车系统开通。

2017年,全镇设立公共自行车租借点51个,度假区社区范围内占了绝大多数(见下图)。

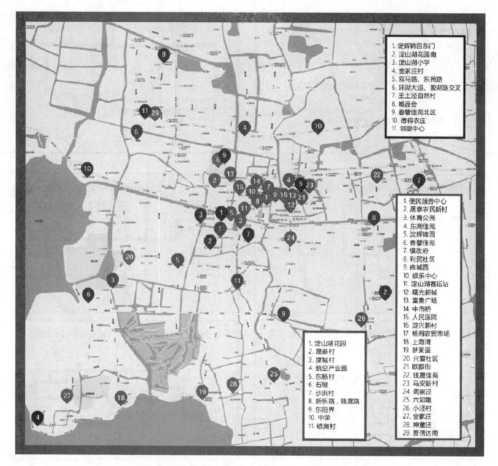

2017年淀山湖镇公共自行车租借点1~3期地图

二、加油站

中国石化淀山湖加油站，位于新乐路北侧、陆虞浦西岸，在东湖水岸与老汽车站之间。

三、淀山湖镇生活垃圾资源化处理中心站

淀山湖镇生活垃圾资源化处理中心站，位于淀山湖商城西南角、道褐浦东岸，是淀山湖镇2017年民生实事工程之一，按照农村生活垃圾分类就地处置全覆盖要求，根据镇村统筹、就地处置原则设置的。生活垃圾资源化处理中心站土建工程，由镇强村公司于2017年3月1日开工建设，建筑面积288平方米，设计规模可安装两台5吨生活垃圾资源化

淀山湖镇生活垃圾资源化处理中心站

处理机，土建工程于是年4月底竣工，5月下旬室内装修结束并进行设备安装。

一期工程通过政府采购一台5吨生活垃圾资源化处理机，生活垃圾分类就地处置范围为淀山湖农贸市场安上村、杨湘泾村及镇区周边部分餐饮业的餐厨垃圾。是年6月底试运行，

7月正式运行,日处理生活(有机)垃圾6吨左右。

四、公共厕所

社区村庄、镇区、住宅区外的交通主干道上,建成1座高标准水冲式厕所、4座AAA级旅游厕所。

1. 水冲式厕所

2017年,盈湖路与环湖大道交汇处的半马草坪广场,建成1座高标准水冲式厕所,在10月"2017淀山湖追日半程马拉松赛·550乡村马拉松第八站第二届"赛事举行前投入使用。其他社区、村级厕所,见淀山湖镇相关社区、村志。

2. AAA级旅游厕所

2018年,现代旅游业逐步发展,淀山湖镇旅游基础配套设施逐步完善,厕所革命落到实处,选址盈湖路(黄浦江路与小千灯浦之间)上的盈湖公园、望金路与环湖大道交汇处、金家庄停车场和神童泾公园4个位置,建成4座AAA级旅游厕所。

4座厕所建筑面积127~207平方米不等,选用花岗石、毛石、木材、玻璃等自然环保材料,有机地与周围环境融合,形成简中式、现代时尚等设计风格。淀山湖畔的金家庄停车场厕所,设置二楼观光平台,让游客在湖畔体验登高望远的视觉享受。厕所内部尺寸和布局,严格按照AAA级旅游厕所标准建设,设置了独立的家庭卫生间、无障碍卫生间、母婴室、工具间和管理间等功能区域,配备儿童洗手池、儿童坐便器、婴儿护理台和婴幼儿安全座椅等人性化设施,提供电源插座、呼叫器、座椅等急救、休闲设施;厕所管理制度、保洁标准、保洁员信息以及投诉电话等制度张贴到位,注重厕所管理规范化和长效化,增强厕所建设的软实力。

神童泾公园厕所

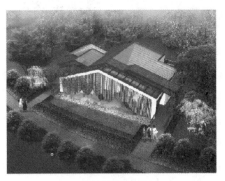

盈湖公园厕所

金家庄停车场厕所

望金路—环湖大道交汇处厕所

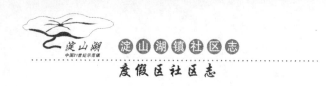

第四章 生态旅游

淀山湖镇旅游度假区利用自然生态、区位交通、项目集聚等优势，成立淀山湖镇旅游公司，开设淀山湖生态旅游区，发展休闲运动、观光度假、酒店会展、农事体验、民宿美食等旅游产业。

生态旅游区文化底蕴深厚，有唐乾符六年（879年）黄巢农民起义军筑城垣的度城遗址、三国时期的吴国太出资兴建福严禅寺（碛碨寺）遗址、1700年的江苏树王碛碨古银杏；有旭宝高尔夫球场、梦莱茵帆船俱乐部、大自然游艇俱乐部、富力湾游艇俱乐部、乐营淀山湖国际营地等游乐场所；还有休闲运动、观光度假、酒店会展、农事体验、民宿美食等旅游产业，吸引大批城镇居民前往购房、度假、观光。

第一节 生态旅游区

以淀山湖旅游度假区为载体的度假区社区，区位优势得天独厚，交通十分便捷，东距上海虹桥机场28千米，西离苏州城区40千米，苏沪高速、苏虹机场路穿镇而过。

1994年7月，淀山湖旅游度假区被批准为省级旅游度假区，确立"和谐自然，示范未来"的发展理念，凭借得天独厚的区位优势、超前规划的基础优势和内涵丰富的人文优势，高起点、高规格地有序开发生态旅游区，向休闲度假、生态观光、运动会务集一体的湖滨休闲型旅游度假发展。

生态旅游区拥有闻名遐迩的旭宝高尔夫球场、国际顶尖的大自然游艇俱乐部和休闲时尚的梦莱茵帆船俱乐部，别墅开发各有千秋，既有东南亚风格，也有意大利米兰风格；既有丹麦小镇风格，也有地中海欧式风格；既有草原式、园林风格，也有江南型等中式风格，吸引大批城镇居民前往购房、度假、观光。

生态旅游区人文优势不可多得。三国吴国国主孙权母亲种下的银杏树，树龄有1700多年，被誉为"江苏树王"；唐朝农民起义领袖黄巢驻扎过的度城和度城潭风貌犹存；福严禅寺曾有"天下第一寺"之称。

生态是淀山湖旅游度假区"环境美区"的优势条件，区内小河纵横交错，水生植物种类繁多，淀山湖一泓碧波，旭宝高尔夫俱乐部四季如春，生态大道绿意盎然。区内深厚的文化底蕴、湖光水色、拱形石桥，折射出旅游度假区的水之美、桥之古、树之奇、潭之幽。

生态旅游区发展休闲运动、观光度假、酒店会展、农事体验、民宿美食等旅游产业。以"休闲、文化、健康"为主题内涵，锁定"国际大都市卫星度假城"发展目标，形成"两心、两轴、二带、四点、八区、九主题"的框架布局，全面形成"高档会议、体验运动、水上活动、水乡疗养、生态观光、乡野休闲、时尚商务、人文古迹和农家乐趣"九大主题。

第二节 文化遗迹

一、度城遗址

1997年，"度城遗址"公布为昆山市文物保护单位，位于度城村、兴复村交界处（今东桥善渡桥、西桥度城桥），直至度城潭北。2003年制作完成保护标志碑，立于度城桥西堍北侧，碑高0.92米，宽0.6米，花岗石质地。保护标志碑正面写："《度城遗址》四个大字。"背面写："'度城遗址'地处淀山湖镇西南复光村。唐乾符六年（879年）黄巢农民起义军在此筑城垣，南宋时能见城壕和城砖，后被淹没。"1958年，曾把度城潭水抽干，发现了古井、陶罐及石板铺设的街道。

2009年7月，苏州市考古研究所与昆山市文管所组成考古队，联合对昆山富力湾房产项目建设地块史前文化遗存进行考古勘探、调查，遗存主要分布在淀山湖以东，度城潭以西，富力湾别墅以南，范围较广。（详见《度城村志》）

二、福严禅寺

福严禅寺，又名碛碨寺，位于杨湘泾镇南2千米处的永新村碛碨自然村，碛碨寺因此得名。据清代秦立纂的《淞南志》（1805年刻本影印）记载，相传建于吴大帝孙权赤乌年间（238~251年），由孙母吴国太出资兴建，宋祥符中赐寺额。宋南渡后重修，殿梁上书吴郡守孙汝权同妻钱玉莲喜舍。元代至元（1264~1294年）初年，寺僧友山复鼎新。据《淀山湖镇志》记载：中华人民共和国建立初，福严寺尚存大雄宝殿和数间庙房，内有大铜钟一口，外有几个直径1米左右的石鼓磉，大雄宝殿西侧有1棵树龄达1700年的古老银杏树。中华人民共和国建立后，大雄宝殿佛像被毁，大雄宝殿先后被用作临时粮库、大队办公室、代购代销点等。1978年拆除，拆除材料一部分送往淀东公社，一部分留大队建造商店和翻建学校等。（详见《永新村志》）

第三节 游乐场所

一、旭宝高尔夫球场

1992年3月8日,中国台湾旭宝集团经批准,投资2 500万美元,创办昆山淀山湖体育游乐有限公司,在兴复村以南、永新村以西、淀山湖以北、度城村以东的范围内,修建旭宝高尔夫球场,占地2 000亩左右,土地以租赁方式给台商使用。旭宝高尔夫球场为亚洲九大高尔夫球场之一,1996年10月底试营业。2006年扩建9洞完成,成为完整的36洞球场,并保留其中18洞作为会员专属球道。球场充分利用江南水乡蜿蜒曲折的天然地貌,精心设计,使环绕在球道两旁的长草与湖河、诡异多变的风势及起伏多变的球道,能给予球友最激烈的挑战。球场紧临淀山湖,江南水乡的美景完美融合于球道之间,使人有浑然天成的感觉。球场冬季播种冬季草,在任何季节都保有青翠绿草。球道上布置36座中国明清石兽石雕,为全世界球场独一无二的创举。

二、梦莱茵游艇俱乐部

梦莱茵游艇俱乐部,又名梦莱茵游艇(帆船)俱乐部,法人名称为"昆山梦莱茵水上运动俱乐部有限公司",地处淀山湖东北岸环湖大道南侧,由昆山宝镇房地产开发有限公司台商周肇源投资2 500万元兴办;2008年8月动工,俱乐部于2009年建成开放。2011年3月,经批准,又建5个水上屋、一个会议厅、一个婚礼厅以及大平台1 250平方米。截至2012年年底,俱乐部有会所600平方米,有中餐厅、铁板烧、咖啡厅、户外烧烤区、游泳池、SPA、桑拿室、骑马场、客房;船坞水面积5 000平方米,有豪华游艇3艘、帆船10艘、摩托艇5艘、观光船3艘;观景平台1 500平方米,每年吸引苏沪周边以及欧美游客1万人次以上。

梦莱茵游艇(帆船)俱乐部成立之前,宝镇房地产开发有限公司在其北侧投资7 500万元,建造淀山湖宁静湖边别墅43幢,建筑面积1.7万平方米,占地80亩,其中绿化占地40%以上。

三、大自然游艇俱乐部

大自然游艇俱乐部,位于淀山湖镇新乐路西端赵田湖畔,是长三角地区尊贵的游艇会。大自然国际游艇会码头,设有120个标准游艇泊位,30个干仓位,可停泊大型动力艇、小型动力艇和摩托艇,另有不同型号帆船的停泊位,为不同类型的消费群体提供多样的选择。大自然游艇俱乐部地上四层、地下一层,总建筑面积达12 000平方米。建筑设计新颖,造型豪华气势,内装修富丽典雅,集餐饮、住宿、会议、休闲娱乐、游艇综合服务于一体的五星级私人会所;拥有27间豪华客房和套房及健身中心、室外游泳池、红酒雪茄吧、棋牌室等休闲设施。大自然游艇俱乐部在淀山湖北端赵田湖中央打造了一个纯生态自然人工岛屿，小岛占地 13 亩，为鸟栖息地。小岛上设有中式茶楼、小型高尔夫练习场、湖中钓鱼台，可供宾客休息、喝茶洽谈、观看日落、高尔夫球练习、钓鱼等休闲活动。小岛茶楼配有地暖系统，茶楼内照明采用风车能源发电，秉持绿色、自然、环保的全新理念。

四、富力湾游艇俱乐部

富力湾游艇俱乐部，位于淀山湖镇万园路度城潭北，按国际标准建设，设有 30 个标准泊位，并配备一流的充电、加水、修船等完善设施，拥有各类游艇 8 艘和其他水上游乐项目，是集运动、休闲、娱乐为一体的高级休闲度假村。2018 年年初，暂停对外营业。

五、乐营淀山湖国际营地

乐营淀山湖国际营地，位于淀山湖镇曙光路东侧，在原七彩田园的基础上改造、增项、拓展而成，集青少年素质教育、中小学研学旅行、企业拓展培训和亲子休闲业态一体的综合性营地。营地总面积 520 亩，其中自然水域 220 亩，区位优越，周边配套齐全。营地内设置 ATV 全地形车赛道、丛林穿越、真人 CS、皮划艇、桨板、帆船、攀岩墙、游泳池、足球场、网球场、室内体育馆等活动设施，同时拥有湖心咖啡吧、澳大利亚进口房车、学生宿舍楼、综合教学楼、演艺大厅等配套设施，常驻导师及运营人员近百人，是华东地区活动最丰富、设施最全、服务最佳的标杆性营地。2018 年年初，试营业。

附：淀山湖东方游乐园

1995 年，旅游业的发展迈出了实质性步伐。淀山湖东方游乐园首期工程投资 5 000 万元，占地 39 万多平方米，水域面积 33.35 万平方米，其中湖滨泳场 15 万平方米，可供 2.5 万人共泳，另有水上降落伞、水上摩托车等一批项目，当年 8 月 8 日试营业，没搞庆典仪式，迎来首批游客。

1996 年，东方游乐园改变了单一游泳格调，增添水上滑槽、跑马场等项目，配套拓展，吸引游客，并与美国格兰特公司洽谈成功，投资兴建游艇俱乐部，6 月 28 日正式开张，对外迎客。

1997 年，东方游乐园在常规营业基础上，8 月 27~31 日由国家体委主办、昆山市政府协办，格兰特游艇俱乐部承办的"97 全国摩托艇锦标赛"，在淀山湖镇东方游乐园湖面举行，有 11 个省级代表 74 名运动员参加。

1998 年，东方游乐园引进卡丁车、狩猎场、俱乐部等项目，旺季接待游客 3 万多人次。两年后，东方游乐园因经济效益不佳，处于亏本经营状态，20 世纪末关闭。这块园地后转为房地产业开发，成为大自然（昆山）置业有限公司开发大自然花园项目的用地。

第四节　区域景观

度假区社区（生态旅游区）区域景观，有休闲运动、观光度假、酒店会展、农事体验、民宿美食等旅游产业。

一、北岸公园

淀山湖北岸公园，位于淀山湖东北岸环湖大道北侧，公园设计以淀山湖为依托，结合旅游度假区特有的自然地理条件优势，打造一个近水、临水、入水的综合性文化、康乐、休闲、生态公园。整个北岸公园，包含进入公园的1.5千米双永路银杏大道、3千米的环湖大道景观绿化工程、金家庄西侧生态林、音乐广场、婚庆广场等，沿线可见研祥科技产业基地、梦莱茵游艇俱乐部、真爱码头等。淀山湖北岸公园，为市民提供了一个丰富多样的度假、休闲、康乐、文化好去处，成为淀山湖旅游度假中心对接上海、服务地方经济发展、提升城镇形象的一张名片。

二、度城潭历史文化公园

度城潭历史文化公园，位于淀山湖东北，水域面积15.6万平方米。相传唐末黄巢农民起义军曾经在此筑城驻扎，宋代韩世忠在此屯兵抗击金兵。度城潭环境秀美、风光迷人、文化昌盛。历史文化公园本着有效保护和利用度城潭的生态资源和人文资源的理念，结合潭边形成的游船码头以及商业街，建于度城潭周边，最大限度展现历史文化原貌，给游客提供一个品位自然、赏古论今的休憩胜地。项目完成规划设计、论证，2017年年底开始动工。

三、六如墩小游园

六如墩小游园位于六如墩自然村，以建设美丽村庄为目标。通过提升村庄风貌，带动产业发展，在原有村庄环境整治基础上，继承村庄传统文脉，从绿化景观、休闲设施配套、道路交通、河道水系清理等方面进一步提升，建设景观桥、休闲凉亭、生态廊架、滨水广场、水乡特色乡道、亲水平台、荷花池等设施，2012年年底建成六如墩小游园。

小游园依托葫芦鱼塘，建设垂钓中心。六如墩最大的亮点是村内两个鱼塘，从高空往下看，形似葫芦，成为六如墩的地标。村口树立葫芦标志，开辟从少

六如墩小游园

到多的葫芦种植园。六如墩小游园垂钓中心，带动周边垂钓业，形成特色休闲产业。

在村边扩大果树景园种植面积，提升美丽村庄整体效果。果园种植桃树、梨树、葡萄等，实现果园包围村庄，使六如墩自然村形成一个"回"字形，外面为农田，中间为果园，里面为村庄，为休闲观光及采摘产业做铺垫。

变闲置农舍为"农家乐"及"民宿"，发展饮食及住宿行业。

四、红星果品基地

红星果品基地，位于曙光路东侧，2010年年初，经昆山市工商局批准，成立淀山湖红星果品基地。2011年，红星果品基地新、老桃园总面积406亩。果品基地生产优质锦绣黄桃、水蜜桃、油桃、翠冠梨、黄花梨和蜜橘、芦柑等水果。

五、晟泰优质稻米基地

晟泰优质稻米基地，位于淀山湖镇东南侧，占地面积6 973亩，其中可种粮食作物面积5 708亩、河沟等水产养殖面积1 670亩、村庄面积175亩，涉及晟泰、红星两个村46组796户。

1983年，农村实行家庭联产承包责任制，产业结构发生变化，乡镇企业蓬勃发展，农村劳动力大量转移。新情况下，全村农田由承包大户承包种植，形成规模经营。

进入21世纪，在国家各级政府关怀和重视下，晟泰优质稻米基地完善道路、林网、沟渠、土地整治等建设，形成"田成方、沟相通、路相连、树成行、旱能灌、涝能排"的现代化农业优质稻米基地。同时添置大中型农机，搞好"田容田貌""生产用房、场地"改造；探索示范园区运作模式，推广优质水稻新品种和测土配方施肥技术，严格按照无公害水稻栽培技术操作规程组织生产，示范推广水稻机械化种植和收获，实施优质大米生产。

六、其他公园

1. 体育公园

体育公园位于中市路西侧、淀辉路南侧，景观总面积约21 000平方米。公园设体育运动、休闲活动、水上舞台与水上游乐活动区域，内有篮球场、轮滑跑道、步道、门球场以及水上舞台等设施，可以满足不同年龄人群的体育、娱乐活动需求。

2. 忻康公园

忻康公园，又名文化公园，位于振淀路西侧、公园路南北两侧，1993年修建而成。2015年，与南侧的和馨园合称为忻康公园。

公园绿荫环抱、花团锦簇，以大片区草坪、大色块花坛为基调，以精美小品点缀，勾勒出风情万种的园林式公园。园内建有各式桥梁、亭榭、假山、石雕，名贵黑松、桂树成行。公园里，春秋有花，夏季有荫，冬季有青，曲桥流水，亭廊雕塑，湖光水色，风光独特，是群众休憩的好去处。

3. 盈湖公园

盈湖公园，位于盈湖路，在黄浦江路至万园路之间，盈湖路南北两侧。利用自然河道，沿河设有观光栈道。公园高低起伏，绿树成荫，四季常青；园内适当位置设有座椅，供游人休憩。公园建有 AAA 级旅游公共卫生间一座。

4. 神童泾小游园

神童泾小游园，位于环湖大道双永路地段北侧，研祥智能科技产业基地对面。公园绿树成荫，适当位置设有座椅，建有 AAA 级旅游公共卫生间一座。

5. 香馨公园

香馨公园是香馨佳园的辅助设施，园内花木茂盛，绿草如茵，是人们休息的好去处。

附：七彩田园

红星果品基地周围，建有现代农业生态园，名为七彩田园。七彩田园引进不同品种的棚架梨、葡萄、石榴、柿子等水果品种，优化生态环境，垂钓、就餐、观光等基础设施初具规模，内有天然的河浜，开挖的鱼池，人工建筑的砖拱小桥，休憩乘凉的或避雨的五角亭子，一应俱全，成为一个集农业生态观光、餐饮娱乐、会务接待于一体的高效农业休闲观光园。2018 年年初，改建成乐营淀山湖国际营地。

第五节 古树名木

碛磧古银杏，别名帝王树，位于永新村碛磧自然村永字路西侧。树高 23 米，干径树围 3.8 米，基部树围 5.1 米。2004 年，经江苏省建设厅组织园林绿化行政主管部门普查核实，树龄 1 700 年，为江苏省树龄之最的一级古树名木。2006 年 12 月，被淀山湖镇绿化管理所列为"昆淀 001"保护名木。2017 年，保护完好。

碛磧古银杏，相传三国吴国国主孙坚夫人到姑苏省亲，得知淀山湖畔的碛磧寺有神灵，慕名前往烧香拜佛。孙夫人在寺僧济世的引领下，移步祈嗣殿，亲自点上满斤重的印度顶尖香蜡烛，闭目合手，双膝下跪，虔诚地向佛祖参拜。孙夫人对佛祖的一片诚心，深深地感动了济世和僧众。在济世的请求下，孙夫人在寺院中栽下一棵碗口粗的银杏树，又亲自为它培土浇水，系上红绸带，以示吉祥。于是，该树就长成了当今的千年古银杏。

碛磧古银杏，历经了无数次天灾、人祸，雷击使古树主干外皮几乎近半不复存在，枝叶包裹中的干枝，虽然没了树皮，却枝叶依然青翠，遒劲有力。

千年古老银杏，树身参天，枝丰叶茂，总是似一位鹤发童颜的耄耋老人，为古老而文明的土地甘当历史见证人。银杏树历经 1 700 多年，始终保持着旺盛的生命力，每年挂果不断，给村民们带来了许多乐趣。21 世纪初，政府部门在古银杏树的周围砌了一圈保护栏，并制定了保护措施。

2016 年，政府部门实施古树保养实事工程，清除枯枝，脱皮部位抹桐油，避免雨水渗透到树的内部，以利于古树的生长。

2017 年，政府部门将古银杏周边的砖砌护栏改建成木栏，周围铺上木地板，并配上了"简介"宣传栏，景点品位大为提高。碛磧村的古银杏，枝丰叶茂，生机勃勃。阳春三月，百花争艳，古银杏树，毫不逊色，悄悄披上一层绿纱；盛夏季节，银杏叶片，好似蝴蝶，翩翩欲飞；深秋季节，银杏树叶，片片金黄，灿烂无比，每当落叶时节，地上如同铺上了一层金黄色的地毯，引来无数游客驻足观看。千年古银杏，美丽古银杏，为"尚美淀山湖"增添了一道亮丽的风景线。

第六节 农家乐

"农家乐"，空气清新，环境优雅，可观湖光水色、田园风光。游"农家乐"，品农家菜，体验农家生活情趣。

2017年年底，据不完全统计，度假区社区内有"农家乐"17家（不含镇区）。见表4-6-1。

表4-6-1　　　　　　　　2017年年底度假区社区部分"农家乐"一览表

序号	名称	地址	序号	名称	地址
1	湖畔人家	度城村南巷	10	浅水湾农家乐	永新村神童泾
2	东村农家乐	度城村东村	11	满庭芳	永新村六如墩
3	古桥人家	度城村	12	宴江南农家乐	永新村
4	度城农家乐	度城村	13	金家港农家乐	永新村
5	鑫海农家乐	度城村	14	新成农家乐	永新村
6	淀湖人家	度城村	15	桃花岛农家乐	红星村
7	阿德农家乐	度城村	16	东阳界农家乐	红星村
8	湖滨农家乐	度城村	17	紫湘源农家乐	红星村
9	上海人家	度城村			

第七节 特　产

大米、玉米、黄桃，堪称淀山湖"三宝"。

一、淀小爱大米

良田织锦绣，田肥稻米香，独特的地理位置和气候条件，形成了淀山湖大米特有的品质。区内水系纵横，日照充沛，天然河水灌溉，土壤肥沃，其所产水稻加工的大米，颗粒饱满，软硬适中，甜糯弹牙，美味营养，是真正的健康、绿色、安全主食品。淀山湖大米，注册为淀小爱大米。

二、有机玉米

依托淀山湖得天独厚的地理生态优势，采取有机种植，使得玉米锁住丰富的营养成分，口感甜糯，绿色健康，富含维生素、植物纤维和多种营养物质，养胃助消化，好吃又营养。比起普通玉米，淀山湖玉米口感更软糯、美味。

三、红星黄桃

红星黄桃，获得国家级绿色食品标志使用权，注册"淀甜"牌商标。"淀甜"牌黄桃，色泽饱满，甘甜多汁，营养丰富，口味独特，甜多酸少，堪称保健水果、养生之桃，市场上供不应求，深受人们的青睐。

第五章 实事实录

第一节 淀山湖镇旅游度假单元控制性详细规划

2012年，淀山湖镇制定了旅游度假单元控制性详细规划（以下简称"规划"）。规划范围：北至南苑路、盈湖路，东至双永路，南临淀山湖，总面积890.65公顷。功能定位：滨湖休闲度假胜地和滨水生态商务社区，向功能多元化、服务高端化、发展低碳化目标发展。规划理念：一是优先保护生态环境，维持自然水域环境，丰富绿化建设模式，严格控制开发容量，加强资源节约利用；二是积极拓展休闲产业，依托资源优势，做大、做强、做精休闲度假产品，包括娱乐休闲、体育休闲、保健休闲、乡村休闲、饮食休闲等，完善相关配套服务功能，突出高端化和特色化；三是有序开发生态商务，在加强以旅游业为主导的现代服务业发展的同时，鼓励发展商务办公等生产性服务业，建设文化创意服务外包、研发设计、区域总部等特色商务社区，突出滨水生态特色；四是全面提升空间品质，合理布局类型丰富、形式多样、功能多元的公共开放空间，构建特色空间体系，整体引导建筑形态，强化地域个性特征。

规划旅游度假用地1.66平方千米，总建筑面积控制在160万平方米内，其中旅游配套服务设施不低于60万平方米，商务办公设施约50万平方米，生活配套设施不超过50万平方米，配套建设2 000个旅馆床位，提供约2万个就业岗位，可容纳1万~1.5万人居住。

"规划"对用地布局设计形成"一带三廊、三片三点"的结构：形成环淀山湖生态风光带（一带），以滨水休闲景观道路，串联观湖游憩场所和配套服务设施；依托栅桥江、横娄江、南巷江形成的三条生态绿化廊道（三廊），分隔区内各功能片区，加强镇区生态系统与淀山湖区的空间联系；建设度城文化休闲区、旭宝康体养生区、金家庄生态休闲区（三片），为区内主要休闲游览景区；结合良好的自然景观，开发三个生态商务社区（三点），吸引国内外公司在此设置总部办公科研机构、休闲会所等设施。

"规划"还对综合交通方面的路网体系、公共交通、慢行交通、水上交通和绿地水系方面的生态绿地、水系进行了规划。

"规划"进行了设计引导。一是空间景观结构，依托水系、绿地及旅游度假设施，打造"一带五廊六节点"的景观格局。淀山湖生态风光带，以环湖路为空间载体，以湖光水色、临湖湿地、绿化景观、亲水岸线为特色，展示湖水之美。以南巷港、小千灯浦、栅桥江生态景观廊道为自然生态景观特色，体现自然野趣之美；彭安泾江、横娄江亲水休闲景观廊道，结合水系、绿化环境和旅游度假设施，以滨水栈道、软硬结合的驳岸、游憩设施，打造连接镇中心区和湖区的亲水休闲廊道。打造度城传统人文景观节点、横娄江现代风貌景观节点、金家庄现代风貌景观节点，融入旅游度假区自然景观之中；依托滨湖生态休闲公园、全民健身公园、水上运动公园，形成以绿化环境、湖面风光、休闲游憩为主的滨湖游憩景观节点。二是建筑高度分类控制。

"规划"对给水、污水、雨水、供电、通信、燃气工程等公用设施，对环境保护、环卫工程，对抗震、防洪、消防、人防综合防灾方面，进行了控制性详细规划。

第二节　淀山湖追日半程马拉松赛

一、2016淀山湖追日半程马拉松赛

2016年10月15日15:30，"2016淀山湖追日半程马拉松赛·550乡村马拉松系列赛第八站"，在昆山市淀山湖镇鸣枪起跑。来自全国32个省、直辖市、自治区、90多个城市以及海外的2 000名马拉松爱好者，相聚淀山湖，共逐落日，圆梦淀马。

淀山湖追日半程马拉松赛，以"尚美淀山湖，追日马拉松"为主题，60%环湖线赛道为特色，比赛起点设在盈湖路，终点设在环湖大道，途经黄浦江南路、永利路、扬帆路、淀湖路、中市路、曙光路，设男女半程马拉松和4.6千米欢乐跑两个项目。在多方配合下，比赛历经3小时于下午18:30完美收官。经过紧张激烈的角逐，林鑫以1小时09分55秒摘得半程马拉松男子组桂冠，亚军李鹏的成绩为1小时14分40秒，季军敖振鑫的成绩为1小时16分07秒；焦安静以1小时25分33秒夺得女子组冠军，亚军孔洁、季军李梅的成绩分别为1小时31分09秒、1小时31分49秒。

二、2017淀山湖追日半程马拉松赛

2017年10月15日下午，"2017淀山湖追日半程马拉松赛·550乡村马拉松第八站第二届"赛事在淀山湖镇顺利举行，来自全国24个省、65个城市以及美国、澳大利亚、德国等1 645名选手参赛。本场赛事进一步推动了淀山湖体育与旅游的融合发展，将淀山湖镇"追日半程马拉松"打造成昆山的特色品牌赛事，推进体育休闲文化的传播。

通过激烈角逐，A0266选手俞晓逸、B0096选手焦安静，分获"青春不打折"科目男、女第一名；C0194选手张俊锋、D0045选手杭纯，分获"致青春"科目男、女第一名；E0030选手吴友金、F0003选手徐井艮，分获"奔跑人生"科目男、女第一名。

赛事举办恰逢党的十九大前夕，为此加大了赛事安全保障投入，投入安保人员383人、

医疗人员146人，安放交通铁马1150片（每片3米）、锥形桶900个，配备AED医疗急救设备20台、市急救中心救护车4辆，及救援摩托三轮、救援水警船、公交车等一批安保设施。

2017淀山湖追日半程马拉松赛围绕"发现美"的核心概念思路，通过各种创意形式及产品展示，将淀山湖的"四美"与赛程完美融合，将淀山湖的"城镇精美、环境优美、生活和美、百姓善美"充分展现在参赛者和游客眼前，从赛程的各个节点形成一个发现美的旅程，所有参赛者和游客在这场旅途中触碰淀山湖的城市灵魂，探寻"淀山湖四美形态"，打造淀山湖城镇名片。

赛前通过天气的研判，活动当天可能有雨，活动主会场搭建了避雨帐篷，为游客和现场工作人员准备了2000件雨衣，同时准备了暖身的姜汤6桶，为到场人员送去温暖的关怀。

赛事在主会场设置了3D银杏树、淀山湖三宝等场景供游客拍照体验，7个葫芦娃巡回拍照。

赛事成功申请中国田径协会认证B类赛事，为参赛选手提供了一场更专业、更具影响力的半程马拉松。全新的赛事VI系统，全新的视觉效果，赢得各界好评。

三、2018淀山湖追日半程马拉松赛

2018年5月20日下午，一场以"追逐落日·追你所爱"为主题的"2018淀山湖追日半程马拉松赛"，在美丽如画的淀山湖畔如约开跑。

2018淀山湖追日半程马拉松赛（以下简称"赛事"）共吸引了近2000名选手报名参赛，赛事由淀山湖旅游发展有限公司主办，"550为梦想奔跑"承办。参赛选手中，外籍选手19名，分别来自9个国家和地区；祖国大陆选手来自16个省或自治区46个城市，连续参赛2次及以上选手比例高达53%。赛事设置了"青春不打折"和"致青春"两个组别。

时间安排与前两届不同，赛事比赛日期从10月份调整为5月份；主办方对赛道进一步优化和丰富，赛道减少4处转弯，有利于选手跑出好成绩；比赛设置60%环湖线赛道，让参赛者在奔跑途中欣赏到淀山湖的湖光美景；下午鸣枪的"追日"半马，给参赛者带来独一无二的"追日"体验。

经过激烈比拼，来自肯尼亚的选手Hosea kiplagat以1小时10分52秒的成绩脱颖而出，拔得半程马拉松赛头筹。各分组男女前三名成绩见表5-2-1、表5-2-2。

表5-2-1　2018淀山湖追日半程马拉松赛"青春不打折"男女前三名成绩一览表

名次	男子组		女子组	
	姓名	成绩	姓名	成绩
1	Hosea kiplagat	1：10：52	魏秀华	1：31：25
2	Hosea kipkemoi	1：10：53	陈　燕	1：32：51
3	张立钢	1：12：13	黄　文	1：33：56

表 5-2-2　　　　2018 淀山湖追日半程马拉松赛"致青春"男女前三名成绩一览表

名次	男子组		女子组	
	姓名	成绩	姓名	成绩
1	王其龙	1：18：38	张雅静	1：30：48
2	Mele virgilio	1：19：51	吴秀娟	1：34：57
3	吴亚斌	1：20：34	曹国芳	1：35：15

为丰富选手参赛体验，主办方在赛事主会场设置了音乐节、美食节和游艺专区，提供了一应俱全的赛事服务，让众多参赛选手跑得流畅、听得欢畅、吃得舒畅、玩得酣畅。一次满满当当的感官体验"全垒打"，真正追出了幸福感！

追逐一次梦想，赛场内外皆为跑道；逐日美丽湖滨，后勤保障亦是风景。在主赛场及各赛段的补给点，在每一个职责使命的先锋岗，安保人员、医护人员、执勤人员以及"一抹绿意"的志愿者全情付出，在跑道之外延伸着"追日"精神！

比赛诸多细节事例，印证着淀山湖镇举行、保障大型赛事活动的"半马水准"，折射出小镇的"尚美精神"——攻坚克难、迎难而上、敢于奋斗！

半程马拉松是一项参与性很广的体育运动，也是城镇品牌推广的有效手段。淀山湖镇进一步推动旅游与体育产业融合发展，通过推进 3A 景区创建，加快乡村田园创意综合体建设，培育复合型体育旅游产品，吸引更多游客前往，为淀山湖镇的发展不断注入新的生机与活力。

赛事的主办方贴心为大家准备了绿豆汤和姜汤，让赛友无后顾之忧，尽情跑出好成绩。一群充满青春正能量的表演艺术家，给大家带来了一场激情似火、活力四射的演出。与其说淀马是一段马跃湖滨的奔跑赛事，不如说赛事成了一场激情洋溢的全民盛会。

第三节　淀山湖镇稻香节

一、2016 淀山湖镇第一届稻香节

2016 年 11 月 12 日，淀山湖镇举办"乡伴好时光乡村旅游系列活动"之一——稻香节，在风吹稻香的季节，淀山湖镇黄浦江路与石墩路路口，人们漫步于金色稻田，稻花飘香，柔风沁人。现场欣赏淀山湖农家割稻、收稻、打稻全过程，感受那些不知"稻"的事，领略水乡别样风情。活动期间，还举行全市优良大米品种评选，由现场观众试吃并投票。在稻香节期间，市民还体验到各种乡间的乐趣。在稻文化体验上，学习并使用老农具，自己来割稻、捆稻、晒稻和打稻。稻田运动会上，有运稻、挑水、拔河、射箭、打弹珠、推铁圈、跳皮筋等游戏，让人重温旧时光。稻香节上，有稻草迷宫、稻草人创意大赛、DIY 米食、包粽子、做汤圆等趣味比赛。活动期间，还设置时令集市，时令新米，各镇区特产，让人品尝。

二、2017 淀山湖镇第二届稻香节

2017 年 11 月 11 日，昆山乡村旅游十大主题活动之一的"乡伴好时光"之 2017 淀山湖镇第二届稻香节，在盈湖路永新村农业中心举行。淀山湖稻香节系列活动：观农民农耕展示、赏稻草雕塑景观、玩趣味农事运动、品原生稻香风情、忆悠悠乡愁，深度体验传统农耕文化的底蕴和魅力，传播稻米文化，深化"大手拉小手"亲子活动，谋划农业与旅游业深度融合发展。

现场气氛热烈，46 组招募家庭参与活动，散客上千余名。现场游戏丰富连贯，有稻田区的稻游戏体验：割稻、打稻、捆稻、挑稻、稻田迷宫；有忆乡愁的游戏体验：滚铁环、跳房子、铁皮青蛙跳、踢毽子、石墨体验等；有团队协作游戏体验：毛毛虫行走、碰碰球、趣味拔河等，孩子与家长玩得不亦乐乎。

从盈湖路永字路交界的丰收场景，永字路两侧的二十四节气及稻艺术展示，入主会场通道的米字签到，淀山湖特色展示墙，活动现场的舞台区、游戏区、农具展示区、稻文化区、稻餐厅区、农夫集市，稻田区的田间运动会、稻田迷宫等，给游客强烈的视觉冲击感，赢得游客的一致好评。

农夫集市设立淀山湖大米、淀山湖有机蔬菜、水果、农家糕点、农家菜、六如墩村的葫芦展示摊位及卷卷猫便民摊位等 15 个摊位，基本涵盖了淀山湖农副产品特色。有游客从上海、苏州、昆山赶到现场，购买淀山湖大米，现场销售火爆。

第四节　2017 年中国皮划艇巡回赛淀山湖分站赛

2017 年 8 月 19～20 日，中国皮划艇巡回赛淀山湖分站赛在淀山湖镇度城潭富力湾舟际皮划艇俱乐部举行。比赛由中国皮划艇协会主办，苏州市皮划艇协会、昆山市淀山湖镇旅游发展有限公司、昆山舟际体育承办，富力地产、艇进网、相关赞助单位及支持单位协办。来自北京、上海、江苏、浙江、广东、福建、贵州、四川等地的 400 多名皮划艇爱好者齐聚淀山湖畔，参加这场欢乐的运动盛会，其中有 90 多个家庭报名参加了亲子赛，让自己的孩子参与到赛事中来。

本次比赛项目为技巧挑战赛和 5 千米马拉松赛单人艇统一组、双人艇统一组、SUP 统一组、公开组自带艇，其中 SUP 统一组的比赛距离为全程的一半。

通过激烈角逐，陈燕军、徐海伟、纪钰荣、刘永庆、高孟斐/火俊、张梦鸾，分获马拉松赛统一男单、马拉松赛公开组、SUP 统一女单、SUP 统一男单、马拉松赛统一双人、马拉松赛统一女单第一名。

中国皮划艇巡回赛作为中国皮划艇协会的常规赛事，为国内皮划艇爱好者提供了良好的竞技平台，更好地展现了皮划艇运动的魅力与内涵，同时拉近了大众与水上休闲运动的距离。

皮划艇运动是一项健康、时尚的户外运动。淀山湖镇紧紧围绕"亲子、农事体验、体

育"三大主题大力发展旅游项目，依靠得天独厚的水环境，打造皮划艇水上运动这个旅游品牌，吸引越来越多的游客来到淀山湖参赛、游玩。

第五节 "尚美淀山湖"征文活动

为营造淀山湖旅游产业发展浓厚的文化氛围，充分挖掘淀山湖民族文化和水乡自然风光的文化内涵，推进淀山湖多元文化与旅游产业融合发展，夯实建设淀山湖世界级旅游目的地的文化支撑，淀山湖旅游发展有限公司和"玉峰文苑"公众平台联合举办"尚美淀山湖"征文活动，向全国文学爱好者征集淀山湖风景名胜区自然景观、人文景观和水乡风情的美文佳作。

2017年12月26日，"尚美淀山湖"征文活动开始，2018年4月15日截止收稿，共收到300多篇来自全国各地的征文稿，其中111篇入围作品发布在"玉峰文苑"公众平台上。众多作品从多角度展示淀山湖的美。经过评委们认真评选，评出成人组一等奖1名、二等奖5名、三等奖10名、网络人气奖5名，学生组一等奖2名、二等奖10名、三等奖20名、网络人气奖10名。

6月2日，举行颁奖活动。上午，组织获奖作者及其学生组获奖者家长，参观淀山湖生态旅游区，下午举行颁奖仪式。

第六章 文存辑录

淀山湖

第一节 淀山湖往事

淀山湖往事

◎ 刘军 李灿

淀山湖古名薛淀湖、淀湖，地处长江三角洲太湖平原，分属江苏省昆山市和上海市青浦区，总面积 63 平方千米。淀山湖上承太湖之水，由急水港等港口注入，经东南诸多港口入黄浦江。毛柴泾、千灯浦等众多河道与之相通。该湖面积广阔，蓄水容量大，具有向周边地区提供农业灌溉用水、航运、旅游、观光、渔业等多种功能。

杨嘉祐在《淀山湖的变迁与元李升〈淀山送别图〉》一文中详细考证了淀山湖的变迁。在宋代以前，无淀山湖之名，郦道元《水经注》称其为谷水。宋朝始见典籍称其为薛淀湖、淀山湖或淀湖。

宋朝湖中有淀山，故名淀山湖。淀山山顶有淀山寺。该寺建于南宋建炎（1127～1130年）初，绍兴八年（1138年）赐额普光王寺。据《明统一志》记载："其形四面鳌，上有浮图（屠），下有龙洞，屹立湖傍，有小山寺，僧立亭其上，曰明极。"宋人许尚有诗《华亭百咏·淀山》云："殿阁辉金碧，遐观足画图。维舟一登览，误涉小方壶。"南宋绍熙《云间志》记：山上有浮屠，曰鳌峰塔，下有潜龙洞，寺僧在小山上筑明极亭，还有普光王寺、三姑祠、龙渊桥、通灵泉、一色轩等，后人又添建楼阁，凑成十景。据明人孙俊的诗歌《淀湖八咏》，可知当时淀湖有"鳌峰烟寺""薛淀风帆""雁横秋月""鸥泛晴波""渔蓑钓雪"等美景。

如今，淀山已不在，淀山湖的面积也逐渐减小，但其风光秀美依旧，传说动听依旧。湖水悠悠，静水深流，与之相关的人事沧桑，被各种典籍零星记载。从泛黄的旧书中，可窥见千百年来这个不平凡湖泊的文化魅力。

（元）李升《淀山送别图》

（一）淀山湖的民间传说

长期以来，淀山湖畔流传着种种传说，这与奇异的气象、湖面的风浪，以及人们的信仰息息相关。譬如能庇佑人的神灵与作为民族图腾的龙，常出现在这些传说里，使淀山湖氤氲在神秘的气息之中。

全国各地分布着很多三姑庙或三姑祠，每一处都有不同的历史记忆与人文底蕴，淀山之上的三姑庙也有多种传说。流传较广的说法为秦时有刑姓女子入淀山湖，化作神仙，当地百姓造三姑庙来纪念她。元代僧人断江禅师觉恩诗作《三姑祠》有句曰："三姑庙前春水生，百婆桥畔晓烟横。谁家草屋映疏柳，门外香芽初可烹。"于散淡风景中，寄托一份闲情野趣。而老百姓更看重三姑庙对他们日常生活的庇佑。在他们看来，三姑庙很灵，湖旁数十里的农民和往来的舟船，都来此祭拜祈祷。元人王逢《梧溪集》有《题刑三姑庙诗》云："祖龙之世刑三姑，事迹缺载鬼董狐。相传有功淀山湖，百媪畚锸当先驱。至今雕桄映铜铺，祈祥弭患无日无。"三姑的事迹虽记录不详，老百姓对她的崇敬与感恩之情却是持久绵长的。明末清初青浦文人邵麟作诗《过淀山湖》云："鼍鼋时出没，凫雁亦纷稠。东望一卷石，三姑祠上头。"可见，三姑庙周边宏阔的湖面别有一番泽国气象。

民间传说有一群蛟龙在淀山湖兴风作浪，引得湖水沸腾。但这群蛟龙却独独不敢进入三姑庙中。据此，宋人许尚作诗《三姑庙》："神居阴物护，臬阃捍洪波。莫虑蛟龙怒，年来畏叱诃。"

除了上面提到的蛟龙外，淀山湖关于龙出没的记载还有很多。《江南通志》卷十二记载，位于松江的横云山，其巅有白龙洞，这个洞下通淀山湖，深不可测。每风雨之夜，都有龙出入洞中。许尚作诗《白龙洞》云："呼吸湖中水，山椒寄此身。洞门风雨夜，电火逐霜鳞。"《江南通志》卷一百九十七记载，南宋孝宗淳熙十年（1183年），刮大风，有两条龙斗于淀湖，殿宇浮屠为之飞动，不一会儿，一条龙蟠护在殿宇浮屠之上，远近的人都看到了这一幕。《清稗类钞》记载，光绪甲申（1884年）五月，有龙从吴江的雪落漾腾空而起，飞驰至青浦淀湖附近，伴随着狂风雷电和冰雹又自金泽港向东，飞至娄县的徐家墩，再从此处腾云而上，造成重大灾害。

千百年来，淀山湖关于龙的记述不少。这些充满神秘色彩的龙，应该是因当时老百姓对风雨雷电自然现象的疑惑、敬畏，无从解答，而依据龙卷风等产生的附会之说。这一定程度上反映了淀山湖一带的气象万千。

[元] 李升《淀山送别图》（局部）

当然，不是所有淀山湖的奇异气象记录都有神秘的外衣，1578年秋冬，那场旷日持久的风雪气象，在多种典籍中，记载比较客观。《江南通志》卷一百九十七记载：万历六年（1578年），淀湖涌水成山，高数丈，长二里许。《三吴水考》卷六也详细记载了这一罕见的自然现象：万历六年九月，昼夜刮大风，因此禾苗大多没能长成稻谷。这年秋天，下了一场大雪，湖泖荡都结冰了，十多天仍没融化，行人可以踩在坚固的冰层上到湖对岸的集市上买东西。十二月初九的夜里，淀山湖南面有类似激战的声音，当地居民远远窥见，湖中火光无数，过了一会儿才安静下来。第二天一早，人们去探视，发现湖内的坚冰凝结如故，田圩间都已成为冰山，层峦叠嶂，坡麓宛然，有二三丈高，绵延很广。

（二）隐居淀湖畔的贤者

明代孙承恩作诗曰："江乡水月与云烟，代有翛然避世贤。短楫子能乘远兴，老夫居住淀湖前。"（《场中劳瘁弗怡偶念守谷赠韵再叠六首》《文简集》卷二十三）说明在风景如画的淀山湖，总有自由自在的避世贤者居住于此，荡舟湖上，寄情山水，悠游自在。

隐居淀山湖畔的贤者，其记录散见于多种地方典籍，如元代居淀湖之阳的金至善，酷爱菊花，修德乐施，老而益于力学，教导乡里，有《菊逸集》若干卷。元代声名远播的高僧正印，在大德年间（1297～1307年），居于淀山寺。元代不废儒业的僧人觉照，与杨维桢过从甚密，在淀山湖畔读书十年，"故其为诗有本法，不在椿大年之下"（顾嗣立，《元诗选集》第1417页）。再如明代居淀湖之阳的孙俊，自号南溪逸叟，尤工于诗，性淳朴，不慕声利，所著有《南溪草堂集》。诸如此类在淀湖畔治学养性、造福乡梓的贤者，不胜枚举。放在一

释宗渭《登淀山》书影

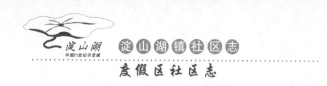

个大的背景下考量,这些贤者的事迹流传不广,对历史进程的影响微乎其微,但放在淀山湖这个具体的地理空间来看,他们仿佛一粒粒洒落在湖畔的珍珠,以其温润敦厚的性格、渊博谦逊的学识、出尘脱俗的气质,丰富了淀湖的人文底蕴,照亮着一代代淀湖人的精神生活。

在虞堪、朱彝尊和乾隆帝等人的诗文中,记录了两位特别的贤者。他们是隐居淀湖畔的邓高士和李升。

邓高士应是元末明初人,其生平事迹无从查考,如若不是虞堪有诗作记录,怕是无人知晓,淀湖畔曾有这样一位高人。虞堪是长洲(今江苏苏州人),元末隐居不仕,明洪武年间(1368~1402年)为云南府学教授。著有《希澹园诗集》,内收与邓高士相关诗二篇。其一为七言诗《寄淀湖邓高士》:

故人消息近何如,一别经年未得书。世事似棋犹自弈,湖光如淀不妨渔。

风尘定阻王乔鸟,山野或容陶令居。我亦从来绝泥滓,何缘方外学清虚。

从诗的内容看,邓高士隐居于淀山湖,不问世事,悠游山水,怡然自得。虞堪赞叹邓高士的高洁人格,并用王千飞凫入朝、陶渊明寄情田园的典故,表达了对浑浊世事的喟叹,以及洁身自好的人生追求。虞堪还有一首五言诗《寄邓高士》:

淹上玄真子,能诗似谪仙。从来披鹤氅,长上钓渔船。

袖有雌雄剑,囊无子母钱。一壶春自足,应不问先天。

该诗寥寥数句,即勾勒出唐代诗人张志和扁舟垂纶,浮三江、泛五湖的洒脱形象。张志和主宰自己的命运和精神生活,其充满侠气、豪气,以及与悠悠天地相呼应的浩然正气,正是虞堪欣赏和仰慕的,他将这股豪迈之情化为文字,寄予邓高士共飨,可见两人之性情相投。

李升,字子云,号紫笃生,人称谪仙,濠梁(今安徽凤阳)人,元代著名山水画家,所作山水多为平远之景,颇有情趣。李升也擅墨竹,元代隐士黄玠在《题李紫笃画竹》中感叹李升文人画蕴藏的人生况味:"只今叶叶秋声里,烟雨萧条空复情。"

李升晚年定居淀山湖畔。据《[光绪]青浦县志》记载,李升在湖畔修筑淀山草堂,又有白云窗,有很多名人题咏其上。云间钱元方在《寄李紫笃》中赞叹淀湖草堂、白云窗的风景之旖旎秀美,曰:"白云满屋诗连轴,大泖当门鲈正肥。安得造君清隐处,紫箫吹月转山扉。"吴郡人尤存在《送李紫笃归淀山草堂》中,如此诗意描绘淀山草堂的美景:"积玉溪头水拍天,草堂只在淀山前。鸣鸠啼鸟青春里,古木疏篁落照边。"著名文人杨维桢在《用苏昌龄韵赋李紫笃白云窗》中感叹:"紫笃之笃笃满林,白云之云云复深。忽见南山有真意,时闻好鸟流清音。"

元代诗文书画皆有很高造诣的张雨,也热爱淀湖山水,常居淀湖畔,参与文人雅集,诗词唱和。台北故宫博物院收集了张雨的《淀湖社集尺牍》,有句云:"近因淀湖社集,爱其风物,遂结茆于西静住庵云钵道人居之东……小阁野眺,九峰来宾,烟鸟沙汀,点点如画。"他与李升也有交往,写有诗作《南乡子·题李紫笃山居》,词中写道:"石壁倚精秋。袖拂烟痕写远游。信有平生濠濮想,悠悠。身心潜鱼懒上钩。"自有一份洒脱与野趣,超尘脱俗。

依据这些前人的诗文,可遥想,当年李升的居所——淀山草堂和白云窗的极佳风景,天长水阔,云水茫茫,是怡情养性的住处。

作于1346年的《淀湖送别图卷》,是李升的传世之作,长69.7厘米,宽22.7厘米,现藏上海博物馆。卷末有李升自题隶书:"高士蔡霞外,主席冲真,既同诸公为诗以送之,复作是图，以志岁月云。至正丙寅六月十又三日，升再题于元览方丈。"李升所画淀山，"以淀山为主，湖面在画上仅一隅，有小舟荡漾。而淀山草堂究在何处？从画上看，应在山麓"（杨嘉祐：《淀山湖的变迁与元李升〈淀山送别图〉》，《上海博物馆集刊》1981 年第 1 期）。有人指出，该画"仅取淀山及近端之湖面，绿水平平，渔舟出没，山势连绵，可见遍地蒿草繁茂，时见佳木修竹，用婉丽雅致、清娴平淡的笔调，描绘湖光山色，令人神往"（高春明：《上海艺术史》下，第 596 页）。有人评价说，这幅图"布局为典型江南平远景色，境界清旷，并将李郭派的卷云皴笔法、精巧的树法和董巨派的泼墨点簇皴渲法结合起来，远山涂抹螺青，笔墨宛如清润，与江南文人画风相近"（单国霖：《画史与鉴赏丛稿》第 40 页）。

1707 年，《淀湖送别图卷》得到了清初文学家朱彝尊的题跋，他在《跋李紫篔画卷》中介绍，这幅作品应当附有一些赠言和跋，可惜被人割去了。1760 年，乾隆帝御题行书，有句云："只有淀山倒影在，泖湖赊月伴涛声。"形象地勾勒了李升送别友人后的落寞之情与淀湖的月影涛声。

如今，淀山不在，淀湖的面积也逐渐缩小，这幅《淀湖送别图卷》以艺术的方式保存了元代淀山湖的印记，给今人一点遥想。

今日淀山湖

（原载《江苏地方志》2018 年第 2 期第 31~34 页，作者：刘军　李灿）

（编者注：本文经作者同意，修改了淀山湖面积）

第二节　一人之利利万家

一人之利利万家
——淀山湖三桥之父郁鸿慈二三事

◎ 张品荣

郁鸿慈是昆山淀山湖神龙泾（今淀山湖镇永新村神童泾自然村）名人。《民国昆新两县续补合志》录有钱鸣球"重建益寿桥记"，上面有"丁巳（1917 年）仲春之吉，郁丈鸿如（慈）七二揽揆之辰"这样的句子。可知郁鸿慈大约生于 1864 年春上。至于其他，虽然去古未远，但已经湮没无闻了。

文中记载的郁鸿慈，少年时代失去了父亲，经历了社会的变乱，家里只有数十亩薄田勉强糊口。但是这个人勤苦耐劳，志向远大，最后出去做官又恢复了原来的家业田产。足见其才能。

微服私行在乡里

有一则郁鸿慈的故事，在淀山湖一带传为佳话。

清末，郁鸿慈在外做官，回乡探亲。他当时是便衣打扮，村里不知道他的真实身份。

有一次，郁鸿慈回村，去上海虹桥看望好友，请村上几个弟兄半夜摇船送行。船到小虹桥，天色已亮。河上遇栅，栅门关闭，很多农船被拦在栅外。郁鸿慈恳请各船主让出一条水路，使自己的小船慢慢靠近水栅。弟兄们大声叫喊："请开栅放船。"

神童泾自然村（张品荣摄）

几声之后，管栅人姗姗而出回话："时间未到，栅门不开！"

"栅门关夜还关白天？"郁鸿慈问。

答曰："当然关夜！"

"现在白天还是黑夜？"郁鸿慈又问。

管栅人无言相答，但仍无动于衷。郁鸿慈请摇船人用锯子把河中水栅锯了，这下可惹火了管栅人，将郁鸿慈送到七宝乡公所问罪。郁鸿慈以理相争，七宝乡公所无视真理，仍然不肯放过他。

郁鸿慈住宅旧址（神童泾江西、永安桥堍西侧）（张品荣摄）

郁鸿慈无奈，只好请摇船兄弟取上船上的包裹，从中取出衣帽，当场穿上。

七宝地方官一见郁鸿慈这般打扮，暗暗叫苦，身份分明要比自己高，只得公开认输，乖乖放行。从此，郁鸿慈才在神龙泾亮出了身份。

这件事情，可见郁鸿慈为人处世的风格。

修桥建校肯用心

郁鸿慈每次回家探亲，善于调查研究，设法解决地方实际困难。他先后独力改建永安桥、北永安桥、益寿桥，募建神童小学。

永安桥，花岗石砌筑三孔梁桥，桥长23.13米，桥宽2.15米，矢高3.2米，东西走向，跨于神童泾河上，建于清代，保存完好。据《民国昆新两县续补合志》记载："永安桥，俗名北大桥，原系木桥，桥东位于生区五图，桥西位于生区八图，在神童泾村，光绪二十六年（1900年）村人郁汝镰（鸿慈）捐资改建石桥，共费银一千三百余元。"

北永安桥，东西走向，位于黄土泾西端，1993年修筑公路被拆除。《民国昆新两县续补合志》桥梁篇井亭乡目中记载："北永安桥，俗名油车桥，原系木桥，在杨湘泾镇南黄土泾村西，位于水区十三图，跨陆虞浦，宣统二年（1910年），里人郁汝镳（鸿慈）捐资改建石桥，共费银二千余元。"

益寿桥，位于横泾巷上，是郁鸿慈用亲朋好友祝寿礼金所建，不足部分另掏腰包所建。今桥不存。

《民国昆新两县续补合志》有"重建益寿桥记"。

郁鸿慈独力改建的永安桥（张品荣摄）

"重建益寿桥记"影印件（《民国昆新两县续补合志》第214～215页）
（张品荣扫描提供）

益寿桥，原名从愿桥，桥跨横泾港，俗称横泾桥。桥塌已久，乡人深感不便。丁巳（1917年）仲春一个吉日，郁鸿慈七十二寿辰，亲族故旧为郁鸿慈祝寿送礼，郁鸿慈领受一百二十余金后说："各位为我祝寿，非常感谢，但我想用这笔祝寿金建横泾桥，大家说说，可以吗？如资金不够，愿为之解囊补足。"众亲族故旧拍手称善。于是，郁鸿慈外出采石，动工造桥，两月竣工，计费三百余。益寿桥建成后，乡人称便。郁鸿慈管理石桥有方，对民众立下规矩："农历立夏过后，耕牛一律涉水过河。"

益寿桥（横泾桥）原址所建庄里公路桥（张品荣摄）

郁鸿慈对乡亲们解释，石桥上行走耕牛固然能够承受，若笨重耕牛少在桥上行走，可延长桥梁寿命；立夏过后，天气转暖，耕牛涉水过河，不影响健康；天气转热，百姓习惯在桥

449

上乘凉，耕牛若从桥上行走，既对人身安全带来威胁，又因牛身异味，影响百姓乘凉。百姓对此解释，十分佩服，众人严守规矩。

郁鸿慈发现村民缺少文化，宣统三年（1911年），他与沈山灵等人，集款创建了一所完全小学。

村上人都对郁鸿慈十分赞赏，称他是村里的神童，为了感谢郁鸿慈为村民办学，把学校取名为"神童小学"，把神龙泾改名为"神童泾"。

编者评述：

郁鸿慈少年贫困，身遭乱离，等到立志立业，不过是中等人家的财产。此人却能捐资解囊，一人为乡里造三座桥，修建一所学校。像郁鸿慈这样，能以一人应享之利益，与数千万人共享之，在昆山地方志上并不少见。尤其是在七十二岁寿宴上，将寿金捐出再造桥梁以利乡民，此情此举，令人感叹。

观其为人，有乐善之德；观其处事，有超然之风。其才学宏博，志气高远，

郁鸿慈与沈山灵等人集款创建的神童小学。图为扩建成"戴帽子"中学的82届学生毕业留影（张品荣提供）

出生于吾乡，扬名于外方，已经令人赞叹，更兼有乐于为善、扶助乡民之义举，德泽被于后世。从其人身上，能感受到传统乡绅名士造福桑梓邻里的殷殷之情，焉忍不为之记？可叹时代未远，他的事迹已经渺然，神童泾也成为淀山湖镇一个来历鲜为人知的地名。记其二三事，以备不忘。

原载《昆山近现代人物传》，古吴轩出版社2017年版，第190~194页，作者：张品荣

《度假区社区志》修编人员名录

《度假区社区志》编纂领导小组

组　　长　曹林生

成　　员　顾　焘　张品荣　陈海萍

《度假区社区志》编辑

执行编辑　张品荣

编　　辑　陈海萍　顾　焘

采　　编　张品荣　陈海萍　顾　焘　金紫燕

《度假区社区志》审稿人员

钱　建　罗　敏　许顺娟　张晓东　王　强
吕善新　张品荣　夏小棣　陈海萍　曹林生
潘小燕

后 记

　　《淀山湖镇社区志》于2013年年初正式启动，历时5年完成。在淀山湖镇党委、镇政府和各社区党支部、居委会的正确领导下，在镇志办的悉心指导下，组织人员，制定社区志纲目，聘请退休干部和退休教师参与搜集资料，编写社区志。编写成员多次与社区领导沟通，认真负责地调查、考证资料，几经补充，数易其稿，最后由张品荣总纂，《淀山湖镇社区志》终于定稿。《淀山湖镇社区志》的出版，是淀山湖镇各社区的一件大事，是精神文明建设的一项重大成果。

　　由于社区志撰写的内容广，时间长，又缺乏完整的史料和相关的文字记载，这给编写工作带来了许多意想不到的困难。

　　在资料收集过程中，编写人员采取请进来、走出去的办法，召开了由多名知情人士参加的座谈会，征集到许多有价值的资料；还多次外出上门采访，实地踏勘现场，力求记述真实、数据准确、语言规范。

　　在编写过程中，得到了淀山湖镇领导的悉心指导和帮助，得到了淀山湖镇各社区老干部、老党员、社区居民的大力支持，在此一并表示衷心的感谢。

　　由于编纂人员初涉此项工作，学识肤浅，水平有限，难免有疏漏、差错之处，敬请读者批评指正。

《淀山湖镇社区志》编写组

2018年6月

图书在版编目(CIP)数据

淀山湖镇社区志 / 陈海萍主编;《淀山湖镇社区志》编委会编. —苏州:苏州大学出版社,2018.11
 ISBN 978-7-5672-2572-5

Ⅰ.①淀… Ⅱ.①陈… ②淀… Ⅲ.①社区－概况－昆山 Ⅳ.①D669.3

中国版本图书馆 CIP 数据核字(2018)第 181102 号

书　　名:	淀山湖镇社区志
主　　编:	陈海萍
责任编辑:	周建国
装帧设计:	吴　钰
出版发行:	苏州大学出版社(Soochow University Press)
社　　址:	苏州市十梓街1号　邮编:215006
印　　装:	南通印刷总厂有限公司
网　　址:	www.sudapress.com
邮购热线:	0512-67480030
销售热线:	0512-67481020
开　　本:	889mm×1194mm　1/16　印张:29.5　插页:14　字数:777千
版　　次:	2018年11月第1版
印　　次:	2018年11月第1次印刷
书　　号:	ISBN 978-7-5672-2572-5
定　　价:	180.00元

凡购本社图书发现印装错误,请与本社联系调换。服务热线:0512-67481020